本书获 2022 年度教育部人文社会科学青年基金"重思传播与范式变革：智媒时代的具身传播研究"（项目编号：22YJC860036) 项目资助

重思传播与范式变革

智媒时代的具身传播研究

Embodied Communication
in the Intelligent Media Era

张文娟 著

RECONCEPTUALIZING

COMMUNICATION

AND

PARADIGM SHIFT

社会科学文献出版社
SOCIAL SCIENCES ACADEMIC PRESS (CHINA)

前　言

　　进入 21 世纪，当媒介技术的发展重构了传媒生态，引发了新的传播变革，甚至深刻地影响了人的生存发展，旧有的主流传播研究传统对当下新型的智能传播经验与现象的阐释力日渐衰弱，反而日益演化为一种思维桎梏与学科局限。跳出和超越功能主义范式，重构传播研究的理论和框架已经迫在眉睫，一场"重思传播"的学术思潮正在蔓延。"物质性转向""媒介转向""空间转向"等构成了当前这场"重思传播"的学术运动，试图扭转以往传播学的研究偏差。而无论是以"物质性""媒介"抑或是以"空间"等视角来重构传播，这些路径都不约而同地指向、交汇和扭结于"身体"这一重要但又长期被传播学遮蔽的面向。可以说，身体的回归正当其时，并日益成为当前传播研究的热点和前沿问题域，甚至被视作一种学科创新。然而这种"回归"并不是指在既有研究传统延伸下进行身体研究，即研究对象的简单翻新，而是试图跳出笛卡尔二元认识论对传播学的思维框定，将"观看"与"提问"方式从离身范式转变为具身范式的一种库恩所谓的"格式塔变更"。因此，本书认为传播学引入具身性预示着旧有离身知识型的解构和新的具身知识型的正在生成，是智媒时代传播学的一种具有范式转化意义的学科创新。本书所要着重回应的即具身传播研究何以能成为一种传播研究范式以及这种范式是什么，它对传播学的当下与未来有何重要的学科价值与意义。

　　据此，本书以知识社会学为方法论进路，采取融合与比较、文本分析等具体的定性研究技术，以"身体"重思传播为重要的研究起点，进而探究具身传播研究范式的"何以"与"何谓"问题。首先，本书将"身体"置于中西思想史中进行"历史—文化"透视，并进一步追问身体的这些观念史在传播学术史中是如何显现的，旨在发现传播学中占主导地位的身体观念以及其如何被建构起来并构成"暗中支配"主流传播研究的一种知识型的有机成分，从而呈现和揭示出具身传播研究得以兴起的思想学术语境。笔者由此发现：具身传播研究是在智能媒介技术的现实追问和传播学既有知识型发生转移的双重语境下，伴随"重思传播"尤其是媒介研究的各种思潮而延伸出的一种创新路径。

随后，本书对具身性进行思想溯源，发现其有着中西方双重渊源：一方面，具身性直接来源于西方现象学谱系，并受到具身认知科学的实证担保；另一方面，具身性思想与中国传统哲学中的"体知"观亦发生诸多共鸣。可以说，具身性是一种中西方思想的视域融合，并呈现"一本四性"的内在统一性特征。而在智媒时代，笔者认为具身传播研究理应被定位在一种后现象学的开放视野中。与此同时，本书提出了智媒时代的具身传播研究与大众传播时代的离身传播研究在"元范式""社会学范式""构造范式"上的根本性不同，分别从宏观、中观、微观三个维度对智媒时代具身传播研究范式的功能和使命展开多层次的厘清与揭示。

通过以上探究得出三点研究结论：第一，传播学真正缺乏的不是作为研究对象的"身体"，而是作为研究视域的"具身性"；第二，具身传播研究是智媒时代一种具有范式转化意义的学科创新，其本身具备了重构传播学的批判性变革力量；第三，具身传播研究提供了一种中西理论融合对话，中国本土理论参与解决和阐释中国本土具身传播实践的创新空间和可能。

综上所述，本书具有三个创新点：第一，将具身传播研究视作一种传播学在智媒时代具备范式转化意义的学科创新并予以系统化揭示，不仅阐述了具身传播研究范式是什么，更重要的是探讨了它何以成为一种传播学的新范式而非仅仅是新的理论和方法，这项探索工作在当前传播学界尚属认知的模糊地带；第二，本书并非沿用学界对库恩"范式"概念的常规理解，而是创新性地以英国学者玛格丽特·玛斯特曼对库恩"范式"本质所作的三重阐释作为主要研究框架，围绕范式自身在不同层次和维度上的意涵和使命对具身传播研究的"元问题"进行递进式探索；第三，本书揭示了具身性视域是中西思想在当代的一种汇集和融通，并指出具身传播研究有望为中国传播学本土化创新提供新的空间和可能，而这一点则被传播学界所忽视。

目录
Contents

绪　论

沉入最原始、最彻底遗忘的底层，回溯到源头，取回一些东西，追问起点和终点。①

——〔英〕T. S. 艾略特

第一节　研究缘起：身体的回归

一　当代西方对逻各斯中心主义身体观的反思与逆转

早在古希腊时期，西方便有了逻各斯中心主义的思想传统，即热衷探究万事万物背后的本质、原理、秩序等抽象的普遍性规律并借助语言将之清晰地表达出来。② 这反映了古希腊人试图在变动不居的世界表象中寻求到一种永恒的、在场的确定性。因此，在价值观上，古希腊人认为逻各斯高于表象，并把人看作由灵魂和肉体两部分组成，思考逻各斯是灵魂的专属功能，而感官却发端于肉体。逻各斯代表理性的能力，是人与动物的根本区别。人只有借助逻各斯才能通达真理。因而，受逻各斯中心主义的影响，西方从古希腊开始便形成了重理性轻感官的传统。色诺芬尼、赫拉克利特、巴门尼德

---

① Eliot，T. S. The Use of Poetry and the Use of Criticism ［M］. New York：Bames & Noble，1955：118.

② Guthrie，W. K. C. A History of Greek Philosophy. Vol. 1. ［M］. Cambridge：Cambridge University Press，1969：420–424.

等古希腊早期哲学家都认为感觉是不可靠的，具有虚假性和欺骗性，是无法获得真理的，而理性是抵达真理的必经途径。古希腊对身体和感官的不信任反映的是对外在表象的不信任，而对灵魂的重视源于对理性与逻各斯的推崇。① 从柏拉图开了西方"主体—客体"二分的先河，到笛卡尔"我思故我在"正式形成了主客二元的思想，肯定了由灵魂、心灵产生的思想是认识活动的最初本原②，确定了理性（意识）的主体地位，彻底将身体从知识生产中排除，此后，"理性至上"（逻各斯中心主义）的观念逐渐主导了近现代西方的思想文化发展。可以说，主客二元对立和逻各斯中心主义是西方传统哲学思想的一体两面。与之对应的是，身体长期以来被西方置于二元对立的分析框架之下，身体沦为人们认识的物质客体。于是，灵魂优越论及身心二元论牢牢占据了 20 世纪之前的西方身体观的绝对主流，而逻各斯思想始终是其重要的根源所在。

尽管古希腊人认为身体和灵魂是密切联系的，但灵魂高于身体。柏拉图就毫不掩饰他对身体的敌意。他将身体看作灵魂的枷锁，并借苏格拉底之口指出死亡使灵魂终于可以挣脱肉体的囚牢而得以永生和不朽。可以说，柏拉图是用灵魂（理性）统摄、宰制了身体。如果说，古希腊人贬低身体，那么中世纪基督教则借助上帝来驯化、迫害身体。身体被看作一切肮脏、丑陋、欲望、淫乱、罪孽的根源，身体指向了野蛮的动物性。因为只有高尚纯洁的灵魂才能通达"上帝之城"，而低贱、充满欲望的身体只能留在"尘世之城"。人只有通过禁欲、斋戒、弃绝肉身才可能脱胎换骨通达"上帝之城"而得以救赎。17 世纪，笛卡尔的身心二元论彻底割裂了身体与心灵/灵魂的联系，身与心被看作相互独立存在的不同的实体，即身体是机械、被动和广延的物质实体，而心灵是主动的、自由的、思维着的精神实体。③ 笛卡尔彻底切断了身体的"活力"与"灵性"，把身体定义为由器官组成的如尸体一般的"一架完整的机器"，为解剖学、生物医学等科学技术奠定了器官

---

① 欧阳灿灿. 当代欧美身体研究批评 [M]. 北京：中国社会科学出版社，2015：35.
② 〔法〕笛卡尔. 谈谈方法 [M]. 王太庆，译. 北京：商务印书馆，2000：67.
③ 郑震. 身体：当代西方社会理论的新视角 [J]. 社会学研究，2009（06）：187-205+246.

肉体的概念预设。如同哈维·费古生（Harvie Ferguson）所言的"无身体的器官"（organs-without-a-body）一般，身体成了器官的集合体。① 身体的个体性、差异性、鲜活性、情境性被抽空了而被彻底降格为作为客体的、需要理性主体去认识、观察、区分、命名、算计的静态之物，身体与反思、认知、理性无涉，也就与人类的思想与真理无涉。"'身体'一词带给思想的首批意象之一就是一具尸体，这是笛卡尔主义传统所造成的破坏的一部分。"② 而到了黑格尔那里，一切都臣服于"绝对精神"，人从具体的人彻底成了抽象的人、概念范畴意义上的人。逻各斯中心主义不仅把身与心割裂了，把身体从其生存境遇中连根剥离，还在知识生产中彻底抛弃、抹掉了身体。可以说，"以灵魂为准绳"的逻各斯中心主义身体观将真理诉诸虚空的、假想的彼岸世界（理念世界），为西方社会埋下了深刻的现代性危机。

直到尼采大声喊出"要以身体为准绳"，才对西方逻各斯中心主义发起了强烈反抗。尼采认为肉体是"比陈旧的'灵魂'更令人惊异的思想"③，而笛卡尔所强调的理性的心灵不过是身体的派生工具④，由此逆转了身体与灵魂（心灵）的地位，肯定了身体作为生命原始动力的合法性，将人与人的差异铭刻在身体之上，将身体提高到了本体论的层面，从而推动了西方哲学的"身体转向"，启发了后来西方对逻各斯中心主义身体观的持续批判以及开启了当代身体的发现之旅。

20世纪，沿袭尼采的衣钵，真理试图回到此岸世界，回到身体中来。西方大体有五种思想传统对逻各斯中心主义身体观发起了深刻的反思和逆转。一是兴起于20世纪初的现象学传统，梅洛-庞蒂在胡塞尔、海德格尔等人的基础上提出了"身体—主体"概念，将传统哲学中作为理性对立面

---

① Harvie Ferguson. Modernity and Subjectivity：Body Soul Spirit ［M］. Charlottesville & London：University Press of Virginia，2000：58-59.
② ［英］特里·伊格尔顿. 后现代主义的幻象 ［M］. 华明，译. 北京：商务印书馆，2014：84.
③ ［德］尼采. 权力意志：重估一切价值的尝试 ［M］. 张念东，凌素心，译. 北京：中央编译出版社，2000：37-38.
④ Nietzsche，F. W. Thus Spake Zarathustra ［M］. trans. by Thomas Common. New York：Boni and Liveright，Inc. 1917：50-52.

的身体置换为主客融合的、整体的、联系的、处于情境中的在世存在的身体，将身体看作存在的本源，将逻各斯中心主义的身心二分的身体观逆转为身心合一的暧昧的身体观。二是以弗洛伊德和雅克·拉康（Jacques Lacan）为代表的精神分析传统，发现了欲望中的身体，认为主体是处于自我交流中的矛盾体，颠覆了笛卡尔理性主体不证自明的确定性和同一性，并将身体的性本能和欲望看作存在的本原及文明发展的动力①。三是以西蒙娜·德·波伏娃（Simone de Beauvoir）、凯特·米丽特（Kate Millet）、桑德拉·吉尔伯特（Sandra Gilbert）和苏珊·格巴（Susan Gubar）为代表的女性主义，发现了身体性别的社会建构性，而男性中心主义是逻各斯中心主义的表征，是女性长期受父权制压迫的根源。四是以涂尔干、莫斯、布尔迪厄、吉登斯为代表的人类学、社会学传统，发现了身体的实践性，并试图克服身体与意识的二元对立。五是以福柯为代表的生命政治学传统，把身体看作权力作用和规训的场所，并把历史铭刻于身体之上，从身体的角度揭开了权力运作和知识生产的秘密。可以说，20 世纪以后方兴未艾的身体社会学研究主要肇始于福柯，但诸多新近研究不过是福柯理论的注脚。

总体来说，西方传统逻各斯中心主义将活生生的人从生存境遇中抽离，以意识、理性、精神宰制万事万物，造成了人与物、人与世界、灵魂与肉体、理性与感性、精神与物质的分裂。尼采之后，西方社会逐渐将目光转向身体本身，试图将身体还原到生活世界中，"复活"受西方逻各斯中心主义迫害已久的身体。

二　学术研究中的"身体转向"

长期以来，在西方逻各斯中心主义思想的影响下，身体以作为器官集合体的肉体属性成为自然科学的研究对象，而以"人"作为观照的人文社会科学关注和研究的则是人的"心智"——意识（理性）主体，基本与身体无涉。因而，身体长期以来在人文社会科学研究中隐而不显。这种植根于笛

---

① 欧阳灿灿．当代欧美身体研究批评［M］．北京：中国社会科学出版社，2015：62.

卡尔身心二元论的意识主体和理性主义在社会科学研究中衍生出了人作为"理性行动者"的理论假设，也深刻影响了现代西方人关于自我的建构和认同。由理性主体所建构的"抽象的人"与现实的"具体的人"之间存在的巨大鸿沟揭示了"理性主体"假设在学术研究和现实生活中的双重欺骗性。① 20 世纪，西方社会开始遭遇现代性危机，各种后现代思潮对现代性、现代理性进行了猛烈的质询和批判，学术研究中的"身体转向"就是置身于后现代思潮各种转向中的一个分支。人们逐渐发现身体并非完全由自然"给定"的，而是被卷入政治、经济、文化、历史等各场域，是权力、资本、文化、社会规训和纠缠的场所，身体除了生物属性之外，更重要的是，身体是社会建构的产物。于是，通过身体来研究社会文化成为一种创新视角。② 20 世纪 80 年代以来，受发达资本主义消费文化及持续的女性主义运动的推动，一批社会学家致力于将古典社会学中隐而不显的身体彻底推至"前台"，认为身体应该是社会学研究的中轴，并试图建立身体社会学。一批有影响力的身体研究的著作相继问世，如董·强生（Don Johnson）的《身体》（*Body*，1983）、特纳（Bryan S. Turner）的《身体与社会》（*The Body and Society*，1984）、弗朗西斯·巴克尔（Francis Barker）的《颤抖的个体身体》（*The Tremulous Private Body*，1984）、约翰·奥尼尔（John O'Neill）的《现代社会中的五种身体》（*Five Bodies：The Human Shape of Modern Society*，1985）和《交流的身体》（*The Communicative Body*，1989）、大卫·勒布雷东（David Le Breton）的《人类身体史与现代性》（*Anthropologie du corps et modernité*，1990）、克里斯·希林（Chris Shilling）的《身体与社会理论》（*The Body and Social Theory*，第一版 1993，第二版 2003）等。

与此同时，身体逐渐成为各人文社会学科中的重要议题和研究维度，以身体为中心的跨学科研究越来越多，逐渐衍生出身体史学、身体人类学、身体政治学、身体现象学、身体美学、身体叙事学等。社会学家克里斯·希林

---

① 郑震. 身体：当代西方社会理论的新视角［J］. 社会学研究，2009（06）：187-205+246.
② 邱志诚. 国家、身体、社会：宋代身体史研究［M］. 北京：科学出版社，2018：3-6.

（Chris Shilling）用"身体研究"（body studies）这一术语概括了 20 世纪后半叶以来西方各学科领域中以身体为中心的研究内容。这些身体研究虽然各有侧重，存在很大差异，但几乎是对西方传统哲学中理性主体的抛弃。当代西方的身体研究几乎都视人类行动者首先是"以身体方式存在"为重要共识①，将身体复归到生活情境中去考察。综观这些研究，大体围绕着身体的三个面向展开：一是作为被权力作用的被动的身体，如福柯的"知识—权力"驯服的身体、费瑟斯通的作为消费的身体等；二是主动的、实践的身体，如梅洛-庞蒂的"身体—主体"、戈夫曼的日常生活中自我呈现和展演的身体、布尔迪厄的身体实践（习性）等；三是作为中介的身体，如埃利亚斯的文明化的身体、吉登斯的作为"结构—行动"中介的身体等。

20 世纪 80 年代，这股"身体转向"的风潮还蔓延至自然科学领域。以具身认知（Embodied Cognition）为转向的第二代认知科学掀起了一场认知心理学的革命，作为科学研究的一种新范式颠覆了以萌芽于古希腊、以笛卡尔身心二元论为基础的离身认知（Disembodied Cognition）范式。90 年代，意大利科学家贾科莫·里佐拉蒂（Giacomo Rizzolatti）在猴子的大脑皮层中意外发现了镜像神经元，进一步为心智的具身性提供了重要的佐证。随后，诸多科学家尤其是心理学家相继证明了身体与认知的紧密关联，认知离不开身体知觉系统的参与以及与周围环境的互动。这种"把认知置于大脑中，把大脑置于身体中，把身体置于世界中"的具身认知已经逐渐发展为认知科学领域的新的研究范式，在此基础上形成了"具身—嵌入"（embodied-embedded）的认知心理学。② 如果像法国人类学家大卫·勒布雷东所说的那样，西方社会是建立在身体被日渐抹去的基础上③，那么 20 世纪后半叶正是西方理性、精神逐渐从彼岸世界全面回归生活世界，回到身体的过程。面

---

① 郑震. 身体：当代西方社会理论的新视角 [J]. 社会学研究，2009（06）：187-205+246.

② 孟伟. 认知科学哲学基础的转换：从笛卡儿到海德格尔 [J]. 心智与计算，2008（03）：203-209.

③ 〔法〕大卫·勒布雷东. 人类身体史和现代性 [M]. 王圆圆，译. 上海：上海文艺出版社，2010：前言 3.

对方兴未艾的各学科的"身体转向"，英国学者阿瑟·弗兰克曾感叹道："身体现在非常时髦，在学术研究中、在流行文化中皆如此。"① 概言之，20世纪各学科研究的这种"身体转向"，从宏观上看，是对西方意识哲学的反叛，从微观上看，是现象学、文化人类学和后现代主义思潮共同作用的结果。②

20世纪初，传播学作为一门新兴的交叉学科发端于美国。长期以来，传播学者始终在为学科的独立性和合法性而努力。人文社科领域的"身体转向"并未触动以信息论、控制论以及传统心理学、社会学、政治学等为理论根基的传播学，直到最近几年，传播学才开始零星出现以身体为视角的传播研究，但多为碎片式探讨。随着智媒时代的到来，人机关系一跃成为传播研究的前沿议题，身体与媒介在日常生活实践中的交织互构将传播中的身体问题推至"前台"。

三　智媒时代传播学面临的学科危机与"身体之问"

进入21世纪，传播学不断面临现实和理论的双重追问。一方面，媒介技术的迅猛发展重构了人的交往模式以及社会组织结构，甚至人的身份和属性都遭遇了前所未有的危机和挑战。人类的传播活动不再局限在人与人的范畴内，还涉及人与媒介、媒介与媒介的交互。另一方面，传播研究中兴起了一股"重思传播"的热潮，"传播的物质性转向""媒介转向""空间转向"等成为重构传播的重要路径，试图扭转以往传播研究重内容、效果等非物质性活动而遮蔽媒介本身及其物质性、空间性意涵的研究偏差。无论是媒介技术对身体以及存在（being）的追问还是身体在"重思传播"的思潮中日益成为一个汇集的向度而被凸显，现实和理论都不约而同地指向了"身体"这一重要却长期被传播学忽视的研究问题和视角。

---

① Frank，A. W. Bringing Bodies Back In：A Decade Review，Theory，Culture and Society［M］. London：Sage，1990：131.
② 黄典林，马靓辉. 身体问题的传播研究路径刍议［J］. 新闻与写作，2020（11）：12-19.

（一）新媒介技术实践中被追问的身体

20世纪，生物医学、基因改组等现代科技已经使人类身体具有了技术可塑性，变成可编辑、重组、再造与美化的未完成的资源。随着21世纪移动互联网、虚拟现实、大数据、人工智能、云计算等技术的发展和成熟，人的身体已经从一种实体性存在逐渐演变为一种非实体性存在的可能。技术早已悄悄入侵了人的肉身。那些仿真身体，如半机器人、机器人，甚至是虚拟身体的出现，引发了当代社会的"身体危机"。[①] 技术与人的互嵌动摇了长久以来以肉身为根本属性的身体概念。正如海德格尔所担忧的那样，现代技术的真正威胁在于触动了人类的本质[②]，这个"本质"指向了对世界经验的重构，而这种重构离不开身体。因此，"把身体径直放在争论的中心，这不是时尚，而是当务之急。艺术家、作家正在反思和重审身体，是因为科学家、工程师正在对它进行重构和重组"[③]。多元的身体造就了传播主体及传播实践的深刻变革，也必然引起传播学者对身体的反思和关注。

18世纪中叶以来，人类历史上每一次工业革命都在引发传播技术的空前变革。"蒸汽时代""电气时代""信息时代"都在一步步满足人类征服时间和空间的交流欲。尽管人们彼此可能隔着千山万水，却最终实现了同住一个"地球村"的梦想。施拉姆曾说，人类是传播的动物，传播无处不在，是"形成人类关系的材料"[④]。随着第四次工业革命的到来，人类进入"智能化时代"，万物互联、万物皆媒使人、物、位置成为一个个相互连接融通的节点，被编织进网络社会中，实体社会衍变为关系社会，传播成为社会的基础架构。媒介技术已然成为社会变革重要的原动力，媒介借由技术具身嵌

---

① 〔英〕约翰·罗布，奥利弗·J.T.哈里斯.历史上的身体：从旧石器时代到未来的欧洲 [M].吴莉苇，译.上海：格致出版社、上海人民出版社，2016：1.

② 〔德〕海德格尔.海德格尔文集.演讲与论文集 [M].孙周兴，译.北京：商务印书馆，2018：29.

③ Ewing, W. A. The Body：Photoworks of the Human Form [M]. London：Thames&Hudson, 1994：9.

④ Wilbur, S., William, E. P. Men, Women, Messages, and Media：Understanding Human Communication（second edition）[M]. Pearson Education, Inc., 1982：17.

入了人的生存发展的方方面面。毫不夸张地说，这是一个媒介与人共生的时代，媒介性成为人在世存在的根本。而人本身是一种身体性存在，身体是一切人类传播的物质起点。如果说以往人类的传播活动主要限制在人与人的关系范畴中，那么智媒时代的传播活动则打破了这种边界，人与媒介、媒介与媒介的交互亦构成了传播活动的重要组成部分。身体与媒介的关系已经落在了存在论和生存论讨论的范畴。可以说，日新月异的新媒介技术实践正在迫使我们重新追问：何谓身体以及身体何为？

（二）"重思传播"中被带出的身体

以往的主流传播学在功能主义和实证主义的路径下将传播预设为涉及心智（观念、思想、信息、知识、文本等）流动和传递的非物质活动，因而重在关注传播的内容、动机、效果以实现对大众的操控，致使主流传播学充斥和堆砌着大量重复、碎片化的行政经验性研究，造成了传播学的知识壁垒以及错失了核心的研究问题，使传播研究日益"贫瘠"。早在 20 世纪四五十年代，贝雷尔森就曾预言传播学研究"行将就木"，为此，跳出和超越功能主义范式，重构传播研究的理论和框架已经成为传播学界的共识。进入21 世纪以来，许多传播学者尝试摒弃曾被基特勒认为是"琐碎的内容本位"的研究路径[①]，从被麦克卢汉形容为"鲜美的肉"的媒介内容中抽离出来，试图扭转以往重意识轻物质、重内容轻形式、重文本轻媒介的研究取向，探索和发现新的视角、新的理论来激发传播研究的学科活力，引发了一股"重思传播"的学术热潮。受福柯思想以及由后德勒兹主义衍生出来的"新物质主义"（New Materialism）的影响，一场传播研究从"非物质性"到"物质性"的学术转移在传播学领域发生。[②] 21 世纪 20 年代以来，传播学界围绕"物"激活了各种学术想象力，媒介、身体、空间、赛博人、后人类等面向在物质性维度上发生了复杂的纠缠与互动，激发出传播学新的研究

---

① 〔英〕库尔德利（Couldry, N.）. 媒介、社会与世界：社会理论与数字媒介实践 [M]. 何道宽，译. 上海：复旦大学出版社，2014：7.
② 章戈浩，张磊. 物是人非与睹物思人：媒体与文化分析的物质性转向 [J]. 全球传媒学刊，2019（02）：103-115.

视角和路径。海德格尔（Martin Heidegger）、梅洛-庞蒂（Maurice Merleau-Ponty）、唐·伊德（Don Ihde）、布鲁诺·拉图尔（Bruno Latour）、弗里德里希·基特勒（Friedrich Kittler）、维兰·傅拉瑟（Vilém Flusser）、唐娜·哈拉维（Donna Haraway）、韩炳哲（Byung-Chul Han）等学者的相关哲学和媒介观点被传播学界反复引用。技术、身体、空间、话语、经济构成了传播物质性研究的五大议题。①

麦克卢汉曾直言不讳地指出，在过去3500年里，西方社会始终在忽略媒介本身的影响，而到了电子时代，也没有多少迹象表明这种鸵鸟政策的传统立场能被加以修正。② 正如黄旦所认为的那样，长期以来西方传播学凸显的是传播的内容和意义，媒介也就逐渐脱落不见。③ 而当前传播的"物质性转向"促使传播研究回归媒介本身，黄旦、胡翼青等学者倡导将媒介作为研究的重要入射角去关注媒介的物质性意涵而并非局限在琐碎的媒介内容中。由于智媒时代身体与媒介/技术的纠缠关系，即身体与媒介的互构，媒介具身成为普遍的事实，从而使身体维度伴随媒介研究得以浮现和凸显。如果说20世纪后半叶传播学没有发生"身体转向"，那么，今天身体在媒介技术实践和"重思传播"的理论思潮推动下日渐作为重要的研究本体被纳入传播研究中。

今天我们正身处智媒时代，如何理解以身体体验为主的新的传播实践类型、如何理解无处不在的人媒互动、如何理解以赛博人和后人类为代表的新型智能传播主体的崛起、如何理解虚拟现实场景中的身体在场……这一系列问题显然已经超过了主流传播学范式的解释框架。新媒介技术几乎实现了传播的即刻性，使世界在我们面前此时此地敞开，而身体正处于其中。传播学急需多种新的理论想象力去追问和解释这些新的变化所带来的人与技术、身

---

① 汪金汉. 被忽视的"盲点之争"：传播物质性研究的传播政治经济学缘起 [J]. 新闻与传播评论，2021（04）：49-58.

② Eric McLuhan, Frank Zingrone. Essential McLuhan [M]. Stoddart Publishing Co., 1995：236-237.

③ 黄旦. 云卷云舒：乘槎浮海居天下——读《奇云》[J]. 新闻大学，2020（11）：111-123+128-129.

体与媒介、传播与社会关系的激变。而这些问题无疑都指向了更根本的元问题：人与技术的关系，如技术如何重塑了人与世界的关系？人机何以共生？……许多学科因追问同样的元问题而再一次不约而同汇集到传播学这个"最繁忙的十字路口"上来，只不过这一次传播学者不是因学科何以可能而焦虑，而是将关注点聚焦在"研究范式改变的讨论中"①。

第二节　研究现状与评述

一　两种"看"传播的方式及其发展趋势：从离身到具身

若以"身体"作为视角来思考和重构传播，那么将产生"离身"（disembodied）和"具身"（embodied）两种截然不同的"看"传播的方式。正如意大利物理学家卡洛·罗韦利所言，我们投向世界的每一瞥都源自一个特殊的视角。② 从根本上说，这反映了传播学存在的两种对立的哲学观（世界观）的根本分野，即"离身观"与"具身观"。这两种不同的"看"传播的方式"框限了我们凝观的宽度和孔径"③，犹如戴上了一副眼镜，在看清世界景象的同时亦接受并内化了这副眼镜在人与世界之间所预设的尺寸和角度。由于"看"出去的方式不同，意味着所看到的研究问题和解决路径亦不同。从传播学术史来考察，传播学长期在"离身"视角的框架下发展，随着智媒技术的迅猛发展，近年来"具身"视角得以浮现。

离身观是以西方意识哲学，尤其是西方近代知识论作为认知框架，是建立在可表征性的存在论假设和身心二元的知识论假设基础上的一种世界观或哲学观，其背后指向的是一种符合论的真理观，即"主"与"客"、"知"与

---

① 胡翼青，张婧妍．重新发现"媒介"：学科视角的建构与知识型转变——2018 年中国传播研究综述［J］．编辑之友，2019（02）：39-45.

② ［意］卡洛·罗韦利．时间的秩序［M］．杨光，译．长沙：湖南科学技术出版社，2019：113.

③ ［英］彼得·艾迪（Peter Adey）．移动［M］．徐苔玲，王志弘，译．台北：群学出版有限公司，2013：18.

"物"的相合。这种"笛卡尔的幽灵"所造成的直接后果便是使身体在近现代知识生产中被排除在外。具身观则是以身体现象学为出发点，建立在非表征主义的存在论和身心一体论的具身假设基础上的哲学观，所预设的是一种充满了不确定性的、变动不居的关系性世界，人则是身、心、环境的融合统一，其背后指向的是海德格尔所谓的去蔽论真理观。可以说，两种哲学观决定了两种截然不同的传播研究的视角及其所框限的不同的传播研究命题和路径。

社会学家希林曾指出，古典社会学由于深受笛卡尔身心二分传统的影响，把心智看作人之为人的根本性存在，因而采取的是一种"非具身"亦称"离身"的研究思路，身体并未作为研究的焦点。但社会学在聚焦社会结构和功能、行动者的同时，也势必会涉及身体的某些重要面向。因而长期以来身体在社会学中是间接隐曲的，属于一种缺席在场（absent presence）状态。[①] 身体的如是遭遇在整个人文社会科学研究领域大致相同。其根源在于西方占主导地位的意识主体哲学在社会科学研究中衍生出人作为"理性行动者"的理论假设和理性主义研究范式。从古希腊起，人们便认为心智代表理性，身体代表感官、欲望，身体是抵达真理必须克服的障碍。传播学最初几乎是建立在西方古典社会学、心理学、政治学以及信息论、控制论基础上的，自然深受西方这种离身观的影响，其对传播学在形而上学层面的投射便是首先假定世界是一个可计算、可表征的、确定性的客观世界，并奠定了一种"人—媒"主客二元的工具论（认识论）关系。于是作为主体的人通过使用作为工具的媒介认识和改造可表征的世界，传播的本质沦为一种脱离身体的符号传递、表征和操纵，传播的过程要么被抽象为一系列数学化的传送模式，要么被视作一种意识形态的操纵手段或工具。而其后果就是"一个拥有记忆、感情、知识、想象与目标的活生生的身体主体"消失在了传播过程中。[②] 1997 年，詹斯·洛恩霍夫（Jens Loenhoff）曾在《身体与社

---

① 〔英〕克里斯·希林. 身体与社会理论（第二版）［M］. 李康，译. 北京：北京大学出版社，2010：9-10.

② 〔英〕彼得·艾迪（Peter Adey）. 移动［M］. 徐苔玲，王志弘，译. 台北：群学出版有限公司，2013：71.

会》（*Body & Society*）上刊发题为"The Negation of the Body—A Problem of Communication Theory"（《身体的否定——一个关于传播理论的问题》）的文章，直指传播理论长期以来对身体的否定。[①]

刘海龙、孙玮等学者通过对传播学术史的梳理和反思后发现，传播学的确在很长一段时间内"遗忘"了身体。具体来说，大众传播学长期以来几乎是主流传播学的代名词，传播学以美国大众传播学研究范式为主。这种范式将大众媒介看作社会运行的一个子系统，因而着眼于信息的跨时空传播与扩散，注重的是传播的动机、态度、目的和说服策略，并以传播效果为导向，詹姆斯·W. 凯瑞（James W. Carey）将其概括为传播的"传递观"（a transmission view of communication）。传递观源自地理和运输（transportation）的一种隐喻，传播被看作出于对距离和人的控制目的而使信息（信号）在空间传递和扩散的过程。传播学借用信息论、控制论的理论模式，把编码、解码、反馈等概念引入传播活动的考察中，并把传播过程简化、抽象为特定的传播模式类型，试图揭示人类传播的规律。身体便被抽象和降格为信息的发射器和接收器，身体只是"传播者"和"受传者"的物质（肉身）载体。此外，人类作为主体要认识世界、改造世界，就必须具备强大的跨时空传播的能力，身体也就在传播中被视作人类交流必须克服的物质障碍。传递观暗合着的即是离身观，认为媒介只有克服身体的障碍，信息才得以符号化而被远距离传递。如是，去身体化的离身观就被主流大众传播学当作一个未经检视的理论预设。[②] 因而，大众传播逐渐边缘化人际传播而日益成为传播学的代名词。与此同时，长期以来在主流传播学中达成了一个不证自明的假设，即传播是一种精神交往活动[③]，涉及的是意识与意识的对接，因而基本与身体无涉。大众传播学不过是离身心智统摄下的信息、符号的表征与

---

① Loenhoff, J. The Negation of the Body—A Problem of Communication Theory [J]. Body & Society, Vol. 3, 1997 (02): 67-82.

② 孙玮. 交流者的身体：传播与在场——意识主体、身体—主体、智能主体的演变 [J]. 国际新闻界, 2018 (12): 83-103.

③ 刘海龙, 束开荣. 具身性与传播研究的身体观念——知觉现象学与认知科学的视角 [J]. 兰州大学学报（社会科学版）, 2019 (02): 80-89.

流动。

然而身体也并非彻底消失在以往传播研究中。身体曾以一种晦暗不明的背景闪现于芝加哥学派的研究中。凯瑞就曾试图将传播学的源流追溯到芝加哥学派，他不满于传递观的研究传统——"将侧重点放在把语言当作实际行动和推理的工具，把思想看作在本质上是概念的、个人的或反映的（reflective），把符号体系视为主要是用来分析的"①，因而，凯瑞提出了传播的"仪式观"（a ritual view of communication）以区别美国传统主流传播研究范式，开创了美国文化研究。他从仪式观的角度将传播界定为"是一种现实得以生产（produced）、维系（maintained）、修正（repaired）和改造（transformed）的符号化过程"②，并进一步解释仪式观中的传播概念"并非直指信息在空中的扩散，而是指在时间上对社会的维系；不是指传达信息的行为，而是共享信仰的表征（representation）"③。凯瑞意欲重返到芝加哥学派的杜威那里，重振传播的人文主义经验研究路数，试图复原"传播在现象学意义上的极其多样性"④。这种深受杜威影响的美国芝加哥学派秉持着人文主义立场，用经验主义的方法关注传播与民主、传播与社会建构、传播与人的现代性塑造等现实问题。在"符号互动论"派系人物如米德、库利、布鲁默、戈夫曼的人际互动交往研究中，身体在其中扮演了极为重要的人际传播的中介和桥梁角色。尽管以芝加哥学派为重要源流的仪式观倡导关注传播对社会（主要是美国社会）的建构和维系问题，注重研究的情境性、社会性，但主要诉诸的是符号学，认为意义、信仰是经由符号生产、表征、建构并予以共享的，人自身连同身体是被符号系统所包裹的，人的媒介实践不

① 〔美〕詹姆斯·W. 凯瑞. 作为文化的传播："媒介与社会"论文集［M］. 丁未，译. 北京：中国人民大学出版社，2019：33.
② 〔美〕詹姆斯·W. 凯瑞. 作为文化的传播："媒介与社会"论文集［M］. 丁未，译. 北京：中国人民大学出版社，2019：23.
③ 〔美〕詹姆斯·W. 凯瑞. 作为文化的传播："媒介与社会"论文集［M］. 丁未，译. 北京：中国人民大学出版社，2019：17-18.
④ 〔美〕詹姆斯·W. 凯瑞. 作为文化的传播："媒介与社会"论文集［M］. 丁未，译. 北京：中国人民大学出版社，2019：30.

过是符号化的过程。如是，身体在仪式观研究范式中始终是模糊的、背景化的。文化研究传统并没有聚焦和阐释身体在意义的共享、共同体的建立以及社会的维系中处于何种位置。可以说，尽管身体在芝加哥学派中有着一些模糊的影子，但芝加哥学派的研究并非关于身体取向的。随着结构功能主义理论范式的登场，着眼于效果和功能研究的哥伦比亚学派以更为精确的、科学的、结构化的、可量化和统计的实证方法取代了芝加哥学派成为美国传播学的主流范式。传播中的身体面向也逐渐随着哥伦比亚学派在传播学中"一统天下"而再次变得晦暗不明。即便是 20 世纪受社会学"身体转向"的影响，一些学者曾对身体在后现代消费社会语境下呈现的符号化的身体景观多有探讨，但几乎是借由身体来影射和批判背后的文化意识形态、政治经济关系以及资本与权力的运作。

概言之，无论是传播的传递观还是仪式观，均未曾聚焦到身体本身，身体在传播中被虚化为背景，甚至是透明的。身体无疑是传统传播学的一个理论盲点，其根源即在于传统传播研究在总体上均秉持着一种离身观的立场来"看"传播。随着网络社会的崛起以及后现代思潮的共同作用，另一种具身地"看"传播的方式正在兴起。而这种迥异于离身观的立场并非凭空出现。纵观传播的学术史，依然可以捕获有关身体的理论洞见。正是这些深刻洞见奠定了传播研究从离身视角转向具身视角的思想萌芽。具体来说，当经验学派沉迷于测量媒介效果，批判学派致力于揭示媒介背后的权力关系时，北美媒介环境学派将目光锁定在媒介技术上，凭借强劲的学术风头一跃成为传播学的第三大学派。而传播理论中的诸多身体洞见就显隐于该学派。如果说传播中的身体问题最早在芝加哥学派中得以闪现，那么作为媒介环境学派重要旗手的麦克卢汉则是旗帜鲜明地谈论身体，"媒介——人体的延伸"即是麦氏著名的身体论断。事实上，身媒关系"构成了麦克卢汉的真知灼见"①。他的媒介理论具有相当的前瞻性，以至于在智媒时代依然焕发出独特的思想

---

① Scott, R. B. The Body Electric: Notions of Self and Identity in the Age of Virtual Reality [J]. Explorations in Media Ecology, vol. 10, 2011 (3-4): 247-262.

光芒。他创新性地从身体的维度对媒介技术进行考察，以"一切技术是感觉器官和官能的分离"为研究假设①，以"人的一些主要延伸及其心理影响和社会后果"②为研究内容，以"探索人的技术延伸所反映的人的轮廓"为研究宗旨③，构建了"身体—媒介/技术"的媒介研究路径。当代德国著名媒介理论家弗里德里希·基特勒（Friedrich Kittler）认为麦克卢汉是从身体考察技术而非相反④，他将身体当作"媒介/技术的定位场所"⑤，具身传播的理论种子早已埋藏在麦克卢汉的媒介理论中。可以说，身体几乎是媒介环境学派的一条明暗交织的线索，并指向了一种全新的研究面向，即身体在人与媒介/技术的关系中作为人的根本性存在。如果说，伊尼斯无缘得见20世纪以后网络技术的发展，梅罗维茨没有重点研究，麦克卢汉也只是从70年代的门缝中一瞥，其思想"仅仅是导航的线索、环境的轮廓"⑥，那么，对于网络社会聚焦较多的当数北美媒介环境学派的第三代代表人物保罗·莱文森，他被誉为"数字时代的麦克卢汉"。他于1979年在其博士论文中首提"媒介进化论"和媒介的"人性化趋势"⑦，指出是人主宰着媒介的演化，适者生存的媒介是基于人类需要选择的结果⑧，媒介为了满足人的需求而朝着越来越人性化的趋势发展。

此外，传播研究中较为明显地涉及身体面向的还有约翰·杜翰姆·彼得

① 〔加〕梅蒂·莫利纳罗，等编. 麦克卢汉书简 [M]. 何道宽，仲冬，译. 北京：中国人民大学出版社，2005：331.

② 〔加〕马歇尔·麦克卢汉. 理解媒介——论人的延伸 [M]. 何道宽，译. 南京：译林出版社，2011：4.

③ 〔加〕马歇尔·麦克卢汉. 理解媒介——论人的延伸 [M]. 何道宽，译. 南京：译林出版社，2011：6.

④ 〔英〕尼古拉斯·盖恩，戴维·比尔. 新媒介：关键概念 [M]. 刘君，周竟男，译. 上海：复旦大学出版社，2015：108.

⑤ 刘婷，张卓. 身体—媒介/技术：麦克卢汉思想被忽视的维度 [J]. 新闻与传播研究，2018（05）：46-68+126-127.

⑥ 〔美〕保罗·莱文森. 数字麦克卢汉——信息化新纪元指南 [M]. 何道宽，译. 北京：社会科学文献出版社，2001：35.

⑦ 李明伟. 知媒者生存：媒介环境学纵论 [M]. 北京：北京大学出版社，2010：157.

⑧ 〔美〕保罗·莱文森. 手机：挡不住的呼唤 [M]. 何道宽，译. 北京：中国人民大学出版社，2004：12.

斯（John Durham Peters）。他另辟蹊径，以另类的观察和思考书写了不同于主流视野中的传播观念史——《对空言说：传播的观念史》，而传播中的身体观念几乎是该书中一以贯之的另一条主线。① 他借由苏格拉底和耶稣展开了"对话—撒播"二元对立的交流悖论，实际上也是身体的悖论，即人类在具身（主要指亲身在场）与离身的交流中难以两全。人类的交流充满了沟壑，媒介技术使人类在实现远距离离身交流的同时，也带来了身体的焦虑。他强调身体在交流中的重要性，强调虽然技术已经可以完全模拟人体，但身体在场从某种意义上说是交流取得成功的前提，因而他认为"过去的交流成功标志是触摸灵魂，现在是触摸肉体"②。此外，彼得斯在《奇云：媒介即存有》中将身体视作"人类最根本的基础设施型媒介"③，人类的进化是自然史和媒介史的协同作用，既体现出生物性的一面也渗透着技术性的一面。他再次强调，虽然 20 世纪末随着万维网的出现产生了一种"新柏拉图式离身性"的乐观主义修辞话语，但活生生的肉身在场"永远不会失去它的魅力"④。可以说，彼得斯先后从传播观念史和媒介哲学的角度梳理了传播中身体的问题和意义，为具身视角奠定了来自传播学的思想资源和理论想象力。

　　总体来说，从传播学术史的角度来看，身体在传播研究中不是被经验学派出于控制目的而被原子化处理，而是被批判学派囚禁在权力与意识形态的樊笼里，造成了身体成为传统传播学的一个理论盲点。直到以麦克卢汉为代表的媒介环境学派开始关注"人—媒介"之关系，彼得斯、基特勒等人涉及身体与媒介的学术观点近年来不断引起传播学界的广泛关注，才日渐推动了传播研究的视角从离身转向具身。

---

① 刘海龙. 传播中的身体问题与传播研究的未来 [J]. 国际新闻界，2018（02）：37-46.

② 〔美〕约翰·杜翰姆·彼得斯. 对空言说：传播的观念史 [M]. 邓建国，译. 上海：上海译文出版社，2017：326.

③ 〔美〕约翰·杜翰姆·彼得斯. 奇云：媒介即存有 [M]. 邓建国，译. 上海：复旦大学出版社，2020：290.

④ 〔美〕约翰·杜翰姆·彼得斯. 奇云：媒介即存有 [M]. 邓建国，译. 上海：复旦大学出版社，2020：301-302.

　　与此同时，进入 21 世纪，新媒介技术的迅猛发展成为传播研究从离身转向具身的外在催化剂。以移动互联网、人工智能、大数据、虚拟现实等为代表的新技术创造了有别于大众媒介时代的新的传播实践和生态，在"人—技术—世界"的关系维度之下，传播学界重新探讨人与媒介、媒介与社会的关系。欧美传播学界的研究旨趣从注重媒介内容转向媒介本身，研究视角发生了"传播的物质性（materialities of communication）转向"，包括媒介化（中介化）理论、媒介考古学、媒介生态学、媒介实践论、媒介存在论等，它们都不同程度地聚焦到媒介本身。而当今社会，技术已经入侵了人的身体，"人机共生"是人类必须面临的境遇。在人工智能、虚拟现实、智能可穿戴设备等各种技术"义肢"的加持下，传播重构了身体，一种身处远距离却依然可以体验亲身在场、身媒合一的"理想"交流状态正一步步变为现实。学界对媒介及其物质性的关注带出了对人类身体本身的关注和探讨，而此时的身体已然较之大众传播时代的身体发生了质的改变，身体在传播中的位置也随着新媒介技术的介入而更加凸显，尽管这种"凸显"是围绕着技术导致"去身化"还是"具身化"的争论而来的。于是身体与传播的关系就变得日益重要了，由此衍生出智能传播时代的传播主体、传播的具身性、身体的虚拟在场、人机交互传播等一系列传播学新的核心问题。媒介技术重构了传播生态，传播再造了身体[①]，媒介具身实践作为人的在世存在方式等观点已逐渐成为学界共识，人（身体）与媒介的关系研究已经从认识论转为存在论、生存论的探讨。这些探讨多见于欧美技术哲学、认知传播等跨学科视角的传播研究中。唐娜·哈拉维的"赛博格"、海勒的后人类理论、拉图尔的行动者网络理论、基特勒的媒介本体论等作为重要的理论资源被引入智媒时代的具身传播研究中。

　　综上所述，智媒时代传播研究正在兴起一种全新的"看"传播的方式——具身视角。这种视角的转变不仅是通过回溯传播学的源头，将身体从传播研究被遗忘的角落中解蔽出来，更重要的是以一种具身的"看"传播的方式去追问和重构传播的起点、当下以及未来。

―――――――――――

　　① 孙玮. 传播再造身体 [J]. 新闻与写作, 2020 (11)：5-11.

二　身体传播研究与具身传播研究之关系

一般来说，从最宽泛的层面来理解，传播学中凡是以身体问题作为主要研究议题的均可称为"身体传播研究"，但身体传播研究并非等同于具身传播研究。事实上，具身传播研究只是身体传播研究中的一个分支，是身体传播研究在智媒时代最新的发展趋势。换句话说，并非所有涉身的传播研究都可以被称为具身传播研究，其内部研究路径存在根本不同。涉身的传播研究在研究路径上也可能是离身的。可以说，身体传播研究由来已久，然而具身传播研究却是近年来随着智媒技术的发展而逐渐兴起的。综观现有研究成果，大体说来，一般存在两种身体传播的研究取向，即抽象化研究路径和情境化研究路径，如图 0-1 所示。

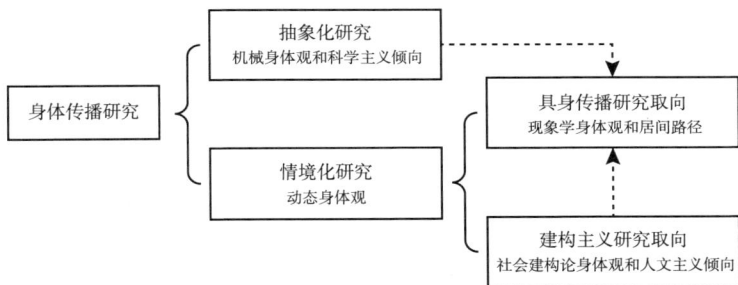

图 0-1　身体传播研究的路径选择

抽象化研究路径是以笛卡尔身心二元论为哲学基础，将身体作为传播学研究的对象之一，因而身体是作为研究客体被引入传播研究的，是供理性主体进行对象化拆分、命名、分析、量化等，服从的是理性的认知秩序的一种研究取向。因此，此种取向在功能主义和科学主义的基础上，对身体的概念预设暗中接受了笛卡尔的身心二元论，对身体持有的是一种本质主义的机械身体观立场，将身体看作天生"给定"的、脱离了情境的静态的物质性实体。因而身体本身也是可按照功能进行划分和研究的，如根据身体涉及的传播活动划分为语言、动作、表情等进行类型学研究就是典型的将身体抽象化、对象化去拆分和研究身体本身。抽象化研究路径是一种涉身但非具身的研究范式，将身体从生存情境中抽离出来，抽象化为客体性、工具性、对象性的存在介入传播研究。因而，此种研究取向中所秉持的身体观无异于生物医学、解剖学中将身体视作器官集合体。

与之迥异的是情境化研究路径，将身体还原于处于情境中的、流变的、生活中的身体。此种身体传播研究路径不是将身体作为对象纳入传播研究中，而是将身体连同其所处的环境置身于关系的整体性中考察，持有的是一种动态的身体观。而此种路径又可分为以下两条分支。一条是建构主义取向的身体传播研究，通常认为身体是社会建构的产物，因而身体是一种兼具生物性和社会性的未完成的状态。此研究取向借鉴了社会学、文化人类学等跨学科视域，从传播政治经济学、文化研究等切入身体传播，旨在揭示身体的象征意义及其背后的符号互动、权力和意识形态关系等，深受戈夫曼互动秩序、福柯规训系统等研究的影响，主要探究社会学家特纳所谓的"身体性社会"（somatic society）中身体如何成为政治、文化活动的首要领域。此种研究分支，把身体视作一套表征系统，但容易夸大身体背后的结构、权力关系，而将身体本身作为背景淹没在宏观结构中。但其不是孤立、静态地研究身体，而是将身体放置在所属情境中来综合考察，以符号学和文本分析为考察中心。另一条则是具身传播研究路径，将人看作一种身体性存在（embodied being），这种事实经常在身体传播的抽象化路径和建构主义路径中被简化为"话语、技术进步，或者是社会的结构"[①]。"具身性"这一概念直接来源于梅洛-庞蒂，他将身体看作一种"具身化"存在，是我们在世存在的根基和基本媒介，是生活世界的意义之源。[②] 因而，具身传播不仅对身体进行现象学处理，尤其以梅洛-庞蒂的身体现象学以及相关技术哲学作为理论源头和取向，更重要的是其研究采取的是一种具身性、情境性思维，而非抽象化路径。正如托马斯·乔尔达什（Thomas Csordas）认为的那样，我

① Chris Shilling. The Body and Social Theory [M]. London：SAGE Publications Ltd.，2003：Ⅸ.
② 欧阳灿灿. 当代欧美身体研究批评 [M]. 北京：中国社会科学出版社，2015：81-82.

们的研究范式要从对身体的结构主义式分类分析转换为具身化（embodiment）研究，从符号学与文本分析转移到现象学视域的"在世存在"的研究模式。①情境化研究之具身传播研究取向秉持的是一种处于本质主义和建构主义之间的居间性身体观，既承认身体的生理属性，又同时认为身体是一种社会的、文化的、技术的互构结果。由于在智能传播时代，身体愈加凸显了技术的维度，媒介以具身的方式与人构成一种新型的兼具有机体和无机体属性的智能传播主体，因而具身传播视野下的身体带有现象学强烈的模棱两可性，是多维度的一体融合。由于现象学具有"相对论"的特征②，即一种关系性、境域性的理论和方法视野，因而以现象学作为理论源头的具身传播研究并不是从传播的角度来对象化地研究身体，而是在"具身—传播"的关系场域中对扎根于"生活世界"的"身体—媒介/技术"的关系结构进行传播学考察，具有强烈的"身—媒"实践的偏向。换句话说，具身传播研究指向的是身媒关系及其实践活动，是乔尔达什所谓的现象学视域的"在世存在"的研究模式，是从身体与媒介的关系中追问存在的意义，是通过我的身体与媒介的互构共生向我所展示出的可能性而得到理解。因此，具身传播研究并不是将身体作为现成的传播研究的对象予以分析和理解，而是将身体与媒介的关系视作一种居间性指引结构，即通过这种身媒关系而通达……这并非对身体的本质主义的理解，也非建构主义理解，而是一种具身指引的关系性理解。

如果说，身体的抽象化研究路径是一种科学主义倾向，而建构主义研究取向则是一种人文主义倾向，二者皆属于传播研究的常规研究路径，并均可在传播的经验学派和批判学派中找到相关研究线索，具身传播研究聚焦的则是"身体—媒介—世界"之关系的全新视角，是麦克卢汉得以触碰却尚未充分展开，介于科学与人文之间的第三条道路，因而对传播研究来说是一种学科创新。

---

① 欧阳灿灿. 当代欧美身体研究批评［M］. 北京：中国社会科学出版社，2015：6-7.
② ［美］唐·伊德. 技术与生活世界：从伊甸园到尘世［M］. 韩连庆，译. 北京：北京大学出版社，2012：30.

值得注意的是，就研究取向来说并无对错之分，但从研究发展来看，情境化研究是对抽象化研究在思维和范式上的超越，是顺应 20 世纪以来思想文化领域对西方笛卡尔身心二分传统和理性主义的反思和批判，是将抽象的人复原为生活世界的人，将抽象的身体重返个性化的具体的身体的一种研究潮流和趋势。而具身传播研究是一种具身性研究范式，是应对智能传播时代新型传播实践所导致的理论困境的一种创新性回应。然而，在实际研究中诸多学人没有厘清身体传播研究各条分支的具体差异，没有明晰它们之间的关系，有的甚至将具身传播研究直接等同于身体传播研究，导致在具体研究中发生表述上的含混甚至错乱。

三 智媒时代的具身传播研究概况

事实上，随着西方学术界的"身体转向"，具身性（embodied、embodiment）在智媒时代作为一个重要视角不断被引入不同学科中，并主要借助身体现象学和具身认知科学的相关理论资源逐渐形成了各学科的具身研究领域。例如，教育学、心理学、语言学中涌现了大量涉及具身认知的功能探讨及相关实证研究；人工智能领域借助具身性展开对人工智能产品的设计和优化等；艺术学领域出现了大量以具身智能为视角的关于审美形式的流变与重构的探讨等。而因传播学的跨学科性，当前西方传播学界尚未聚合为一个以"具身传播研究"（embodied communication field）为明确指称的领域，但具身视角早已多见于西方传播研究中。伴随西方学界对大众传播是否已终结以及传播学的诸多转向所进行的持续争鸣与探讨[1]，"具身性"与近年来在西方兴起的传播的"物质性""空间""媒介"等新兴的研究分支纠缠在一起而成为西方传播学界日益被重视的概念和视角。在彼得斯的传播观念史与媒介哲学、海勒的后人类研究、基特勒的媒介本体论、以厄里（urry）为代表的媒

---

[1] Chaffee, S. H., Metzger, M. J. The End of Mass Communication? [J]. Mass Communication & Society, 2001 (4): 365-379; Weimann, G., Weiss-Blatt, N., Mengistu, G., et al. Reevaluating "The End of Mass Communi-cation?" [J]. Mass Communication and Society, 2014, (6): 803-829.

介地理学等相关理论研究中，具身性都成为一种重要的研究关照。许多学者亦借助这些理论资源对智媒时代的人机关系、具身媒介实践等展开了诸多探讨。但总的来说，当前具身性尚未以主题化的方式在西方传播学界聚拢为一个相对清晰的研究领域，而是散落、交织和扭结于其他新兴的传播研究面向之中。

与之不同，具身性却率先在国内传播学界形成了一股重要的研究力量，"具身传播"日益作为固定的学术表达，"具身传播研究"也大有主题化为一个特定研究领域的趋势。这得益于国内一批有影响力及学术敏锐度的学者的共同推动，从而将传播中的身体及其具身性问题主题化。这是具身性在当前中西传播研究发展中所体现出的显著差异。可以说，在传播的具身性问题上，中国学者以强烈的学术敏锐度几乎站在了传播研究的国际前沿，欲以中国最为丰富和鲜活的媒介具身实践为经验基础展开与国际同行的学术交流与话语竞争。事实上，早在 2010 年国内就有学者一针见血地指出传播学与现代文化思潮中的"身体转向"背道而驰，并将身体在现代传播理论中的缺席归结为现代传播强烈的实务偏向，即强调表征现实与共享意义，从而导致其对语言学、符号学的过度倚重。^① 直到最近几年，国内传播学界首次明确把身体问题作为当前传播学不得不直面的一个新的研究面向而正式提出。2018 年，刘海龙率先在《国际新闻界》上发表《传播中的身体问题与传播研究的未来》一文，"传播中的身体问题"正式浮出水面。随后他从知觉现象学、认知科学等理论视域基础上引入具身性视角，并对智媒时代的具身传播现象予以了初步探讨。孙玮紧跟其后发表了一系列聚焦赛博人及其具身传播实践的文章。芮必峰从存在论哲学、认知语言学等视角对具身传播加以阐释。一些学者也相继加入具身传播研究领域中，引发了国内传播学界的具身传播研究热潮。可以说，从 2018 年开始，"身体"便成为国内传播学界关注的跨学科的前沿问题域，具身性视角则被视作一种创新的研究路径。

这些具身传播的最初研究基本以"重思传播"为研究起点，通过对传

---

① 王彬 . 现代传播的身体迷思 [J]. 符号与传媒，2010（01）：66-80.

播学的学术反思揭示具身传播研究兴起的背景。学者们首先探讨了传播研究为何长期以来对身体视而不见。归纳起来，如前文所述，主流传播学是建立在以离身观为基础的大众传播学范式上的，这种范式受到西方理性主体意识哲学的深刻影响，不仅将传播看作精神的互动交流①，还将身体视为传播必须克服的障碍②。但也有学者认为，一旦打破大众媒介技术视域下局限的理论框架和范畴就会发现，身体从未在传播中缺席。③ 至于传播学为何在此时回归身体，代表性观点认为，一方面，技术作为最重要的外部驱动力几乎重塑了整个传媒生态，传媒技术甚至成了社会的基础架构④，传播成为社会的构成性要素⑤。在虚拟现实等技术的作用下，曾以离身性为主要特征的网络虚拟空间越来越呈现具身性趋势⑥，而人与技术、身体与媒介/传播的关系也成了存在论、生存论意义层面的追问。另一方面，从学科自身发展与创新来看，具身性视角都被视作传播学得以创新突破的基点。⑦ 概言之，具身传播研究是理论与现实在当代的双重激活。

那么，何谓传播学意义上的身体，即身体传播的本体论问题就是必须面临的要害问题，由此又衍生出不同的身体传播研究路径。刘海龙⑧、孙玮⑨等学者认为，对身体的不同理解，即究竟在什么层面上探讨身体，导致了学者们在身体传播的研究路径和研究内容上存在很大差异和分歧。经过文献梳理，本书认为当前传播学界大致并存有以下三种对身体的理解。一是对身体

① 刘海龙. 传播中的身体问题与传播研究的未来 [J]. 国际新闻界，2018（02）：37-46.
② 孙玮. 交流者的身体：传播与在场——意识主体、身体—主体、智能主体的演变 [J]. 国际新闻界，2018（12）：83-103.
③ 黄典林，马靓辉. 身体问题的传播研究路径刍议 [J]. 新闻与写作，2020（11）：12-19.
④ 刘海龙. 传播中的身体问题与传播研究的未来 [J]. 国际新闻界，2018（02）：37-46.
⑤ 孙玮. 交流者的身体：传播与在场——意识主体、身体—主体、智能主体的演变 [J]. 国际新闻界，2018（12）：83-103.
⑥ 彭兰. 智能时代人的数字化生存——可分离的"虚拟实体"、"数字化元件"与不会消失的"具身性" [J]. 新闻记者，2019（12）：4-12.
⑦ 参见刘海龙. 传播中的身体问题与传播研究的未来 [J]. 国际新闻界，2018（02）：37-46；孙玮. 交流者的身体：传播与在场——意识主体、身体—主体、智能主体的演变 [J]. 国际新闻界，2018（12）：83-103.
⑧ 刘海龙. 什么是传播视角下的身体问题 [J]. 新闻与写作，2020（11）：1.
⑨ 孙玮. 传播再造身体 [J]. 新闻与写作，2020（11）：5-11.

进行对象化、客体化处理，将身体看作肉身性的、静态的物质实体，这与笛卡尔的身体观暗合。与之对应，研究采取的是一种对身体的结构分析式路径，将身体功能化、类型化、拆分化研究，常用符号学、文本分析等方法。如有学者将身体视作叙事媒介，并探讨了不同文化阶段中身体叙事的特征、功能、表现与流变。① 另有学者在新近研究中将身体传播拆分为语言传播、动作传播、表情传播，又将身体传播按形态分为交往身体传播、劳动身体传播、政治身体传播、消费身体传播、体育身体传播、艺术身体传播等。② 虽然具体研究中也杂糅了社会学、人类学、传播学等多学科视域，但总体而论属于功能类型学视角。二是将身体看作流变的、未完成的状态，是社会（权力）作用下的建构性产物。研究采取的是一种建构主义路径，将身体的受力与施力放置到特定的社会历史文化和关系情境中。如传播研究中对身体的政治经济学考察以及文化研究的批判视域等，此路径主要受社会学、人类学的身体研究影响较大，如莫斯、埃利亚斯、福柯等人的身体理论，同时也秉承了传播学批判学派一贯的研究传统和理论视野。例如，学者们对"数字劳工"③ 进行了集中探讨，由此又衍生出对"情感劳动"④"非物质劳动"⑤"游戏劳工"⑥"算法与平台劳工"⑦ 等问题的考察，从人与技术的关

① 郑大群. 论传播形态中的身体叙事 [J]. 学术界，2005（05）：183-189.
② 赵建国. 身体传播 [M]. 北京：社会科学文献出版社，2018.
③ 夏冰青. 数字劳工的概念、学派与主体性问题——西方数字劳工理论发展述评 [J]. 新闻记者，2020（08）：87-96；李彩霞，李霞飞. 从"用户"到"数字劳工"：社交媒体用户的传播政治经济学研究 [J]. 现代传播（中国传媒大学学报），2019（02）：51-55；姚建华. 传播政治经济学视域下的媒介产业数字劳工研究 [J]. 南京社会科学，2018（12）：116-122.
④ 参见林颖，吴鼎铭. 网民情感的吸纳与劳动化——论互联网产业中"情感劳动"的形成与剥削 [J]. 现代传播（中国传媒大学学报），2017（06）：21-25；杨馨. 情感劳动的传播政治经济学批判——以 L 后援会为个案 [J]. 新闻记者，2020（09）：14-24.
⑤ 袁潇. 数字劳工：移动游戏中青少年玩家的非物质劳动研究 [J]. 当代传播，2020（05）：105-107.
⑥ 袁潇. 数字劳工：移动游戏中青少年玩家的非物质劳动研究 [J]. 当代传播，2020（05）：105-107.
⑦ 参见孙萍. 如何理解算法的物质属性——基于平台经济和数字劳动的物质性研究 [J]. 科学与社会，2019（03）：50-66；孙萍. "算法逻辑"下的数字劳动：一项对平台经济下外卖送餐员的研究 [J]. 思想战线，2019（06）：50-57.

系、劳动政治等理论视角切入，透过身体揭示出数字资本主义的新型表征以及背后的资本、权力对身体的控制、规训与剥削。另有研究将身体嵌入新技术语境下的文化研究脉络中，注重考察视觉文化中的身体呈现与自我建构①、消费社会中的身体景观②等。因文化研究自身具有跨学科的兼容性，该领域对身体问题的研究几乎与人文社会科学的"身体转向"同步，但在传播学中尚未形成关于身体的独立面向。三是对身体进行现象学处理，把身体看作在世存在的根本。主要以梅洛-庞蒂的"身体—主体"概念为哲学基础，将具身认知科学的相关研究成果作为佐证，将后人类理论作为补充。此种身体与笛卡尔客体化的肉身性物质躯体不同，身体现象学视域下的身体是一种处于情境中的、主客合一的、既有精神性又有物质性的居间的、暧昧的知觉状态，是意识参与下的身体。社会学家希林将此种存在论身体概括为"体验中的身体"（experiencing body）。③ 由此身体观衍生出的研究路径是具身化的（embodied），即从"身体—技术—环境"的整体性、情境性、关系性出发，研究身体的切身感知与体验。在此过程中，身体与世界是相互敞开、互动交融的。孙玮所持的身体观无疑就是存在论的身体观，她以智能主体（赛博人）的媒介实践为切入口，致力于"重建传播与人类存在的根本性关联"④。刘海龙等结合媒介技术的实践发展，反思了传播的传递观和仪式观，认为具身视角为弥补身体及其知觉在传播中的系统性缺位以及克服传播的学理性困境提供了难得的路径。⑤ 芮必峰等认为具身传播一方面是技术对身体经验的改变，另一方面是揭示了媒介技术的生存论转向。人媒互生的

① 参见彭兰. 自拍：一种纠结的自我技术［J］. 新闻大学，2018（05）：45；刘汉波. 自拍，一种互联网时期的青少年亚文化——从自我凝视、数字造颜到脸谱共同体［J］. 中国青年研究，2017（11）：12-17；陈娟. 社交媒体自我形象的建构与传播——以手机自拍的图像话语表达为例［J］. 当代传播，2016（04）：92-94.
② 韩少卿. 新媒介时代的身体景观与身体传播研究［D］. 郑州：郑州大学，2019.
③ Chris Shilling. The Body in Culture, Technology and Society［M］. London：SAGE Publications Ltd., 2005：54.
④ 孙玮. 交流者的身体：传播与在场——意识主体、身体—主体、智能主体的演变［J］. 国际新闻界，2018（12）：83-103.
⑤ 刘海龙，束开荣. 具身性与传播研究的身体观念——知觉现象学与认知科学的视角［J］. 兰州大学学报（社会科学版），2019（02）：80-89.

状态，使媒介技术以"义肢"和"第三持存"具身，并嵌入人类意识和生存经验中。① 机械身体观和建构主义身体观观照下的身体传播研究分别对应着前文提及的抽象化研究路径和建构主义研究取向，其核心命题及其研究路径在传播学经验学派、批判学派的以往传播研究中皆有迹可循，并非数字时代的全新视角。而现象学身体观视角对应的是具身化研究路径，是紧密地结合智媒时代，尤其是智能传播时代的媒介变革，是将传播嵌入人（身体）与世界的全新关系中，将媒介不再视作中立的工具或渠道，而是以具身的方式与人构成智媒传播时代的行动主体的一种全新视角。可以说，具身传播研究所面对的是一个前所未有的人机协同共生的时代。而这些研究观念和技术的变革对传播研究的范式革新具有"重大意义"。② 事实上，只有秉持现象学身体观，采用具身性视角进行的传播研究才是真正意义上的具身传播研究。换句话说，具身传播研究并非将身体作为研究对象进行研究，也不意味着但凡涉及传播中的身体问题的研究都能被称为具身传播研究。关于"具身传播"及"具身传播研究"的概念，目前学界尚无统一定论，本书将在后文中予以详细探讨和界定。

　　综观现有具身传播的研究成果，但凡对主流传播研究进行过批判性反思，对具身性思想进行过理论溯源，明晰具身传播研究究竟该定位在何种理论脉络中的学者，一般都将梅洛-庞蒂现象学身体观作为具身理论的重要源头和起点，结合具身认知科学的相关理论以及后人类视角，将研究的焦点锁定在具身传播的理论和实践领域，如围绕"传播主体""赛博人""身体在场"等问题的具身传播的本体论以及媒介伦理进行研究；围绕虚拟现实技术、短视频、人工智能主播、自拍、打卡、直播带货等具身传播实践在"人—媒介/技术—世界"的框架下展开研究等。但也存在大量研究由于没有从研究起点上正确厘清和定位具身传播研究的思想背景和理论脉络，而是望文生义，将具身传播研究简单等同于涉身传播研究，不是从研究的思维和

---

① 芮必峰，孙爽. 从离身到具身——媒介技术的生存论转向 [J]. 国际新闻界，2020（05）：7-17.

② 孙玮. 传播再造身体 [J]. 新闻与写作，2020（11）：5-11.

观念上进行彻底革新，而是作为旧有大众传播研究的延伸，用涉及身体的传播新现象、传播新素材去填充旧范式、验证旧理论。可以说，这依然是在传播学结构功能主义主流范式中"内卷"。① 如同刘海龙所指出的那样，这不过是"新瓶装旧酒"，并无实质性创新。② 可以说，具身性本身就是一个深刻根植于现象学的具有哲学意味的概念，但现有很多相关研究出现了对身体在哲学层面上的理解偏差和偏误。研究共同体内部缺乏统一的具身传播的本体论承诺和认识论共识，造成了当前看似繁荣的具身传播研究实则在研究视角、概念、路径、理论、逻辑上的分裂和混乱，以至于各研究之间彼此阻隔而无法形成有效的学术对话和交流，时常出现"鸡同鸭讲"的局面，难以聚合为一种累积式的理论贡献。可以说，具身传播研究是一种自带哲学底色的研究，身体及具身性的哲学基础是具身传播研究得以展开的最重要的理论和方法论根基。若根基不稳，由此生发的研究必然有存在偏差的可能。

四　关于传播学范式之讨论

20世纪末至21世纪初，国内外传播学界围绕传播学范式展开过讨论，并一般以理论形态和方法论入手进行范式划分。西方传播学界如波特、麦奎尔等学者曾提出传播研究范式的三种类型，即"社会科学范式""诠译范式""批判分析范式"。③ 国内传播学界大致有"二分法"、"三分法"甚至"四分法"。"二分法"的代表性观点如卜卫提出"定量"与"定性"之分④；芮必峰提出"自然主义"与"人文主义"之分⑤；丁淦林提出"欧洲批判研究"与"美国经验研究"之分⑥；梅琼林提出"实证主义"与"人

① 孙玮. 从新媒介通达新传播：基于技术哲学的传播研究思考 [J]. 暨南学报（哲学社会科学版），2016（01）：66-75+131.
② 刘海龙. 什么是传播视角下的身体问题 [J]. 新闻与写作，2020（11）：1.
③ 胡翼青. 论传播研究范式的表层结构与深层结构——兼论中国传播学30年来的得失 [J]. 新闻与传播研究，2007（04）：36-41+95.
④ 卜卫. 传播学实证研究的方法论问题 [J]. 新闻与传播研究，1994（02）：8-16.
⑤ 芮必峰. 传播观：从"自然主义"到"人文主义"——传播研究的回顾 [J]. 新闻与传播研究，1995（04）：40-43.
⑥ 丁淦林. 我国新闻传播学学术研究的现状 [J]. 新闻采编，1998（06）：8-9.

文主义"之分①；等等。"三分法"的代表性观点如陈力丹提出"经验—功能""结构主义符号—权力""技术控制论"之分②；陈卫星提出"经验—功能""控制论""结构主义方法论"之分③；杨茵娟提出"结构功能主义""政治经济学""文化研究"之分④；臧海群提出"经验主义的实证传统""否定性思维的批判传统""文化主义的诠释传统"之分⑤；等等。21世纪初，胡翼青在"经验主义""批判主义""技术主义"的基础上，曾预言以"信息人"为核心和纲领的"新人本主义范式"，即第四种传播研究范式的到来。⑥随后几年，胡翼青进而认为理论和方法并不能构成一个范式的全部，而仅仅是作为范式的一种"表层结构"，范式与范式之间最重要的差异来自范式所处的语境以及背后所持有的研究立场、价值观等更为深刻的推动力，即范式的"隐在结构"或"深层结构"。⑦于是，他摒弃了范式的"四分法"转而借用福柯的"知识—权力"的关系说明知识的价值取向并非流于具体的理论和方法，而是诉诸与权力的关系。他将"知识—权力"的关系看作构成范式深层结构的一个重要主题，并根据理论与现行权力的关系将传播学的研究范式划分为与权力合谋的保守主义范式、主张改良权力的人本主义范式、与权力异构的激进主义批判范式，并将范式的"深层结构"视作学术共同体所共享的一种价值立场和学术人格。⑧胡翼青这种基于范式与权力之间的微妙关系而对传播学的研究范式进行的重构带有一种强烈的意识形态批判色彩，促使传播学者对现行权力进行反思和警惕。

① 梅琼林. 批判学派与经验学派方法论的比较分析 [J]. 当代传播，2008（05）：15-17.
② 陈力丹. 试论传播学方法论的三个学派 [J]. 新闻与传播研究，2005（02）：40-47+96.
③ 陈卫星. 传播的观念 [M]. 北京：人民出版社，2004：14.
④ 杨茵娟. 从冲突到对话——评传播研究典范：结构功能主义、政治经济学与文化研究 [J]. 国际新闻界，2004（06）：50-56.
⑤ 臧海群. 西方受众研究的传统与范式 [J]. 国外社会科学，2005（05）：21-26.
⑥ 胡翼青. 传播学学科危机与范式革命 [M]. 北京：首都师范大学出版社，2004：3.
⑦ 胡翼青. 论传播研究范式的表层结构与深层结构——兼论中国传播学30年来的得失 [J]. 新闻与传播研究，2007（04）：36-41+95.
⑧ 胡翼青. 论传播研究范式的表层结构与深层结构——兼论中国传播学30年来的得失 [J]. 新闻与传播研究，2007（04）：36-41+95.

可以说，随着数字时代的到来，基于理论形态和方法论标准进行划分的传统传播研究范式在当下遭遇双重危机：一是原本处在对立中的传播研究范式逐渐走向了融合，以至于缩小了旧范式之间的差异和消解了彼此间的不可通约性，而导致这种理论和方法发生融合的新的研究类型又无法囊括在旧范式的分类中，使理论形态和方法论的划分标准不再适切；二是新媒介技术的发展不仅催生了有别于大众传播时代的新传播经验和现象，更重要的是这场肇始于网络技术的数字传播革命将给大众传播时代的核心传播命题、概念系统、理论体系带来前所未有的冲击和挑战。一言以蔽之，伴随大众传播时代而兴起的各种传播研究的旧范式不同限度地陷入了危机，传播学亟待一场新的范式革命。胡翼青立足于范式背后的深层价值观上的差异而对范式进行的重构，虽然可以解决原有范式内部发生融合的问题，但并非一种立足数字时代、前瞻未来的范式划分。

当年凯瑞指出，正是"行为—功能主义"的主流传播观长期以来作为美国大众传播学范式导致传播学"裹足不前"，因而有必要另辟蹊径，"以免像现在一样原地打转"①，于是他提出了传播的仪式观。那么当媒介技术的发展已经重构了传媒生态，引发了新的传播变革，甚至深刻地影响了人的生存发展，无论是传播的传递观还是仪式观，其核心概念逐渐分崩离析，核心理论的阐释力日渐式微，传播学已身处于持续的学科危机之中。可以说，我们已经到了对传播学不得不进行反思的地步。孙玮曾一针见血地指出，我们之所以要反思，是因为"旧范式框不住新技术"，而"局限于旧有范式的反思无法达致学科重建之目的"②。在托马斯·库恩（Thomas Kuhn）看来，这种反思正是寻求新范式的前奏。新范式意味着一种对过去的重构和对未来的前瞻，而范式的选择往往取决于未来的前景而非过去的成就。③ 智能传播

---

① 〔美〕詹姆斯·W. 凯瑞. 作为文化的传播："媒介与社会"论文集 [M]. 丁未，译. 北京：华夏出版社，2005：11.

② 孙玮. 为了重建的反思：传播研究的范式创新 [J]. 新闻记者，2014（12）：50-58.

③ 〔美〕托马斯·库恩. 科学革命的结构 [M]. 金吾伦，胡新和，译. 北京：北京大学出版社，2012：132.

时代崭新的传播实践亟待传播学的范式革新，用喻国明的话来说，即"传播学的学科发展正处在'范式革命'的主要节点上"①，这已经是"重思传播"重要的学术命题并成为当前学界的普遍共识。2015年11月底，首届中国新闻传播学圆桌会议在复旦大学召开，"范式转型"成为学界同仁热议的话题。会议最后达成共识：呼吁回归人文理性精神，从中国的问题出发，突破学科发展瓶颈，进行范式转型。②

可以说，学者们为重新激活传播学的学科活力纷纷展开学术想象力，试图引入新的理论和方法，并将其视作一种传播学的新范式进行命名。如以新理论为基础提出的"媒介研究范式""媒介理论范式""媒介化研究范式"等；以新视角作为基础的"新报刊（媒介）史范式""媒介实践研究范式""虚拟性媒介研究范式"等；以新方法作为基础提出的"计算传播学研究范式""认知神经传播学研究范式"等；以新媒介技术为基础提出的"用户媒介接触与使用的研究范式""数字新闻学研究范式"等。综观当前传播学中涌现的一批"新"范式，有的的确是黄旦所谓的"具有范式转化意义的学科创新"③，而有的所谓的"范式"则仅仅是一种学科的局部性创新，并不具备范式革命的潜力，因此也就不能够称其为一种新的范式。在库恩看来，范式即一种格式塔变更，一种视野的转换。因而，无论以理论、方法、视角、技术等中的哪一种或哪几种为基础提出的所谓的新的研究范式，都必须具备一种重构既有研究并能开启和激活当下与未来传播研究新面向的能力。换句话说，一种范式何以称其为范式，是因为其本身蕴含着的变革力量。

毫无疑问，鉴于传播学是一门交叉学科，且属于人文社会科学领域，未来的传播学理应是一种多元范式并置而非某种主流范式"一统天下"的繁荣气象。但问题在于，当下学界对于"范式"概念的使用较为随意和宽泛，诸多新近研究旨在阐发这种新范式具体是什么，而并未详细阐明这种新范式何

① 喻国明.传播学的未来学科建设：核心逻辑与范式再造［J］.新闻与写作，2021（09）：5-11.
② 潘一凡，杨媛.范式转型：重建新闻传播学的几个问题——第一届中国新闻传播学圆桌会议纪要［J］.新闻大学，2016（02）：138-140.
③ 黄旦.新闻传播学科化历程：媒介史角度［J］.新闻与传播研究，2018（10）：60-81+127.

以成为一种范式。换句话说，当下诸多对传播学新范式的命名和思考，重在阐明"是什么"，对"为什么"则语焉不详，这显然体现出对范式命名的草率和随意，难以令人信服。若传播学界每每引入一种新的理论形态和方法视角皆以范式进行指称和命名，那么造成的后果便是："范式"概念的降格。事实上，当前传播学界引入的大量新的理论视角、方法运用的确是一种学科创新，但未见得都是一种具有范式转化能力的学科创新。因而当前传播学界提出的诸多以"范式"命名的学科创新可能仅仅是昙花一现的伪范式。从根本上说，这反映了当前学界对传播学的研究范式在认识论上的模糊不清。

第三节　问题的提出及其研究价值

一　问题的提出

彼得斯强调，身体并不是可以随意抛弃的载体，而是"我们正在回归的故乡"[①]。刘海龙直言我们对身体的态度将影响传播学科未来的价值与地位[②]，孙玮也曾明确认为，数字传播再造了我们的身体，身体与传播的议题不仅反映着当前媒介的深刻变革及趋势，也是"传播学研究范式创新最为重大的启示"[③]。胡翼青等将刘海龙和孙玮所提出的问题评价为"令人振奋"，认为这是传播学试图与哲学元理论发生关联与互动，开始涉及和拷问诸如"人的存在"这类终极问题的一种努力，并有望将传播学从琐碎的、实务型的应用研究中拯救出来。[④] 在他看来，将研究的目光投向重新理解传播（媒介）如何嵌入人的生活，重新定义人的存在及人与传播、社会的关系和意义，由此便可能产生"独一无二的传播理论"，才有与其他学科对话的底气。[⑤] 一言

---

① 〔美〕彼得斯. 交流的无奈：传播思想史 [M]. 何道宽，译. 北京：华夏出版社，2003：60.

② 刘海龙. 传播中的身体问题与传播研究的未来 [J]. 国际新闻界，2018（02）：37-46.

③ 孙玮. 传播再造身体 [J]. 新闻与写作，2020（11）：5-11.

④ 胡翼青，张婧妍. 重新发现"媒介"：学科视角的建构与知识型转变——2018 年中国传播研究综述 [J]. 编辑之友，2019（02）：39-45.

⑤ 胡翼青. 重塑传播研究范式：何以可能与何以可为 [J]. 现代传播（中国传媒大学学报），2016（01）：51-56.

以蔽之，身体的回归正当其时，可是这种"回归"并不是简单重复以往的身体研究，而是一种具有创新意涵的辩证式回归，即以具身性视角"看"传播。并非简单地将身体作为研究对象纳入传播学研究中，从而使"无身"的传播转变为"涉身"的传播，而是需要一种思维和观念的革新，毋宁说是需要一种范式的变更。前者是研究对象的翻新，后者是研究视角和问题意识的整体转换。换句话说，学者们的上述表述隐含着一个前提共识，即"发现身体""回归身体"并非等同于学科创新，创新的关键不在于研究对象的更新，而在于"观看"和"提问"方式的变更。如果说正如前文所述，传播学目前存在两条介入身体的路径：一是将身体对象化处理，从传播学的视角展开对身体的考察；二是将身体情境化处理，在传播的具体情境中重新发现身体。那么，路径一显然不是学科的创新，而是既有的离身传播研究观念在身体议题上的继承与投射。路径二又分为两条分支：一支是建构主义传统，在传播的社会学、文化研究中早已有迹可循，建构主义路径上的身体传播也不过是在旧有的研究范式中引入新的研究对象；另一支是引入具身性视角，从而引发对传播学的格式塔变更。因此，只有具身传播的浮现才是为当下传播学的学科创新提供一种重要契机，同时这种浮现本身恰好说明了固有学科框架的认知局限。① 在传播学研究中"回归身体"，并不是因为其他学科方兴未艾的"身体转向"，因而传播学也借此"赶时髦"，而是通过具身性这一全新的视角对建立在理性主义和客观实证主义传统之上的大众传播研究范式进行反思与超越，回应的正是当前传播的变革。从这个意义上说，以"身体—媒介—世界"的关系视角来反思人的存在的具身传播研究无疑属于胡翼青所倡导的新媒体研究的创新路径，一种传播学当前最有理论潜力的"新研究范式"之一②，也正是黄旦所强调的在新媒体背景下"具有范式转化意义的学科创新"③。

① 黄典林，马靓辉. 身体问题的传播研究路径刍议 [J]. 新闻与写作，2020（11）：12-19.
② 胡翼青. 重塑传播研究范式：何以可能与何以可为 [J]. 现代传播（中国传媒大学学报），2016（01）：51-56.
③ 黄旦. 新闻传播学科化历程：媒介史角度 [J]. 新闻与传播研究，2018（10）：60-81.

毫无疑问，具身传播研究已经成为当前传播学研究领域最为前沿的热点之一。但问题是：不同研究对身体理解的不同造成了研究路径的大相径庭，导致了聚焦于具身传播研究领域的一大批现有研究是在不同研究观念、不同理论脉络、不同概念范畴、不同研究路径上展开的所谓的"具身传播研究"，要么是"新瓶装旧酒"，谈不上实质性的学术创新，要么是彼此之间无法形成有效的学术沟通与对话，造成研究的混乱。与此同时，传播学者在研究中依然惯习般地全盘套用西方学界的理论成果来解读中国本土的媒介实践案例，鲜有研究成果主动发掘具身传播与中国古典哲学中的"体知"思维的密切关联，从本土文化中吸收和借鉴理论资源。据此，本研究想要追问的是：

Q1：现有具身传播研究为何难以形成有效的学术对话？

Q2：智媒时代的具身传播研究如何发挥应有的理论贡献？

Q3：具身传播研究对当下和未来传播学的发展，尤其是中国传播学的本土化创新意味着什么？

对以上三个问题的追问指向了一种对具身传播研究的范式之揭示，而缺乏对此种范式的自觉导致了研究中的混乱和分裂，更难以形成具有内在一致性的学术共同体沿着相同的旨趣和目标开拓出应有的理论贡献。从根本上说，这亦是对具身传播研究范式"何以"与"何谓"的追问。鉴于此，本研究作为对一种"元问题"的探究，旨在厘清具身传播研究在本体论、认识论及方法论上的承诺，这在当前的传播学界尚属认知的模糊地带。因而本书无异于是将具身传播研究作为一种范式加以探讨和揭示，以期为潜在的或新加入学术共同体的成员提供一种明晰的范式指引，以免造成研究的进一步混乱和产生无效的对话。与此同时，并非所有的创新性研究都可以转化为一种范式，本书之所以将具身传播研究视作一种范式，正是因为具身传播研究并非一种普通的新的传播研究形态，它意味着传播学在智媒时代的批判性变革，其内部蕴含着一股范式变更的力量。这种新范式的革命潜能首先体现在与旧有的、在大众传播时代占主导地位的离身传播研究范式关于哲学观、传播观、媒介观、方法论、基本视角、学科定位等传播的形而上学之元观念上的根本性不同。毋宁说，传播研究视角从离身转为具身意味着一场范式的格式塔变更，既是对以往传播研究的一种重构，也是对智媒时代传播变革的一种立足当下、面向未来的理论回应和范式指引。

二　研究的创新价值

本研究的主要创新点及其价值体现在以下三个方面。

第一，将具身传播研究视作一种传播学在智媒时代具备范式转化能力的学科创新并予以系统化揭示，不仅阐述了具身传播研究范式是什么，更重要的是探讨了它何以成为一种传播学的新范式而非仅仅是新的理论和方法，这项探索工作在当前传播学界尚属认知的模糊地带。美国学者托马斯·库恩认为在什么时机开启一个全新的研究领域，需要有特别的"诀窍"和对该领域的"洞察力"，而这些共同指向了一种对潜在的范式的自觉。① 事实上，刘海龙、孙玮、芮必峰、胡翼青等学者无疑是具备这样的"诀窍"和"洞察力"的。正是这些学者在面对现有传播学研究范式（主要是大众传播学研究范式）在智能传播时代阐释力和有效力不足的情况下，最先对以往的传播研究进行批判性反思，发掘出一度被遮蔽的"传播中的身体问题"，抛出了一种具身视角，并以一系列研究成果向学术界发出号召，从而吸引了越来越多的学人加入具身传播研究的共同体，使具身传播研究最终成为当前国内传播学界最具活力和创新价值的前沿跨学科研究领域之一。可以说，这些先导者已经有意识或无意识地形成了一种具身传播的范式自觉，即一种进入该研究领域之前需要具备的一套研究观念、信仰及研究习惯的承诺。由于目前学界尚无系统地在范式层面对具身传播研究进行明晰，许多后来研究者并没有与先导者完全形成一种作为学术共同体的内在一致性，造成了作为学术热点的具身传播研究繁荣中却略显分裂与混乱。可以说，范式是为某种连贯的科学研究传统提供一种"承诺和内在的一致性"，以使加入这一科学共同

---

① 〔英〕玛格丽特·玛斯特曼. 范式的本质［M］//〔英〕伊姆雷·拉卡托斯，艾兰·马斯格雷夫，编. 批判与知识的增长——1965年伦敦国际科学哲学会议论文汇编第四卷. 周寄中，译. 北京：华夏出版社，1987：89.

体的研究者也具备相同的研究共识。范式是形成和延续某种研究传统的先决条件①，因而在科学研究中具有优先性。一种范式决定了选择问题的一种标准，符合该范式的问题即被鼓励去研究，其他问题则被拒斥。② 鉴于此，本书试图以先导者已形成的初步的范式自觉为基础，对具身传播研究在本体论、认识论及方法论等元问题上展开进一步的厘清式工作。通过将具身传播研究作为一种范式加以探讨和阐释，以期为潜在的或新加入学术共同体的成员提供一种明晰的范式指引，促使研究者在共识语境的基础上进行有效的理论对话和知识的生产与再生产。因此，本书试图追问具身传播何以作为一种新颖的视角用来诠释智媒时代层出不穷、花样翻新的媒介现象？它与传播学的旧有视角有何不同？这种视角的引入应该锚定在传播学的学术脉络和知识图谱中的何种位置？这种视角只是昙花一现还是具有革命性的学术生命力？对过去、现在以及未来的传播研究意味着什么？对于诸如此类问题的探讨表明：本研究并不是一项具体的具身传播研究，而是"关于具身传播研究的研究"——一种元问题的探究。这在当前具身传播研究热潮之下尚属认知的模糊地带，亟待系统性澄清，也是笔者对当前传播学面临的理论和现实的双重困境所作出的一点思考和回应。

第二，本书并非沿用学界对库恩范式概念的常规理解，而是创新性地将范式所被遮蔽的三重阐释作为主要研究框架，围绕范式自身在不同层次、维度上的意涵和使命对具身传播研究的元问题进行递进式探索。尽管库恩的范式理论影响力巨大，但他并没有给范式这一概念下一个严格、准确的定义，以至于长期以来存在诸多的争议和误用。因此，本书借鉴了英国学者玛格丽特·玛斯特曼针对库恩范式概念所归纳和提炼的三重阐释，即库恩所谓的范式是一种包含了宏观、中观、微观三种递进层次的概念。总的来说，范式在宏观上是一套科学共同体所共同承认的关于科学研究的世界观、信仰、价值

① 〔美〕托马斯·库恩. 科学革命的结构 [M]. 金吾伦，胡新和，译. 北京：北京大学出版社，2012：8-9.

② 〔美〕托马斯·库恩. 科学革命的结构 [M]. 金吾伦，胡新和，译. 北京：北京大学出版社，2012：30-31.

观等，是指导该群体进行科学研究的一种潜在的形而上学的视域和框架；在中观上，范式则是科学共同体所形成和依赖的一套先于理论的"智识的、语言的、行为的、机械的、技术的"科学习惯，以此吸引研究者组成学术共同体，并为他们提供相应的研究问题[①]；在微观上，范式意味着一种理论基础和实践规范，因而是一套范例，是具体指导科学发展的研究模式或模型。据此，本书分别围绕"元范式""社会学范式""构造范式"三个维度上的范式功能和使命展开对具身传播研究范式的多层次厘清。

第三，本书通过理论溯源发现具身性思想是中西思想在当代的一种汇集和融通，并指出具身传播研究有望为中国传播学本土化创新提供新的空间和可能，而这一点被传播学界所忽视。中国体验哲学及其"体知"观蕴含着中国传统智慧，是一座理论富矿，与具身性思想存在诸多共鸣，亦可被视为中国传统语境中的具身性思想，理应作为具身传播研究范式重要的本土理论资源加以挖掘和吸收，这将有助于更好地理解和阐释中国语境下媒介实践背后独特且深厚的思想文化根源。为此，本书试图起到一点抛砖引玉的作用。

综上所述，当前我们正面临智媒技术导致的传播变革，这对传播学研究来说既是机遇也是挑战。正如丹麦学者延森（Klaus Bruhn Jensen）所言，我们所处的媒介融合的时代为我们打破旧有研究范式提供了重要契机。如果我们不能抓住机遇，善于从全新的传播实践和更宽广的人文、社会、历史视野中开拓出诸多新的研究范式以适应智能传播时代的研究要求，那么传播学非但不能改变当前被边缘化的操作性的应用学科地位，反而极有可能被其他学科淹没和取代。[②] 因而，本书试图捕捉具身传播研究日益显露出的具有范式转化能力的那些革命性预示和学科创新，指出这并非一种研究上的昙花一

① 〔英〕玛格丽特·玛斯特曼.范式的本质［M］//〔英〕伊姆雷·拉卡托斯，艾兰·马斯格雷夫，编.批判与知识的增长——1965年伦敦国际科学哲学会议论文汇编第四卷.周寄中，译.北京：华夏出版社，1987：84-85.

② 孙玮.从新媒介通达新传播：基于技术哲学的传播研究思考［J］.暨南大学学报（哲学社会科学版），2016（01）：66-75+131.

现，而是对建立在笛卡尔离身观基础上的大众传播研究范式（离身范式）的革新和转换，具有重大的学科意义和价值。而这种具身传播研究范式并不是一套完全建立在西方现实语境和理论构架上的体系，而是注重吸收中国古典哲学的理论智慧和中国媒介实践的经验，寻求中西理论在身体观以及方法论上面的融通点和接合点。在具身传播实践领域，中国的媒介现象已然成为中西传播学研究的核心领域。面对并存的机遇和挑战，具身传播研究范式理应吸收和借鉴中国的本土理论，对中国的媒介实践予以理论关照。因而，本书同时指出这是一种有望形成中国本土理论参与解决和阐释中国本土具身传播实践的创新范式。

第四节　主要理论资源

一　具身理论

具身性是对西方传统认识论（离身论）的反叛思想在当代形成的一股强劲的学术思潮。受具身性思想的影响，心灵哲学以知觉现象学为指引，继续推动哲学的身体转向；语言学在乔治·莱考夫（George Lakoff）和马克·约翰逊（Mark Johnson）的身体隐喻基础上，提出了身体对于思维的根基性作用；心理学领域将具身认知作为研究的新范式，而与认知的符号加工范式针锋相对。[①] 西方兴起的这股摒弃笛卡尔身心二元论的学术思潮和中国古典哲学的身体思维、"体知"观等不谋而合。从本质上来说，它们共享了一套具身哲学的思维范式。而具身性主要有以下三大思想来源。

（一）西方现象学谱系

20世纪，梅洛-庞蒂深受胡塞尔"生活世界"、海德格尔"此在在世"理念的影响，创立了身体现象学。他反对笛卡尔的"我思故我在"，试图修

---

① Davis, J. I., Markman, A. B. Embodying Cognition As a Practical Paradigm: Introduction to the Topic, the Future of Embodied Cognition [J]. Topics in Cognitive Science, 2012 (4): 685-691.

正和超越笛卡尔身心二元对立的思维模式，提出"具身的主体性"（embodied subjectivity）概念，将人看作身体性存在，将身体重新放置于情境中、关系中，并且认为身体是"朝向世界存在的'锚定点'"①，知觉、身体和世界融为一体。通过身体与世界的互动，人以"体认"的方式来知觉世界。② 梅洛-庞蒂现象学意义上的身体不再是笛卡尔所谓的作为器官的集合体，而是得以通达世界、混合了精神性和物质性的主客合一的含混状态。③ 梅洛-庞蒂视身体为所有物体的共通结构，对被感知的世界而言，"我的身体是我的'理解力'的一般工具"④。"一个人总是身体—主体的存在，而永远不能是天上的、自由缥缈的、先验的自我。"⑤ 身体作为存在的基础，始终是处于生活世界之中即刻体验中的"活生生的、积极的创造物"⑥。由此，彻底摒弃了西方长期以来占主导地位的理性主体论，为身体研究打破传统二元论身体观、开辟人文研究新视野提供了最重要的理论资源。罗伯特·克雷格（Robert T. Craig）就曾将现象学明确列为传播学理论研究的七大传统之一。⑦

与此同时，后期的胡塞尔、海德格尔都以实践为导向和基础。技术现象学的重要代表唐·伊德（Don Ihde）认为，"在实践中，具身是我们参与环境或'世界'的方式"，这种具身实践在很大程度上是伴随人工、物或技术的具身嵌入的。⑧ 因而，技术具身已经融入我们的身体经验和意识感知中，而不能再沿袭离身范式所理解的那样，把技术看作外在于身体

① 宁晓萌. 表达与存在：梅洛-庞蒂现象学研究 ［M］. 北京：北京大学出版社，2013：3.
② 叶浩生，主编. 具身认知的原理与应用 ［M］. 北京：商务印书馆，2017：30.
③ ［法］梅洛-庞蒂. 哲学赞词 ［M］. 杨大春，译. 北京：商务印书馆，2000：148.
④ ［法］梅洛-庞蒂. 知觉现象学 ［M］. 姜志辉，译. 北京：商务印书馆，2001：300.
⑤ ［美］丹尼尔·托马斯·普里莫兹克. 梅洛-庞蒂 ［M］. 关群德，译. 北京：中华书局，2003：27.
⑥ Fusar-Poli, P., Stanghellini, G. Maurice Merleau-Ponty and the "Embodied Subjectivity" (1908-61) ［J］. Medical Anthropology Quarterly, 2009（2）：91-93.
⑦ Craig, R. T. Communication Theory As a Field ［J］. Communication Theory, 1999（2）：119-161.
⑧ ［美］唐·伊德. 让事物"说话"：后现象学与技术科学 ［M］. 韩连庆，译. 北京：北京大学出版社，2008：55.

的工具。① 为此，唐·伊德吸收了实用主义和现象学的所长，结合技术哲学的"经验转向"开创了一种以人、技术（具体的技术物）、世界三者关系为核心的融入生活世界的后现象学（技术现象学），并提出了人与技术基于知觉的具身关系。

以笛卡尔身心二元论来审视世界，世界无疑是由现象和本质构成的，是抽象、分离、可量化的，而从现象学身体观的整体性、情境性视角来重新审视世界，抽象的身体复归为活生生的身体，世界又重新聚合在身体周围，与身体融为一体，相互交织渗透。因而，两种身体观有着本质的差异，由此生发的研究范式也具有质的不同。

（二）中国传统哲学的"体知"观

如果说西方传统哲学是一种意识主体哲学，那么中国古典哲学则是以身体为根本的实践哲学，体现的是一种以体验为核心的身心一如的思维观，现代新儒学代表杜维明先生将之归纳为"体知"思想，即身体力行、亲身实践，并认为这是儒家思想的核心特征。然而以身体之维作为知与行的重要基础无不体现在儒释道中。换句话说，"体知"是中国传统思想普遍的特性。从先秦儒家的"修身养性""天人合一"到宋明儒学的"内在经验"体验思想，从老庄的"以身体道""道身不二"到魏晋玄学的"以无为体""圣人体无"，从佛家的"戒""定""慧"的修行法门到禅宗的"如人饮水，冷暖自知"等，无不渗透着"体知"的思维观。②

中国传统文化中身体是连接可见物与不可见物的媒介和桥梁，中国人一贯以身体的隐喻性思维来认识世界，这种"我与万物同一"的文化传统与西方的认知文化迥异，中国几乎没有经历过类似笛卡尔主客二元认识论的阶段。威斯康星大学吴光明教授将身体的隐喻性思维称为"身体思维"（body thinking），即以身体的方式在具体物中进行思想行动，亦称为身体化/具身

① 孙玮. 交流者的身体：传播与在场——意识主体、身体—主体、智能主体的演变 [J]. 国际新闻界，2018（12）：83-103.
② 叶浩生. 主编. 具身认知的原理与应用 [M]. 北京：商务印书馆，2017：135.

化思维①，是以情境性、视角性、语境性、有限性、开放性、关联性为典型特征的②。身体在身心一如的"体知"思维观中具有多重属性，既有生物有机体的物质属性，又有与天地贯通的精神属性，而其最根本的属性乃身体的实践性。道不可言说，只可亲身体证的道家身体观也是一种典型的身体（体知）思维。

中国古典哲学中蕴含的"体知"思维观传承了中国人的思维传统，彰显了中国古典哲学的智慧。与此同时，中国传统哲学思维又在当代与西方现象学尤其是存在现象学、身体现象学思维观发生了共鸣，使中国古典哲学中的"体知"思维观在现代语境中打上了现代话语的烙印。

（三）具身认知科学

认知科学主要是建立在哲学、心理学、语言学、计算机科学、人工智能、人类学等基础之上的，是多学科交叉协作的结果，其任务是探索人类认知与智能的原理和机制。一般来说，认知科学分为两个发展阶段：一是 20 世纪 60 年代以来，"以认知的符号加工和联结主义的并行加工"为主的第一代认知科学，也被称作非具身认知（离身认知，disembodied cognition）科学研究范式；二是 20 世纪 80 年代以来，以强调"情境性、具身性、动力性"为首要特征的第二代认知科学，也被称作具身认知（embodied cognition）科学研究范式。③

传统的认知科学，其核心假设是"计算—表征"论，即将世界符号化，将认知过程看作计算机的信息符号加工、表征、操纵过程。计算机就类似于人的大脑，计算就如同思维，认知就是计算机的表征和运算过程。④ 因而，认知被看作离身的，精神智能与作为物理实体的身体无本质联系。此种离身（非具身）认知的研究范式长期以来作为认知科学的主流范式，支配

---

① 〔美〕吴光明 . 庄子的身体思维［M］. 蔡丽玲，译 .// 杨儒宾，主编 . 中国古代思想中的气论及身体观 . 台北：巨流图书公司，1993：394.
② Kuang-Ming, Wu. On Chinese Body Thinking: A Cultural Hermeneutics ［M］. Leiden: E. J. Brill, 1997：252.
③ 叶浩生，主编 . 具身认知的原理与应用［M］. 北京：商务印书馆，2017：5-6.
④ 叶浩生，主编 . 具身认知的原理与应用［M］. 北京：商务印书馆，2017：1.

着人工智能等领域的发展和研究。认知语言学家莱考夫和约翰逊认为传统认知科学忽视了人的生理构造及身体体验在认知中的重要作用，因而第一代认知科学是抽象的、离身的。为此，他们借助现象学将语言和身体的认知加工机制勾连起来，认为心智是具身的，强调身体在认知与语言习得中的根基性作用，提出了语言学"具身转向"的哲学基础——具身实在论（Embodied Realism），用具身性摆脱了语言学的形式主义和客观主义的理性思维预设。①

如果说第一代认知科学本质上是笛卡尔主义，将心智看作"思维的东西"，那么第二代认知科学则是"具身—嵌入"式认知模式，接受的是梅洛-庞蒂的思维框架。② 具身认知承认身体在认知中的巨大作用，秉持的并非身体一元论或者身心二元论，其所主张的是身体、心智、大脑、情境的一体论。③ 这意味着，认知是建构而非反映的过程，认知是在身体与环境的互动中形塑的。④ 因而，具身认知并不是抽象、孤立地强调大脑的认知作用，而是将认知放置于包括身体、情境、文化在内的整体系统中研究。⑤

综上所述，从根本上说具身性是直接源于现象学的一种思想和概念，并与中国传统"体知"观相合，这是一种带有解构西方传统形而上学的批判和变革力量的思想。具身性作为一种视角、范式的转换在人文、科学领域所引发的思想浪潮是对始于古希腊，形成于笛卡尔的"主—客""身—心"二元划分与对立的反叛与超越。传播学引入具身性不仅是对日常传播实践尤其是智媒时代媒介具身化趋势所产生的独特的传播经验和现象的回应，更是"重思传播"的一种理论和方法的创新路径。

① 芮必峰，昂振.传播研究中的身体视角——从认知语言学看具身传播 [J].现代传播（中国传媒大学学报），2021（04）：33-39.
② Laar, T., Regt, H. Is Cognitive Science Changing Its Mind? Introduction to Embodied Embedded Cognition and Neurophenomenology [J]. Theory&Psychology, 2008（3）：291-296.
③ 叶浩生，主编.具身认知的原理与应用 [M].北京：商务印书馆，2017：36.
④ 叶浩生，主编.具身认知的原理与应用 [M].北京：商务印书馆，2017：59.
⑤ 何静.身体意象与身体图式——具身认知研究 [M].上海：华东师范大学出版社，2013：36.

二　"范式"概念及其三重阐释框架

长期以来，科学哲学领域围绕"科学知识是如何演进的"这一命题争论不休。以石里克（M. Schlick）、科恩（J. Cohen）等为代表的逻辑实证主义（逻辑经验主义）学派认为科学知识是对经验现实的客观反映，因而科学知识的演进是一种与社会因素无关的累积式增长性逻辑。在这之后，证伪主义学派则认为科学知识的增长机制并非关于逻辑命题的总结和验证，而依靠的是对科学家的不断批判和证伪。1962 年，美国学者托马斯·库恩在《科学革命的结构》（*The Structure of Scientific Revolutions*）一书中提出范式（paradigm）理论，推动了科学哲学从证伪主义迈向科学历史主义。① 在库恩看来，科学知识的形成和演进在一定程度上受到科学共同体在世界观（哲学观）等形而上学层面的影响和支配。他用范式这一概念指代认识世界和把握世界的"公认的模型或模式"②，其本质是一套共享的思维和信念。具体来说，库恩在考察了科学发展史后发现，科学发展并不是如同人们预期的那样是渐进的、累积式的，而是整体的、革命的。在常规科学阶段，科学共同体会共享一套研究前提、假设、范例，并在此信仰下展开具体研究。但随着研究的深入，一些例外、异常的现象逐渐出现，人们开始修改和补充规则来维护原有的研究前提和假设。直到出现了无法解决的危机，人们便开始质疑原有的研究前提、假设以及范例的正确性和有效性，甚至抛弃之而另辟蹊径，大胆提出新的假说，直到危机得到解决，库恩将之称为范式革命。③ 库恩将科学发展看作一个包括常规科学阶段、科学危机阶段、科学革命阶段以及新的常规科学阶段的动态模式。

---

① 赵超. 学科研究视域中知识社会学的理论整合与范式转换问题研究 [D]. 天津：南开大学，2013.
② 〔美〕托马斯·库恩. 科学革命的结构 [M]. 金吾伦，胡新和，译. 北京：北京大学出版社，2012：19.
③ 刘海龙. 大众传播理论：范式与流派 [M]. 北京：中国人民大学出版社，2008：74-75.

范式作为一个学术共同体共同承认的一套研究前提、假设和范例，决定了什么样的问题能够最终进入研究视野。因而，不同的范式决定了不同的研究问题。但库恩并没有给范式这一概念下一个明确的定义。英国学者玛格丽特·玛斯特曼发现库恩在《科学革命的结构》一书中针对范式就有多达二十一种不同的表述。经玛斯特曼归纳提炼后发现库恩的范式概念涵盖了三重不同层次的内涵：① 一是形而上学范式（metaphysics paradigm）或元范式（meta paradigm），即"一种形而上学的观念或实体"，是科学研究所具有的"一种整体的世界观"；二是社会学范式（sociological paradigm），即"一种普遍承认的科学成就"或"一套科学习惯"，相比作为世界观的元范式来说，社会学范式是具体的、可捉摸的、先于理论的一套科学研究习惯；三是人工范式（artefact paradigm）② 或构造范式（construct paradigm），即可以理解为解决难题的"一个思维的构造，一个人造物，一个体系，一个依靠本身成功示范的工具，一个由于现身说法而展示的解释方法"③。可见，库恩所谓的范式是一种包含了宏观、中观、微观三种递进层次的概念，如图 0-2 所示。总的来说，范式从属于科学哲学范畴，在宏观上，范式是一套科学共同体所共同承认的关于科学研究的世界观、信仰、价值观等，是指导该群体进行科学研究的一种潜在的形而上学的视域和框架；在中观上，范式是科学共同体所形成和依赖的一套先于理论的"智识的、语言的、行为的、机械的、技术的"科学习惯，以此吸引研究者组成一个"团结一致的团体"，并为他们"提

---

① 〔英〕玛格丽特·玛斯特曼. 范式的本质［M］//〔英〕伊姆雷·拉卡托斯，艾兰·马斯格雷夫，编. 批判与知识的增长——1965 年伦敦国际科学哲学会议论文汇编第四卷. 周寄中，译. 北京：华夏出版社，1987：77-85.

② 此处"人工范式"对应的英文翻译是"artefact paradigm"而非"artifact paradigm"，详见〔英〕玛格丽特·玛斯特曼. 范式的本质［M］//〔英〕伊姆雷·拉卡托斯，艾兰·马斯格雷夫，编. 批判与知识的增长——1965 年伦敦国际科学哲学会议论文汇编第四卷. 周寄中，译. 北京：华夏出版社，1987：84.

③ 〔英〕玛格丽特·玛斯特曼. 范式的本质［M］//〔英〕伊姆雷·拉卡托斯，艾兰·马斯格雷夫，编. 批判与知识的增长——1965 年伦敦国际科学哲学会议论文汇编第四卷. 周寄中，译. 北京：华夏出版社，1987：90.

供了各种各样的问题"①；在微观上，范式意味着一种理论基础和实践规范，因而是一套范例，是具体指导科学发展的研究模式或模型。

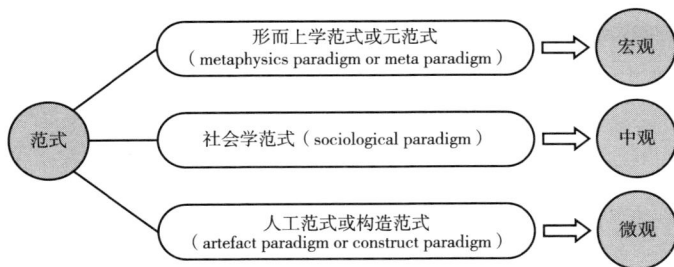

图 0-2 库恩"范式"的三重维度

一个范式若得到多数研究者的承认，那么该范式就可能成为主流范式。不同范式之间不可通约（incompatible），彼此竞争，针锋相对。② 从这个意义上说，具身传播所采取的身体现象学立场与大众传播（离身传播）的身心二元立场迥然相异，因而具身传播范式的意义并非仅仅在于将身体作为新鲜视角引入传播学，更重要的是要求智能传播时代的传播研究必须在思维和观念上进行转换和在范式上进行变更。

第五节　思路方法与篇章结构

一　以知识社会学为整体研究进路

人文社会科学研究从研究视角、起点和目的等方面的差异来看，大致可以分为规范性研究和实证性研究。前者基于一定的价值判断和行为准则，一般通过逻辑思辨和推理演绎的方式对某一研究领域的元问题进行探究，解决

① 〔英〕玛格丽特·玛斯特曼. 范式的本质 [M] // 〔英〕伊姆雷·拉卡托斯, 艾兰·马斯格雷夫, 编. 批判与知识的增长——1965 年伦敦国际科学哲学会议论文汇编第四卷. 周寄中, 译. 北京：华夏出版社, 1987：84-85.
② 刘海龙. 大众传播理论：范式与流派 [M]. 北京：中国人民大学出版社, 2008：76.

的是"应该是什么""如何才能更合理"等这类应然问题；后者通过对现实经验的取样、调查或实验观测等方式获取到相应的数据、资料等，以此发现事物的本质和总结具有普遍规律性的结论，旨在揭示"是什么"这类实然问题。本书是在"重思传播"的学科发展语境下，对智媒时代具身传播研究在范式层面上的一系列元问题进行探究和澄清，观照的是学科发展的应然问题，因而属于一项规范性研究，并在方法论上以知识社会学作为整体研究路径。

知识社会学是从社会学的视角考察人类思想、知识与社会之间关系的一门学问，也是揭示文本背后所暗藏的社会情境变迁和知识生产逻辑的一种主要研究进路。德国哲学家、社会学家马克斯·舍勒所著的《知识社会学问题》《知识形式与社会》被看作知识社会学的奠基性著作。而一般认为，卡尔·曼海姆（K. Mannheim）开创了明确的知识社会学。他在马克思学说的影响下提出了信念的存在决定理论，认为任何知识皆由"历史—社会"情境所塑造，思想与思想者的行动和阶级密不可分。① 到了 20 世纪 60 年代，伯格（Peter Berger）和卢克曼（Thomas Luckmann）发表了社会建构论的经典著作《现实的社会建构：知识社会学论纲》，从现象学社会学的角度将知识社会学的考察范围拓展至日常生活的知识，揭示了作为"客观现实"和"主观现实"的社会何以构成。此外，福柯在《词与物》中通过知识考古学探究知识背后的根基与秩序，提出了知识型概念，用以指称一定历史时期受一组隐匿的系统规则所操控而形成的结构性知识形态、知识标准，以此规训特定历史时期的知识生产和评价。知识型决定了某一时代配置各种话语和各门学科的根本规则。② 除此之外，库恩根据对科学知识的考察提出了范式理论，打破了科学知识的"积累论"，使得从社会学角度考察和分析科学知识成为可能。③

---

① 黄晨. 场域决定思想——当代中国政治思想变迁的知识社会学逻辑（1978—2000）[J]. 中国人民大学学报，2021（02）：104-114.
② 陈嘉明. 现代性与后现代性十五讲 [M]. 北京：北京大学出版社，2006：329.
③ 赵超. 学科研究视域中知识社会学的理论整合与范式转换问题研究 [D]. 天津：南开大学，2013.

　　可以说，知识社会学兼具理论和方法的双重功能：一方面，知识社会学是分析知识与社会之间关系的理论；另一方面，知识社会学又是一种"历史学—社会学"研究方法，试图追溯知识与社会之关系"在人类的学术发展史上已经采取的各种形式的轨迹"。① 因此，知识社会学就是要去撕开那些知识、信仰和观念系统的"表面价值"，结合它们所处的社会情境去重新审视，进而揭示其隐含其中又不易察觉的实质。② 简言之，知识社会学试图领会的即"处于某种历史—社会情境的具体背景之中的思想"③。因此，知识社会学为我们提供了一种审视传播学学科及范式的理论和方法进路，不仅帮助我们反思传播学当前面临的学科危机以及透视其背后的深层的社会根源，还帮助我们试图揭示传播学在特定时期的包括某种思想、观念在内的那些"理所当然"的知识是如何被建构为学科现实的过程。因此，笔者以知识社会学为整体研究进路，先后从"以'身体'重思传播"和"范式的变革"两个部分入手进行递进式探索，如图 0-3 所示。

　　可以说，以"身体"重思传播是本书重要的研究起点，旨在发现传播学中占主导地位的身体观念以及这种传播的身体观是如何被建构起来并构成暗中支配主流传播研究的一种知识型的有机成分，从而呈现和揭示出具身传播研究得以兴起的深层根源及其在思想学术脉络中的位置。这种学术思想史的探究可以为本研究的正式展开奠定社会思想语境和学术基础。正如施密特（Brain Schmidt）所言："检验一门学科的当代性质与理解其知识演化的根源密不可分。"④ 为此，笔者首先把身体置于整个人类思想史中进行考察，通过文献法从源头上对身体概念的基本流变、中西思想史中不同的身体观以及身体地位沉浮的历史过程进行脉络式梳理与把握，进而追问这些身体观在传

① 〔德〕卡尔·曼海姆. 意识形态和乌托邦——知识社会学引论［M］. 霍桂桓，译. 北京：中国人民大学出版社，2013：285.
② 〔美〕莫顿. 社会理论与社会结构［M］. 唐少杰，译. 南京：译林出版社，2006：686.
③ 〔德〕卡尔·曼海姆. 意识形态和乌托邦——知识社会学引论［M］. 霍桂桓，译. 北京：中国人民大学出版社，2013：3.
④ Brian Schmidt. The Historiography of Academic International Relations［J］. Review of International Studies，1994（4）：349.

以"身体"重思传播 ┊ 范式的变革

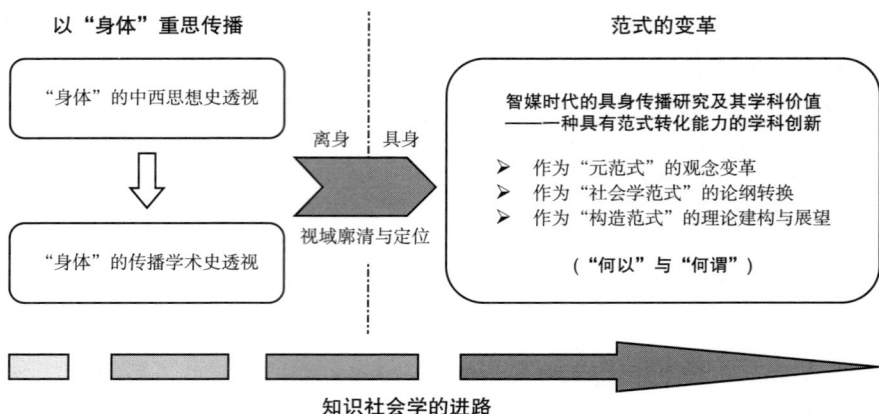

图0-3　研究的逻辑架构

播学术史中是如何显现的。为此，本书继续展开对传播学术史的身体透视，即通过回溯传播学长期以来占主导地位的知识型脉络，从传播学的源起以及主流传播学研究范式的基本立场、研究假设中反思主流传播学关于身体究竟设置和建构了什么样的先验假设以至于长期以来将身体视角排除在传播研究之外，并认为具身传播研究是在智能媒介技术的现实追问和传播学既有知识型发生转移的双重语境下伴随媒介研究的各种思潮而延伸出的一种创新路径。

　　本研究在知识社会学的进路中以"身体"重思传播的过程亦是一种关于传播学的"逆思"过程，颇有现象学"回到事情本身"的意味。事实上，知识社会学常常借鉴现象学的方法论，构成了知识社会学重要的路径分支，即知识社会学的现象学传统。因此，本研究所采取的知识社会学进路亦是一种现象学进路。通过悬置那些理所当然、不证自明的传播假设，打破主流传播学所形成的现成性思维，去寻根其背后"预先被给予"的东西、结构、意义以及不在场的牵引等。[1] 对传播学的现象学社会学"逆思"，可以为我们提供一种传播学的新知，即具身视角。从严格意义上说这并不是一种

----

① 吴国盛. 技术哲学经典读本［M］. 上海：上海交通大学出版社，2008：编者前言9.

"新"知反而是一种"旧"知，即传播学早已存在但又处于隐蔽状态的东西，而现在我们把它明示出来，即是一种学科的创新。正如海德格尔所提醒的那样，"历史学家必须关注那些被遗漏在哲学的背景当中的东西，而不是那些暴露在光天化日之下的东西"①，因而我们从知识社会学的史学进路展开思想学术史的回溯、检讨和反思就是试图突破传播学在特定时空所形成的固有的分析尺度和框架，重返传播研究的起点，重拾被传播学"遗忘"的身体，以此从整个思想学术史的脉络和逻辑中为具身传播研究的兴起寻求其合法性以及揭示这种新范式得以萌芽和兴起背后给予支撑作用的深层结构。这便构成本研究"以'身体'重思传播"这部分的知识社会学考察。

本书将在"范式的变革"部分回答具身传播研究何以成为传播学的一种具有范式转化能力的学科创新以及何谓具身传播研究范式，因而本书的第二部分即在范式层面围绕"何以"与"何谓"进行知识社会学的探索。具体来说，即主要以库恩范式概念的三重阐释为研究框架，对智媒时代的具身传播研究在范式的三种层次上予以揭示，以完成对智媒时代范式变革的系统化阐述。首先，本书通过追问具身性的思想来源及其价值论述了传播学引入具身性的意义所在，并厘清了具身传播研究的视域定位，即置身于一种后现象学的开放视野中。其次，本书考察了当前传播研究中所公认的几种范式的划分，指出这些范式及其划分依据在当下面临的双重困境和危机，进而从理论上推演和提出一种新的范式划分标准，即以"人—媒"关系为基础的"离身（非具身）传播研究范式"与"具身传播研究范式"的二分。如果说前者是与大众传播时代相耦合的研究范式，那么后者则与智媒时代的传播研究相匹配。本书进而对具身传播研究从"元范式""社会学范式""构造范式"三个维度入手予以层层递进的系统性阐述。

与此同时，在资料、文献的收集与处理过程中，本书采取了以下几种具

---

① 〔美〕格拉汉姆·哈曼.迈向思辨实在论：论文与讲座［M］.花超荣，译.武汉：长江文艺出版社，2020：62.

体的研究技术。

第一，融合与比较。由于具身性本身是一个跨学科视角，因而本书是在中国哲学、现象学、技术哲学、具身认知科学、社会学等不同视域中寻求关于具身性的共识，并在传播学的总体框架下展开理论对话。正如学者许煜在《论数码物的存在》一书中所言："我所理解的跨学科模式，它不是劳动分工的联合，而是早已假定的潜在统一性。"① 因而，本书所采取的跨学科研究也并非一种分工模式，而是多学科的视域融合。此外，分析比较是一种对事物之间的结构要素进行分析与比较，以揭示不同事物间具体要素的相似性、关联性、差异性及其原因的一种具体的定性研究技术，不仅有助于对那些较为宏大的问题进行研究和解释，还可促进跨学科研究。② 因而本书以"重思传播"为重要的研究起点，将身体置于中西思想文化观念中进行观照，并对比了大众传播时代与智媒传播时代的语境差异，以及身体研究的抽象化研究路径与情境化研究路径、离身传播研究范式与具身传播研究范式之间的根本性差异后，认为具身传播研究是一种智媒时代传播学的范式创新与超越。

第二，文本分析。文本分析作为一种定性资料分析的方法与策略，旨在对相关文本资料加以解读、分析和反思。③ 本书针对传播思想学术史、学科发展史的相关文献以及当前国内具身传播的相关核心研究文本等进行了文本结构、文本意义以及反思性文本分析，旨在以知识社会学的视角探究具身传播研究范式得以萌芽和兴起背后的深层结构和语境，以及描述和界定具身传播研究范式在不同维度上的意涵。

二 篇章架构与安排

本书以一种由远及近、由表及里的"剥笋式结构"来组织具体的章节。第一章、第二章是从思想学术史的大背景中以身体重思传播；第三章至第六

---

① 许煜. 论数码物的存在 [M]. 李婉楠，译. 上海：上海人民出版社，2019：导言 3.
② 陆益龙. 定性社会研究方法 [M]. 北京：商务印书馆，2011：208.
③ 陆益龙. 定性社会研究方法 [M]. 北京：商务印书馆，2011：201.

章聚焦到具身传播研究领域，将具身传播研究作为一种范式在宏观、中观、微观三个维度上层层递进地加以系统化阐释。

（一）绪论部分

阐明了研究缘起、研究现状、研究问题及价值、主要理论资源、方法逻辑与篇章结构等。

（二）正文部分

第一章　身体的"历史—文化"透视：具身传播研究的思想起点

首先，采取纵横交贯的逻辑架构，从历时性角度对身体概念、身体观、身体地位的流变脉络进行勾勒和厘清；从共时性角度对中西方文化传统影响下的身体观进行比较和区分。其次，指出中西身体观虽有本体论、认识论上的显著差异，但在当代却发生了融通，并共同为学术研究的"身体转向"提供了理论阐释力和思想养分。

第二章　身体的传播学透视：具身传播研究的学术起点

首先，通过回溯传播学的源起以及主流传播学研究范式的基本立场、假设等，反思主流传播学中关于身体的先验假设。其次，通过回溯传播学学术史中关于身体的那些隐秘线索，从而进一步论证身体如同在社会学中的遭遇一般，是一种社会学家希林所谓的"缺席在场"（absent presence）状态。最后，笔者试图从智能媒介实践和传播学知识型发生转移的双重语境中揭示和回答具身传播研究何以兴起，并逐渐成为当今传播学中最有潜力和创新价值的前沿问题域之一。

第三章　具身传播研究的视域廓清与定位：一种后现象学的开放视野

旨在追问具身传播研究的理论渊源、视域定位及概念界定。通过对具身性概念进行思想溯源，本书发现具身性思想有着中西方双重渊源。从西方来看，具身性具有西方哲思与实证的双重有效性：一方面，具身性直接来源于西方现象学谱系；另一方面，具身性思想还来源于具身认知科学，后者为前者提供了科学实证的担保。此外，具身性思想与中国传统哲学中的"体知"观亦发生诸多共鸣。因而具身性是一种中西方思想的视域融合，并呈现"一本四性"的内在统一性特征。据此，本书进一步澄清具身性概念、内涵及其超越性，并继续追问传播学引入具身性的意涵以及指出具身传播研究将被定位在后现象学的理论视野中。

第四章 作为观念的"元范式"：智媒时代具身传播研究的革命性

首先，对范式概念进行再阐释，指出和澄清了范式长期以来被遮蔽的三重内涵，即"元范式""社会学范式""构造范式"。其次，考察了当前传播研究中所公认的几种范式的划分，指出这些范式及其划分依据在当下所面临的双重困境和危机，进而从理论上推演和提出一种与智媒时代传播研究相耦合的范式划分标准，即以"身—媒"关系为基础的"离身（非具身）传播研究范式"与"具身传播研究范式"的二分。最后，进一步从"元范式"层面论证了智媒时代具身传播研究本身蕴含着一种成为新范式的革命潜能，即体现在与旧有的、大众传播时代占主导地位的离身传播研究范式在哲学观、传播观、媒介观、方法论、基本视角、学科定位等元观念上的深层差异。

第五章 作为习惯的"社会学范式"：智媒时代具身传播研究的初始论纲

集中对智媒时代具身传播研究在"社会学范式"层次上展开探讨，归纳了包括概念、关系、范畴、方法、进路等在内的一套"具体的、可琢磨的"关于研究习惯的初始共识。而本章的目的并不是为具身传播研究提供一份现成的、可以按部就班的操作手册，更不是提出一套成熟的理论体系，而仅仅是进一步揭示和阐明那些具身传播研究共同体成员行将进入常规研究阶段之时自觉或不自觉形成的研究习惯的内在统一性。

第六章 作为模式的"构造范式"：常规研究阶段的理论建构与展望

选取了几位代表性学者的相关研究作为具身传播研究的范例进行剖析，指出这些研究为"构造范式"提供了一种最初的研究"操作"或"模式"，即深入生活世界中具体考察媒介人的日常生存实践。中国作为当前最前沿、最具活力的媒介实践场域，为中国的传播学者从中国实践出发建构中国本土的传播理论提供了得天独厚的历史性机遇。因此，本章指出迈向常规研究阶段的具身传播研究将以先行者为范例和路标，从中国的媒介实践出发，依靠着有共同信念的学人们去努力完成"构造范式"这项未竟的事业。

（三）余论部分

阐明本书的主要研究发现、研究价值及必要说明，并就后续研究进行展望。

第一章
身体的"历史—文化"透视：具身传播研究的思想起点

> 从思想史中我们可以发现，事实上并不存在这样的一成不变的概念，有的只是与不同社会相伴随的形形色色的概念。这一发现不仅关乎过去，而且是关乎我们自身的真理。[①]

——〔英〕昆廷·斯金纳

以"身体"重思传播是本书重要的理论和逻辑起点，而对身体进行"历史—文化"透视则是重思传播的第一步，亦构成具身传播研究的思想起点。然而，古今中外思想史中涉及身体的论述不计其数，本书无意于对身体论述进行无一遗漏、详尽的爬梳，而是力求将身体放置在中西方思想史中进行脉络式呈现与把握，以此引出本书必须回答的首要问题，即智媒时代传播学研究为什么要"回归身体"？因而，必须首先从源头上厘清中西思想史中的身体概念、身体观以及身体地位的演变。

本章采取纵横交贯的逻辑架构，首先，分别从历时性和共时性两条线索出发，对身体概念、身体观、身体地位等进行纵向与横向爬梳，宏观上勾勒和厘清其流变脉络。从思想史的历史维度上看，身体观念按历史发展可以粗略划分为"身体与心灵"关系阶段、"身体与社会"纠缠阶段、"身体与技

---

① 〔英〕昆廷·斯金纳. 观念史中的意涵与理解 [M] //丁耘，主编. 什么是思想史. 上海：上海人民出版社，2006：134.

术"互嵌阶段。① 而不同的历史阶段对应着关于身体的不同理解。因此，下文中"可协商的身体概念"部分就是按身体观三阶段的划分逻辑来依次展开的。与此同时，从中西方思想观念的横向对比上看，中西方不同的世界观深刻地影响了中西方的思想文化传统，因而也形成了各自不同的占主导地位的身体观念。这些身体观虽有本体论、认识论上的显著差异，但在当代却发生了汇集、互渗、呼应与共鸣，并共同为当下人类面临的新的身体命题提供了重要理论阐释力和思想养分。而对身体境遇在思想史中的勾勒则为学术研究的"身体转向"提供了重要的思想语境。

第一节　可协商的身体概念

一　身体即肉体

"身体是承担着诸如呼吸、自我滋养、排泄、成长、繁衍和死亡之类生物学进程的天然的肉体的对象"②，长期以来，这种"身体即肉体"的观念已经成为一种对身体根深蒂固的最一般的常识和认知。事实上，人类先祖最初就是从人的身体出发，以"拟人论"来思考和认识世界的，因而把自然和社会看作一个巨人的身体。"世界的拟人化是参考身体的所有部位来塑形的"，社会学家约翰·奥尼尔将之称为"世界态身体"③。换句话说，身体是人类认识世界的原型。古代巴斯克人曾用身体的五个部分来对应五种宇宙起源要素——土、水、气、木、火。④ 中国古代"盘古开天地"的传说中，

---

① 汪民安. 何为身体，身体何为？ [EB/OL]. [2019-10-31]. http://culture.ifeng.com/c/7rFpgys3TNo.

② 〔英〕约翰·罗布，奥利弗·J. T. 哈里斯. 历史上的身体：从旧石器时代到未来的欧洲 [M]. 吴莉苇，译. 上海：格致出版社、上海人民出版社，2016：361.

③ 〔加〕约翰·奥尼尔. 身体五态——重塑关系形貌 [M]. 李康，译. 北京：北京大学出版社，2010：25.

④ 转引自〔法〕大卫·勒布雷东. 人类身体史和现代性 [M]. 王圆圆，译. 上海：上海文艺出版社，2010：14.

盘古的身体幻化为风云雨电、日月山川、大地江河。因而人类先祖的世界观（宇宙观）是拟人论的，反映的是社会性别化的身体意象。① 福柯也在《词与物》中佐证了这一点，他认为在古典社会时期，人们是从身体及其体验出发来认识和解释世界的，知识最初产生于身体与事物的相似性以及与世界的联系和交流中。

意大利哲学家维柯（Giambattista Vico）在《新科学》中也明确指出，人类最初是用身体思考世界的，而一切语种中的词源学蕴含着一条普遍性原则，即"语词都是从身体和身体的属性转运过来，意指心灵或精神方面的各种创设（institutions）"②。他进而认为，原始初民的这种身体化的世界图式正是构筑一切理性范畴的基础，现代理性起源于身体，而非心灵。可以说，人类先祖最初把世界的本原归于自然形态，而身体作为人类最熟悉的"自然存在"，其肢体和器官理所当然地成为人类先祖最初"向外看"的认知根据和临摹原型。

到了古希腊时期，人类开始"向内看"。据说古希腊的德尔斐神庙上刻着三句箴言，其中最著名的一句便是"认识你自己"，这也成为苏格拉底的哲学宣言。作为西方哲学的奠基者，苏格拉底开启了内向度思考，即探索人的心灵世界，将哲学的目光从自然界转向了人的世界。罗马思想家西塞罗评价道："苏格拉底第一次把哲学从天上拉回到了人间。"③ 早在古希腊时期，人就被看作由灵魂（心灵、意识、精神）和身体（肉体）两部分组成。但凡谈论人，就不得不谈及身体与灵魂，但凡谈论身体观，其最重要的意涵便是指向了特定文化历史时期的身与心的关系。因此，身体观首先是一种关涉身与心关系的动态观念。可以说，从柏拉图到尼采的整个西方哲学史都在探讨身体与心灵的斗争关系，其结果是将灵魂、心灵、意识、精神、理性与身

---

① 〔加〕约翰·奥尼尔. 身体五态——重塑关系形貌 [M]. 李康，译. 北京：北京大学出版社，2010：17.
② 〔加〕约翰·奥尼尔. 身体五态——重塑关系形貌 [M]. 李康，译. 北京：北京大学出版社，2010：14.
③ 书杰. 哲学 100 问：从古希腊到黑格尔 [M]. 北京：华文出版社，2019：38.

体进行了区分。①

　　在这个认知阶段，柏拉图首先把身体和灵魂分开，身体是安放灵魂的躯壳。受柏拉图主义的影响，中世纪基督教神学认为身体代表了七情六欲的动物本能，是"一种具有威胁性的、难以把握的危险现象"②。因而将身体看作邪恶的根源，提倡以禁欲主义对身体进行压制与驯服，以使人通过宗教的教化而脱离动物性。这种观念实际是将身体转化成了肉体，这样人的身体就与动物性联系起来。随后，笛卡尔明确提出了身心二元论。他曾在《第一哲学沉思集》中将身体定义为由脸、手、胳臂，以及骨头和肉组合成的"一架整套机器"，并将身体看作尸体。因而诸如吃饭、走路、感觉、思维等这些行动都归到灵魂上去。③此后，人逐渐被认为是理性的动物，理性才是人的本质属性，意识才是将人与动物区别开来的根本，而肉体则与理性无涉。心灵、灵魂、意识、精神等与理性结盟，理性使知识成为可能。作为肉体的身体因其关涉非理性而在知识的起源过程中被排除在外。启蒙运动以后，这种笛卡尔式的理性主义就牢牢占据着近代西方的认识论传统。

　　如果说中世纪基督教借助上帝来压制身体，启蒙运动以来又借理性来驱逐身体④，那么直到尼采发出"上帝已死""重估一切价值""一切从身体出发"的号角，身体作为肉体的动物性才从被驱逐中得到召唤和讴歌，对自笛卡尔以来的主体（意识）哲学进行了猛烈抨击和无情摧毁。如果说尼采之前，身体因其原始的欲望与冲动本能，无法成为人的本质属性而与动物作出区分，需要靠理性来克服动物性，控制身体，人才称之为人的话，那么尼采崇尚酒神精神，讴歌生命激情，释放了人的本能，彻底甩掉了意识，赋予了身体以本体论的意涵。

---

① 汪民安.何为身体，身体何为？[EB/OL].[2019-10-31].http://culture.ifeng.com/c/7rFpgys3TNo.
② 〔英〕布莱恩·特纳.身体与社会[M].马海良，等译.沈阳：春风文艺出版社，2000：15.
③ 〔法〕笛卡尔.第一哲学沉思集[M].庞景仁，译.北京：商务印书馆，1986：24.
④ 汪民安，陈永国.身体转向[J].外国文学，2004（01）：36-44.

与此同时，身体在近现代医学、解剖学、生理学、自然科学中被定义为"在生理和生物化学活动过程中起主导作用的诸种器官的集合"①，这与笛卡尔的"作为机器的身体"以及哈维·费古生（Harvie Fer-guson）的"无身体的器官"（organs-without-a-body）殊途同归。身体被等同于由器官组成的肉体，而身体的生物一元性成为科学领域的合法预设。身体的科学概念凸显了身体作为血肉之躯的物质性和客体性。身体作为物质性客体是可以被理性观察、认识、掌握和肢解的，并在空间上作出区分和命名。而身体的主体性、实践性的一面被这种机械身体观排除在外。法国人类学家大卫·勒布雷东认为，科学史就是一部身体缺陷的矫正史②，身体被降格为死物。

概而言之，这个阶段的身体观主要围绕身与心的关系进行探讨，人们对身体的理解体现的是生物性（生理性）特征，指向的是动物属性。身体是先天"给定"的自然存在，身体（body）与肉体（flesh）同一。

二 身体是兼具生物性和社会性的未完成的实体

如果说，认为"身体即肉体"可以粗略归结为一种自然主义、本质主义的倾向，将身体看作生命"给定"的、"前现代性的一种持恒现象"③，那么，随着福柯、布尔迪厄、戈夫曼、吉登斯、莫斯、埃利亚斯、巴特勒、奥尼尔、特纳、希林等人的粉墨登场，以及女性主义、消费主义的兴起，身体冲破了在人自身内部与心的斗争纠缠，而逐渐被历史、文化、政治、社会等人以外的世界裹挟，它们交织在一起，"自在"的身体演变为"自为"的身体。因而，在这个阶段，围绕身体的讨论从"身与心"的关系置换为"身体与社会"的关系。身体的概念不再局限在生物性（生理性）的肉身维度，身体除了具有生物有机体的属性外，还引入了社会性尺度（历史、文

---

① 〔法〕阿兰·科尔班，主编. 身体的历史（卷二）[M]. 杨剑，译. 上海：华东师范大学出版社，2013：5.
② 〔法〕大卫·勒布雷东. 人类身体史和现代性 [M]. 王圆圆，译. 上海：上海文艺出版社，2010：94.
③ 〔英〕克里斯·希林. 身体与社会理论（第二版）[M]. 李康，译. 北京：北京大学出版社，2010：61.

化、政治、经济、权力等）。思想史中看待身体的视角也随之从自然主义身体观转换为社会建构论的身体观，身体史"从生物文本的历史转到社会文本的历史"①。在尼采看来人类是"未完成的动物"，因而必须以社会性的方式建构"现实世界"，而人类生物属性的自身局限决定了必须将社会建构作为弥补。②

　　法国人类学家罗伯特·赫尔兹（Robert Hertz）在其著作《死亡与右手》中，对人的左手和右手的二元对立进行了分析，发现左撇子并非天生的，而是一种社会教化的结果，揭示了身体的社会建构性。法国人类学家马塞尔·莫斯曾提出"身体技术"的概念，并认为人们通过后天习得各种身体技术，身体是人类最基本的工具，不同社会和文化形态孕育着不同的身体技术。通过这种身体技术的训练，生物的人变为社会的人，生理的身体塑造为文化的身体。③ 著名社会学家诺贝特斯·埃利亚斯则在《文明的进程》一书中将身体看作"文明的载体"。英国人类学家玛丽·道格拉斯也把身体看作社会的产物，是一种文化象征系统。他提出身体具有双重性，即物理性和社会性。身体的生理过程反映了社会过程，身体行为是具体情境中的各种社会关系的体现。④

　　此外，在 20 世纪 70 年代，作为尼采的追随者，法国哲学家福柯将目光聚焦于身体，从身体出发构建自己的社会理论和谱系学。他拒绝意识和意识形态在历史中的主宰地位，而把历史的痕迹镌刻在身体上。如果说尼采发出了"一切从身体出发"的号角的话，那么福柯正是践行了这一口号。他深刻地洞察到关于历史、关于社会的方方面面都围绕着身体展开，针对身体的

---

① 〔加〕约翰·奥尼尔. 身体五态——重塑关系形貌〔M〕. 李康，译. 北京：北京大学出版社，2010：7.
② 〔英〕特纳（Turner, B.S），主编. Blackwell 社会理论指南〔M〕. 李康，译. 上海：上海人民出版社，2003：590.
③ 邱志诚. 国家、身体、社会：宋代身体史研究〔M〕. 北京：科学出版社，2018：5.
④ Mary Douglas. Natural Symbols：Explorations in Cosmology〔M〕. New York：Routledge，1996：69-86.

一切惩罚、监控、规训与筹划中隐含着权力的秘密、社会的秘密和历史的秘密。① 在福柯看来，身体并非仅仅是肉体，身体更大的意义在于它是权力作用下的社会的、历史的身体。②

可以说，福柯为后来兴起的身体社会学提供了最重要的理论资源。众多社会学家开始聚焦于身体议题。约翰·奥尼尔是最早将身体引入社会学的研究范畴，并试图建立身体社会学的学者之一。他关注身体作为一种"有理解力和评判力的资源"如何参与关于秩序的公共生产。为此，奥尼尔将身体视为"生理态身体"（physical body）和"沟通态身体"（communicative body）的综合体，并在此基础上进一步将身体区分为五种形态：世界态身体、社会态身体、政治态身体、消费态身体、医疗态身体。用奥尼尔的话来说，身体是所有社会行为的可渗透的根基，"我们的身体就是社会本身的血肉"③。

英国社会学家布莱恩·特纳于 1992 年提出"肉体社会"（somatic society）的概念，用以描述现代社会系统中的政治、文化议题如何通过身体得以表现。④ 特纳认为："身体，乃是人的本体，它既为个体存活的血肉之躯，也是社会观念和话语实践的产物。"⑤ 特纳的身体概念融合了"作为生命有机体的身体"和"作为表征系统的身体"两种观点，并把身体看作某种未完成的资源。⑥

克里斯·希林（Chris Shilling）在回顾了以往古典和晚近社会学中关于身体的研究后，试图克服自然主义身体观和建构主义身体观各自的缺陷，寻求一条中间道路，提出一种整体层面的身体观，即具身性社会学，把身体视

---

① 汪民安，陈永国．身体转向［J］．外国文学，2004（01）：36-44.
② 〔加〕约翰·奥尼尔．身体五态——重塑关系形貌［M］．李康，译．北京：北京大学出版社，2010：3.
③ 〔加〕约翰·奥尼尔．身体五态——重塑关系形貌［M］．李康，译．北京：北京大学出版社，2010：10.
④ 〔英〕布莱恩·特纳．身体与社会［M］．马海良，等译．沈阳：春风文艺出版社，2000：1.
⑤ 〔英〕布莱恩·特纳．身体与社会［M］．马海良，等译．沈阳：春风文艺出版社，2000：2.
⑥ 〔英〕克里斯·希林．身体与社会理论（第二版）［M］．李康，译．北京：北京大学出版社，2010：97-99.

作一种兼具生物性和社会性的未完成的实体，社会之构成过程中的一种多维中介。①

无独有偶，中国文化中的身体同样带有强烈的社会性与政治性。"礼者，体也，履也。"（郑玄《礼序》）所谓"礼"，是人的身体实践，身体作为权力展现的场所，建构、传递、维护着皇权的威严，而老百姓是通过礼节、礼数建构人与人的社会关系的。

如果说在"身与心"斗争的阶段，人们将身体看作一种天生给定的自然存在物，那么，当人们意识到身体深刻地与政治、经济、文化、社会、历史纠缠在一起的时候，身体的社会属性就凸显出来了。如果说，一开始社会建构论的身体观有意忽视了身体的自然属性的话，那么晚近兴起的身体社会学则试图调和本质主义（自然主义）身体观和建构主义身体观的分歧，建立具身性社会学，兼顾身体的生物性和社会性。身体本身也从静止的、本质的、先验的物质性概念转变为被建构的、规训的、未完成的实体。

三 身体是生物性、社会性、技术性互嵌的复杂综合体

20 世纪以来，尤其是 21 世纪，随着生物医学、基因改组、人工智能、虚拟现实等现代科技的发展，人类身体越发呈现一种技术维度的可塑性，即肉体的可编辑、重组、再造、美化、复制与仿真。技术在全面增强人的生理与社会能力的同时，也带来了人身份属性的变化，甚至性别的二元划分都遭遇了前所未有的挑战，而技术与人的互嵌更是动摇了长久以来以肉身为根本属性的身体概念。如果说福柯所讲的身体改造是通过权力的微观形式即制度、纪律，对身体进行规训和惩罚，从而历史性地塑造身体，那么基因改组则是通过编辑基因序列，改变身体的生物性状，重新设计与改造人；如果说做外科手术是为了安装假肢、整容整形等，那么给大脑植入芯片、给身体植入传感器等则是技术对身体内部的直接介入和侵占。早在 20 世纪 80 年代，

---

① 〔英〕克里斯·希林. 身体与社会理论（第二版）[M]. 李康，译. 北京：北京大学出版社，2010：新版序 8.

唐娜·哈拉维就曾提出著名的赛博宣言。所谓赛博（亦称"赛博格"，cyborg）是"控制论的"（cybernetic）与"有机生物体"（organism）两个单词的组合。哈拉维将"赛博格"界定为无机物机器与有机生物体的混合体。不可否认，我们已经步入了一个"赛博格社会"，"机器在生存的每个层面都与人类连接在一起"①。而"跨越人类与动物、有机体与机器、物质与非物质的界限"②的"赛博格"的出现，从本体上挑战了身体的肉身本质，解构了实体身体论，使原本建立在笛卡尔主客分离基础上的边界清晰的主体成了一种破碎的身份（fractured identities）。如果说，笛卡尔的理性主体建立在一系列二元区分与对立上，那么，"赛博格"主体则依赖于一系列跨越性关系。③

麦克卢汉、斯蒂格勒、唐·伊德、海勒以及众多的后人类学家都在乐此不疲地谈论着身体与技术的关系。麦克卢汉所谓的"媒介即人体的延伸"，早已为我们揭示出媒介技术是如何通过改变时空关系对人类感官进行延伸与再造的。斯蒂格勒借助普罗米修斯和爱比米修斯神话的隐喻将人看成一种缺陷性存在，因而技术作为人存在的需要以代具的方式弥补人的缺陷，人与技术合为一体。此外，人工智能、虚拟现实等媒介技术也在消解着技术和身体之间的边界。④ 如果说，工业技术主导了19世纪的技术发展方向，掀起了现代技术的第一次革命，"技术的界限很大程度上与人类身体的界限，是同构的"⑤，那么到了20世纪，信息技术则掀起了现代技术的第二次革命，技术有了强大的知觉转化作用，"将一种完全不能用身体经验到的不能知觉到的（这其实就是日常身体的感觉功能）现象，转化成图像的功能。但是，如果这些现象是以技术或工具作为中介，它们就

---

① Gray, C. H. The Cyborg Handbook ［M］. London：Penguin, 1995：3.
② 欧阳灿灿. 当代欧美身体研究批评 ［M］. 北京：中国社会科学出版社，2015：166.
③ 欧阳灿灿. 当代欧美身体研究批评 ［M］. 北京：中国社会科学出版社，2015：172.
④ ［英］克里斯·希林. 身体与社会理论（第二版）［M］. 李康，译. 北京：北京大学出版社，2010：36.
⑤ ［美］唐·伊德. 让事物"说话"：后现象学与技术科学 ［M］. 韩连庆，译. 北京：北京大学出版社，2008：73.

确实能经验到"①。换句话说，人的知觉和经验系统已经无法排除技术因素。这无疑昭示了一种事实：技术已经强势介入了人与世界的关系之中，人的世界观加入了技术的维度。而在唐·伊德看来，这个事实早在人类从伊甸园走入尘世时就已经发生。此外，海勒认为，人的主体有两个身体，"表现的身体以血肉之躯出现在电脑屏幕的一侧，再现的身体则通过语言和符号学的标记在电子环境中产生"②，海勒的身体观虽然包含了"作为肉身的身体"和"作为技术再现的身体"两个面向，但她同时认为我们终将成为"后人类"，身体并没有绝对的界限。在后人类主义视野下，人、身体、主体的概念遭遇了质的挑战，身体的去肉身化并非全然是幻想，人面临前所未有的身份危机。

身体概念在引入了社会维度后，在当今世界，身体的技术属性被发明和创造出来。现代技术以极为强势的态度嵌入身体，身体的边界一再被打破。技术的深度嵌入，使身体的概念更加扑朔迷离，而引发了自然科学、人文科学、社会科学等各学科聚集于"人机一体""人机共生"等身体议题之下。但总的说来，在"身体与技术"相互裹挟的当下及未来，身体无疑已经衍变为生物性、社会性、技术性互嵌的复杂综合体，身体在某种意义上形构了一种环境、一种场域。唐·伊德就曾在《技术中的身体》（*Bodies in Technology*，2002）一书中明确提出了"三重身体"③，即知觉化的自然身体、文化与社会化的身体以及贯穿（traversing）了前两个维度的技术化的身

---

① 〔美〕唐·伊德. 让事物"说话"：后现象学与技术科学［M］. 韩连庆，译. 北京：北京大学出版社，2008：73.

② 〔美〕凯瑟琳·海勒. 我们何以成为后人类：文学、信息科学和控制论中的虚拟身体［M］. 刘宇清，译. 北京：北京大学出版社，2017：5-6.

③ 国内通常翻译为唐·伊德的"三个身体"理论，即物质身体、文化身体、技术身体。但本书认为此种翻译是不妥当的，容易让人误解为：人有三个身体，并且相互独立。事实上，唐·伊德想表达的并不是"三个身体"而是身体具有的"三重性"，也可称为"三重维度"。唐·伊德将现象学意义上的身体称作"身体一"，而把福柯等处引出的文化与社会化的身体称为"身体二"，并在此基础上批判性引出自己所提出的"身体三"，即贯穿了前两个维度的技术化的身体。身体的三重维度不是彼此割裂，而是相互缠绕、相互影响的，并不能用某个维度否定其他的维度。详细内容参见 Don Ihde. Bodies in Technology ［M］. Minnesota：University of Minnesota Press，2002：xi.

体。无独有偶，安德鲁·芬伯格（Andrew Feenberg）提出了"四重身体"，即感官的身体（the sensory body）、文化的身体（the body informed and shaped by culture）、从属的身体（dependent body）、延展的身体（extended body）。① 无疑，这些身体的发现都指向了一个事实，即身体是多元的。

需要说明的是，"身体即肉身""身体是兼具生物性和社会性的未完成的实体""身体是生物性、社会性、技术性互嵌的复杂综合体"三种身体概念的演进并非完全遵照时间的线性发展。事实上，当下每一种身体概念麾下都集聚了各自的追随者，使以上三种身体概念在当今学界并存。哪怕今天学者们普遍聚焦于"身体和技术"关系的讨论，但"身与心"关系、"身体和社会"关系等却从未真正消失，它们以其特有的方式同"身体和技术"关系联系在一起。②

第二节　中西方文化传统中的身体观念

一　两种在世结构及其对中西方文化传统的影响

身体观并非抛开"人""灵魂""意识""社会文化情境"等孤立地看待身体本身，也绝非人类思想文化中形成的对身体的单一观念和看法。身体观是将身体置于特定关系中形成的观念，具有社会的、历史的、文化的、技术的多重维度。一部漫长的人类思想史也是一部身体与心灵、社会、技术等相互纠缠的关系史。中西方各自书写了怎样的思想史，是由中西方不同的世界观（人如何看待人与世界万物的关系）决定的，反映的是中西方的思维差异。

当代哲学家张世英先生曾从中西哲学史的角度对世界观进行了本体论和

---

① 刘铮. 虚拟现实不具身吗？——以唐·伊德《技术中的身体》为例 [J]. 科学技术哲学研究，2019（01）：88-93.
② 汪民安. 何为身体，身体何为？[EB/OL].［2019-10-31］. http://culture.ifeng.com/c/7rFpgys3TNo.

认识论层面的概括，提出了两种占主导地位的不同的在世结构，即"主体—客体"结构和"人—世界"结构。[①] 前者以主客二分的方式看待人与世界万物的关系，将"我"以外的一切对象化、客体化，"我"作为主体是通过对"客体"的认识把握、改造、征服客体，使客体为我所用，以达到主体和客体的对立统一。在"主体—客体"结构中，人与万事万物的关系是外在的，是一种以人为主体、以世界万物为客体的人类中心论。主客二元论的实质是精神对物质、理性对感觉的统治。[②] 此种二元论早在柏拉图那里就萌芽，在近代西方哲学创始人笛卡尔那里才正式确立。西方的近现代文化，具体来说，即从笛卡尔到黑格尔都秉持着这样的主体性思维。近代西方文化的飞速发展正是基于此种二元论。

与之形成对比的是，"人—世界"结构将人与世界万物的关系看作内在的、非对象性的，人与世界万物是一体的。与认为人是作为站在世界之外的"旁观者"的二元论不同，"人—世界"结构将人看作"纠缠"于万事万物之中的参与者。"人是世界万物的灵魂，万物是肉体，人与世界万物是灵与肉的关系"[③]，人与世界相生相融。"人—世界"的在世结构是张世英先生从美国哲学家梯利希（P. Tillich）的"自我—世界"理论中引申而来的。梯利希在海德格尔的"此在在世"基础上将自我与世界的这种融合关系概括为"自我—世界"结构，以区别于"主体—客体"结构。"人—世界"结构与中国自古以来"天人合一""物我两忘"的以主客一体为主导的思想相似相通。

如果说长期以来，"主体—客体"的二元论结构深刻地影响了近现代西方长达几个世纪的思想文化的发展，那么"人—世界"的主客一体的结构则形构了中国的思想文化传统。概而言之，西方文化的思维模式主要是理性式、抽象式的，而中国文化的思维模式主要是体验式、情境式的。这两种占

---

① 张世英. 哲学导论（第三版）[M]. 北京：北京大学出版社，2016：3-4.

② 〔加〕约翰·奥尼尔. 身体五态——重塑关系形貌 [M]. 李康，译. 北京：北京大学出版社，2010：6.

③ 张世英. 哲学导论（第三版）[M]. 北京：北京大学出版社，2016：3-4.

主导（非唯一）的、不同的元思维直接表现和反映在中西方不同的思想史上，自然也影响了中西方的身体观。

二 西方：以"主—客"二元论为主的身体观传统

西方在苏格拉底之前，主要是以"人—世界"合一式的思维来看待人与自然的关系的，身体与心灵并未确切分开。而到了古希腊，柏拉图的理念论开了"主体—客体"式思想的先河。① 在这种思维的影响下，柏拉图自然是要把身体和灵魂分开的，身体与灵魂便形成了二元对立。柏拉图在《斐多篇》中记录了苏格拉底赴死时的从容，并借苏格拉底之口将死亡看作灵魂与身体的彼此分离。② 在柏拉图看来，灵魂高于身体，身体被灵魂统摄，因而，从柏拉图开始便产生了灵魂为主、身体为客的预设。亚里士多德秉持"形式—质料"的实体性身体观，将灵魂看作形式，肉体看作质料，并认为"灵魂在最首要的意义上乃是我们赖以生存、赖以感觉和思维的东西"③，强调灵魂的本源性。

直到笛卡尔的"我思故我在"使西方哲学从本体论转向了认识论。笛卡尔的身心二元论，把身体和心灵看作不同的实体，从而把身与心彻底割裂，二者通过松果腺才得以交流。虽然柏拉图将人视作由灵魂和肉体两部分组成，并且灵魂高于肉体，但他始终承认身体是安放灵魂之所，身与心是相互纠缠的。但到了笛卡尔这里，他粗暴地将身与心强行分开，让身与心成为各自独立的实体，开创了"主体—客体"二元论的身体观，即将身与心彻底割裂，明确将心看作主体、将身看作客体。西方政治学中经常出现斯特·康特诺维茨（Emst H. Kantorowicz）的著名隐喻"国王的两个身体"（The Kings Two Bodies），即将国王身体看作"自然之体"和"政治之体"。前者是指国王个体的肉身，会生老病死，是世俗的、可抛弃的生物性身体；后者是作为政治的、精神的身体，具有象征意义，因而永存不朽。这体现的正是

---

① 张世英. 哲学导论（第三版）[M]. 北京：北京大学出版社，2016：8.
② 〔古希腊〕柏拉图. 斐多 [M]. 杨绛，译. 沈阳：辽宁人民出版社，2000：13.
③ 苗力田，主编. 亚里士多德全集（第三卷）[M]. 北京：中国人民大学出版社，1992：35.

西方二元论思维下的身体观。

尼采并没有解决传统哲学的二元论问题，他的身体观也是"身体/意识"二分的，身与心彼此独立。但与之前不同的是，尼采发现了身体并弘扬了身体，他提出"强力意志""超人哲学"意欲解放身体，改变长期以来意识对身体的压迫和宰制。如果西方旧的形而上学提倡的是"灵魂至上""理性至上"，那么，尼采主张的是"身体至上"，他旗帜鲜明地将身体与灵魂的位置颠倒过来。他的强力意志论本质上就是一种身体本体论。他说"我就是身体，别无他物"，是将身体看作比灵魂、意识更始源的根本，是主宰世界的原始动力。尼采的身体观影响了西方后现代的身体观念，福柯、巴塔耶、德勒兹等都从尼采身上汲取了思想光芒。

三　中国：以"人—世界"一体论为主的身体观传统

英文中的身体即"body"在词源学上与古德文"botahha"（桶、瓮和酒桶）有关，如一个"桶状"（tubby）的人。因而，西方文化传统中身体主要有"容器"等相关寓意①，强调的是身体作为躯壳的物质性和客体性，体现的正是"主体—客体"二分的思维观。与之不同的是，在古代中国人的理解中，"身，躬也，象人之身"②，人即身体，身体即生命。"身，自谓也"，则表明汉语中的身体可以指称自我。自我并不只是物质性器官集合而成的一架机器，而是有生命的有机体。"体"在古代汉语中既有名词之意，即形体、身体，又有动词之意，即体察、体验等。因而中国人所理解的身体，是"身"与"体"的结合，并不只是人的外在躯体，还有领悟、体察、体验之意。③在中国古典哲学中，人并非被看作灵肉对立，而被视为一个整体的身心互涉交关的过程。④我国著名思想家钱穆先生早在其著作《灵魂与心》中就指出，西方自古便有灵肉对立，并由此生发出主体与客体、肉体

---

① 安乐哲，陈霞，刘燕. 古典中国哲学中身体的意义［J］. 世界哲学，2006（05）：49-60.
② 许慎. 说文解字［M］. 北京：中华书局，1963：170.
③ 欧阳灿灿. 当代欧美身体研究批评［M］. 北京：中国社会科学出版社，2015：3.
④ 安乐哲，陈霞，刘燕. 古典中国哲学中身体的意义［J］. 世界哲学，2006（05）：49-60.

与心灵、理性思辨与感官经验等一系列二元对立的传统。而孔子观念中所谓的"人"是"兼包理性与情感，经验与思辨，而不能严格划分"①。因此，中国人的世界观里并无西方"主体—客体"二元论传统，即无本体界与现象界或精神界与物质界之分，而是现象中见本体，物质上寓精神。钱穆先生此番评论说的正是中国人的"人—世界"一体论的在世结构。在此思维的观照下，中国人的身体观历来以"身心互渗"为特质，并无笛卡尔式的身心彻底割裂的观念。

日本学者汤浅泰雄曾专门撰文指出，东方文化讲求的是身心一体的实践与体验，因而与西方的认知文化迥异。"身心之关系"可以说是西方哲学的传统问题，东方哲学也关注身与心，只不过首先提出了一个预设：人可以通过养心、修身，即所谓的"修行"而使身心关系产生变化。之后，才接着追问"身心之间的关系是什么"这一命题。② 换句话说，东方文化视野下的身心问题不是一种抽象理论，而是一种涉及身心的具身实践和生存体验。柏拉图所倡导的"哲学生活"是一种无视身体愉悦而追求心灵哲思的生活，中国的哲学智慧追求的恰恰是"人—世界"一体，身心交融、天人合一的境界。为此，中国传统思想文化中身与心总是互为依存的。儒家所说的"修身"基本等同于"养心"，可见，身与心虽在概念上区别指称，但在实践中却是泯然不分而浑然一体的。正如东汉年间的思想家桓谭在《新论·形神》中用烛火之喻来形容身与心相互依赖的关系："精神居形体，犹火之燃烛矣……烛无，火亦不能独行于虚空。"③

儒家身体观无疑最能代表和体现中国思想文化中的身体观念。在这个方面颇有建树的当数台湾学者杨儒宾，他曾在其主编的《儒家身体观》一书中认为，儒家的心性论与身体论是一体两面的，没有无心性之身体，

---

① 钱穆. 灵魂与心 [M]. 台北：联经出版事业公司，1976—1984：13.
② 〔日〕汤浅泰雄."气之身体观"在东亚哲学与科学中的探讨 [M] //杨儒宾，主编. 中国古代思想中的气论及身体观. 台北：巨流图书公司，1993：67.
③ 任继愈，主编. 中国哲学史（第二册）[M]. 北京：人民出版社，1979：111.

亦没有无身体之心性。身体和心性相互体现。① 心性问题实质上是研究人的问题。儒家所指的"心"并非西方意义上的纯粹意识，而是与身连为一体的"心"。据杨儒宾考证，先秦时期已形成儒家身体观的原型，后来发展出的身体观都是此原型的注脚。杨儒宾将先秦时期儒家身体观总结为"二源三派"。二源指以《周礼》为中心的威仪身体观；以医学为中心的血气观。三派则分别指践行观、自然气化观和礼义观。一是践形观。以孟子"心—气—形"身体观为代表，强调生命与道德的合一，将身体视作"精神化的身体"。二是自然气化观。强调自然与人的身体均为气化之产物，自然与人相互感应，将身体视作自然化或宇宙化的身体。三是礼义观。以荀子为代表，将身体视为社会化的身体，强调身体的社会建构性。秦汉以后的身体观大体是上述三类的交叠结合。② 总体来说，杨儒宾认为传统儒家理想的身体观包含了"意识的身体""形躯的身体""自然气化的身体""社会的身体"四体，它们相互渗透，是同一机体的不同指谓。因此，杨儒宾将儒家身体观总结为"四体一体"。虽然儒家思想显示出强烈的精神取向，其身体观在一定程度上也显现出心灵优于身体、精神高于肉体的倾向，因而需要通过"践形"的工夫把道德心外在化（身体化），使不完满的身体转化为精神性的完满的身体，使人从生理存在转化为道德存在。但这种"践形"在本质上体现出心与身、精神与肉体的不分离性。这和西方主导的笛卡尔式的"心物二元论"的身体观是迥异的。

此外，道家体现的同样是"人—世界"在世结构观照下的身心一元的身体观。以庄子为例，庄子的身体观可被视为"支离观"——通过对现实身体的解构即对知觉系统的转化，使人的定性结构之躯体（经验性身体）解体而处于流动之本然状态（本真状态）之中。③ 这个身体支离与转化的过

---

① 杨儒宾. 儒家身体观 [M]. 台北："中央研究院"中国文哲研究所筹备处，1999：1.
② 杨儒宾. 儒家身体观 [M]. 台北："中央研究院"中国文哲研究所筹备处，1999：8.
③ 杨儒宾. 支离与践形——论先秦思想里的两种身体观 [M] //杨儒宾，主编. 中国古代思想中的气论及身体观. 台北：巨流图书公司，1993：426.

程便是庄子工夫论的实践过程。孟子的身体"践形观"与庄子的身体"支离观"表面上看存在很大差异，但从本质上看亦有共通之处，例如两种身体观视域下的身体都具有两重性。① 一方面，认为作为物质的、感官经验的实存之身是精神需要克服和超越的障碍，即身体需要被转化。为此，孟子提倡"践形"，而庄子提倡"支离"。另一方面，通过"践形"和"支离"转化后的身体均是一种精神的具体化、身体化，身心泯然不分的理想之身，以此达到所谓"天人合一"的境界。概言之，儒家和道家的实践路径虽然不同，但都必须落实到身体，前者通过顺承直贯地充养、推扩，后者则通过逆向反致消解、遮拔，二者的终极目标皆是人以体道、体以显道，从而达到天地人物的"通"性。②

四 现当代中西方身体观的相遇与融通

西方"主体—客体"二分的主体性原则（意识哲学）将西方带入了现代社会，也埋下了深刻的现代性危机，造成了人自身及其生活的分裂。人与自然、肉体与灵魂、感性与理性、精神与物质等一系列的二元对立使人类先祖那种统一的整体性的世界观和生活完全消失了。③ 如果说尼采翻转了身与心的地位，发现和凸显了身体，但依然无法打破身心二分，那么直到 20 世纪西方兴起了胡塞尔现象学的哲学思潮，掀起了一场西方思维的革命。海德格尔、萨特、梅洛-庞蒂等一批哲学家会集到现象学的麾下，并且声名大噪。现象学提出了"回到事情本身"，并强调传统的身心二分是虚假的，必须加以修正。海德格尔的"此在在世"，即此在在世界之中，是一种主客合一式的状态，与中国自古"主客相融""天人合一"的"人—世界"的在世结构不谋而合。而梅洛-庞蒂的知觉现象学试图克服笛卡尔"主—客"分

---

① 杨儒宾. 支离与践形——论先秦思想里的两种身体观 ［M］//杨儒宾，主编. 中国古代思想中的气论及身体观. 台北：巨流图书公司，1993：415.

② 周与沉. "通"的体知——本体·工夫·境界：《庄子》思想的身体之维 ［M］//陈少明. 体知与人文学. 北京：华夏出版社，2008：50.

③ 张汝伦. 西方现代性与哲学的危机 ［J］. 中国社会科学，2018（05）：23-42+204.

离的二元论模式，采用现象学还原法，还原到一个主客交织的知觉地带，身体便是此地带的承载者①，其提出的"身体—主体"概念，真正意义上打破了西方传统的"主体—客体"二分的身体观传统。梅洛-庞蒂认为，我既是身体又有身体，身体并不是指与灵魂、心灵、精神、理性相对立的、作为客体的肉体，而是一种模棱两可的、被体验的、暧昧的身体，既是肉体的也是精神的。"身体—主体"就是一种主体与客体相交融，灵魂与肉体相统一，共在的、模糊的中间状态。因此，梅洛-庞蒂的主体并非笛卡尔式的主客二分中的主体，而是灵肉未分化之前的既包含着肉体的，也包含着精神的主客合一的身体主体。② 而这种身体观恰与中国传统思想文化中"身心互渗""身心一如"的身体观相似，与中国自古以来的体验思维、情境思维相通。

中国传统思想文化在本质上是一种"体验之学""情境之学"，而这种"体验""情境"与现象学尤其是海德格尔、梅洛-庞蒂的思想交相辉映。中国思想家"近取诸身，远取诸物"，无论仰观天文还是俯察人事，其所形成的宇宙论、人生观、政治观、社会观皆以"身体之基础"③，皆浸透着"人—世界""天人合一"的在世结构和思维方式。随着西方传统形而上学的终结，"主客一体"思维方式的复归与超越，中西方思想在当代发生了汇集与共鸣，中西方的身体观开始相遇与融通。于是，20世纪，伴随西方哲学的"身体转向"，中西方共同指向了一种相似相通的身体观：将身体置于存在之中进行考察，即存在于世的身体——人的存在是身体性的情境式、体验式存在，身体是"在……世界之中"的身体，是我们与世界得以沟通和交流的基本方式，我们以身体去理解、经验他人和世界，存在于以身体为连接点的情境式的意义关系网络中。虽然这种在世存在的情境式、体验式身体观彻底颠覆了西方传统形而上的二元对立身心观④，却是中国自古以来一以贯之的思想传统。

---

① 书杰.哲学100问：后现代的刺［M］.北京：华文出版社，2020：127.
② 书杰.哲学100问：后现代的刺［M］.北京：华文出版社，2020：104-105.
③ 黄俊杰.中国思想史中"身体观"研究的新视野［J］.现代哲学，2002（03）：55-66.
④ 欧阳灿灿.当代欧美身体研究批评［M］.北京：中国社会科学出版社，2015：前言4.

第三节　思想史中浮沉跌宕的身体境遇

一　被贬损的身体

可以说，西方从古希腊时代起，就开始重理性思维轻感官认识，而理性来源于心灵，感官发端于肉体。因而也就开始对身体怀有敌意。赫拉克利特认为"眼睛和耳朵对于人们乃是坏的见证"①，巴门尼德同样竭力排斥和否定五官的感性能力。他提出的"真理之路"是通过理性思维通达的，而"意见之路"是通过"以你茫然的眼睛、轰鸣的耳朵以及舌头为准绳"的感觉通达的，此路是追求不到真理的，"而要用你的理智来解决纷争的辩论"②。柏拉图、亚里士多德则进一步以理性来规定人，因而对身体自然也是贬低的。柏拉图认为，死亡是身体的逝去，而灵魂因为脱离了身体而倍感轻松，"因为带着肉体去探索任何事物，灵魂显然是要上当的"③。身体成了灵魂的枷锁与囚笼，死亡昭示了身体的局限性，而灵魂却通过死亡而得以解放，获得了永生和不朽。与此同时，身体在柏拉图看来是不可信赖的，是我们抵达知识和真理的障碍物，因此"得尽量不和肉体交往，不沾染肉体的情欲，保持自身的纯洁"④。在《高尔吉亚篇》《理想国》中，柏拉图都极尽贬低身体，认为身体是欲望、罪孽、疾病、恐惧、痛苦等的根源所在，因而理性的灵魂高于感性的身体，灵魂可以通达善，而身体却抵达恶。为此，柏拉图认为哲学家的生活就是要无视肉体而

---

① 北京大学哲学系外国哲学史教研室，编译．古希腊罗马哲学 [M]．北京：商务印书馆，1961：29.
② 北京大学哲学系外国哲学史教研室，编译．古希腊罗马哲学 [M]．北京：商务印书馆，1961：50-51.
③ 〔古希腊〕柏拉图．斐多：柏拉图对话录之一 [M]．杨绛，译．沈阳：辽宁人民出版社，2000：15.
④ 〔古希腊〕柏拉图．斐多：柏拉图对话录之一 [M]．杨绛，译．沈阳：辽宁人民出版社，2000：17.

寻求心灵的愉悦。[①] 在柏拉图二元论身体观中，身体因其卑贱而被灵魂所统摄、所宰制。柏拉图可谓"否定性身体观"的始作俑者。亚里士多德则进一步指明："灵魂乃是有生命躯体的原因和本原。"[②] 并肯定了灵魂之于肉体的在先性。概言之，自古希腊起，这种贬损身体的观念便牢牢占据了近现代西方思想文化的主流。

尽管中国有身心一体的传统观念，但是在中国古代思想文化中，"心"的地位仍优于"身"。如2000多年前的《五行》篇中云："耳目鼻口手足六者，心之役也。心曰唯，莫敢不唯。心曰诺，莫敢不诺。进，莫敢不进……浅，莫敢不浅。"明确表明了"心"对"身"的支配与主宰。[③] 孟子与荀子的诸多论述也常暗示"心"的优先性。在儒家工夫论中"心"乃首出，而身乃从属。[④] 王阳明在《传习录》中也认为："身之主宰便是心。"可见，虽然中国古代思想是一种身心一体论，但"心"仍然是优于"身"的。

二　被抹去的身体

在古希腊，哲学家贬低身体，认为灵魂高于肉体。身与心的关系始终是哲学持续探讨的命题，只不过身体以一种悖论的形式出现在关于心灵的颂扬中。而在宗教改革之后，尤其是17世纪以来，身体主要面临来自知识的诘难。[⑤] 随着意识彻底战胜身体，理性主义占据西方主流，身体逐渐被置换以至消失。难怪大卫·勒布雷东曾发出感叹："西方社会建立在身体日渐被抹去的基础上。"[⑥] 而这一切的始作俑者无疑是笛卡尔。

---

① Plato. Phaedo in Paul Friedlander, Plato：The Dialogues：Second and Third Periods. tr. from the German ［M］. trans. by Hans Meyerhoff. Princeton：Princeton University Press，1970：（63E-69E）42-43.

② 苗力田，主编. 亚里士多德全集（第三卷）［M］. 北京：中国人民大学出版社，1992：39.

③ 黄俊杰. 东亚儒家思想传统中的四种"身体"：类型与议题［J］. 孔子研究，2006（05）：20-35.

④ 黄俊杰. 中国思想史中"身体观"研究的新视野［J］. 现代哲学，2002（03）：55-66.

⑤ 汪民安，陈永国. 身体转向［J］. 外国文学，2004（01）：36-44.

⑥ 〔法〕大卫·勒布雷东. 人类身体史和现代性［M］. 王圆圆，译. 上海：上海文艺出版社，2010：前言3.

从 17 世纪开始，哲学的重心逐渐转向认识论，哲学家的主要任务是解决"知识何以可能"的问题。而笛卡尔的"我思故我在"首先抛弃的就是身体。他怀疑一切，唯独不能怀疑"我思"这件事。"也就是说我之所以为我的那个东西，是完全、真正跟我的肉体有分别的，灵魂可以没有肉体而存在。"① 而"我思"指向的是心灵的实体，而非身体的范畴。笛卡尔的"心物二元论"实际上将真理拉回了人心，认为真理是意识的产物。"真理的可能性，不取决于神意，而取决于人的主体思维"②，从而开拓了西方理性主义哲学和唯理论的先河。他将身体看作没有灵魂的肉体，灵魂是独立于肉体之外的实体。但他面临的难题是如何解释身与心的联系问题，于是他诉诸"身心交感说"，认为精神与肉体这两大独立的实体是通过"松果腺"得以交流的。显然，这样的解释是不可靠的。为了解决笛卡尔的难题与漏洞，伽桑狄走的是德谟克利特"原子论"的路线，即把精神物质化，并将身心都归结为一个整体——物质。而马勒伯朗士走的是一条柏拉图主义路线，即将物质精神化，把物质世界看作一种关于物质的观念。并提出"偶因说"，认为上帝是全能的，身心之间靠上帝来协调。但无论如何，意识在笛卡尔这里果断战胜了身体，理性主义登上了西方历史的舞台，"知识何以可能的问题"由可以通达真理的理性接管，而感性的身体在漠视中销声匿迹了。在古希腊和中世纪时期，人们压制、贬损身体，因为身体是个需要克服的障碍物。身体与灵魂的二分在本质上反映的是人的自然构成在宇宙秩序中的等级和品阶。③ 笛卡尔之后，理性逐渐替代了上帝，身心的二元对立使身体沦为理性主体观察和认知的客体，因而身体成为科学研究的物体而淹没于诸物体中，身体便不再重要，甚至连个问题都不是了。这也是西方古典时期和现代时期身心二分的本质差别。到了黑格尔那里，他的"绝对精神"彻底把"具体的人"变为了"抽象的

---

① 〔法〕笛卡尔. 第一哲学沉思集 [M]. 庞景仁，译. 北京：商务印书馆，1986：82.
② 王德峰. 哲学导论 [M]. 上海：复旦大学出版社，2014：122.
③ 张尧均. 隐喻的身体：梅洛-庞蒂身体现象学研究 [M]. 杭州：中国美术学院出版社，2006：50-51.

人"——概念意义上的人，这样的"人"显然是无须有身体的，身体被彻底抹掉了。

三　被发现的身体

"缺席的身体"直到尼采的出现才再次"出场"。尼采大声疾呼"要以身体为准绳"，把肉体看成"比陈旧的'灵魂'更令人惊异的思想"①。这一思想是对长久以来身体遭到不公正待遇的反抗，对抗的是从柏拉图到黑格尔的身心二元论。尼采写道："兄弟啊，在你的思想和情感的背后，有一个强大的君主，一个不被了解的智者——它被称为自我（self）。它栖于身体之中，它便是你的身体。"② 如果说自笛卡尔起，人与人之间的差别主要以"意识""精神"为区别的话，那么从尼采开始，"人的根本性差异铭写于身体之上"，身体成为个人的决定性基础③，成了生命的原始动力。身体不再是由器官组成的"一架机器"，而是蕴含着一系列本能和欲望，具有超强的生命力和创造力，在解释现实的同时还建构了现实。④ 如果说"以灵魂为准绳"是将真理诉诸彼岸世界，那么"以身体为准绳"则是从身体出发，"从与人的生存紧密结合的此岸世界、万物生长之母体的土地出发"⑤，肯定了身体作为生命原始动力的合法性。可以说，身体在尼采这里被重新发现后，便孕育着 20 世纪后半叶的身体研究。但是尼采之身体无疑是"矫枉过正的身体"。

大体说来，20 世纪有五大思想理论传统重新发现了身体。一是以梅洛-庞蒂的身体现象学传统，提出了"身体—主体"，取消了意识在知识

① 〔德〕尼采. 权力意志：重估一切价值的尝试 ［M］. 张念东，凌素心，译. 北京：中央编译出版社，2000：37-38.
② Nietzsche, F. W. Thus Spake Zarathustra ［M］. trans. by Thomas Common. New York：Boni and Liveright, Inc. 1917：51.
③ 汪民安，陈永国. 身体转向 ［J］. 外国文学，2004（01）：36-44.
④ Eric Blondel. Nietzsche：The Body and Culture：Philosophy as a Philological Genealogy ［M］. London：The Athlone Press，1991：206.
⑤ 欧阳灿灿. 当代欧美身体研究批评 ［M］. 北京：中国社会科学出版社，2015：47.

起源中的特权位置，而将身体的知觉嵌入知识的获取中。将传统哲学中作为理性对立面的身体置换为主客融合的、整体的、联系的、处于情境中的在世存在的身体，将身体看作存在的本源。二是以弗洛伊德和雅克·拉康为代表的精神分析传统，发现了处于欲望中的身体，认为主体是处于自我交流中的矛盾体，颠覆了笛卡尔理性主体不证自明的确定性和同一性，并将身体的性本能和欲望看作存在的根基及文明发展的动力。① 三是以涂尔干、莫斯、布尔迪厄为代表的人类学、社会学传统，发现了身体的实践性，并试图克服身体与意识的二元对立。四是以波伏娃、凯特·米丽特、吉尔伯特、苏珊·格巴为代表的女性主义，在《第二性》《性政治》《阁楼上的疯女人》等一系列有影响力的著作中阐发了身体性别的社会建构性，而男性中心主义是逻各斯中心主义的表征，是女性长期受父权制压迫的根源。女性主义者始终致力于反思和批判女性身体所遭遇的一切，以及女性身体究竟以何种方式塑造和呈现了自我。② 五是以福柯为代表的生命政治传统，从身体的角度揭开了权力运作和知识生产的秘密，把身体看作权力作用和规训的场所，并把历史铭刻于身体之上。福柯的理论直接促发了 20 世纪下半叶的身体研究，诸多新近涌现的社会学中的身体研究不过都是福柯的注脚。

20 世纪 80 年代起，各学科领域相继发生了"身体转向"，衍生出身体史学、身体人类学、身体政治学、身体现象学、身体美学、身体叙事学等交叉研究领域。此外，科学家们逐渐发现了身体与认知的紧密关系，认知科学从离身认知走向了具身认知，颠覆了笛卡尔的身心二元论，将身体重新置于认知和知识生产的范畴。这些"身体转向"实质上是对西方逻各斯中心主义思想传统、对意识主体哲学的批判，是以身体来拒斥和颠覆那个长期处于垄断地位的绝对的意识主体。③ 概言之，无论是人文社科领域还是自然科学

---

① 欧阳灿灿. 当代欧美身体研究批评 [M]. 北京：中国社会科学出版社，2015：62.
② Barbara Brook. Feminist Perspectives on the Body [M]. London and New York：Pearson Education Inc.，1999：2.
③ 郑震. 身体：当代西方社会理论的新视角 [J]. 社会学研究，2009（06）：187-205+246.

领域，身体终于伴随对西方传统身心二元论身体观的反思和批判在历史中持续"在场"了。

本章小结

从源头上对中西方思想史中身体观念的流变进行脉络式的呈现与把握是本书重要的研究起点，而这种对身体的思想透视作为一种研究的引子，为本书的正式展开奠定了思想语境和学术准备，以此引申出本书必须回答的首要问题，即智媒时代传播学研究为什么要"回归身体"？

第一节，笔者从历时性维度出发，分别从"身体与心灵"关系阶段、"身体与社会"纠缠阶段、"身体与技术"互嵌阶段三个历史分野对身体概念进行梳理后发现，身体并不是静止、封闭的概念实体，而是一种可协商的概念，并呈现了从"身体即肉体"到"身体是兼具生物性和社会性的未完成的实体"再到"身体是生物性、社会性、技术性互嵌的复杂综合体"的概念演进过程。

第二节，笔者在共时性维度上进行中西横向对比，认为中西方不同的世界观及其思维模式深刻地影响了中西方的思想文化传统，进而形成了各自不同的占主导地位的身体观念，即西方长期秉持着以"主—客"二元论为主的身体观传统，而中国则长期以"人—世界"一体论身体观为主导。中西身体观虽有本体论、认识论上的显著差异，但在当代却发生了汇集、互渗、呼应与共鸣，并共同为当下人类面临的新的身体命题提供了理论阐释力和思想养分，共同激发和吹响了学术研究中"身体转向"的时代号角。

第三节，笔者通过梳理勾勒出思想史中浮沉跌宕的身体境遇，即从"被贬损的身体"到"被抹去的身体"再到"被发现的身体"之身体地位的演变过程，旨在研究开始前阐明具身传播研究在当下究竟是处于怎样的关于身体的社会思想语境中，为进一步探究具身传播研究究竟该放置和标记在思想学术脉络中的何种位置上作出铺垫。

第二章
身体的传播学透视：具身传播研究的学术起点

社会科学经常忽视了人类最明显的"事实"，即人是有身体的，是体现于身体的。[①]

——〔英〕布莱恩·特纳

通过第一章的梳理，我们从中西思想史的"历史—文化"维度厘清了身体概念的基本流变、中西思想史中不同的身体观以及身体地位沉浮的历史过程，其目的是在中西思想史的层面认识、揭示和确认身体研究的深层背景。而这种身体观念的演变同样会映射到关于身体问题的学术史中。20世纪，随着哲学的"身体转向"，西方人文社会科学领域掀起了"回到人"的学术研究热潮，推动了20世纪80年代以降方兴未艾的以社会学为主导的"身体研究"（body studies）。长期以来，传播学被定位为一门社会科学，而思想史中的"身体转向"以及人文社会科学领域"回到人"的学术浪潮在传播学学术史中究竟投射了怎样的影响？传播学是否紧跟人文社会科学领域"身体研究"的步伐？身体究竟在传统传播学研究中处于何种位置？

本章首先将继续通过知识社会学的视角回顾传播学的源起以及主流传

---

① 〔英〕布莱恩·特纳. 身体与社会 [M]. 马海良，等译. 沈阳：春风文艺出版社，2000：320.

播学研究范式的基本立场、假设等，反思主流传播学中关于身体究竟设置和建构了什么样的先验假设。其次，通过回溯传播学学术史中关于身体的那些隐秘线索，进一步论证身体如同在社会学中的遭遇一般，是社会学家希林所谓的一种"缺席在场"（absent presence）状态。最后，本章一方面从现实层面剖析智媒时代身体与媒介关系的嬗变和回归；另一方面从理论层面指出近年来随着传播学知识型的转移，传播研究掀起了一股"媒介研究""物质性转向"的思潮，试图扭转以往重内容轻形式、重文本轻物质的传播研究偏差，而身体便是其中非常重要的研究面向。据此，本章试图从现实和理论的双重语境中揭示和回答身体问题为何最近在传播学研究中突然解蔽而得以浮现，并逐渐成为当今传播学中最有潜力和创新价值的问题域之一。

　　本书的第一章和第二章分别从中西思想史和传播学学术史的角度进行爬梳，探寻身体在传播学研究中的坐标，意在从知识社会学的视角认识和揭示具身传播研究兴起的思维、观念、学术背景等。而身体在学术思想史中的观念和坐标，由遮蔽到解蔽的过程恰恰构成了具身传播研究范式得以浮现的深层结构，亦可看作一种新范式得以萌芽和兴起背后给予其支撑作用的"意识形态"。

第一节　身体的消逝：反思离身知识型框定下
关于身体的先验假设

　　知识社会学尤其关注特定时期的包括某种思想、观念在内的那些"理所当然"的知识如何被建构为社会现实的过程。从知识社会学的角度切入，有助于我们发现传播学中占主导地位的身体观念以及这种传播的身体观如何被建构起来并构成"暗中支配"主流传播研究的一种知识型的有机成分。福柯曾用"知识型"这一概念来指称一定历史时期受一组隐匿的系统规则操控而形成的结构性知识形态、知识标准，以此规训特定历史时期的知识生产和评价。知识型犹如一种特定时代的难以摆脱的思维结构，将其默认的标准和假设强加于具体的知识生产，形成普遍的理性及其观念定势。① 因而知识型决定了某一时代配置各种话语和各门学科的根本规则。② 我们要考察身体在传播学中所处的位置及其原因，就必须回到传播学学术史中一探究竟，尤其是回溯到传播学长期以来占主导地位的知识型脉络中，在传播学的诞生和学科建立的背景下，通过对主流传播学及其学术共同体所秉持的理论、方法、前提的审视，厘清和揭示在主流传播学知识型规训下究竟对身体设置了哪些"理所当然"的先验假设，并对这一在特殊时空中形成的传播学关于身体的"元叙事"进行反思。而这一追根溯源的过程好比现象学的本质还原法，通过悬置那些理所当然、不证自明的先验假设，打破现成性思维，寻根其背后"预先被给予"的东西、结构、意义以及不在场的牵引等。③ 这样的学术回溯、对理论前提进行检讨和反思以便揭露那些毫无根据的先验假设，正是美国社会学家伊曼纽·华勒斯坦（Immanuel Wallerstein）所秉持的学科的"开放"观念，"构成了今日社会科学的当务之急"④。从根本上说，就是试图突破特定时空所形成的固有的分析尺度。⑤

一 传播学的"创世说"及其两种研究传统

关于传播学的"创世说"最著名的有两个版本：施拉姆四大奠基人的"创世神话"和凯瑞的"传递观—仪式观"的叙事。某种程度上，这两个不同的叙事也代表了传播学研究的两种传统，即科学主义（或称实证主义）传统和人文主义传统。

20 世纪 40 年代末，施拉姆在美国出版了传播学领域第一本权威著作《大

---

① 〔法〕米歇尔·福柯.知识考古学［M］.谢强，马月，译.北京：生活·读书·新知三联书店，2003：214.
② 陈嘉明.现代性与后现代性十五讲［M］.北京：北京大学出版社，2006：329.
③ 吴国盛.技术哲学经典读本［M］.上海：上海交通大学出版社，2008：编者前言9.
④ 〔美〕华勒斯坦等.开放社会科学：重建社会科学报告书［M］.刘锋，译.北京：生活·读书·新知三联书店，1997：59.
⑤ 〔英〕大卫·哈维.寰宇主义与自由地理［M］.王志弘，徐苔玲，译.台北：群学出版有限公司，2014：311.

众传播学》，标志着传播学在美国正式创立，他本人也被誉为"传播学的集大成者"。为了迅速奠定传播学作为一门独立的社会科学学科的地位，施拉姆精心挑选了四个人作为传播学的奠基者，他们是政治学家哈罗德·拉斯韦尔（Harold D. Lasswell）、社会学家保罗·拉扎斯菲尔德（Paul Lazarsfeld）、心理学家库尔特·勒温（Kurt Lewin）以及实验心理学家卡尔·霍夫兰（Carl Hovland）。可见，传播学首先是建立在政治学、社会学、心理学基础上的，而被施拉姆选中的四大奠基人，其研究的内容和路数具有"结构"上的先天优势，顺应的是当时美国的社会背景和统治阶层的意识形态，具有鲜明的自然科学倾向和实证主义范式传统。可以说，施拉姆一开始就为传播学在认识论和方法论上作出了"框定"和"设计"，而此后四大奠基人提出的研究范式便成为传播学领域不容置疑的一道圣谕，规训着传播学者们的学术惯习。与此同时，传播学在创立伊始就是以大众传播研究为主导的，面对面的人际传播、群体传播等研究领域被逐渐边缘化。

四大奠基人之所以能为传播学的创立奠定学科基础，主要得益于他们的研究成果丰硕，研究成果的应用性强并与传播和现实密切相关。1927 年，拉斯韦尔因其博士论文《世界大战中的宣传技巧》而名声大噪，他在文中直言："民主国家（事实上所有的社会）是由一个看不见的工程师控制的。"① 因而他将战时宣传技巧的研究放置在行为主义"刺激—反应"的框架下，将宣传实际上等同于一场大众心理操控术。② 他随后在 1948 年发表《传播在社会中的结构与功能》，秉持着强烈的功能主义立场，提出了著名的"5W"模式，将传播的过程对象化、拆分化、简化为五个基本要素：谁（Who）、说什么（Says What）、通过什么渠道（In Which Channel）、对谁（To Whom）、取得什么效果（With What Effects）。而一旦将传播的现象、经验看成"实体或物质"，人们便可以"指称它们"，将其"归类、分组以及

---

① 〔美〕哈罗德·D. 拉斯韦尔. 世界大战中的宣传技巧［M］. 张洁，田青，译. 北京：中国人民大学出版社，2003：178.
② 胡翼青. 大众传播学抑或大众心理学：对美国传播学主导范式的再书写［J］. 国际新闻界，2019（08）：38-51.

量化"，并据此进行推理。① "5W" 模式直接框定了后来传播学研究的五大内容，即控制研究、内容研究、媒介研究、受众研究和效果研究。"5W"模式无疑开创了一种长期主导日后传播学研究的功能主义范式。而这种起源于战时宣传经验和社会控制目的的传播研究导向正如克里斯托弗·辛普森（Christopher Simpson）所言，是将传播窄化为具有说服性和胁迫性特征的信息传播的简单模型。②

拉扎斯菲尔德等在《人民的选择》《人际影响》中提出了"选择性接触""二级传播""意见领袖"等一系列传播洞见，并在研究方法上进行了开拓和创新，因而成为传播学研究的一个典范，为传播学在研究内容和方法上树立了功能主义的实证研究范式和标准，并将传播学研究的焦点集中在传播内容、传播控制和传播效果层面上，他本人也被誉为传播学研究的"工具制作者"。美国社会学家吉特林曾一针见血地评价道：自二战以来，传播学研究的主导范式显然是"保罗·拉扎斯菲尔德及其学派所倡导的一系列观点、方法和学术观念"③。而"拉扎斯菲尔德及其圈子"也被称为哥伦比亚学派。

库尔特·勒温（又名卢因）是一位以"群体动力"研究见长的社会心理学家，"群体动力"说则为后来的组织管理学、行为管理学奠定了理论基础。勒温对传播学最重要的贡献便是提出了"把关人"概念，揭示了信息传播过程中隐藏的控制机制。他将"场论"理论用于对二战中军队士气问题的研究，这也成为传播学研究的经典案例。而另一位心理学家霍夫兰，是耶鲁学派的重要代表人物，致力于传播的态度、动机及说服效果研究，并把实验心理学方法引入了传播学。

四大奠基人中有两位来自心理学领域，而心理学行为主义与社会学功能

---

① 〔美〕乔治·莱考夫，马克·约翰逊. 我们赖以生存的隐喻 [M]. 何文忠，译. 杭州：浙江大学出版社，2015：23.

② 〔美〕克里斯托弗·辛普森. 胁迫之术：心理战与美国传播研究的兴起（1945—1960）[M]. 王维佳，等译. 上海：华东师范大学出版社，2017：70.

③ Todd Gitlin. Media Sociology：The Dominant Paradigm [J]. Theory and Society，1978（2）：205-253.

主义最终合流形成了大众传播学研究的主流范式，传播学因为统治阶级和商业赞助商出谋划策而显示出强烈的工具色彩，传播学的经验学派也被称为"行政学派"，彻底使美国主流传播学研究演变成了美国意识形态的重要组成部分，而传播学也沦为了社会科学的"工程科学"，传播学者变成了"专家"，传播学意在如何更好地"控制"人，而背离了人文社会科学如何更好地理解人与社会的传统。① 这种演变的结果有着深刻的历史背景，究其原因，一方面，效仿自然科学方法进行研究的实证主义范式在战争时期容易得到政府青睐，定量研究的信度和效度、明晰的统计结果都能为战争提供明确的指导；另一方面，这种战时研究的经验在战后得到了传承和延伸，应用型、效果型研究更容易获得主流意识形态的青睐以及赞助商的经费支持，使传播学在短时间内获得学科的独立性和合法性。

在施拉姆的精心谋划和推动下，通过科研院所、基金会等途径将传播学最终建成一门学科，形成了以大众传播为主要研究领域，以控制为研究目的，注重内容和效果研究，以实证研究尤其是定量研究为主要方法，以结构功能主义和行为主义为主导框架，以服务和满足主流利益团体为价值立场的传播研究范式。而"关注媒介作用于接受者的效果、知识的持续释放、行为、态度、动机、意见和行动，都是为了回应社会实践的需求，为了满足赞助商对政府信息战略、公司广告战略或军队战时宣传效力的关注"②。因而，施拉姆主持下的传播学研究所生产的知识无疑是被主流权力所消费的知识，带有浓重的美国意识形态色彩。③ 施拉姆缔造的美国传播学的神话在长达几十年间作为主流传播学的知识型，被奉为一种学科标准，这种科学主义的研究倾向尤其规训着 20 世纪 80 年代正要起步的中国传播学。④ 施拉姆版本的"创世神话"也不可避免地有失偏颇，而不能算是完全意义上的传播学的

① 胡翼青．美国传播学传统学派形成的学理探究 [J]．当代传播，2009（04）：27-30．
② 〔法〕阿芒·马特拉，米歇尔·马特拉．传播学简史 [M]．孙五三，译．北京：中国人民大学出版社，2008：21．
③ 胡翼青．传播学科建制发展的两难境地 [J]．当代传播，2011（03）：4-7．
④ 胡翼青．传播学科的兴起：一段重新阐释的历史 [J]．中国地质大学学报（社会科学版），2009（01）：111-115．

"创世史"，它掩盖了另一些不同的研究立场和方法。

如果我们把施拉姆建构和策划的传播学的功能主义和实证主义的发展路径看作一种科学主义的研究传统的话，那么詹姆斯·W. 凯瑞则另辟蹊径，他敢于对"大众传播""大众媒介"的神话质疑，他对于传播学的起源另有一番"叙事"。他打破四大奠基人的说法，将传播学的起源追溯到芝加哥学派的杜威（John Dewey）那里，而把李普曼（Walter Lippmann）看作哥伦比亚学派的理论源头。他把美国经验学派所主导的传播观概括为传播的"传递观"（a transmission view of communication），即着眼于信息的跨时空传播与扩散，注重的是传播的动机、态度、目的和说服策略，并以传播效果为导向。他认为传递观源自地理和运输（transportation）的一种隐喻，传播被看作出于对距离和人的控制目的而使信息（信号）在空间传递和扩散的过程。而与之对立的是另一种传播研究的立场，即传播的"仪式观"（a ritual view of communication）。这一研究立场中的传播概念"并非直指信息在空中的扩散，而是指在时间上对社会的维系；不是指传达信息的行为，而是共享信仰的表征（representation）"①。凯瑞所谓的仪式观继承的正是被施拉姆所忽略和排除在传播学"创世说"之外的芝加哥学派及其人文主义研究传统。因而，在凯瑞看来，传播并不是如传递观那样简单地理解为"智力信息（intelligent information）"的传递，更重要的价值在于"建构并维系一个有秩序、有意义、能够用来支配和容纳人类行为的文化世界"②。

凯瑞版的学科叙事把传播学追溯到杜威那里，就是有意将传播学研究导向美国的实用主义人文传统，将实用主义式的人文研究确立为美国传播研究的正统。值得注意的是，美国实用主义与欧洲现象学几乎是同时发生的，在当时两者都属于将经验置于分析中心的新式的激进哲学。实用主义最早由桑德斯·皮尔士提出，经威廉·詹姆斯继承，后由杜威推至顶峰。而詹姆斯对

---

① 〔美〕詹姆斯·W. 凯瑞. 作为文化的传播："媒介与社会"论文集［M］. 丁未，译. 北京：中国人民大学出版社，2019：18.

② 〔美〕詹姆斯·W. 凯瑞. 作为文化的传播："媒介与社会"论文集［M］. 丁未，译. 北京：中国人民大学出版社，2019：18.

现象学的开创者胡塞尔产生过重要影响。① 与此同时，实用主义和现象学都深受康德影响，笛卡尔和康德的认识论影响了胡塞尔，而康德的道德学说和实践学说影响了皮尔士。② 因而不难理解实用主义与现象学具有某种内在的关联性。但不同于现象学从表象（representation）、意识、沉思出发来讨论真理，实用主义远离表象而强调实践。具体到杜威，他主张"有机体—环境"（organism-environment）实用主义模式，而巧妙地绕过了笛卡尔式的"主体—客体"模式。杜威认为，经验在传统哲学中被视作一种知识事件（洛克和笛卡尔式的），但实际上经验是一种有机体与所处环境（物理的和社会的）的互动事件。经验导向的是未来，是以隐喻投射和探索未知为特征的。在某种意义上，杜威的"有机体—环境"实用主义模式从实践而非表象入手更直接地指向了类似"生活世界"的分析。③ 因而，以杜威为源头的传播的仪式观在某种程度上是将抽象的传播研究复归到生活世界的经验领域，注重研究的情境性与实践性。

传递观和仪式观所开创和秉持的传播学的研究立场、研究方法具有根本性的不同，其导致的学科发展倾向也南辕北辙。以控制为目的，以现实需求为导向，以传播的内容、动机、态度、效果、影响为主要研究领域，以定量研究为主要研究方法的传递观得以在短时间内划定学科领域，取得学科专业的合法化，其主导的传播学研究不仅走向了学科的单一化、封闭化，也走向了世俗化，并面临理论的枯竭和学科的危机。而仪式观始终秉持一种开放的观念，注重学科间的交流与互动，将传播研究从抽离的模式中重新放置到人与社会的情境中加以考察，揭示传播背后的文化与社会的互动关系。因而，近年来不少学者呼吁传播研究要重返芝加哥学派以激活传播研究的动力和活力。

---

① 〔美〕唐·伊德. 让事物"说话"：后现象学与技术科学［M］. 韩连庆，译. 北京：北京大学出版社，2008：7.
② 〔美〕唐·伊德. 让事物"说话"：后现象学与技术科学［M］. 韩连庆，译. 北京：北京大学出版社，2008：8.
③ 〔美〕唐·伊德. 让事物"说话"：后现象学与技术科学［M］. 韩连庆，译. 北京：北京大学出版社，2008：10-11.

然而，凯瑞在美国开创的"文化研究"的人文主义传统因其应用性、普遍性、现实指导性的欠缺，始终处于传播学研究的边缘，而哥伦比亚学派所主导的量化实证的科学主义的研究传统则长期作为传播学研究的正统权威方法。大众媒介所产生的"标准性生产和观看"与被现代社会推上神坛的自然科学的统计和计算一拍即合。① 因而，主流传播学研究始终将以传递观为主导的大众传播学实证主义范式作为核心。仪式观从来不是传播学研究的正统。换句话说，在主流传播研究中，尤其是美国传播研究中，科学主义研究传统是压倒人文主义研究传统的，时至今日，依然如此。

值得注意的是，无论是空间偏向的传递观重视信息符号的运输与传递，还是时间偏向的仪式观重视信息符号的表征与信仰的维系，二者在本质上都是一种非物质性的研究取向，即在本体论层面首先将传播预设为建立在人类意识层面（认知、思想、语言、象征等）上的非物质性的活动②，因而尤其注重传播的文本性而遮蔽了传播的物质性。

二 主流传播学关于身体的先验假设

吉登斯（Anthony Giddens）曾指出以自然科学研究范式为主要效仿对象的社会科学理论突出体现实证主义、因果关系和功能主义三大特点。③ 而被"设定"是一门社会科学的主流传播学（大众传播学）自然也继承了这种科学主义偏向的研究传统。从本质上说，这种研究范式是以笛卡尔主客二元论为认识论基础的。在科学、客观、实证原则的观念下，研究者被看作客观中立的，处在被剥离了个性情境的"真空状态"下，其使命便是去发现早已存在的、客观的、静止的、等待被发现的世界。研究者与研究对象之间是发现与被发现、解释与被解释、说明与被说明的关系。具体而言，以权力和资本为导向的经验功能主义大众传播学范式将传播活动视作工具，将媒

① 黄旦."千手观音"：数字革命与中国场景［J］.探索与争鸣，2016（11）：20-27.
② 丁方舟.论传播的物质性：一种媒介理论演化的视角［J］.新闻界，2019（01）：71-78.
③ Giddens, A. The Orthodox Consensus and the Emerging Synthesis［M］. Newbury Park：Sage Publications，Rethinking Communication. Volume 1：Paradigm Issues，1989：53-65.

介视作渠道，将传播过程看作封闭的、具有规律性的传播模式，而传播活动中的人则被等同于可精确测量和计算的自然物，把人性看作恒定不变的常量，因而可以被抽象为统计学意义上的一串样本、数字、变量，这是把人从具体情境中抽离出来，放置在某种假定的真空实验环境中进行研究，并经由理性主体进一步推总，忽略了人的特殊性、复杂性和价值性。这种科学主义和实证主义研究倾向最容易与权力和资本合谋，而成为一种有用的"工具性知识"①。社会学家米尔斯就曾将其讽刺为"抽象的经验主义"研究范式。②

与此同时，为了增强学科的科学性，施拉姆在传播学创立伊始就引入了信息论和控制论。1948 年，克劳德·香农（Claude Shannon）将"信息"传播过程用数学的方法理论化，创立了"信息论"。传播活动中的"内容""主体""意义"则统统简化和转化为了数学。在信息论看来，信息是一种无具体形状、自由运动的流（fluid），一种去语境化、可量化的独立实体，是与意义无必然联系的概率函数，是一种模式（pattern）而非存在（presence），载体（媒介）不过是承载和运输信息的渠道，而信息（内容）比载体（形式）更根本。③ 可以说，香农试图通过信息论为通信（传播）提供一种标准的、精确的、普遍的信息理论模型。④ 维纳创立的控制论（cybernetics）则把人与机器放在同一个范畴内，试图消除二者的差别。在控制论看来，人不过是能进行信息处理的实体，相当于一架智能机器。控制论明确昭示着这样一种结果和趋势：在信息、控制和传播三大要素的强力联动下，有机体和机械体将会相向运动而进行前所未有的综合。⑤ 信息论和控

---

① 〔英〕吉尔德·德兰逊. 社会科学——超越建构论与实在论 [M]. 张茂元，译. 长春：吉林人民出版社，2005：16.
② 刘海龙. 重访灰色地带：传播研究史的书写与记忆 [M]. 北京：北京大学出版社，2017：25.
③ 〔美〕凯瑟琳·海勒. 我们何以成为后人类：文学、信息科学和控制论中的虚拟身体 [M]. 刘宇清，译. 北京：北京大学出版社，2017：24.
④ 车致新. "历史"的历史化——基特勒之后的香农与福柯 [J]. 国外文学，2019（01）：1-8.
⑤ 〔美〕凯瑟琳·海勒. 我们何以成为后人类：文学、信息科学和控制论中的虚拟身体 [M]. 刘宇清，译. 北京：北京大学出版社，2017：10-11.

制论对传播学的影响是深远的，首先表现在一系列概念和思维定式上，使传播研究长期围绕"信源""信息""信宿""渠道""效果""反馈""模式"等要素展开，忽略了传播过程和要素背后与之相联系的历史、文化、社会情境。与此同时，因受信息论和控制论的影响，主流传播学一直重内容轻形式，认为信息（内容）比媒介（形式）更根本，因而几乎遮蔽了对于媒介本身的关注和研究。

建立在以上传播观基础上的主流传播学自有一套与之相匹配的身体观，承袭的依然是笛卡尔的身心二元论。从本质上看，主流传播学所秉持的是一种离身观的关于身体的先验假设。具体而言，主要体现在以下三个方面。

（一）人类传播是心智（信息）的传递，与身体无涉

基于笛卡尔的身心二元的认识论，主流传播学将人类的传播活动看作精神的交往，而把信息内容看作心智的反映，因而人类传播也是一种心智、意识的传递。这种意义上的传播的核心是信息（内容），即意识、精神的符号化和对接，基本与身体无涉。如美国学者皮尔士就把传播视作观念或意义的传递过程；[1] 又如传播学者阿耶尔将传播在广义上等同于信息的传递。[2] 而国内学者早期受西方传播学者的影响，大多把传播看作信息的传递和流动。如郭庆光就将传播定义为"社会信息的传递或社会信息系统的运行"[3]，而陈力丹也认为传播是"信息、知识在时间和空间中的流动和变化"[4]。可以说，在这种信息中心主义预设下，大众传播学不过是离身心智统摄下的"信息—符号"的加工、表征、流动与操纵。

（二）身体是人类借由媒介征服时空必须克服的障碍

主流传播学的认识论始终局限在主体和客体的二元框架之下，媒介在主流传播学中的功能被定位为人类认识世界、改造世界从而达到"控制"目的的工具之一。由此，人类作为理性主体要认识世界、改造世界，就必须具

---

① 郭庆光. 传播学教程（第二版）[M]. 北京：中国人民大学出版社，2011：2.
② 郭庆光. 传播学教程（第二版）[M]. 北京：中国人民大学出版社，2011：3.
③ 郭庆光. 传播学教程（第二版）[M]. 北京：中国人民大学出版社，2011：4.
④ 陈力丹. 传播学纲要（第二版）[M]. 北京：中国人民大学出版社，2007：2.

备强大的跨时空交流传播的能力，媒介只有克服身体（肉身）的障碍，信息才得以符号化并被远距离传递。媒介的功能越强大，意味着这种离身技术越强大。身体也就在传播中被视作人类交流必须克服的物质障碍，以突破亲身在场的面对面传播在时间和空间上对人类的制约和局限。因而，在大众传播学研究中身体始终是缺场的。

（三）身体仅仅作为信息传播的发射和接收装置

身体在大众传播的"5W"模式中几乎找不到专属的位置，而只是作为"传播者"和"受传者"的物质（肉身）载体，是用于发射和接收信息的一个人体"装置"，而"编码""解码"这样的能动性活动则由心智负责。在信息论、控制论看来，一切皆可转化为计算，身体的物质装置功能甚至面临解构，意识则可以转化为信息的形式而得以"永生"。因而，"无用"的身体在主流传播学中是无关紧要的、被遮蔽的存在。大众传播史就是一段"去身体化"的历史。

除此之外，一些尚未取得主流正统地位的研究立场，如 20 世纪 60 年代以后兴起的批判学派尽管在研究方法上对传播学的科学主义研究范式进行了一定程度的修正，但仍然陷入了"主体—客体""身体—心灵"的二元论泥潭，依然视媒介为主体的工具，身体在其研究中要么作为研究背景而被虚化，要么作为"跳板"揭示背后的资本主义的权力关系。传播学人文主义研究传统的复兴，虽然在一定程度上"回到人""关注人"，却从未"回到身体本身"，也并没有实质性地撼动和推翻身体在主流传播学范式中的先验假设。

第二节　身体的显隐：回溯身体作为隐秘线索的传播学术史

本章第一节探讨了身体在主流传播学研究范式中的先验假设，由此带来身体在主流传播学研究中的"缺场"，但这并非传播学关于身体的全部研究事实。在另一些"非主流"叙事中，如人文主义研究传统和后起的技术主义研究传统中依然可以寻觅到学术研究的"身体转向"在传播学中的投射。只不过，在这些叙事中，身体是作为研究的一条忽明忽暗的隐秘线索而得以"在场"的。本节将回溯那些与主流传播学研究不同的研究面向，揭示身体在其中是以何面貌呈现的，即重返传播学中关于身体研究的那些"灰色地带"。而这样的回溯多少带有现象学"回返"的色彩，通过还原传播研究中早已预埋下的身体坐标，据此说明"身体问题"在当前传播研究中并非"横空出世"。这些隐秘的身体线索将作为具身传播研究的"前视域""前结构"被带入智媒时代，并重新被激活，以激荡、转换、生发出关于身体的新的研究视野和路径。

一 作为互动的身体：芝加哥学派的人际传播研究

可以说，正是凯瑞的叙事将传播学的起源追溯到芝加哥学派的人文主义传统上，打开了传播学研究新的理论资源与路径。与主流传播学所推崇的哥伦比亚学派的抽象式实证主义路径不同，芝加哥学派将目光聚焦于传播对自我、共同体的形成及其民主、文化、社会的长期性、整体性的影响。[①] 芝加哥学派重要的理论源头——美国实用主义哲学家杜威曾指出："社会不仅因传递（transmission）与传播（communication）而存在，更确切地说，它就存在于传递与传播中。"[②] 这种"在……之中"的研究预设与作为研究者、旁观者外在于研究对象的认识不同，是一种情境化的研究路径。人文社会科学的本质便是围绕着"人"研究，而杜威把抽象化的研究复归到具体的情境中，形成了芝加哥学派不同于哥伦比亚学派的人文气质。在以库利（Charles Horton Cooley）、米德（George Herbert Mead）、戈夫曼（Erving Goffman）为主的芝加哥学派的人际传播研究——符号互动论中，人类社会与人际传播被看作一体两面的关系，而作为交往互动的身体则是隐含其中的隐秘线索。

---

① 刘海龙. 重访灰色地带：传播研究史的书写与记忆 [M]. 北京：北京大学出版社，2017：58.
② 〔美〕詹姆斯·W. 凯瑞. 作为文化的传播："媒介与社会"论文集 [M]. 丁未，译. 北京：中国人民大学出版社，2019：14.

　　库利、米德与杜威一样，都认为传播是社会得以形成的基础，社会的本质就存在于交流互动中。因而，他们将研究的视角聚焦于人的自我、心灵的社会生成以及人际交往的互动过程。不同于华生"刺激—反应"模式的行为主义阐释路径，他们更重视"内省"及其社会互动对经验的建构，认为人的自我、心灵是符号交流的产物而非本能。库利和米德关于人际互动作出的深刻的理论思考后经米德的学生赫伯特·布鲁默（Herbert Blumer）总结为"符号互动论"（Symbolic Interactionism）。身体则作为人际传播最重要的载体而先在于符号互动过程。

　　库利从人际传播角度提出了著名的"镜中我"概念，把关于自我的认识建立在传播的基础上。他认为个人与他人互为"镜子"，个人是透过与他人的互动和想象来认识自己、调适自己的。随后，库利用"初级群体"这一概念指称面对面传播中形成的最基础的社会关系团体，是自我与社会的连接点。在库利的基础上，米德率先从身体"姿态"出发，将"姿态"看作实现社会行动的目的。当姿态被赋予声音、特定的含义等意义特征时，就形成了表意的符号，即语言。[①] 米德则围绕"自我"提出了"主我和客我"理论，认为自我是由联系互动的作为意愿与行为主体的"主我"和作为他人社会评价和期待的"客我"两部分组成，"主我"和"客我"的互动过程形成了人的自我。自我建立在社会性的交流传播基础上，并在交流互动中完成个体的社会化。米德从人际传播的角度揭示了人与社会的产生过程。如果说，库利将社会看作"各个精神自我的交织物"[②]，将传播定义为在空间中传送和在时间中保存"心灵的所有象征符号"的手段[③]，其依然是一种笛卡尔身心二元认识论，始终还是将传播看作意识符号的互动、心智的传送和保存，那么米德则率先以身体的姿态、语言为起点，将人的自我意识及社会的形成过程建立在身体互动的基础上。换句话说，米德为这种心灵象征符号

①　胡翼青等.西方传播学术史手册［M］.北京：北京大学出版社，2015：117.
②　芮必峰.人类社会与人际传播——试论米德和库利对传播研究的贡献［J］.新闻与传播研究，1995（02）：2.
③　胡翼青等.西方传播学术史手册［M］.北京：北京大学出版社，2015：53.

的互动传播奠定了身体的基础。可以说，其所开辟的自我传播和人际传播研究是涉身的。

如果说身体的面向在米德的研究中若隐若现，那么在戈夫曼的研究中，身体则成为焦点，身体被看作一套关于表演和交际的社会实践。戈夫曼同样从"象征互动论"的视角出发，在库利、米德、布鲁默等人的基础上，将身体作为研究的起点和核心，指出人的生命体验必须是以身体为中介的。人们通过在时间和空间上管理自己的身体，以身体行事，从而介入社会生活。① 戈夫曼通过考察人们在公共场所和私人场所中的日常生活的自我呈现探究身体在社会交往中的定位。戈夫曼发现，人们对于身体的日常管理和维护协调着自我认同与社会认同二者的关系。② 身体在日常生活中变成了一种资源，使人成为具身性的行动者能够介入和影响日常生活流。在戈夫曼的"拟剧理论"中，人们依据"前台""后台"所具备的不同的社会约束上演不同的身体展演（performance）以及体现出不同的"互动秩序"。身体社会学家希林曾将戈夫曼身体研究的思路总结为三个主要特征。③ 首先，身体被视作个体所拥有的一种物质（生理）属性。但不同于自然主义的本质主义身体观，戈夫曼把身体看作社会互动的产物，人可以监管和控制身体的外表和举动。其次，身体的意义是由穿着、运动、举止、手势等身体外表、姿态、表情等构成的约定俗成的非语言形式——"身体习语的共享词汇"（shared vocabularies of body idiom）决定的。这些约定俗成是一种外在的社会约束，不仅可将身体的自我呈现进行归类，还为造成身体性别、阶级等的不平等提供了标签和范畴，从而影响了个体呈现和管理身体的策略。最后，身体具有双重性，既有个体的物质属性，又有社会的建构性，特定的身体呈现被赋予的社会意义往往会被内化为个体对于自我及其价值的感知。尽管戈

---

① 〔英〕克里斯·希林. 身体与社会理论（第二版）[M]. 李康，译. 北京：北京大学出版社，2010：21.
② 〔英〕克里斯·希林. 身体与社会理论（第二版）[M]. 李康，译. 北京：北京大学出版社，2010：72.
③ 〔英〕克里斯·希林. 身体与社会理论（第二版）[M]. 李康，译. 北京：北京大学出版社，2010：79.

夫曼的研究是将身体置于研究中心，身体的重要性却是由心智（意识、精神）对于"身体习语的共享词汇"的接受程度所决定的。如同福柯的观点，心智才是铭刻身体之意义的场所。①

归根结底，身体面向明确地出现在芝加哥学派的人际传播尤其是符号互动研究中。秉承着杜威的主张，这些研究将人复归到具体的情境中，而非将其抽离出来在真空中进行研究。但其理论前提依然暗合的是笛卡尔身心二元论，并且有意无意地透露出心智高于身体的共识。

二　作为媒介定位场所的身体：媒介环境学派的理论视角

作为媒介环境学派重要旗手的麦克卢汉无疑是传播学中最早提及身体的理论家之一，他前瞻性地从身体出发来理解媒介技术，身体与媒介的关系构成了麦克卢汉的理论核心，并构建了"身体—媒介/技术"的媒介研究路径。他将身体当作"媒介/技术的定位场所"②，用基特勒的话说就是麦氏认为身体决定媒介，而非相反③。麦克卢汉在《理解媒介：论人的延伸》中提出著名的论断"媒介——人体的延伸"。他认为，"任何发明或技术都是人体的延伸或自我解除"④，譬如书是眼睛的延伸、车轮是脚的延伸、衣服是皮肤的延伸、电子技术是中枢神经的延伸……他将这些人工器物和技术统统视作媒介，而对任何媒介的使用不仅意味着一种新尺度的产生，也会改变人感官的比率及其平衡。

任何一种媒介都有其独特的技术和感官偏向，为人类拓展和重组了新的感知与交往模式。口语传播时代，人们借助面对面的身体互动进行部落化的日常交往，其感官作为一个整体处于平衡统一的状态。文字和印刷术的出现，

---

① 〔英〕克里斯·希林. 身体与社会理论（第二版）［M］. 李康，译. 北京：北京大学出版社，2010：85.
② 刘婷，张卓. 身体—媒介/技术：麦克卢汉思想被忽视的维度［J］. 新闻与传播研究，2018（05）：46-68+126-127.
③ Friedrich A. Kittler. Optical Media［M］. trans. by Anthony Enns，Cambridge：Polity Press，2010：30.
④ 〔加〕马歇尔·麦克卢汉. 理解媒介：论人的延伸［M］. 何道宽，译. 南京：译林出版社，2011：61.

标志着人类进入了文明时代，造成了感官和感觉的分离与切割，人们过上了"去部落化"的生活，同时文明的重心从以"听觉"为中心转向了以"视觉"为中心。而到了电子媒介时代，人类的中枢神经系统得到了整体性的延伸和再统合，现代人又重新找回了遗失的"感觉总体"，重回感觉平衡状态，人类因而在心灵上重返"部落化"的生活。简言之，媒介与人类社会、文明的发展史同时也是人与媒介的互动史，是人的感官能力由"统合"到"分化"再到"统合"的历史。而麦氏的"冷/热媒介"之分也是以身体为基础的，是以听觉和视觉的清晰度为标准加以界定的。可以说，麦克卢汉全然是以人类极其广泛的身体体验——具体活动和经验为基础的感觉和判断来理解何谓媒介的。① 换句话说，麦克卢汉完全是从人的身体感知出发来理解媒介的本质的。

很显然，麦克卢汉是一位"人类中心主义者"，他的媒介观主张人才是万物的尺度，其媒介本质之规定是以人为标准加以界定的，媒介是对人的身体及其器官的延伸，是对人的官能的强化和放大。麦克卢汉曾援引爱默生的话进一步阐释这种立场："人体是发明的仓库，是专利局，一切模式都是从人体得到启示的，"因而麦氏同意爱默生将人定义为"受器官服务的一种智能。"② 麦氏的"媒介延伸论"是对德国技术哲学家恩斯特·卡普的"器官投影论"的继承和发展。二者都从本体论层面将人造物与人体器官联系起来，将人与人体器官看作技术及其人造器物的本原，人则是"人体+工具"结构的超生命物质体系。人既是身体与生产工具的统一体，又是思维（意识）和思维工具的统一体。③ 麦氏理论中的"技术/媒介"已经超越了工具、手段而有了本体论的意义，是世界构成的一部分，也构成了人的生活方式。麦氏理解的媒介并非一种将客观事物传递到人主观感知中的工具和中介，用麦氏自己的话来说就是，媒介并非人与自然的桥梁，因为有了媒介，事物才

---

① Daniel Czitrom. Media and the American Mind：From Morse to McLuhan ［M］. The University of North Carolina Press，1982：170.

② 〔加〕埃里克·麦克卢汉，弗兰克·秦格龙. 麦克卢汉精粹 ［M］. 何道宽，译. 南京：南京大学出版社，2000：582.

③ 李曦珍，楚雪. 媒介与人类的互动延伸——麦克卢汉主义人本的进化的媒介技术本体论批判 ［J］. 自然辩证法研究，2012（05）：30-34.

会如此这般地出场与呈现，世界才会如此这般地向我们敞开，所谓媒介"是一种'使事情所以然'的动因，而不是'使人知其然'的动因"①。可以说，麦克卢汉的媒介论中早已透露出媒介存在论的倾向。

麦克卢汉从身体出发的媒介观显然与传播学经验学派以内容为偏向的功能主义的研究传统迥异，他以伊尼斯为先导，批判性地开创了媒介环境学派及其媒介研究的方法论的变革。他不满长期以来西方逻各斯中心主义规训下的文化习惯，即将一切对象事物予以分裂、切割，以此达到控制事物的目的。② 麦克卢汉认为传播媒介的效果和影响并不是作用在意见和观念的有意识层次上，"而是在感觉比例和知觉类型的下意识层次上"③。他将以往传播研究的内容偏向、功能和效果导向看作"技术白痴的麻木态度"，将媒介"内容"比作"一片鲜美的肉"，是破门而入的窃贼借此转移和涣散思想看门狗的注意力。④ 他提出"媒介即讯息"，认为对社会产生深刻影响的是人们借由交流的媒介形式而非具体的媒介内容。⑤ 可以说，麦克卢汉早已极富洞见地凸显了媒介的物质性面向。与此同时，麦克卢汉视野中的媒介本质上指向的是一种"隐蔽的运作环境"⑥，作为人体的延伸之媒介是通过形构一种非线性的、交互的、整体的媒介环境作为介入世界的方式，而非仅仅是孤立的、抽象的工具和中介。毋宁说，媒介形构了人类生存其间的知觉环境，并向人类呈现被知觉的世界。任何一种媒介都是在与人的互动中实现自身的

---

① 〔加〕马歇尔·麦克卢汉. 理解媒介：论人的延伸［M］. 何道宽，译. 南京：译林出版社，2011：67.

② Marshall McLuhan. Understanding Media：The Extensions of Man（1964）［M］. Routledge Classics，2001：7.

③ 〔美〕丹尼尔·杰·切特罗姆. 传播媒介与美国人的思想——从莫尔斯到麦克卢汉［M］. 曹静生，黄艾禾，译. 北京：中国广播电视出版社，1991：191.

④ 〔加〕马歇尔·麦克卢汉. 理解媒介：论人的延伸［M］. 何道宽，译. 北京：商务印书馆，2000：46.

⑤ Eric McLuhan，Frank Zingrone. Essential McLuhan［M］. Stoddart Publishing Co.，1995：237-238.

⑥ 〔加〕马歇尔·麦克卢汉. 在光速之下生活（1974）［M］//〔加〕马歇尔·麦克卢汉. 麦克卢汉如是说——理解我.〔加〕斯蒂芬妮·麦克卢汉，戴维·斯坦斯，编. 何道宽，译. 北京：中国人民大学出版社，2006：163.

意义和价值的。① 可见，麦克卢汉是以身体为起点，在关系、情境中考察媒介的本质和属性，这与芝加哥学派的"情境论"立场产生了共鸣。麦克卢汉的后继者尼尔·波兹曼将其总结为"媒介生态"（media ecology）——一种"将所有事物卷入其中的作用方式"②。

可以说，身体几乎是媒介环境学派中一条明暗交织的线索，身体在人与媒介/技术的议题中作为人的根本性存在而若隐若现。如果说梅罗维茨借戈夫曼的"拟剧理论"中的"交往场景"从微观层面对媒介环境与人际交往的互动进行了更为细致的研究，丰富和细化了麦克卢汉学说，那么，保罗·莱文森则将研究重点聚焦于数字传播时代，被誉为"数字时代的麦克卢汉"。他深受达尔文生物进化论和坎贝尔认识进化论的影响，提出了"媒介进化论"和媒介的"人性化趋势"③，指出媒介的演化并不取决于技术本身，而是完全地人为主宰，适者生存的媒介是基于人类的欲望和需要得以满足和实现的结果④，是人类的理性选择推动着媒介以"达尔文"的进化方式演进⑤，媒介为了满足人的需求而朝着越来越人性化的趋势发展。显然，保罗·莱文森与麦克卢汉最大的区别就在于他是一位技术乐观主义者，他的媒介思想中透着强烈的理性主义色彩。在他看来，人为技术立法，人类的理性拥有控制媒介技术发展与兴亡的能力。⑥

在媒介环境学派的研究传统里，身体最先是在麦克卢汉的人类中心主义媒介观中作为明线显现的，而在麦克卢汉的后继者们那里，身体成为一条明暗交织的线索在媒介环境学派开辟的技术主义媒介范式中若隐若现。这种从

---

① 〔加〕马歇尔·麦克卢汉. 理解媒介：论人的延伸 [M]. 何道宽，译. 北京：商务印书馆，2000：56.

② 周诗岩. 重读《理解媒介》：麦克卢汉的延伸 [J]. 新美术，2013（02）：83-95.

③ 李明伟. 知媒者生存：媒介环境学纵论 [M]. 北京：北京大学出版社，2010：158.

④ 〔美〕保罗·莱文森. 手机：挡不住的呼唤 [M]. 何道宽，译. 北京：中国人民大学出版社，2004：12.

⑤ 〔美〕保罗·莱文森. 数字麦克卢汉——信息化新纪元指南 [M]. 何道宽，译. 北京：社会科学文献出版社，2001：73.

⑥ 刘晗，龚芳敏. 保罗·莱文森媒介技术演进思想评析 [J]. 贵州大学学报（社会科学版），2016（02）：142-145.

身体出发考察媒介技术的路径则在数字时代重新焕发了理论阐释力和想象力，成为当今传播学研究中最重要的思想理论资源之一。

三　作为符号的身体：消费社会中的虚假幻象

法国著名思想家、后现代理论家让·鲍德里亚（Jean Baudrillard）将身体作为符号嵌入消费社会中进行阐释。在鲍德里亚看来，自 20 世纪 60 年代以来，西方社会呈现诸多"后工业""后现代"社会的特征，最显著的莫过于作为实体的物体向符号化的物体转变[1]，消费的逻辑呈现为符号的操纵[2]，资本主义社会的人们处在被消费控制了全部生活的境地[3]，这构成了消费社会最重要的基础和特征。鲍德里亚将身体的地位看作一种文化事实，而无论身处何种文化，身体关系的组织模式反映的都是事物关系及社会关系的组织模式。[4] 人的身体在消费社会这一物化语境中是"最美的消费品"。身体在遭受了长期的压迫和统治之后被重新发现，并在广告、时尚、大众文化中"彻底取代了灵魂"而完全出场。[5] 在消费社会，资本和权力赋予商品一套象征性符号系统而成为社会身份地位的区别。于是，符号的象征价值取代了商品的使用价值和功用价值，这种编码规则与逻辑操控着人们的整个日常生活，也深刻地主宰了消费社会中身体的命运。与其说人们是在追捧"青春""靓丽""个性""时尚""风格"等，不如说是对符号化和商品化建构的身体神话和幻象的追逐。于是，真实的身体成了人自我救赎和自我改造的不完美之"物"。[6]

---

① 〔法〕让·鲍德里亚. 物体系 [M]. 林志明，译. 上海：上海人民出版社，2006：17.
② 〔法〕让·鲍德里亚. 消费社会 [M]. 刘成富，全志钢，译. 南京：南京大学出版社，2000：109.
③ 〔法〕让·鲍德里亚. 消费社会 [M]. 刘成富，全志钢，译. 南京：南京大学出版社，2000：6.
④ 〔法〕让·鲍德里亚. 消费社会 [M]. 刘成富，全志钢，译. 南京：南京大学出版社，2000：140.
⑤ 〔法〕让·鲍德里亚. 消费社会 [M]. 刘成富，全志钢，译. 南京：南京大学出版社，2000：139.
⑥ 刘莉. 符号·幻象·诱惑：鲍德里亚论域中的"身体" [J]. 广州大学学报（社会科学版），2013（08）：17-20.

在《消费社会》一书中鲍德里亚断言，当代资本主义社会已经从生产主导转向消费主导。可以说，消费社会中物的最重要的价值不再是其功用性的使用价值，而是负载于物之上的意义和象征的符码价值。于是身体同样不可避免地被符号化、商品化，被当作"一座有待开发的矿藏一样"被"温柔地"开发而使其在时尚市场中成为负载着"幸福、健康、美丽、得意动物性的"的一种"可见符号"①，身体成为消费市场中最珍贵、最光彩夺目、最亮丽的交换材料。在鲍德里亚看来，当代资本主义社会中的身体已经"作为（经济）支柱"、"作为个体的指导性（心理）一体化原则"以及"作为社会控制的（政治）策略"而紧密地渗透于资本主义生产目的之中。②与此同时，被打上资本烙印的身体通过被"赞美"、"欣赏"和"把玩"而被纳入资本主义的消费逻辑、计划和目的中。③身体成为区隔社会地位、身份、名望的符码，因而人们自然要管理好自己的身体，"把它当作一种遗产来照料、当作社会地位能指之一来操纵"④。

鲍德里亚认为这种资本主义生产/消费的结构促成了一种身体的双重实践，即"作为资本的身体的实践"和"作为偶像（或消费物品）的身体的实践"。于是人们不可避免地对身体进行毫无约束的经济和心理的双重投入。⑤身体不再是宗教视角下的肉身，也不再是工业社会中的劳动力，而是幻化为消费社会的一种物质性的"自恋式崇拜对象或策略及社会礼仪要素"，"美丽"和"色情"是贯穿其中的两大主题。⑥鲍德里亚注意到，虽然身体在向美学/色情的交换价值蜕变的过程中大多数时候触及女性身体，

① 〔法〕让·鲍德里亚. 消费社会 [M]. 刘成富，全志钢，译. 南京：南京大学出版社，2000：142.
② 〔法〕让·鲍德里亚. 消费社会 [M]. 刘成富，全志钢，译. 南京：南京大学出版社，2000：149.
③ 汪民安. 身体、空间与后现代性 [M]. 南京：江苏人民出版社，2006：21.
④ 〔法〕让·鲍德里亚. 消费社会 [M]. 刘成富，全志钢，译. 南京：南京大学出版社，2000：143.
⑤ 〔法〕让·鲍德里亚. 消费社会 [M]. 刘成富，全志钢，译. 南京：南京大学出版社，2000：140.
⑥ 〔法〕让·鲍德里亚. 消费社会 [M]. 刘成富，全志钢，译. 南京：南京大学出版社，2000：143.

但也不可避免地同样触及了男性的身体。[①] 性解放以及医学崇拜背后隐藏着的却是对真实个人的删除。最终，身体在健康、美丽、时尚、性解放等标签的迷惑下成为资本主义消费社会中一种新型的意识形态控制手段。鲍德里亚着重考察了身体在广告中的虚假幻象——一种被广告反复缔造的身体神话和不断追逐的消费主义的身体伪欲望，无疑构成了资本主义意识形态的一种新型麻醉剂和迷幻药，以更精巧而隐蔽的方式直接潜入了人的无意识或下意识[②]，控制和规训着人们主动服从于由消费话语建构的虚假的身体幻象和符号景观。可以说，消费社会中作为符号的身体演变成一种新的意识形态神话，即成为指导消费社会的核心原则，并在消费伦理中享有超验的特权。[③]

显然，鲍德里亚的身体理论是在消费社会视域下的一种批判理论，他无情地揭露和批判了当代资本主义消费社会中作为符号的身体取代了灵魂而成为意识形态的重要组成部分，并遭到了更加隐秘的欺骗、控制和奴役。

四　作为感知的身体：本雅明的身体政治学

在瓦尔特·本雅明的艺术和媒介批评研究中，身体的感官体验是贯穿于媒介技术引起的艺术与社会变革过程中的重要而隐匿的面向。本雅明将身体隐藏在关于感官的论述中，而在此基础上发现和引申出身体的革命性则构成了本雅明身体政治学的核心。

本雅明用"光晕"（Aura）一词来指认前机械复制时代艺术的美学特性以及观众对艺术的感知体验。具体来说，这种"光晕"首先体现为艺术作品的"即时即地"及"独一无二"。受制作工艺的限制，传统的艺术作品需要艺术家依靠双手在时间和空间上"即时即地"地亲身劳作而呈现艺术的

---

① 〔法〕让·鲍德里亚. 消费社会［M］. 刘成富，全志钢，译. 南京：南京大学出版社，2000：149.
② 刘莉. 符号·幻象·诱惑：鲍德里亚论域中的"身体"［J］. 广州大学学报（社会科学版），2013（08）：17-20.
③ 吴会丽，黄义华. 鲍德里亚的身体理论研究［J］. 作家，2011（18）：140-141.

唯一性，这种由身体行为暗示的"原真性"造成了艺术品特有的审美距离感——一种对"遥远之物"产生崇拜感而在心理上又如此贴近的距离，赋予了传统艺术作品"不可企及"的膜拜价值。而"光晕"正是这种"遥远之物的独一显现"①，是艺术品之可靠性与权威性的担保，是与人的身体的创造力紧密联系的。因而在前工业社会由艺术家亲手制作的艺术品铭刻着"富于实践的手的痕迹的经验"，展示和传递的正是艺术家"对自己身体的意识"②。与此同时，"光晕"也是人对艺术作品"凝神冥想"（contemplation）时所产生的人与艺术品在心理感觉力之间的凝视与互动的感知体验。无论是作为艺术特性之规定还是作为感知方式，这种二重性无疑指认了艺术的"光晕"来自具有神圣仪式性的身体感及其内在体验。③ 而在机械复制时代，由身体经验奠定的艺术作品的"光晕"却在衰落，"光晕"美学建立起来的审美的权威感和等级秩序遭到机械复制技术的破坏。随着大众的崛起，艺术品遭遇祛魅，复制品取代艺术品的"高高在上"而成为"身体感知的平等对象"，人对艺术的身体感知从"光晕"美学阶段的整体性感知向碎片化的现代感知变迁。④ 可以说，机械复制技术击碎了传统的生存环境并重构了人的身体⑤，使人的身体和行为必须通过接受机械技术的训练而合乎现代社会的规范⑥。

在本雅明看来，艺术作品的"光晕"衰落的深层原因与技术对社会和身体感知方式的深刻变革密切相关。在前工业社会，人以经验作为存在和感知方式，并以经验的传承来展开具体生活。这种对外部世界的感受和体验是

---

① 〔德〕瓦尔特·本雅明. 迎向灵光消逝的年代：本雅明论艺术 ［M］. 许绮玲，林志明，译. 桂林：广西师范大学出版社，2008：65.

② 〔德〕瓦尔特·本雅明. 单行道 ［M］. 王才勇，译. 南京：江苏人民出版社，2006：99.

③ 支运波.《机械复制时代的艺术作品》中的三重身体及其美学 ［J］. 文艺争鸣，2017（02）：125-129.

④ 支运波.《机械复制时代的艺术作品》中的三重身体及其美学 ［J］. 文艺争鸣，2017（02）：125-129.

⑤ 〔英〕伊格尔顿. 审美意识形态 ［M］. 王杰，傅德根，麦永雄，译. 桂林：广西师范大学出版社，2001：342.

⑥ 〔德〕瓦尔特·本雅明. 发达资本主义时代的抒情诗人 ［M］. 张旭东，魏文生，译. 北京：生活·读书·新知三联书店，2007：19.

具身性的，是完整而和谐的。而随着19世纪现代工业社会的到来，传统完整的手工劳作及生活经验被现代技术替代和割裂，造成了经验的贫乏和贬值，人无法用前工业社会的"光晕"方式来感知和把握现代艺术，造成人毫无防备地对于现代工业社会及其现象的自我惊异与迷失——一种"震惊"体验。这无疑消解了"光晕"感知的身体性基础。以往人们"凝神冥想"的沉浸式艺术审美被"心神涣散"（distraction）的大众观看方式所替代，来自身体的宗教仪式般的崇拜关系被置换为以展示为主的疏离的"视看关系"①，艺术品的"膜拜价值"让位于"展览价值"，人的身体不可避免地陷入现代都市五花八门、蜂拥而至的惊恐和震惊之中。"震惊"替代了"光晕"成为现代都市生活全新的感知模式和心理体验。而这种转变无疑隐藏着身体感官的变迁。在本雅明看来，美感来自身体感，机械复制技术则解放了人的身体及其官能而成为大众的救赎。现代艺术牢牢抓住了视觉，却失去了"光晕"，复制技术使美的本质被迫与具身性的美的感知相分离。艺术不再建立在神圣的仪式基础上，"而是建立在另一种实践的基础上，这种实践便是政治"②。可以说，媒介技术导致"大众"的崛起和全新的集体观看与接受方式的产生，进而引发了大众政治的诞生。③ 而身体的革命性与大众的关系构成了本雅明身体政治学的独特面向。

在本雅明的论述中，作为感知的身体不仅仅是一个物质躯体，还是具有行动力的、积极能动的作为革命的身体④，技术在带来艺术变革的同时，也获得了对大众身体施展唤醒与改造的场所。无论是现代都市"震惊"体验带来人的身体的解放，还是巴黎拱廊街的都市"闲逛者"（Flaneur）游荡的身体所折射出的对现代社会的反抗和革命理想；无论是"讲故事的人"的衰落还是现代媒介技术塑造的诸如电影院的观众，无不流露出本雅明对传统

① 〔德〕瓦尔特·本雅明.单行道［M］.王才勇，译.南京：江苏人民出版社，2006：148.
② 〔德〕瓦尔特·本雅明.技术复制时代的艺术作品［M］.胡不适，译.杭州：浙江文艺出版社，2005：103.
③ 支运波.《机械复制时代的艺术作品》中的三重身体及其美学［J］.文艺争鸣，2017（02）：125-129.
④ 苏文健.身体、技术与政治：论本雅明的身体观［J］.天中学刊，2017（05）：36-40.

社会的依恋和对资本主义社会的诗意批判。身体经过技术塑造而获得一种狂欢化的感知体验，显示出巨大的革命潜力。经过技术乔装打扮的身体已经不是美学意义上的身体，而是活跃于大众之中作为革命武器在阶级与政治的舞台上登台亮相的革命性的身体。① 本雅明将身体视作工具和"有待组织加工的原料"甚至"机器"，通过"感性形象的力量来重新安排和塑造身体"②，从而将政治的审美转变为身体的政治。总的来说，本雅明所描述的一众文化意象都折射出生命政治的意涵，其实质无疑"是一种建立于身体中心的实践方式"③。

本雅明思想中最核心的概念如"光晕""震惊"等，其实质都是一种涉身的媒介感知体验，而非纯粹意识经验。而人类的媒介经验问题与媒介技术对经验的塑造和改变始终是本雅明关注的根本问题。"媒介的技术转型、身体的转变及其与时空的关系"在本雅明笔下是紧密交织在一起的。④ 他从非功能主义和唯物主义人类学视角审视媒介，探究传播技术是如何重新配置人类的感知和经验能力的。⑤ 本雅明给我们最大的启示便是以机械复制技术为代表的新媒介技术必然产生新的知觉模式、新的身体与主体性。

五　作为被媒介技术派生的身体：基特勒反人本主义视角

弗里德里希·基特勒是近年来享誉国际学界的德国媒介理论家，被誉为"数字时代的德里达"，他开辟了一条不同于北美媒介环境学派的研究路径。⑥ 如果说麦克卢汉将媒介看作人的延伸，以身体为出发点来研究媒介技术，其媒介理论始终是人类中心主义立场的话，那么基特勒则秉持着与之相

---

① 苏文健. 身体、技术与政治：论本雅明的身体观［J］. 天中学刊，2017（05）：36-40.
② 〔英〕伊格尔顿. 审美意识形态［M］. 王杰，傅德根，麦永雄，译. 桂林：广西师范大学出版社，2001：342.
③ Margarete Kohlenbach. Walter Benjamin：Self-reference and Religiosity［M］. Palgrave Macmillan，2002：165.
④ 〔韩〕康在镐. 本雅明论媒介［M］. 孙一洲，译. 北京：中国传媒大学出版社，2019：221.
⑤ 〔韩〕康在镐. 本雅明论媒介［M］. 孙一洲，译. 北京：中国传媒大学出版社，2019：20.
⑥ 〔加〕杰弗里·温斯洛普-扬. 基特勒论媒介［M］. 张昱辰，译. 北京：中国传媒大学出版社，2019：译者序 23.

反的立场，把人看作媒介的延伸，人在本质上是媒介技术形塑的结果，他喊出了那句响亮而颇具反人本主义的口号："媒介决定了我们的境遇。"① 基特勒曾对麦克卢汉仍然老套地把人放在世界秩序的中心的审视路径加以批判，认为麦克卢汉是从身体的视角去考察媒介而不是相反。② 麦克卢汉被诟病为技术决定论者，而基特勒的技术立场更加激进，他以后诠释学、反人本主义的思维提出以技术为宗的媒介本体论，试图翻转受笛卡尔幽灵深刻影响的媒介工具论，旨在重新发现被遮蔽的传播的物质性意涵，向以往以人的意识为中心的文化分析路径发起了挑战，企图将人的灵魂逐出人文研究领域。③ 难怪彼得斯说基特勒提供的是一种没有"人"的媒介研究。④ 如果说人在麦克卢汉的视野里具有突出的主体性地位，那么基特勒则直接取消了人的主体特权，认为人只是"操作者"而非"主体"，这与布鲁诺·拉图尔打破主/客、人/非人界限的"行动者网络理论"（Actor Network Theory，简称 ANT）在理论视角上颇有共鸣。基特勒将人与媒介一贯的"主体—客体"的关系预设进行翻转，主张人是"作为文化技术的媒介所召唤出来的结果"，媒介是构成人的主体意识与感官经验的技术配置以及人的感知的起点，人的主体性是以物质与技术的配置为条件的。⑤

在基特勒的理论视野里，媒介技术"制造"了人，而身体是媒介技术派生的。身体这一线索不可避免地作为人机关系的隐含面向萦绕在基特勒的媒介理论中。基特勒并非要凸显身体的主体地位，相反，他意在从人（包括身体）与媒介的互动关系中突出媒介的本体论意涵，弘扬其媒介的物质

① Kittler, F. A. Gramophone, Film, Typewriter [M]. Stanford, CA: Stanford University Press, 1999: xxxix.
② Kittler, F. A. Optical Media: Berlin Lectures 1999 [M]. trans. by Anthony Enns, Cambridge: Polity Press, 2010: 21.
③ 唐士哲. 作为文化技术的媒介：基德勒的媒介理论初探 [J]. 传播研究与实践，2017（02）：5-32.
④ Peters, J. D. Introduction: Friedrich Kittler's Light Shows. In F. A. Kittler, Optical Media [M]. A. Enns Trans. Cambridge, UK: Polity Press, 2010: 5. (Original work published 2002).
⑤ 唐士哲. 作为文化技术的媒介：基德勒的媒介理论初探 [J]. 传播研究与实践，2017（02）：5-32.

性主张。不同的时代，身体、感知及其思维始终是处在当时占据主导地位的——由技术、机构、制度组成的，使某种既定文化得以"选择、存储与处理相关数据"的"话语网络"中。①

"话语网络"是基特勒在《话语网络 1800/1900》和《留声机、电影、打字机》中提出的关于媒介理论的基础性概念，概括了权力与知识在文化技术中所呈现的认识论图像。② 这一概念借鉴了米歇尔·福柯的知识型。福柯将话语、知识与权力结合起来考察，认为每个时代的知识文化都遵循着每个时代特定的运作规则并形成与之相对应的知识型。如果说福柯的知识型是建立在图书馆所存储的文本"档案"的基础上，那么基特勒则将 1850 年以后出现的媒介技术作为重要的转折，从媒介物质性角度拓展和补充了知识型的媒介技术来源，并重点分析了两种话语网络，即"话语网络 1800"（"书写"媒介阶段）和"话语网络 1900"（留声机、电影、打字机等"模拟"媒介阶段），据此形成他的媒介考古学研究路径。

基特勒的媒介理论创新性地将媒介技术的物质性与人的主体性身体关联起来。他曾以尼采使用打字机为例，说明媒介技术对身体及其意识思维的塑造和影响。正如尼采针对打字机对自己的写作风格有何影响时回答的那样："我们的写作工具对我们的思想起作用。"基特勒则进一步展现了打字机的物质性机制如何在尼采的系谱学分析中重现。③ 在打字机出现之前，文字书写要求手、眼、纸、墨、笔高度配合、紧密联系，而在打字机开启的机械自动化写作中，人的视觉及姿态对文稿的操控被手部敲击键盘而机械生产出来的标准字符取代，造成人手与文稿的分离。作为最早使用打字机的哲学家，尼采第一次深刻地意识到思考与书写实质上是身体与媒介的交互结果。尼采在《论道德的谱系》中指出人性已经从先天的认知、

---

① Kittler, F. A. Discourse Networks 1800 /1900 [M]. Stanford University Press, 1990: 369.

② 林思平. 计算机科技媒介与人机关系：基德勒媒介理论中的计算机 [J]. 传播研究与实践, 2017 (02): 33-62.

③ 〔加〕杰弗里·温斯洛普-扬. 基特勒论媒介 [M]. 张昱辰, 译. 北京：中国传媒大学出版社, 2019: 85.

语言、动作等才能转移到了对记忆机器的爱好。① 海德格尔将这个过程看作书写从身体性的本源中分离出来而转移到了机器上，人与存在的关系也随之发生了改变。② 用基特勒的话说就是从"话语网络 1800"的"转换"与"连续"中转向"话语网络 1900"的"分离"与"隔断"。③ 基特勒进一步发现，这种机械化的自动写作掩盖了书写者的个性，但同时也打破了书写的性别垄断，消解了书写中的男性中心主义，使受教育程度不高的女性经过训练后同样可以熟练地使用打字机参与媒介系统的运作，从而促使其走出家庭、走入职场。从这个意义上说，媒介的确"设定"了人，而非相反。

　　基特勒将留声机、电影、打字机等模拟媒介看作造成传统书写系统分裂的话语网络，而这些不同的媒介系统随后独立发展成人的不同感官经验的"代理人"。随着以"通用图灵机"为标志的数字时代的到来，这些彼此分裂的感官经验被数码模式重塑为统一的界面效果。④ 在基特勒看来，媒介技术具有其自身的逻辑性和自主性，并非从属于人。媒介技术的发展是完全独立于人的身体的，其发展的结果反而会对人类的感官造成"压倒性的影响"。⑤ 当计算机成为主体时，人可能沦为客体。这样的认识显然是和媒介环境学派保罗·莱文森的观点针锋相对的。尽管基特勒的非人类中心主义的观点具有相当的颠覆性和前瞻性，却意在警醒人类：是媒介在决定着人的境遇——从而促使人类重新思考人与技术、身体与媒介的关系以及人自身在当下的处境。

① 陈静. 走向媒体本体论——向弗里德里希·A. 基特勒致敬 [J]. 文化研究，2013 (01)：289-301.
② 〔加〕杰弗里·温斯洛普-扬. 基特勒论媒介 [M]. 张昱辰，译. 北京：中国传媒大学出版社，2019：84.
③ 〔加〕杰弗里·温斯洛普-扬. 基特勒论媒介 [M]. 张昱辰，译. 北京：中国传媒大学出版社，2019：84.
④ 唐士哲. 作为文化技术的媒介：基德勒的媒介理论初探 [J]. 传播研究与实践，2017 (02)：5-32.
⑤ Kittler, F. A. Optical Media: Berlin Lectures 1999 [M]. trans. by Anthony Enns, Cambridge: Polity Press, 2010: 30.

六 作为传播悖论的身体：彼得斯"对话—撒播"的二元对立

约翰·杜翰姆·彼得斯是美国著名的媒介理论家，关于媒介史的研究他曾另辟蹊径，以独特的观察和思考捕捉并书写了不同于主流视野的传播观念史——《对空言说：传播的观念史》。他善于挖掘传播与哲学的关联，并试图构建一种人文主义取向的媒介哲学。在《对空言说：传播的观念史》中，传播中的身体观念与传播的思想（观念）史几乎是该书的一体两面。他将苏格拉底和耶稣分别看作"对话"和"撒播"两种不同交流观的代表，并以"对话—撒播"背后所蕴藏的身体"在场—缺席"的二元悖论为反思的起点，总结梳理了奥古斯丁、洛克、黑格尔、马克思、克尔凯郭尔、弗洛伊德、库利、阿多诺、默顿等不同学派、不同学者关于传播的观念，展现人类"交流的失败与无奈"以及传播中身体的悖论——人类在具身（亲身在场）—离身的交流中难以两全。人类的交流充满了沟壑，媒介技术使人类实现了远距离离身交流的同时，也带来了身体不在场的焦虑。可以说，彼得斯将传播中的身体问题作为《对空言说：传播的观念史》的潜在线索，而其呈现的传播的观念史则贯穿着一股关于身体的"在场"与"不在场"、身体的"有限性"与"无限性"的张力：一方面，人们视面对面的心灵融合为理想的传播模式；另一方面，人们又渴望突破身体的有限性，跨越时空距离去"触摸"世界的"无底深渊"。

彼得斯首先考察了《斐德罗篇》，认为这是一篇记录人们因技术产生各种交流焦虑的纲要。而在彼得斯看来，苏格拉底无疑是推崇口语而拒绝文字的，因为文字使传受双方不必亲身在场，但却削弱了人的记忆力，是一种缺乏互动的任意播撒。[①] 彼得斯认为苏格拉底对书写的担忧在于，通过书写记录而永久固定的智慧"是一种不分对象的滥交（传播）"[②]。在古希腊，人

---

① 〔美〕约翰·杜翰姆·彼得斯.对空言说：传播的观念史［M］.邓建国，译.上海：上海译文出版社，2017：52-53.
② 〔美〕约翰·杜翰姆·彼得斯.对空言说：传播的观念史［M］.邓建国，译.上海：上海译文出版社，2017：209.

们把文字（媒介）交流看成一种不对称的传播关系。① 苏格拉底所谓的交流不仅是"心灵间的匹配"，更是"欲望间的配对（coupling）"，是"爱欲（Eros）"而非"传输"，他担心文字会令"思想摆脱人体"②，使"人的关系"在交流中消失而产生扭曲③。他强调身体在交流中的不可替代性，交流必须发生在灵魂与灵魂之间以及身体的亲密互动中，传受双方平等互惠。当斐德罗向苏格拉底夸赞吕西阿斯的精彩演讲并背诵演讲稿要点时，遭到了苏格拉底的鄙视，认为如此还不如直接听"吕西阿斯本人在场"的原话，但也颇具讽刺意味地暗示出这样一种传播现实，即"记录性媒介能以一种幽灵般的方式召唤出不在场的人"④。简言之，彼得斯用了大量篇幅谈论苏格拉底的交流观。苏格拉底旗帜鲜明地在《斐德罗篇》中极力推崇对话而对文字加以批评，在他看来，撒播是传播的偏离，对话才是传播的常态。与之相对，彼得斯阐释了耶稣的"撒播"观，并构建了苏格拉底与耶稣的"辩论"。与苏格拉底偏爱对话不同，耶稣偏爱撒播，认为撒播强调的是民主。耶稣说："凡有耳者，皆可听，让他们听吧！"⑤ 苏格拉底认为撒播是一种"滥交"，而耶稣认为撒播是公平公正的交流方式，受者的意愿和能力决定了意义的获得。

此外，彼得斯一方面从奥古斯丁、洛克的交流观（包括身体观）以及19世纪出现的各种"招魂术"包括梅斯梅尔的催眠术和心灵研究等追溯了交流是灵魂间的对接，而身体是交流的障碍，把交流视作灵魂间的"非物质性接触"的观念史；另一方面通过梳理黑格尔、马克思和克尔凯郭尔的

---

① 〔美〕约翰·杜翰姆·彼得斯. 对空言说：传播的观念史 [M]. 邓建国，译. 上海：上海译文出版社，2017：58.
② 〔美〕约翰·杜翰姆·彼得斯. 对空言说：传播的观念史 [M]. 邓建国，译. 上海：上海译文出版社，2017：53-54.
③ 〔美〕约翰·杜翰姆·彼得斯. 对空言说：传播的观念史 [M]. 邓建国，译. 上海：上海译文出版社，2017：69.
④ 〔美〕约翰·杜翰姆·彼得斯. 对空言说：传播的观念史 [M]. 邓建国，译. 上海：上海译文出版社，2017：56.
⑤ 〔美〕约翰·杜翰姆·彼得斯. 对空言说：传播的观念史 [M]. 邓建国，译. 上海：上海译文出版社，2017：75.

交流观展现"交流的现代意涵"以及交流的"主体间性"，认为有形的身体在交流中是不可化约的。而大众媒体技术的兴起使"一个没有肉体的幽灵世界应运而生"①，为了缓解由此带来的身体焦虑和填补存在的交流沟壑，现代技术试图对"非人"的媒介进行"人"的包装——让人脱离肉体的同时又可以"显身"②。

彼得斯通过对不同传播观念进行追溯和比较，使身处不同时代的思想家实现了"隔空对话"与"观点争鸣"，而他将自己的观点隐藏在这些"针锋相对"中。彼得斯充分肯定身体在交流中的重要性，认为若将交流视作仅仅是思想的结合那就低估了身体的神圣③，虽然技术已经可以完全模拟人体，但身体"在场"才是跨越交流鸿沟的前提。与此同时，他又认为对话隐含着潜在的"霸权"，而单向的"撒播"更为民主与友好。彼得斯看似模糊而暧昧，有时甚至自相矛盾的立场意在发出告诫：人类的交流注定充满沟壑与无奈，放弃"天使学"这类乌托邦式的交流梦想，直面人类的有限性（身体的局限），因为它"神圣又悲哀"。④

可以说，彼得斯是第一个将身体观念与媒介观念联系起来，并从传播观念史的角度提出传播中的身体悖论的人。与此同时，彼得斯还主张媒介研究的任务应该是阐明与日常生活息息相关的最基本的事实，而不是反而令这些事实变得更加模糊。⑤ 彼得斯在其著作《奇云：媒介即存有》中将身体视作"人类最根本的基础设施型媒介"⑥，将人类的进化视作自然史和媒介史协同作用的结果，既体现出生物性的一面，也渗透着技术性的一面。他再次强

---

① 〔美〕约翰·杜翰姆·彼得斯. 对空言说：传播的观念史 [M]. 邓建国，译. 上海：上海译文出版社，2017：208.
② 〔美〕约翰·杜翰姆·彼得斯. 对空言说：传播的观念史 [M]. 邓建国，译. 上海：上海译文出版社，2017：207.
③ 〔美〕约翰·杜翰姆·彼得斯. 对空言说：传播的观念史 [M]. 邓建国，译. 上海：上海译文出版社，2017：386.
④ 〔美〕约翰·杜翰姆·彼得斯. 对空言说：传播的观念史 [M]. 邓建国，译. 上海：上海译文出版社，2017：388.
⑤ 常江，何仁亿. 约翰·杜伦·彼得斯：传播研究应当超越经验——传播学的技术史视角与人文思想传统 [J]. 新闻界，2018（06）：4-9+24.
⑥ 〔美〕彼得斯. 奇云：媒介即存有 [M]. 邓建国，译. 上海：复旦大学出版社，2020：290.

调，网络社会中活生生的肉身在场"永远不会失去它的魅力"①。可以说，彼得斯先后从传播观念史和媒介哲学的角度梳理了传播中身体的问题和意义，为具身视角奠定了来自传播学的思想资源和理论想象力。

第三节 身体的再发现：身媒关系的回归与传播学的知识型转移

本章第一节从传播学的学术史脉络中追溯身体为何长期以来在传播研究中被视而不见。究其根源，与传播学建立之初所形成的知识型传统有关。这种长期占主导地位的知识型在本质上是以笛卡尔主客二元论、身心二元论为认识论基础的。第二节梳理了传播学术史上那些隐在的身体面向。第三节将立足当下传播研究面临的现实和理论语境，从"身媒关系嬗变与回归的辩证运动"和"传播研究的知识型转移"两个维度揭示具身传播研究兴起的直接原因。

一 身媒关系嬗变与回归的辩证运动

丹麦学者延森（Jensen，K. B.）将交流和传播视作人类最为普遍的实践活动之一，并认为其构成了人之为人的必要条件②，人正是通过传播这一实践活动来把握和参与实在的。③ 德国社会学家卢曼（Niklas Luhmann）认为，不同的时代具有与之相符的居于主导地位的沟通模式，这种主导的沟通模式或传播媒介的变迁则标记出社会主要阶段的演变脉络。④ 换句话说，媒介的变化意味着社会的变化。而在交流和传播中，人类的身体究竟能够在多

---

① 〔美〕彼得斯．奇云：媒介即存有［M］．邓建国，译．上海：复旦大学出版社，2020：301-302.
② 〔丹〕延森（Jensen，K. B.）．媒介融合：网络传播、大众传播和人际传播的三重维度［M］．刘君，译．上海：复旦大学出版社，2012：中文版序 1.
③ 〔丹〕延森（Jensen，K. B.）．媒介融合：网络传播、大众传播和人际传播的三重维度［M］．刘君，译．上海：复旦大学出版社，2012：16.
④ 黄旦．建构实在：大众媒体的运作——读尼克拉斯·卢曼的《大众媒体的实在》［J］．国际新闻界，2020（11）：54-75.

大程度上保持缺席——这是彼得斯在《对空言说：传播的观念史》中的著名追问。[①] 这实际上击中了传播学长久以来被遮蔽的重要问题——身体与媒介（技术）的关系。纵观人类交流和传播的历史，身体与媒介的关系主要呈现"离身"与"具身"两种状态。

延森曾将媒介划分为三种不同维度：首先，人的身体被视作"第一维度的媒介"——面对面亲身交流得以实现的物质条件；其次，"以模拟信号传输为特征"的作为"技术性生产手段"的大众媒介被认为是"第二维度的媒介"；最后，统合了大众传播与人际传播的网络化的数字技术构成了"第三维度的媒介"。[②] 显然，如果以一定历史时期占主导地位的媒介形态为划分依据的话，"第一维度的媒介"时代即面对面交流无疑是一种亲身在场的传播。"第一维度的媒介"时代体现了身体与心灵在时空中的共同在场。此时，身体与媒介同一，身体的媒介属性全部源自其自然给定的生理属性，一切的交流活动和过程完全依赖于身心协调下的身体信息如动作、表情、言语、思维等的传递，本质上是一种生理机能的外显。因而，这种交流是原初、本真的，却稍纵即逝，受到物质和时空的局限。面对面的交流，既包括语言传播也包括非语言传播，身体既是交流的主体，也是交流得以顺利展开的物质客体（媒介）。正如哲学家萨特所言："身体是我不能以别的工具为中介使用的工具。"[③] 刘易斯·芒福德（Lewis Mumford）也将身体视作人类最古老的媒介，并认为人类最早的技术成就绝不是发明和使用技术工具，而是对人类身体的有效使用。[④] 在亲身在场的交流中，身体本身就是交流的元中介（媒介）和担保，身体的生理极限规定了交流的传播极限。身体肉身

① 〔美〕约翰·杜翰姆·彼得斯. 对空言说：传播的观念史 ［M］. 邓建国，译. 上海：上海译文出版社，2017：283.
② 〔丹〕延森（Jensen, K. B.）. 媒介融合：网络传播、大众传播和人际传播的三重维度 ［M］. 刘君，译. 上海：复旦大学出版社，2012：3-4.
③ 〔法〕让-保尔·萨特. 存在与虚无 ［M］. 陈宣良，等译. 北京：生活·读书·新知三联书店，1987：429.
④ 唐娟，聂萌. 超越与回归：后人类与传播中的身体变迁 ［J］. 贵州大学学报（社会科学版），2021（03）：105-112+124.

的在场保证了感官的在场，"面孔、嗓音和肌肤有一种传染性的'克里斯马'气质"①，而触觉是最难以伪造的感官。② 面对面交流之所以长期以来被奉为人类最理想的传播形态，恐怕就在于彼得斯所认为的那样：触觉对中介具有极强的抵抗力，它总是"顽强地和近距离结合在一起"③。触摸和时间的不可化约性使它们在亲身交流中是"真诚的唯一保证"，是"可以共享但不能够复制和再生的东西"④，是稍纵即逝的。

19 世纪媒介复制技术的出现，构成了"第二维度的媒介"即大众媒介时代的客观条件。按照亚里士多德的"潜能"说来解释，媒介/技术本身蕴含着拓展人类交流和认知能力的潜能，其代价便是需要克服身体的肉身障碍。在彼得斯看来，"做到缺席又在场的无身体接触"，这一梦想是激发大众话语与技术发明的关键条件之一。⑤ 在"第二维度的媒介"时代，"我们的面孔、行动、声音、思想和互动，都已经全部迁移到媒介之中"⑥。因而，交流不再需要肉身在场，"人体已外化为媒介"，现代媒介已经改变了"人之形态（anthropomorphism）的意义"，对我们的身体作出了重新安排⑦。基特勒在考察了电影、留声机及打字机的历史后，认为这些媒介将光学、声

① 克里斯马（Charisma），原指古代的宗教先知、英雄、领袖以及救世主等具有超凡的品质、个人魅力和启示力的人，德国著名社会学家、哲学家、历史学家马克斯·韦伯将这一概念引入到政治学领域。"克里斯马气质"通常被认为是领袖特有的一种个人气质，能引起大众强烈的热情或热诚地效忠；克里斯马型政治家往往追随者甚众。参见译者注，〔美〕约翰·杜翰姆·彼得斯. 对空言说：传播的观念史［M］. 邓建国，译. 上海：上海译文出版社，2017：387.

② 〔美〕约翰·杜翰姆·彼得斯. 对空言说：传播的观念史［M］. 邓建国，译. 上海：上海译文出版社，2017：386.

③ 〔美〕约翰·杜翰姆·彼得斯. 对空言说：传播的观念史［M］. 邓建国，译. 上海：上海译文出版社，2017：385.

④ 〔美〕约翰·杜翰姆·彼得斯. 对空言说：传播的观念史［M］. 邓建国，译. 上海：上海译文出版社，2017：387.

⑤ 〔美〕约翰·杜翰姆·彼得斯. 对空言说：传播的观念史［M］. 邓建国，译. 上海：上海译文出版社，2017：152.

⑥ 〔美〕约翰·杜翰姆·彼得斯. 对空言说：传播的观念史［M］. 邓建国，译. 上海：上海译文出版社，2017：328.

⑦ 〔美〕约翰·杜翰姆·彼得斯. 对空言说：传播的观念史［M］. 邓建国，译. 上海：上海译文出版社，2017：329.

学和书写技术分流为各自独立的感官代理系统（媒介系统），而所谓的"人"则被分裂为"生理结构"和"信息技术"①，造成身体与意识、身体（肉身）与媒介的彻底分离。麦克卢汉也将媒介看作人类身体和感官的延伸。如果说，机械复制技术破坏了本雅明所谓的艺术品的"光晕"，那么，"第二维度的媒介"造成了人类感官的分裂、放逐了人的身体，不仅强行将身体与媒介分开，更重要的是虽然极大地拓展了人类认知和交流的能力，但也破坏了身体在场交流的那种原初的、源自综合感官共同激发的交流的"光晕"。大众传播的本质不过是离身心智的符号表征、流动与操纵，是脱离个性化的身体和具体情境的。大众传播的离身范式使人类可以从"所不在的位置""从未到过的地方"去看世界。② 每一种新媒介技术的诞生并逐渐占据社会的主导必然会重构旧有的时间秩序与社会关系的意义空间。③ 大众媒介的离身传播不仅产生了特有的媒介想象和媒介现实，为民族国家的建构创造了"想象的共同体"，同时也成为现代性的一种组织和话语的担保。

21 世纪随着数字技术的迅猛发展，曾被技术分流成各自独立的感官代理系统（媒介系统）以数字化的标准和模式由分化重新回归"大一统"。麦克卢汉预言人类将重新"部落化"，被分裂的感官在数字时代将重回新的感觉平衡；基特勒认为数字技术将声学、光学、文字等聚合成可供用户选择的界面。而这种界面是具有强大交互性的，是人机之间的连接点④，在媒介的深度融合过程中将逐步演变为身体与媒介的感官接合点⑤——"有机用户界面"（organic user interface）。正如延森断言，这种交互界面正在从工具性界面

① 〔德〕弗里德里希·基特勒. 留声机、电影、打字机 [M]. 邢春丽，译. 上海：复旦大学出版社，2017：15-17.
② 〔澳〕斯科特·麦奎尔. 媒体城市：媒体、建筑与都市空间 [M]. 邵文实，译. 南京：江苏教育出版社，2013：12.
③ 胡翼青，张婧妍. 重新发现"媒介"：学科视角的建构与知识型转变——2018 年中国传播研究综述 [J]. 编辑之友，2019（02）：39-45.
④ 〔美〕迈克尔·海姆. 从界面到网络：虚拟实在的形而上学 [M]. 金吾伦，刘刚，译. 上海：上海科技教育出版社，2000：169.
⑤ 孙玮. 赛博人：后人类时代的媒介融合 [J]. 新闻记者，2018（06）：4-11.

演变为皮肤或生物膜（Membranes）的"有机用户界面"（organic user interface）。① 例如，智能手机与人的关系在智媒时代已经构造出一种将"身体—屏幕"作为介入世界、在世存在的方式。如果说早期的大众媒介技术是以"将世界容纳进一个媒介"（the world in a medium）为目标而构建起虚拟媒介环境，那么随着人工智能、物联网、虚拟现实等技术的兴起，人们已经实现了"世界作为一种媒介"（the world as a medium）的构想。②

随着智媒时代的到来，媒介无论是外在于身体还是介入身体，本质上都是法国技术哲学家贝尔纳·斯蒂格勒（Bernard Stiegler）所谓的人体的"义肢"和"第三持存"③，成为身体不可缺少的重要组成部分，甚至构成了人之为人的必要条件，人彻底成为技术性存在——"在线即在世"。而因技术的"准透明性"，我们甚至意识不到其存在。这种有机生物体与无机机器体相向趋合、融为一体的形式，是智媒时代的新型人类主体，被哈拉维称为"赛博人"。媒介与身体在大众传播时代被分离后再次合二为一，体现出媒介的强具身性。

智媒时代对身体的召唤和回归并不是重返面对面亲身传播的原点，而是一种超越。"第三维度的媒介"时代的身体内涵已被修改，身体不再是"第一维度的媒介"时代那个自然给定的肉身，而是发展为彻底技术化的身体，技术"栖居"于身体，身体依赖于技术，二者构成了智媒时代新的主体，能够突破亲身传播中单一时空的限制而得以在虚拟与现实中共在，媒介的感知也日益模仿和复制身体的感知。"数字技术增加了在（物理）距离上建立、发展和维持亲密关系的可能性"④，人们通过配置丰富的技术组合以在

---

① 〔丹〕延森（Jensen, K. B.）. 媒介融合：网络传播、大众传播和人际传播的三重维度 [M]. 刘君，译. 上海：复旦大学出版社，2012：86-87.

② 〔丹〕延森（Jensen, K. B.）. 媒介融合：网络传播、大众传播和人际传播的三重维度 [M]. 刘君，译. 上海：复旦大学出版社，2012：86.

③ 第三持存，是法国哲学家斯蒂格勒提出的新概念。持存，表示的是一种动作及其对象与结果。相对于"第一持存（感知）"、"第二持存（记忆）"来说，"第三持存"指的是依靠外在物质形式的记录和保存。而数字技术作为一种持存媒介正在掏空整个社会的认知能力。

④ Jewitt, C., Mackley, K. L., Price, S. Digital Touch for Remote Personal Communication: An Emergent Sociotechnical Imaginary [J]. New Media & Society, 2019（01）.

人际关系中进行身体感的全息还原和创造不同的"共在"感觉。例如，VR、AR、MR等沉浸式技术正以"再现身体及其知觉"为目标，既实现了跨越时空的交流，又试图弥补肉身不在场的焦虑；数字触摸技术（digital touch interfaces）正在试图弥补数字时代的一种重要的感官贫乏——触觉缺失①，新加坡国立大学研发的数字味觉接口技术便是要模拟身体的味觉。②从根本上说，数字技术正在创造出新型的传播主体、传播样态，建构新的社会组织结构和交往关系。

在本质上，身体与媒介的关系指向的是人与技术的关系。法国思想家卢梭在《论人类不平等的起源》中曾假设人类最初具有一种完全自然的本质属性，即纯粹自然的人是"集一切于自身"的大全，没有缺陷，自给自足，身体是他"唯一认识的器具"。这种没有技术代具的最佳状态便是人类的起源，而在卢梭看来，技术会把人引向沉沦和虚弱。③不同于卢梭，斯蒂格勒借爱比米修斯和普罗米修斯的神话，指出人并没有任何本质属性。当造物主完成造物后，爱比米修斯被安排给万物分配属性，但因他的疏忽而没有算计好，轮到人类时，已经没有属性可以分配了，导致人类天生缺乏安身立命的本质。为了弥补爱比米修斯的过失，普罗米修斯盗取了象征技术的"火"赠予人类，使人类得以凭借技术性外物保存自身。正是这种"原始性的缺陷"孕育了原始的技术性——人性的真正起源。斯蒂格勒从存在论的角度出发，将技术看作人类历史性存在的发端——后生命种系发生的人类的第二起源。④因而，他认为"人就是技术，就是时间"。⑤人与技术的关系早已

① Jewitt, C., Mackley, K.L., Price, S. Digital Touch for Remote Personal Communication: An Emergent Sociotechnical Imaginary [J]. New Media & Society, 2019 (01).
② 陈虹，杨启飞. 无边界融合：可供性视角下的智能传播模式创新 [J]. 新闻界，2020 (07)：33-40.
③ 〔法〕贝尔纳·斯蒂格勒. 技术与时间：爱比米修斯的过失 [M]. 裴程，译. 南京：译林出版社，2019：125.
④ 张一兵. 人的延异：后种系生成中的发明——斯蒂格勒《技术与时间》解读 [J]. 吉林大学社会科学学报，2017 (03)：131-138+207.
⑤ Stiegler, B. La Technique et le temps, Tome 1: fauted´Epiméthée [M]. Paris: ditions Galilée, 1994: 142.

被绑定在人的历史性起源中。无独有偶，唐·伊德从"人—技术"的后现象学角度阐明了技术之于人的生活世界的根本性关联。人一旦从伊甸园走向尘世便是以"人—技术"具身的方式存在。无技术的生活世界不过是一个"想象性的投影"。① 美国技术史学家托马斯·休斯（Thomas Hughes）则认为"技术体系"构成了第二自然，不仅包裹着人类，还建构了新的社会形态。由此可见，技术甚至先在于人，人与技术的关系与生俱来，毋宁说，人的存在总是技术性存在。而身体与媒介的实践关系则构成了人与世界打交道的基本方式。如果从这个意义上来理解，那么身体与媒介从未经历过分离，媒介始终以技术的形态具身于身体，身体始终借助作为中介的媒介与世界打交道。然而，本节所说的离身与具身是一般观念上的理解，是从媒介与身体所处的物理位置所造成的感官的分裂与统合这个层面上作出的指称。因而从这个意义上说，智媒时代是一个身体得以"回归"的媒介具身的时代。

综上所述，身体与媒介的关系经历了从面对面亲身交流的"身媒同一"到大众媒介时代的"身媒分离"再到智媒时代的"媒介具身"的嬗变，但这不能简单理解为身体的回归，因为身体已不是原初的身体，返回的不仅仅是自然给定的肉身，而是赛博人的"身体"——技术化的身体，具备了物质、社会、文化、技术等多重生成性维度，又以技术向度为主导。智媒时代凸显的媒介与身体的这种技术具身关系与人的存在之间的根本性关联，带来的并不仅仅是工具性的进步，还是重新定义存在者（beings）及其生活世界的可能。智能媒介已经通过"栖居"于人的身体而直接参与了我们关于世界经验的构成和生存论层面的意义诠释，如智能手机已经深刻地参与了人的存在方式及生存意义。② 毋宁说，身媒关系这种从"同一"到"离身"再到"具身"的嬗变和回归过程体现的正是深刻的社会变革和技术文明发展

① 〔美〕唐·伊德. 技术与生活世界：从伊甸园到尘世［M］. 韩连庆，译. 北京：北京大学出版社，2012：34.
② 芮必峰，孙爽. 从离身到具身——媒介技术的生存论转向［J］. 国际新闻界，2020（05）：7-17.

的辩证运动，蕴含着黑格尔所谓的"正—反—合"的辩证法要义。智媒时代"回归身体"开启的不仅是一种"否定之否定"的全新的身媒关系，这个螺旋式上升的过程更是指向了"存在的升级"① 和一种重构与超越的变革力量。

二　传播研究的知识型转移与具身传播研究的兴起

如果说施拉姆建构和框定的主流传播学是沿着社会科学功能主义和实证主义的媒介工具论的知识型路线发展的，总是倾向于将媒介视作静态的、稳定的、中立的工具性角色——人类作为理性主体认识和改造世界，达到既定目的的工具和手段，将传播看作意识的非物质性活动，因而传播研究尤其注重传播的功能和效果，尤以传播内容为研究重心，以操控大众为目的。这一知识型规训的结果便是造成传播学的知识壁垒以及缺乏核心的研究问题，以至于长久以来充斥和堆砌着大量重复、碎片化的行政经验性研究，导致传播研究日益"内卷"。早在 20 世纪四五十年代，贝雷尔森就预言传播学研究"行将就木"。麦克卢汉曾直言不讳地指出，在过去 3500 年里，西方社会始终在忽略媒介本身的影响，而到了电子时代，也没有多少迹象表明这种鸵鸟政策的传统立场能被加以修正。② 为此麦克卢汉用了一个生动形象的比喻来解释造成这种现象的根源，即媒介内容好比一块鲜美的肉，被破门而入的窃贼用来涣散思想看门狗的注意力。③ 如果这是麦克卢汉那个时代传播学的现状，那么时至今日，跳出和超越功能主义范式，重构传播研究的理论和框架已经成为传播学界的共识。从更根本上说，是传播学知识型如何跳出和超越笛卡尔主义，从而焕发新生机的问题。

随着媒介技术的迅猛发展，人们逐渐发现媒介并不仅仅是渠道，是中

---

① 赵汀阳. 人工智能"革命"的"近忧"和"远虑"——一种伦理学和存在论的分析 [J].
哲学动态，2018（04）：5-12.

② Eric McLuhan, Frank Zingrone. Essential McLuhan [M]. Stoddart Publishing Co., 1995：236-237.

③ 〔加〕马歇尔·麦克卢汉. 理解媒介——论人的延伸 [M]. 何道宽，译. 北京：商务印书馆，2000：46.

立的工具和中介，每一次媒介技术的变革都裹挟和邀约着新的时空秩序和交往模式。媒介的技术逻辑已经深刻地介入并编织进人的生存逻辑中，重构了人对自身、对世界的根本性看法。而这种由人与媒介/技术、世界之关系的崭新视角所引发的便是传播学领域对"重新认识媒介"的讨论，从注重传播内容、效果的研究转向对媒介本身的关注。黄旦认为，媒介作为传播研究的重要入射角，最能抓住传播研究的根本。① 这种跳出媒介工具论的认知范式，在一定程度上也可视作传播学研究的重心由"内容"（信息）转向"形式"（媒介）、由媒介"工具论"转向媒介"存在论"，是一场知识型转移。这又与当前传播的物质性研究密切相关，毋宁说，媒介研究就是传播的物质性研究中的一个核心面向。传播的物质性研究试图扭转以往传播研究的非物质倾向，解蔽因将传播看作非物质性活动而遮蔽了的传播的物质性面向。可以说，传播研究的"物质性转向"和"媒介转向"在逻辑上是同构的。转而关注和挖掘传播的物质性就必然将目光首先锁定在媒介这一传播中最基础的物质构成上，反之亦然。当前传播研究重心的转移不仅是对传播学旧有认识论的回溯和反思，更重要的是指向了传播研究的未来。将"传播的物质性""媒介"这些传播研究的重要面向从旧有知识型的遮蔽中解蔽出来，以全新的观念、视野、方法观照当下的社会现实，纳入当下新的知识生产，就有望将传播研究从"行将就木"中拽拖出来，生发出新的勃勃生机。从根本上说，是试图破除笛卡尔主客二元论思维定式的一种努力。

胡翼青等人②曾梳理和概括当前媒介研究的现状与进展，发现这些媒介研究几乎都将麦克卢汉作为重要的理论对话人。概括起来，颇具学派潜质的分别是由美国学者尼尔·波兹曼创立的"媒介环境学派"、以德国学者基特勒为代表的"媒介技术哲学"、由法国学者德布雷开创的"媒介学

① 〔加〕杰弗里·温斯洛普-扬. 基特勒论媒介 [M]. 张昱辰，译. 北京：中国传媒大学出版社，2019："媒介道说"序13.
② 胡翼青，王焕超. 媒介理论范式的兴起：基于不同学派的比较分析 [J]. 现代传播（中国传媒大学学报），2020（04）：24-30.

研究"，以及以施蒂格·夏瓦为代表的欧陆"媒介化研究"。此外，英国学者库尔德利（Nick Couldry）曾用一个可翻转的"有四端的金字塔"来构想"媒介研究/媒介理论"（见图2-1），图2-1中的"四端"分别指的是四种潜在的研究优选，也就是所谓的"媒介文本（texts）""媒介生产、流通和接受的'政治经济学'（political economy）""每一种媒介的技术性能（technical properties）""媒介技术和媒介内容的社会应用（social uses）"。当我们将某一端作为媒介研究的优先选择时，这一端便被视作金字塔顶，而其余三端作为塔基支撑着塔顶的研究。① 与基特勒将媒介研究与社会学背离的研究倾向不同，库尔德利提出了一种"建基于媒介建构的、媒介使之成立的社会过程"的媒介研究，即"社会取向的媒介理论（socially oriented media theory）"。这种媒介研究的取向首要的是与社会学相联系，而非文学、经济学、技术史和视觉传播。②

尽管这些媒介研究流派秉持着迥异的逻辑、观点和立场，但都将媒介作为研究的重要入射角，关注媒介的物质性而并非局限于琐碎的媒介内容；将媒介看成一种隐喻而非实体；都敏锐地观察到"万物媒介化"的时代特征，从而站在传播学新的知识型的视角和理论起点上，试图摆脱功能主义范式的媒介实体化认知③，开启了一场重构媒介与历史、社会、文化、技术关系的理论转向。

在媒介研究中，身体向度也日益成为重要的研究维度。如本章第二节中已经回溯身体在媒介环境学派及以基特勒为代表的德国媒介哲学中的基本观点。由于身体与媒介/技术的紧密联系以及智媒时代身媒关系的回归，使身体随着媒介研究从晦暗的背景转到前台而最终得以在传播研究中浮现。换句话说，在智媒时代，媒介已经深刻地参与了人的构成，具身性媒介已经成为

---

① 〔英〕库尔德利（Couldry, N.）. 媒介、社会与世界：社会理论与数字媒介实践 [M]. 何道宽，译. 上海：复旦大学出版社，2014：6.

② 〔英〕库尔德利（Couldry, N.）. 媒介、社会与世界：社会理论与数字媒介实践 [M]. 何道宽，译. 上海：复旦大学出版社，2014：7.

③ 胡翼青，王焕超. 媒介理论范式的兴起：基于不同学派的比较分析 [J]. 现代传播（中国传媒大学学报），2020（04）：24-30.

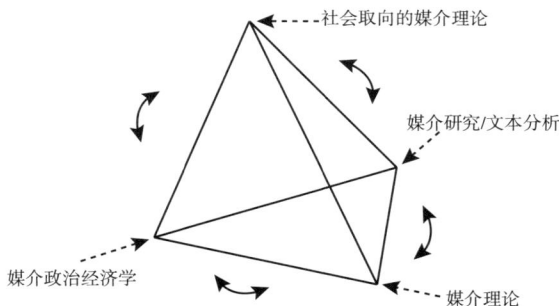

图 2-1　库尔德利"媒介研究/媒介理论"构想

资料来源：〔英〕库尔德利（Couldry，N.）. 媒介、社会与世界：社会理论与数字媒介实践 ［M］. 何道宽，译. 上海：复旦大学出版社，2014：6.

普遍的事实，因而传播研究的"媒介转向"必然引起传播研究的"身体转向"。若我们仍然固守在功能主义的知识型范式下研究当下的新媒体、智能传播现象，那么我们发现的只可能是新媒体如何继承和延续传统媒体（实体）的功能。① 当下我们对媒介的关注，势必引起对身体的关注，因为媒介/技术的具身性已经参与改写了人之为人的条件。智媒时代的身体与媒介已不能再被"二分"，而是必须作为"身体—媒介"的一体化维度进行考察。

身体问题的浮现并不仅仅是将身体作为传播研究的一个新的研究对象（客体），还是将"身体—媒介"作为一种新型的人类主体，考察其日常生活的实践；不是站在功能主义的知识型框定下对身体的传播功能进行发掘，而是将"身体—媒介—世界"作为一体化情境，整体性考察这种技术具身介入和影响世界的方式。从学科自身发展的微观层面来说，具身传播是在智能媒介技术的现实追问和传播学既有知识型困境的语境下作为"重思传播"的一种创新视角脱颖而出的。

媒介研究不仅是对传播学旧有知识型的解构，更重要的是，媒介研究领

① 孙玮. 从新媒介通达新传播：基于技术哲学的传播研究思考 ［J］. 暨南学报（哲学社会科学版），2016（01）：66-75+131.

域之下形成的众多研究路径正在以超越功能主义知识型为目标，从各自的理论、观点、立场、价值出发对传播研究进行重构。而具身传播研究正是在这一传播研究的"媒介转向"语境中形成和发展起来的。具身传播研究在本体论、认识论、方法论上较之以往的传播学离身知识型有很大差异，甚至是翻转和颠覆，因而日益成长为具有范式创新气质的一种传播研究的创新路径。本书对具身传播研究范式的探讨和揭示，便是要在"解构"传播学旧有知识型的基础上进行一项探索性的"重构"工作。

本章小结

本章继中西思想史后进一步对传播学术史进行爬梳，从整体人类思想史的宏观视角转为具体学科的中观视角，通过探寻身体在传播研究中的坐标，意在从知识社会学的进路认识和揭示具身传播研究兴起的学术背景等。而身体在传播学术思想史中的观念和坐标，由遮蔽到解蔽的过程恰恰构成了具身传播研究范式得以浮现的深层语境，亦可看作一种新范式得以萌芽和兴起背后给予支撑作用的"意识形态"。

第一节旨在通过追问传播学知识型框定下关于身体的先验假设以反思身体在传播学中何以消失。为此，笔者首先回顾了传播学的"创世说"——施拉姆和凯瑞的两个版本。笔者发现，凯瑞在美国开创的"文化研究"的人文主义传统因其应用性、普遍性、现实指导性的欠缺，而始终处于传播学研究的边缘；由施拉姆所选中的传播研究的典范，即以哥伦比亚学派所主导的量化实证的科学主义的研究传统则长期以来成为传播学研究的正统权威方法。换句话说，长期以来在主流传播研究中，尤其是美国大众传播学中，科学主义研究传统压倒人文主义研究传统。因此，主流传播学一直秉持着这种建立在笛卡尔身心二元论基础上的科学主义研究模式，与之相配合的是一种离身观的关于身体的先验假设，即认为人类传播是心智（信息）的传递，与身体无涉；身体是人类借由媒介征服时空必须克服的障碍；身体仅仅作为信息传播的发射和接收装置。20世纪后半叶以来，传播学人文主义研究传统日渐复兴，一定程度上带来了传播研究"回到人""关注人"的局面，但从未彻底"回到身体本身"，也并没有实质性撼动和推翻身体在主流传播学范式中的先验假设。可以说，身体在主流传播研究中长期被"抹去"。

第二节中，笔者认为尽管身体在主流传播学研究中一度被"抹去"而导致身体的"缺场"，但这并非传播学关于身体的全部研究事实。在另一些"非主流"叙事中，如人文主义研究传统和后起的技术主义研究传统中依然可以寻觅到学术研究的"身体转向"在传播学中的投射。只不过在这些叙事中，身体是作为研究的一条忽明忽暗的隐秘线索而得以"在场"的。借用社会学家希林的话说，即是身体在传播研究中处于一种"缺席在场"状态。因此，本节通过回溯那些与主流传播学研究不同的研究面向，即通过重返芝加哥学派的人际传播研究、媒介环境学派的身体视角、鲍德里亚等关于消费社会中的身体符号理论、本雅明的身体政治学、基特勒反人本主义视角、彼得斯的身体悖论等，旨在揭示身体在其中是以何面貌呈现的，即重返传播学中关于身体研究的那些"灰色地带"。这些隐秘在传播学主流学术脉络之外的身体线索显示出具身传播研究并非横空出世，而是早已经以一种"前视域""前结构"被带入智媒时代，并最终被激活，以激荡、转换、生发出关于身体的新的研究视野和路径。

本章第一节、第二节从传播学的学术史脉络中去追溯身体为何长期以来在传播研究中被视而不见。究其根源，与传播学建立之初所形成的知识型传统有关。这种长期占主导地位的知识型本质上是以笛卡尔主客二元论、身心二元论为认识论基础的。可以说，这是具身传播研究兴起的深层结构。而在第三节中，笔者进一步立足当下传播研究面临的现实和理论语境，从"身媒关系嬗变与回归的辩证运动"和"传播研究的知识型转移"两个维度更具体地揭示了具身传播研究兴起的直接原因，主要表现在以下两个方面。一方面，从技术实践的现实维度来看，智媒时代凸显了媒介与身体的具身关系与人的存在之间的根本性关联，带来的并不仅仅是工具性的进步，而且是重新定义存在者（beings）及其生活世界的可能。智能媒介已经通过"栖居"于人的身体而直接参与了我们关于世界经验的构成和生存论层面的意义诠释。身媒关系从原始社会的面对面交流的"同一"关系到大众媒介时代的"离身"关系再到智媒时代的"具身"关系的嬗变体现的正是深刻的社会变革和技术文明发展的辩证运动，蕴含着黑格尔所谓的"正—反—合"的辩证法要义。智媒时代"回归身体"开启的不仅是一种"否定之否定"的全新的身媒关系，这个螺旋式上升的过程更是指向了"存在的升级"以及一种重构和超越的变革力量。另一方面，主流传播学正陷入危机和困境，当前传播学界正悄然发生着一场试图跳出功能主义的认知范式，将研究的重心由"内容"（信息）转向"形式"（媒介）、由媒介"工具论"转向媒介"存在论"的知识型转移。身体的面向则随着"媒介研究""传播的物质性"等思潮得以浮现。具身传播研究便是在智能媒介技术的现实追问和传播学既有知识型发生转移的双重语境下伴随媒介研究的各种思潮而延伸出的一种创新路径。可以说，身体在传播学中经历了长期的消失、碎片化的显隐后，终于在智媒时代再度被发现。

第三章
具身传播研究的视域廓清与定位：
一种后现象学的开放视野

每一种新的进步都必然表现为对某一神圣事物的亵渎。①

——路德维希·费尔巴哈

上一章指出具身传播研究在智媒时代兴起了，那么本章要继续追问的是具身传播研究的理论渊源、视域定位及其概念的廓清。因而，本章将首先通过第一节追问具身性思想的中西方思想渊源，并在第二节中提炼出具身性作为一种中西思想的视域融合所呈现的"一本四性"的内在统一性特征，继而进一步澄清具身性概念、内涵及其超越性。既然具身性思想有其理论的融合性、创新性与超越性，那么本章将在第三节中继续追问传播学引入具身性的意涵以及在第四节中进一步指出具身传播研究将被定位在后现象学的理论视野中。

第一节　具身性及其中西方思想渊源

通常意义上，"具身""具身性""具身化"来源于英文单词"embodiment""embodied"。但在晚近的翻译中，中文译者才逐渐达成以上共识。在稍早的

---

① 马克思恩格斯全集（第二十八卷）[M]. 北京：人民出版社，2018：345.

中文翻译中，"embodiment""embodied" 在不同的学科和语境中被翻译成多种版本。在 21 世纪头十年的哲学领域中就存在多种译法，如庞学铨译为"身体性"①，刘晓力译为"涉身"②，李恒威、黄华新译为"具身"③ 等，近几年普遍统一翻译为"具身"。而社会学领域的译者早期一般翻译为"身体体现""身体的具体化""身体化"等，尔后才逐渐改为"具身""具身性"。如译者李康就将"embodiment""embodied"理解为"身体的具备、特征、状态、过程，乃至于经验研究和理论阐述中身体视角的凸显，是汉语里的'具体'与'体现'两者的综合"④。因此，在社会学家约翰·奥尼尔的《身体五态——重塑关系形貌》⑤ 等译著中，李康就将"embodiment""embodied"翻译为"身体体现"，而在社会学家克里斯·希林的《身体与社会理论（第二版）》⑥、《文化、技术与社会中的身体》等译著中又改译为"具身性"。在国内心理学领域，"embodiment""embodied"通常译为"具身性"或"涉身"。⑦ 如有学者早前就曾将"具身认知"（embodied cognition）翻译为"涉身认知"。⑧ 此外，一些译者将"具身"翻译为"具形/体塑""化身"等，如凯瑟琳·海勒（Katherine Hayles）的《我们何以成为后人类》一书中，就做了如是翻译。简言之，"具身性"是个复杂的概念，但总的来说这一概念突出了身体及其知觉在人的存在和认知中不可替代的重要性，指出了意识、精神、心智、理性等抽象活动是建立在身体投入的基础上

---

① 庞学铨. 身体性理论：新现象学解决心身关系的新尝试［J］. 浙江大学学报（人文社会科学版），2001（06）：5-13.

② 刘晓力. 交互隐喻与涉身哲学——认知科学新进路的哲学基础［J］. 哲学研究，2005（10）：73-80.

③ 李恒威，黄华新. "第二代认知科学"的认知观［J］. 哲学研究，2006（06）：92-99.

④ 〔英〕克里斯·希林. 文化、技术与社会中的身体［M］. 李康，译. 北京：北京大学出版社，2011：译者注 1.

⑤ 〔加〕约翰·奥尼尔. 身体五态——重塑关系形貌［M］. 李康，译. 北京：北京大学出版社，2010.

⑥ 〔英〕克里斯·希林. 身体与社会理论（第二版）［M］. 李康，译. 北京：北京大学出版社，2010。

⑦ 〔英〕克里斯·希林. 文化、技术与社会中的身体［M］. 李康，译. 北京：北京大学出版社，2011：译者注 1.

⑧ 孟伟. 如何理解涉身认知？［J］. 自然辩证法研究，2007（12）：75-80.

的，而非独立于身体之外运作。人总是身体性地在世界中存在，思考总是在身体中的思考，不存在无身体的思考。人的存在和认知总是身、心、物与环境在关系情境中的实时互动。

　　近年来，西方学术界不断对具身性报以关注，很多学科和领域兴起了"具身转向"，并不仅仅因为它是一个创新性概念，更重要的是它首先是一种不同于西方认知传统的全新的思维方式，是对西方建立在身体—心灵、主体—客体、物质—意识、感性—理性等一系列二元对立基础上的笛卡尔式认识论（离身观）的反思与逆转。因而具身性具有一种反叛精神。而涉及具身性的相关研究，首先便是进行思维方式的变革，打破二元对立的本质的、机械的、静态的思维定式，将抽象的、分割的化约模式还原为具体的、整体的、有机联系的情境模式。如果说胡塞尔、海德格尔、梅洛-庞蒂、唐·伊德等人的现象学理论构成了具身性思想中最重要的西方哲学基础，那么具身认知科学则进一步将这种具身性的哲思推向了实证研究，在科学领域予以了检验和运用，为具身性思想提供了验证依据。据此，具身性在西方理论与实践领域中得到了（形而上与形而下的）双重担保。

　　然而，值得指出的是，这种具身性思想及其思维方式对于东方人来说却有着古老的、天然的亲缘关系。中国传统哲学强调以复杂的有机整体的观念来动态地观照宇宙和人生，工夫论必须落实在"以身体之""体之于身"的实践上。因此，具身性的思想渊源并非如当下学界通常认为的一般来自上述两大西方理论，即现象学谱系和具身认知科学的相关实证研究，其实亦可从中国传统哲学的"体知"观中加以吸收和借鉴。

一　具身性思想的西方理论来源：哲思与实证的双重有效性

（一）现象学谱系：具身性的西方哲学基础

　　具身性最初仅作为一种哲学思辨，是欧美哲学家对西方主流哲学尤其是笛卡尔"我思"进行反思和批判的产物。一般认为，具身性思想的哲学基础主要来源于胡塞尔、海德格尔、梅洛-庞蒂、唐·伊德等人的西方现象学理论谱系，直接来源于梅洛-庞蒂的知觉现象学。而在当代，由唐·伊德在技术现象学（后现象学）路径上将其拓展为"人—技术—世界"的关系。现象学对现当代西方哲学产生了深远影响，以至于海德格尔深刻地感受到现象学正以潜移默化的方式在不同领域决定着这个时代的精神。① 哈贝马斯也将现象学视作 20 世纪西方四大哲学思潮（分析哲学、现象学、西方马克思主义和结构主义）之首。实际上，现象学并不是一个具有统一理论体系的学派，就其创立者胡塞尔而言，他的现象学思想也处于不断的流变之中。但在其麾下聚集了包括舍勒、海德格尔、萨特、伽达默尔、梅洛-庞蒂、利科、德里达、施密茨、唐·伊德等众多哲学家，他们均采用现象学独特的"接近问题的方式"并在此基础上生发出各自不同的思想体系。现象学与其说是一个流派，毋宁说是一场"现象学运动"。而这场运动已经从西欧拓展到北美、东欧、拉丁美洲和亚洲，掀起了全球范围内的一股关于现象学的哲学思潮。

20 世纪初，胡塞尔首先开创了这种"朝向事情本身"（Zu den Sachen selbst）的现象学（Phänomenology）。在传统哲学中，"事情本身"通常被理解为现象背后所隐藏的本质或本体，哲学家们为现象之外设置了一个不可直接显现却更加本原的自在领域。柏拉图的"理念"、康德的"物自体"体现的均是传统哲学这种"现象—本质"的二分传统。但在现象学看来，现象即"事情本身"，现象与本质之间不存在区隔，通过把握现象便可通达本质。因而，胡塞尔将现象学定位为"一门关于纯粹现象的科学"② ——"最严格"的科学，采用"悬搁"（epoche）还原的方法把"自然的思维态度"不假思索所预设的一切东西"悬而不理"，以避免任何形而上学和科学的预设与框定，从而能忠实地、直观地捕捉到包含了本质的现象，即"本质直观"（Wesensschau，Ideation）。换句话说，胡塞尔就是要把在自然态度中这

---

① 〔德〕海德格尔. 面向思的事情 ［M］. 陈小文，孙周兴，译. 北京：商务印书馆，1999：98.

② 〔德〕埃德蒙德·胡塞尔. 现象学的观念 ［M］. 倪梁康，译. 上海：上海译文出版社，1986：42.

种预先的"世界设定"（Weltthesis）打上"括号""中止判断"使其失去效用，由此转变为一种现象学的态度。因而现象学的基本立场即直面鲜活的事情本身，去看、去听、去感受，从个别中直接还原普遍，在现象中直接还原本质①，通过这种"本质直观"使事物如其所是地显现，以此处理西方传统哲学中个别与一般、现象与本质的断裂。因而在胡塞尔看来，现象学不仅是一门研究现象的科学，更是一种典型的哲学思维和方法。② 胡塞尔后期的哲学则认为，导致欧洲科学危机的根源在于科学理念被实证简化为纯粹事实的科学，以至于丧失了其对生活的意义。因而他转向对"生活世界"（Lebenswelt）进行分析，认为这才是科学的根③，虽然其构成了历史性和系统性基础，但长久以来却被科学所遗忘和压制。那个通过知觉可以实际地被给予的和被经验到我们唯一实在的生活世界已经被自伽利略开始以数学方式缔造的理念存有的世界所取代。④ 于是，胡塞尔便从纯粹意识角度论证科学的基础转向了对"生活世界"这一构成科学的背景的关注。简言之，胡塞尔的现象学始于"严格科学"而终于"生活世界"。⑤ 总体来说，胡塞尔现象学中蕴含的"现象学还原""意向性""本质直观""生活世界"等概念、学说形成了一种现象学独特的"接近问题的方式"，成为"现象学运动"的方法纲领。可以说，现象学无疑是具有"解构"（deconstructions）精神的，现象学的旨趣便是要探寻和揭示那些被传统偏见所遮蔽和扭曲背后的事情本身，即"朝向事情本身"。接下来，本书将从现象学谱系中梳理具身性思想的发展和变迁。

1. 启蒙者：胡塞尔与具身化知觉

胡塞尔的现象学大体分为两个阶段，如果说早期和中期的胡塞尔提出

---

① 张祥龙. 现象学导论七讲：从原著阐发原意 [M]. 北京：中国人民大学出版社，2011：16.
② 〔德〕埃德蒙德·胡塞尔. 现象学的观念 [M]. 倪梁康，译. 上海：上海译文出版社，1986：24.
③ 〔德〕埃德蒙德·胡塞尔. 欧洲科学危机和超验现象学 [M]. 张庆熊，译. 上海：上海译文出版社，1988：5.
④ 〔德〕胡塞尔. 胡塞尔选集（下）[M]. 倪梁康，选编. 上海：上海三联书店，1997：1027.
⑤ 赵敦华. 现代西方哲学新编 [M]. 北京：北京大学出版社，2001：103.

的是描述现象学和先验现象学，"意向性""本质直观"中已经涉及了一些关于知觉的讨论，那么后期的胡塞尔则提出了发生现象学。在这当中，他阐述了知觉的发生以及身体在知觉中的作用，有学者将其归纳为具身化知觉理论。① 实际上，胡塞尔对于知觉具身化的研究还远未形成系统的理论，但这正是后来梅洛-庞蒂身体知觉现象学最重要的理论源头。

在西方传统哲学（主要是经验主义、理性主义和康德哲学）看来，感觉是构成知觉的要素，是身体受到刺激所产生的材料。因而传统哲学家大多将身体视作被动接受感性刺激的"身体接收器"（bodily receptors），而这种被动的感性接受力即为知觉中身体的本质。② 早期的胡塞尔也受到这种传统哲学观点的影响，在《观念1》中，经过现象学还原后，身体最终被胡塞尔从先验意识领域"排除"了。值得说明的是，被胡塞尔排除的"身体"实际上是素朴（naive）意义上的"躯体"（Körper）与"身体"（Leib），并非作为对象显现之先验原则和条件的"身体"。"Körper"一词在胡塞尔的论述中，主要从三个层面上使用，即"空间中的物体"、"人和动物的肢体"以及"几何学立体"。③ 如果说，胡塞尔在物质自然层次上将人界定为物体或躯体（Körper），那么，人在动物自然层次上则是身体（Leib）和基本的心灵（Seele）活动。与之相对，人在精神世界层次上是个人（Person）。作为动物自然层次上理解的身体（Leib）对应的是感性生活层面。胡塞尔排除的是自然层次的身体，即物理的"躯体"（Körper）和生物的"身体"（Leib），二者皆是主体的意识对象。

后期的胡塞尔在发生现象学中发现身体对感觉材料的接受不是一种被动刺激而是身体的自发性活动，感觉材料是在内时间意识中"被动综合"成的。身体在知觉中并不是被动的"接收器"或载体而是作为对象显现之先验原则和条件的"功能性身体"（functioning body），即知觉具身化的主体，是区别于作为意识对象的"躯体"（Körper）与"身体"（Leib）的。在胡

---

① 赵猛. 胡塞尔的具身化知觉理论研究 [M]. 北京：中国社会科学出版社，2016：6.
② 赵猛. 胡塞尔的具身化知觉理论研究 [M]. 北京：中国社会科学出版社，2016：56-57.
③ 赵猛. 胡塞尔的具身化知觉理论研究 [M]. 北京：中国社会科学出版社，2016：59.

塞尔看来，感觉活动是具身化主体的自身性和自发性意识活动。因而，胡塞尔在发生现象学中阐释的知觉是一种具身化的知觉①，知觉对象的显现是以具身化主体的自身显现为前提和要素的②，知觉并不是被动的，而是主动的。

可以说，胡塞尔这一发现是对传统知觉研究的重要突破。传统哲学观点认为，身体在知觉中起到接受性的作用，即接受刺激从而产生感觉材料。身体本身既不是感觉活动也不是感觉材料。身体是被视为主体意识活动的对象，而身体本身并不被看作意识活动。胡塞尔在知觉研究中区分了作为对象的身体与作为主体的身体。前者是对身体的客体化，而后者使身体获得了具身化主体的身体意识的意义③，知觉认知则是建立在具身化主体的身体意识之上，即知觉在感性层面上是一种具身化的知觉。换句话说，胡塞尔发现了身体的双重本性，身体既可作为经验着、知觉着的主体，亦可作为被经验着、被知觉着的客体。我们正是通过知觉到我们活生生的身体，并以此为手段知觉到与我们相异的物体。正是身体独特的"主—客"双重性使我们的双重感觉的自我性（ipseity）与他者性（alterity）得以交互。据此，我们可以识别和经验到其他具身化的主体。这无疑构成了身体的主体间性的前提和条件。可以说，胡塞尔在后期哲学的知觉研究中，发现了身体在知觉发生中的主体性地位，即表明了身体与认知的重要关联：认知绝非离身的。

如果说，胡塞尔关心的并非认识何以可能，他想处理的是康德风格的形式问题，特别是认识的可能性条件的问题④，那么，胡塞尔发现的具身化的知觉以及身体的双重性可以视作认识（知识）发生的重要的可能性条件。现象学的直观思想、构成思想都是涉身的，谈"知觉"必然会引出"身体"。除此之外，胡塞尔提出的"主体间性"问题也是涉身的。在他看来，"我们对于他者的具体经验总是一个对于他者的身体性显现的经验"，具体

---

① 赵猛.胡塞尔的具身化知觉理论研究［M］.北京：中国社会科学出版社，2016：57.
② 赵猛.胡塞尔的具身化知觉理论研究［M］.北京：中国社会科学出版社，2016：193.
③ 赵猛.胡塞尔的具身化知觉理论研究［M］.北京：中国社会科学出版社，2016：195.
④ ［丹］丹·扎哈维.胡塞尔现象学［M］.李忠伟，译.上海：上海译文出版社，2007：2.

的主体间性必然是肉身化的主体之间的关系①，即必然被理解为具身化的主体与主体间的联系。因而"主体间性"问题是以身体的知觉和经验为条件的，肉身化的主体性经验构成了所有对他者经验的基础和准则。② 可以说，在发生现象学中，身体问题实际上已经被胡塞尔经由知觉带出来了，只不过不明晰，有时候甚至语焉不详。但胡塞尔关于具身知觉在感性层面上的发现无疑已经为后来的具身认知研究提供了重要的哲学提示。梅洛-庞蒂在胡塞尔"具身化知觉"这一突破点上继续往前推进，使"身体"正式浮出了水面，提出了"身体—主体"的知觉现象学。

事实上，胡塞尔的描述现象学、先验现象学和后期的发生现象学在知觉上的观点和态度发生了转变。早期胡塞尔较为强调"先验意识"，因而还是一种意识现象学范畴，而到了晚期他发现了知觉的具身化，并且认为根植于"生活世界"中以具身知觉和人类实践为特征的原初经验才是构成科学的基础。这些观点已经意欲冲破"先验意识"的统摄了，虽然他后期在"具身化知觉""主体间性""生活世界"上有理论突破，但终究浅尝辄止，许多问题还有待深究和明晰。实际上，胡塞尔虽然意识到了具身化知觉，但总是走两步退三步，始终没有捅破窗户纸将"身体"和盘托出，更没有赋予具身性系统的理论，因而他关于具身的一些洞见常常被忽视而淹没于他大谈特谈的"先验意识"中。故梅洛-庞蒂在一般意义上被看作具身性哲学思想的直接来源。然而，如果没有胡塞尔早期的工作，便不会有梅洛-庞蒂的成就。可以说，胡塞尔对身体双重性、知觉的具身化以及主体间性的认识和论述应该被视作具身性思想的启蒙。

2. 中介者：海德格尔与"上手—在手"

德国哲学家海德格尔一度被老师胡塞尔寄予厚望，胡塞尔将他看作现象学的接班人，但他最终并没有严格按照胡塞尔的"自我—认识—世界"（Ego-cognizing-World）的路径来走，而是转向了存在论，海德格尔的存在论

---

① 〔丹〕丹·扎哈维. 胡塞尔现象学 [M]. 李忠伟，译. 上海：上海译文出版社，2007：120.
② 〔丹〕丹·扎哈维. 胡塞尔现象学 [M]. 李忠伟，译. 上海：上海译文出版社，2007：121.

思想则是以胡塞尔的现象学还原为基础的。正如在 1927 年夏季的马堡讲座《现象学的基本问题》中，海德格尔专门阐述了自己的现象学还原是从对某种存在者（a being）的理解还原到对这种存在者之存在的把握上去，他用"此在"指涉人这种存在者，并认为"在—世界—之中—存在"（In-der-Welt-Sein）是此在的基本状态。而这种现象学还原意味着对存在者之存在或存在之意义的领会，这种意义上的还原也是一种生存态度的转变。① 具体来说，海德格尔采取的是一种"向死而在"的"生存论的还原"。与胡塞尔不同的是，海德格尔放弃了胡塞尔式的意向性的知觉认知路径而转向了人的生存实践，他的旨趣在于重新追问被西方哲学长期遗忘的"存在"，将"存在者"还原于"存在"，因而海氏现象学也被称为"存在哲学"。海德格尔批判了传统哲学，将作为表征活动的沉思视作人与世界最重要的关联方式，他认为比表征更根本的是此在的操劳。因而他认为此在遭遇世界最重要的方式是在生存实践中遭遇它，此在最切近的遭遇方式是与事物打交道的"操作着的""使用着的"操劳。② 毋宁说，此在是在世界之中用身体实践的方式，在与事物的互动遭遇中领会存在，在操劳中认识事物。尽管海德格尔从未对身体进行过直接论述，也没有证据表明他专门关注身体，但此在对存在的领会方式是体认的而非依靠纯粹的意识，即通过与"上手之物"和"在手之物"打交道的方式在世界之中存在并揭示自身以及揭示世界，这是存在者之存在的规定性，即任何存在者都只能在"上手—在手"的时间性中显现自身的存在。③ 这一点只需稍作引申便可知，此在"上手—在手"的操持总是一种在世存在的具身实践。而这样的延伸正是后来梅洛–庞蒂的主要工作。

　　"上手性"（ready-to-hand）是海德格尔在存在论（本体论）层面界定的"物性"，即物体（或称"用具"）所处的一种"自在"状态。仅当用

---

① 张尧均. 隐喻的身体：梅洛–庞蒂身体现象学研究 [M]. 杭州：中国美术学院出版社，2006：7.

② Paul Dourish. The Foundations of Embodied Interaction [M]. Cambridge：The MIT Press，2001：108.

③ 张一兵. 意蕴：遭遇世界中的上手与在手——海德格尔早期思想构境 [J]. 中国社会科学，2013（01）：132-150+207-208.

具被用于一定目的（"为了……"）时，用具才是其所是地成为它自身，从
而获得"物性"。这种"上手性"既不能从用具的外部表象中显现，也不能
通过观察揭示①，必定是在"上手"的使用中——具身实践中才得以显现。
例如锤子，当人们用它顺畅地敲打钉子或别的什么东西的时候，它才显示出
它作为锤子的"物性"，也才被指称为"锤子"。然而，"上手之物"总是
处于这样的一种悖论之中：当其处于得心应手中时，它也就隐于背景之中，
变得"透明"而不被我们察觉。只有这种"自在"状态被"中断"之时，
它才从"上手"（ready-to-hand）转为"在手"（present-at-hand）而凸显出
来。海德格尔用显著性（conspicuousness）、突兀性（obtrusiveness）、无可回
避性（obstinacy）来形容此在被抛出"上手"体验而遭遇"中断"的情境，
即用具呈现不可用性时就会变得显著、在丢失时变得突兀、在此在操劳时变
成"拦路"之物而显示出不可回避性。于是，人们在被迫中断后才意识到
这个"在手之物"，进而摆弄它、观察它、分析它，以此排除"故障"，"事物
的用具属性就会在否定性（via negative）中被明确地领会"②。

　　而在自古希腊开始直到近代西方的漫长历史中，哲学家都惯常地把事物
当作对象化的"在手之物"来思考，不仅抽去其所有偶然属性和灌注于此
的情感价值，还抽去其作为"上手之物"的实践功效。这便是典型的笛卡
尔、康德式的"主—客"二分的抽象化、对象化认知模式。与之相反，海
德格尔则是要开辟出另外一条道路，即从日常生活的卷入关联入手，从此在
与物照面时的融入状态着手，揭示事物之存在以及世界之存在。③ 而对用具
的"上手"使用是先于对用具的"在手"认识的。因而，"上手""在手"
也引出了海德格尔对技术的追问，但他并不关心具体的技术和单个的技术
物，他关注的是总体技术及其本质。在他看来，技术并不仅仅作为工具和手

① 〔美〕戴维·J. 贡克尔，〔英〕保罗·A. 泰勒. 海德格尔论媒介 [M]. 吴江，译. 北京：
　　中国传媒大学出版社，2019：187.
② 〔美〕戴维·J. 贡克尔，〔英〕保罗·A. 泰勒. 海德格尔论媒介 [M]. 吴江，译. 北京：
　　中国传媒大学出版社，2019：124-128.
③ 〔美〕戴维·J. 贡克尔，〔英〕保罗·A. 泰勒. 海德格尔论媒介 [M]. 吴江，译. 北京：
　　中国传媒大学出版社，2019：129-130.

段，其本质在于"去蔽"，也就是真理。正如唐·伊德所言，海德格尔是第一个将技术提高到哲学层面并予以主要观照的先驱人物，也是第一个在存在论上预言技术先于科学的人。[①]

从海德格尔"上手—在手"的观点看来，"此在在世"的"世界"并不是与"精神/意识"相对立的客体对象之总和，而是此在操劳与遭遇当下而关涉和建构的处于关系中的境域性世界。"上手"与"在手"互为基础、相互建构。物在"上手"逗留后成为"在手"时进一步熟悉的前提，而这种"在手"时生成的熟知便又构成下一次遭遇性"上手"的基础。此种"上手—在手"的循环反复，换种说法便是日常的身体惯习和具身状态。[②]海德格尔"上手—在手"式的实践知识并不是认知的知识，而是默会的（tacit）知识，毋宁说是一种身体化的知识。[③]

简言之，海德格尔"上手—在手"的用具分析揭示出以下几个要点：一是用具是置身于一定的使用情境的，因而用具总是嵌入关系之中，是作为整体的用具；二是从操持中获得的知识并不是认知的知识，而是亲身实践的知识；三是我们是将用具（或称技术）作为中介来经验世界的。以上三点均离不开知觉具身化的身体。我们可以认为，在具身性思想的起源中，海德格尔虽然感到身体是一个有趣的话题，却在《存在与时间》中明确宣称不对此进行专门处理。然而，具身性思想早已见于海德格尔对"上手—在手"的分析中。因此，基于海德格尔对具身性思想的贡献，本书认为他起到中介的作用，为梅洛-庞蒂的身体现象学、唐·伊德的技术现象学提供了理论铺垫。近年来，海德格尔哲学思想中蕴含的"身体性""情境性""关系性""实践性"等不断被计算机科学、人工智能产品设计、具身认知科学等领域引入和借鉴，并促使认知科学家们反思以表征为基础的认知，从

---

① Ihde, D. Heidegger's Technologies: Postphenomenological Perspectives [M]. New York: Fordham University Press, 2010: 28.

② 张一兵. 意蕴：遭遇世界中的上手与在手——海德格尔早期思想构境 [J]. 中国社会科学, 2013（01）：132-150+207-208.

③ 〔美〕唐·伊德. 让事物"说话"：后现象学与技术科学 [M]. 韩连庆, 译. 北京：北京大学出版社, 2008：42.

而转向了以具身行动为基础的认知。海德格尔也被视作技术哲学的先驱之一。

3. 奠基者：梅洛-庞蒂与"身体—主体"

承接着胡塞尔后期哲学在具身化知觉上的研究启示，梅洛-庞蒂的现象学还原便是要"回到一种原初的知觉经验"①。因而梅洛-庞蒂《知觉现象学》的出发点和全部努力就是以胡塞尔的知觉研究为基础并向前推进的。通过回到具身化的知觉这一人与世界发生关联的纽带，试图重新阐释知觉为何以及如何能够"具身地"呈现被知觉的世界。② 在梅洛-庞蒂看来，知觉是一切知识的开端，也是科学的基础。如果说，海德格尔把胡塞尔发生现象学的"发生"的境域那一面用"在世存在"作了深化，但只是用"手"揭示出此在与存在者之间的存在论关系而没有进一步聚焦到"身体"和"知觉"上，更没有赋予身体独特的存在论地位③，那么梅洛-庞蒂则是沿着海德格尔的路继续往下走，将发生境域中被胡塞尔带出来的"身体"作为焦点问题彻底推到前台，将海德格尔的"在世存在"直接落到"身体"——知觉具身化的主体上，提出了"具身的主体性"（embodied subjectivity），亦称为"身体—主体"。这种对前人研究进行吸收并创造性地再阐释，把纯粹超然的认识论态度彻底拉回至生存论的维度，使"先验意识"返回到身体性的"在世存在"中④，最终突破了意识现象学的藩篱而开创了身体现象学。⑤ 换句话说，梅洛-庞蒂不仅把胡塞尔早期的"先验意识"还原到"身体"上，还通过把海氏的"在世存在"的思想往胡塞尔"现象学还原"上靠拢，由此把"身体"置于活生生的世界中，最终建立起以身体为主体的"在世存在"

① Merleau-Ponty. La Structure du Comportement [M]. Paris：Quadrige，1990：236.
② 刘胜利. 身体、空间与科学：梅洛-庞蒂的空间现象学研究 [M]. 南京：江苏人民出版社，2015：53.
③ 张尧均. 隐喻的身体：梅洛-庞蒂身体现象学研究 [M]. 杭州：中国美术学院出版社，2006：8.
④ 张尧均. 隐喻的身体：梅洛-庞蒂身体现象学研究 [M]. 杭州：中国美术学院出版社，2006：37-38.
⑤ 张祥龙. 现象学导论七讲：从原著阐发原意 [M]. 北京：中国人民大学出版社，2011：281-282.

的思想。笛卡尔的"我思"是脱离身体的纯粹意识，梅洛–庞蒂则将"我思"浸入身体，是境域化的"我思"。

　　长期以来，西方传统哲学就是建立在身心二分以及由此衍生出的包括主体与客体、意识与物质，主观与客观、感性与理性等一系列二元对立关系基础之上的。梅洛–庞蒂则另辟蹊径，从一种既非物质也非意识，或者说既是物质又是意识的居间路径入手，这个居间地带就是"身体性"。梅洛–庞蒂又分别从知觉（Perception）和行为（Comportement/behavior）两个角度进入"身体性"①，并深受格式塔心理学的影响。

　　梅洛–庞蒂认为知觉乃是一切行为得以展开的基础和前提。这里的"行为"具有意识和实践的双重意涵，既包括一切认知性的意识活动，也包含与物打交道的实践性活动。无论是知觉还是行为都不是纯粹的意识活动或孤立的身体动作。在实际的生存中，知觉与行为是统一而不可分离的，而二者又统一于身体根基上并对世界意向性敞开。因而，身体构成了世界向我们的意识开放的原初条件。② 但在传统哲学的抽象反思中，知觉和行为被看作两回事，于是，认知与实践成了截然不同的两种活动。③ 早在胡塞尔的后期哲学中就揭示出了知觉的具身性真相，梅洛–庞蒂则进一步明确了身体便是知觉的主体，并赋予了身体存在论上的基础性地位。

　　然而，梅洛–庞蒂的"身体"绝不是一般意义上的作为实体的肉身或躯体，而是"现象身体"——一个含混、模糊和暧昧的境域性地带。因而，其"身体"是一个整体性概念，既包括了身与心，也包括了置身其中的环境。毋宁说，梅洛–庞蒂意义上的"身体"实质上是一种生发并聚集于身体的"情境"和"场域"——"身体场"，即"境域化的身体"。对被感知的

---

① 张尧均. 隐喻的身体：梅洛–庞蒂身体现象学研究 [M]. 杭州：中国美术学院出版社，2006：14.

② 〔美〕丹尼尔·托马斯·普里莫兹克. 梅洛–庞蒂 [M]. 关群德，译. 北京：中华书局，2003：78.

③ 张尧均. 隐喻的身体：梅洛–庞蒂身体现象学研究 [M]. 杭州：中国美术学院出版社，2006：10.

世界而言，"我的身体是我的'理解力'的一般工具"①。在梅洛-庞蒂看来，人是以"境域化的身体"为主体在世界之中存在的，而非传统认识论中把人看作纯粹客观的身体与纯粹主观的意识（心灵）的外在结合，人更不可能是"天上的、自由缥缈的、先验的自我"②。身体作为存在的基础始终是处于生活世界之中即刻体验中的"活生生的、积极的创造物"③。"身体—主体"是我们存在于世的所有意义的给予者，是我们"朝向世界存在的'锚定点'"④。身体是先在的，并且无法还原到躯体（肉体），亦无法拔高到灵魂和思想。因而，梅洛-庞蒂现象学还原出来的"身体"不再是笛卡尔所谓的自在的广延实体，也不与自为的思想实体对立，而是意义的纽结和发生场，是以意义发生的结构场的形式存在的，这种境域性身体更本源。⑤ 毋宁说，这种"现象身体"是介于广延实体与思想实体、肉体与心灵、物质与意识、自在与自为、主体与客体之间的一种"居间"存在，是传统哲学认识论中一切二元对立经过还原后的原初综合。因而，"现象身体"作为一种境域化的原初综合朝向世界、介入世界⑥，知觉、身体和世界融为一体，人便以这样的"身体—主体"的"体认"方式知觉世界，并与变动不居的世界交织互构。身体之于世界，就像是心脏之于机体，二者不可分离。我们的身体既有感知外界的能力，又可以自我感知，既是主动的，又是被动的，既可以作为主体，也可以作为客体，既有物质性的一面，也有精神性的一面，身体的这种辩证性和可逆性正是我们身体暧昧性的体现。梅洛-庞蒂的身体观导向的必然是一种和谐共生的非对抗性关系。可以说，梅

① 〔法〕梅洛-庞蒂. 知觉现象学 [M]. 姜志辉，译. 北京：商务印书馆，2001：300.

② 〔美〕丹尼尔·托马斯·普里莫兹克. 梅洛-庞蒂 [M]. 关群德，译. 北京：中华书局，2003：27.

③ Fusar-Poli, P., Stanghellini, G. Maurice Merleau-Ponty and the "Embodied Subjectivity" (1908-61) [J]. Medical Anthropology Quarterly, 2009 (2)：91-93.

④ 宁晓萌. 表达与存在：梅洛-庞蒂现象学研究 [M]. 北京：北京大学出版社，2013：73.

⑤ 张祥龙. 现象学导论七讲：从原著阐发原意 [M]. 北京：中国人民大学出版社，2011：287-289.

⑥ 刘胜利. 身体、空间与科学：梅洛-庞蒂的空间现象学研究 [M]. 南京：江苏人民出版社，2015：375-376.

洛-庞蒂的"身体—主体"打破了笛卡尔身心二分的实体二元论身体观，彻底摒弃了西方长期以来占主导地位的理性主体论，亦是对笛卡尔身心二元对立思维模式的超越。

梅洛-庞蒂的身体现象学将身体置于存在论的基础性地位，明确揭示了知觉与行为的具身性和统一性，身心及其周围环境（情境、处境）的不可分离性，以及作为"身体—主体"的人总是与世界处于境域性动态互构中。而梅洛-庞蒂所谓的主动的、意向性的身体运动已经为技术在最原初的经验中预留了位置。梅洛-庞蒂对妇女帽子的羽饰和盲人的手杖等技术物的分析已经隐约表明意向性的身体就是通过人造物以技术具身为中介方式拓展至周围世界的。梅洛-庞蒂通过"身体—主体"的存在方式把我们带回到"生活世界"中，完成了胡塞尔意欲完成而未完成的目标。① 这些洞见成为具身性思想最直接的哲学基础。梅洛-庞蒂也被看作具身性研究最重要的哲学奠基人。由于梅洛-庞蒂将具身化知觉直接落到在世存在的"身体—主体"上，因而具身性也隐含了实践性和关系性。

4. 集大成者：唐·伊德与技术具身

具身性哲学理论在当代的深化和发展主要是由唐·伊德通过揭示技术如何调节人与世界的意向关系在后现象学路径上推进的。他从胡塞尔现象学中抽取了三个要素，即"变更理论"（variational theory）、"具身化"（embodiment）和"生活世界"（life-world），在技术哲学脉络中发展出了以"技术具身"为思想核心的后现象学，亦称技术现象学。唐·伊德认为在具身理论领域，梅洛-庞蒂大大地丰富了萌芽于胡塞尔那里的具身性概念，而海德格尔也从存在论层面丰富了"生活世界"的"文化—历史"维度，但具身理论在当代的推动和深化却是在后现象学中成形和发展的②，因为后现象学试图追问技术如何影响人类的具身经验。

---

① 〔美〕唐·伊德. 让事物"说话"：后现象学与技术科学 ［M］. 韩连庆，译. 北京：北京大学出版社，2008：46-47.

② 〔美〕唐·伊德. 让事物"说话"：后现象学与技术科学 ［M］. 韩连庆，译. 北京：北京大学出版社，2008：12.

对于身体，唐·伊德提出了"三重身体"理论。他将古典现象学意义上知觉具身的"第一人称"的身体称为"身体一"，而将福柯、女性主义研究者意义上的具有社会文化属性的身体称为"身体二"。他认为古典现象学把技术限制在身体关系中，而福柯、女性主义研究者视野下的身体较为被动，因而他意欲在前人的基础上进行改进和超越，批判性地提出了穿透"身体一"和"身体二"的"身体三"，即技术中的身体，伴随的是技术与人在交互中的具身经验。

此外，他认为技术人工物对人的意向性起到居间调节作用，技术物构成了人的意向性本身。因而，人们对外部世界的理解总是基于特定的技术意向性情境，技术在人与世界之间构成了人类感知与体验外部世界的条件、背景与情境。[①] 为此，他把人与具体技术物的关系分为：中介关系（Mediation Relations）、背景关系（Background Relations）、它异关系（Alterity Relations）。[②] 在中介关系中，人是将技术物作为中介来感知世界的，技术拓展和转换了我们的知觉，其知觉结构表示为"人—技术—世界"，而非胡塞尔、海德格尔认为的"人—世界"结构。其中，唐·伊德又进一步将中介关系细分为具身关系（Embodiment Relations）与诠释关系（Hermeneutic Relations）。他认为具身关系的知觉结构是"（人—技术）→世界"模式，技术通过具身于我们的身体而直接改变我们的知觉。这种关系类似于海德格尔的"上手"状态，如我们戴眼镜看世界却浑然不知眼镜的存在，此时人与技术是融为一体的。而诠释关系的知觉结构是"人→（技术—世界）"模式，我们对世界的知觉依赖于对技术作为中介所显示的数据、文本的再解释。例如，温度计是一种感知外部世界的技术，我们需要专门的知识来读取温度计的数据才能间接感知世界，此时技术与世界是融为一体的。而在人与技术的它异关系中，技术是作为与我打交道的前景和有焦的准它者，此时世界变成

---

① 李日容，张进. 维贝克"道德物化"思想的后现象学根基 [J]. 科学技术哲学研究，2018（05）：83-88.
② 〔美〕唐·伊德. 技术与生活世界：从伊甸园到尘世 [M]. 韩连庆，译. 北京：北京大学出版社，2012：112-117.

了情境和背景。这种关系结构为"人→技术—（—世界）"。如自动售货机，人主要是与机器打交道而非以知觉世界为目的。此种关系中，隐含了技术的独立性和自主性。唐·伊德认为，以上三种关系中的技术都处于实践的中心位置。而在背景关系中，知觉结构呈现为"人—（—技术）→世界"模式，技术"退到了一边"，从前景转入背景而作为一种不在场的显现，构成了当下环境的组成部分，虽然不在实践的焦点位置，却起到了调节居民生活情境场域的作用，如正常工作状态下的家电等。

唐·伊德所谓的"具身性/具身化/具身"（embodiment）强调的是人与具体技术物（而非总体技术）之间基于知觉和身体意义上的生存关系。[①] 唐·伊德认为，技术来源于人类实践，而这种人类实践总是包含了作为工具的技术，人类借助技术建构起人可知觉的"生活世界"。"在实践中，具身是我们参与环境或'世界'的方式"，这种具身实践在很大程度上是伴随人工物或技术的具身嵌入的[②]，自人类从伊甸园走入尘世的那一刻起，就必须面对人作为技术性存在的事实。因而，技术具身已经融入我们的身体经验和意识感知中。实际上，从广义的具身意义层面来看，除了它异关系外，其他三种关系均有具身的意义。[③] 唐·伊德直接用具身关系对将技术嵌入身体的这种人与技术的关系进行了表述，我们可以称之为狭义的具身。而在诠释关系中，"可读的技术"同样可视为一种广义的具身，只不过此种具身是向外的，是人嵌入技术呈现的世界中。与此同时，作为背景的技术则是以场域的形式从总体上与我们的身体感知发生关联，同样可视作一种宏观的以技术为中介的知觉具身。如果说，狭义的具身关系体现的是一种技术单向度的向人的靠拢，那么包含了具身、诠释、背景关系在内的广义的具身关系体现的则

① 〔美〕唐·伊德. 让事物"说话"：后现象学与技术科学 [M]. 韩连庆，译. 北京：北京大学出版社，2008：译者注 12.
② 〔美〕唐·伊德. 让事物"说话"：后现象学与技术科学 [M]. 韩连庆，译. 北京：北京大学出版社，2008：55.
③ 芮必峰，孙爽. 从离身到具身——媒介技术的生存论转向 [J]. 国际新闻界，2020（05）：7-17.

是技术与人的双向互动①，指向的是一种现象学生存论层面的基于身体知觉的人与技术的交互。

综上所述，具身性这一概念和思想深刻根植于现象学中。具身性首先指向的是知觉的具身，这一点已经见于胡塞尔后期的发生现象学中，而海德格尔通过对此在"上手—在手"的在世操持的分析，将具身性从知觉意识的发生层面带入生活世界的存在论中。梅洛-庞蒂则进一步将人与世界的知觉联系直接落脚到"身体—主体"上，使具身性进一步经由身体从意识层面拉回到日常生活的身体实践中，奠定了具身性最直接的哲学基础。此后，由于唐·伊德认识到人总是技术性地存在，而技术对人的知觉具有显著的影响，我们所知觉的世界，毋宁说是被技术所知觉的世界。因而，他在现象学意义上的"具身的知觉"中加入了"技术"这一当代社会最重要的中介变量，从人、技术与世界的关系出发，将"具身性"从"知觉的具身"推进到"以技术为中介的知觉的具身"。如果说现象学所关注的具身性始于知觉，那么技术现象学（后现象学）所聚焦的则是被具体技术人造物中介的人类的知觉经验。当今社会，人已经无法脱离技术的中介而直接感知世界了。唐·伊德视野中的人与技术的中介关系并不是完全中立的，技术对人有"放大—缩小"（magnication-reduction）的知觉转换能力。因而，技术在人与世界的知觉关系中具有调节作用。技术以其特殊的具身方式揭示世界。②唐·伊德据此曾判断：当代科学是物质化的、技术化的和具身化的。③

需要进一步说明的是，基于论证的篇幅限制以及思想溯源的逻辑性、明晰性考虑，本书不得不从现象学中有选择地挑选出对具身性思想较有影响力的节点性人物，并粗略地以"启蒙者""中介者""奠基者""集大成者"进行大致指称。但这绝不意味着现象学谱系中没有其他思想家对具身性作出

---

① 芮必峰，孙爽. 从离身到具身——媒介技术的生存论转向 [J]. 国际新闻界，2020（05）：7-17.

② 韩连庆. 技术与知觉——唐·伊德对海德格尔技术哲学的批判和超越 [J]. 自然辩证法通讯，2004（05）：38-42+37-110.

③ 〔美〕唐·伊德. 让事物"说话"：后现象学与技术科学 [M]. 韩连庆，译. 北京：北京大学出版社，2008：53.

过贡献。事实上，舍勒、萨特、德雷弗斯、托兹以及施密茨等人的身体理论对具身性都是一种丰富和拓展。但这些思想家主要着眼于以知觉的发生以及身体与认知的关系来补充和丰富身体现象学，但唐·伊德跳出这种研究传统，引入"技术"这一变量，将具身性的研究从对身体与认知的关系中延伸至身体、技术与世界的三者关系中，更切中了当下的时代特征。因此，本书将后现象学视野中的唐·伊德看作具身性思想的当代集大成者。

（二）具身认知科学：具身性的实证基础

认知科学主要是建立在哲学、心理学、语言学、计算机科学、人工智能、人类学等基础之上的多学科交叉协作的结果，其任务是探索人类认知与心智的原理和机制，而心理学在认知科学中起到了最为关键的推动作用。事实上，认知科学的工作涵盖了哲学和工程两个部分，即认知科学家们首先需要提出关于认知的某种哲学构想和信仰，这便是形成一定的研究范式，然后在此原则下付诸工程实践，如构造认知的神经模型、设计智能产品等。①

1879 年，有生理学和哲学双重学术背景的威廉·冯特（Wilhelm Wundt）在德国创建了世界上首个心理学实验室，标志着科学心理学成为一门独立的学科。而这种"独立"意味着身与心的彻底分离，"心"必须从身体中剥离出来，才可能形成专门的研究领域。因而，早期心理学采取的是脱离身体、专注意识的元素分析路线，后经冯特的学生铁钦纳（Edward Bradford Titchener）在美国发展了构造心理学，即一种对意识进行静态分析的心灵解剖学和形态学。这种模式与美国实用主义传统格格不入，受到了倡导有机体与环境交互作用的机能主义的抨击。实用主义哲学家、机能主义心理学的先驱詹姆斯（William James）的进化论意识观不关注意识的元素构成，而关心意识对有机体的价值和功用。与此同时，詹姆斯提出"身体反应在先，情绪体验在后"的情绪理论，强调身体动作在情绪体验形成中的作用。此外，机能主义心理学的缔造者杜威同样强调从身体活动及其具体情

---

① 徐献军. 具身认知论——现象学在认知科学研究范式转型中的作用［M］. 杭州：浙江大学出版社，2009：2.

境中考察意识和心理。机能主义与以身心分离为基础的构造主义形成了两足鼎立的局面，在这样的情形下，一种"刺激—反应"的行为主义产生了，它不再关注内省过程转而研究环境刺激和行为反应之间的功能性关系以及行为的预期和控制，将脱胎于心灵哲学的心理学演变为一门标准的实证科学。① 但无论是华生还是斯金纳均采用物理主义还原论，把人最终还原为受环境刺激和行为反应的机器。②

20 世纪 60 年代初，在语言学、计算机科学、人工智能等众多学科的相互影响下，在控制论和信息论的直接推动下，心理学掀起了一场反行为主义的认知革命，心理学关注的重心转向了内部心理过程，认知主义取代了行为主义而成为西方心理学的主流，也促成了"以认知的符号加工和联结主义的并行加工"为主的第一代（传统）认知科学的发展。这种认知模式也被称作非具身认知或离身认知（disembodied cognition）科学研究范式。③ 早期认知科学的核心假设基于图灵机的"计算—表征"论，即认为计算机类似于人的大脑，计算如同人的思维，计算程序好比人的心智，认知就是计算机的信息符号加工、表征、运算和操纵的过程。不久后，这种符号加工模式的认知主义由于缺乏灵活性而在理论和实践上陷入双重困境，于是，以神经元的网状结构理论为核心的联结主义（connectionism）认知模式应运而生。与符号加工模式认为认知过程类似于计算机的符号运算不同的是，联结主义认知模式将认知看作类似于大脑神经元的网状互动，认知就是信息在神经元网络中并行分布与联结加工的整体结果。④ 但联结主义认知模式依然没有彻底解决符号加工模式的困境。无论是认知主义模式还是作为补充和完善方案的联结主义认知模式，二者都是以心理表征论和认知计算论为前提预设的，在哲学本质上共享了笛卡尔"主—客""身—心"二元对立的认识论，认为认

---

① 徐献军.具身认知论——现象学在认知科学研究范式转型中的作用［M］.杭州：浙江大学出版社，2009：3.
② 叶浩生，主编.具身认知的原理与应用［M］.北京：商务印书馆，2017：15-20.
③ 叶浩生，主编.具身认知的原理与应用［M］.北京：商务印书馆，2017：5-6.
④ 叶浩生，主编.具身认知的原理与应用［M］.北京：商务印书馆，2017：1.

知来源于"高级"的大脑而与"低级"的身体无涉。于是，认知便成为心理学唯一合法的研究对象，而身体则留给了生物学、生理学、解剖学等。事实上，传统认知范式一直被诟病为"笛卡尔主义的生动遗产"，认知心理学家严格区分了实在和思维，不仅造成了身心之间如何互动在理解上存在困难，还使认知脱离了社会情境，把人变成了抽象概念。① 而在这种离身知识型框定下的人工智能研究屡遭重挫。美国科学院院士、首位获得"图灵奖"的人工智能专家明斯基（Marvin Minsky）曾公开指出，自 20 世纪 70 年代以来，人工智能在面对常识问题时脑死亡了。②

20 世纪 80 年代以来，认知心理学掀起了反对二元论预设的第二次认知革命。早在 1979 年，美国生态心理学家吉布森（James Jerome Gibson）就在其著作 The Ecological Approach to Visual Perception（《视知觉的生态学进路》）中对符号加工模式提出了批评。他将知觉看作全部心理学的支柱，并认为身体与知觉不可分离，身体在知觉的形成中起到决定性作用，身体能力决定了知觉的性质。因而，吉布森意欲用生态学的进路来整合身体与心灵，以此重构心理学。③ 书中他提出了"可供性"（affordance）④ 这一重要概念，指物体所展示出来的功能属性，即该物体能让有机体做什么的能力。关于某物的知觉的形成，不仅与该物本身能够提供什么样的刺激直接相关，亦取决于有机体自身的结构与能力。⑤ 可供性"意味着动物和环境之间的协调性（complementarity）"⑥，涉及的是人的"知觉—行为"与环境资源的动态交互过程，这一过程不可还原为静止和被动的感知。随后，可供性概念

① Prilleltensky, I. On the Social and Political Implications of Cognitive Psychology [J]. The Journal of Mind and Behavior, 1990（2）：129-131.
② 徐献军. 具身认知论——现象学在认知科学研究范式转型中的作用 [M]. 杭州：浙江大学出版社，2009：导言 2.
③ 罗玲玲，王磊. 可供性概念辨析 [J]. 哲学分析，2017（04）：118-133+200.
④ Affordance，学界早期一般翻译为"功能可示性""示能性""功能承担性"等，有台湾学者还将其翻译为"机缘"。国内近年来普遍翻译为"可供性"。
⑤ 叶浩生，主编. 具身认知的原理与应用 [M]. 北京：商务印书馆，2017：24.
⑥ Gibson, J. J. The Ecological Approach to Visual Perception [M]. Boston：Houghton-Mifflin, 1986：127.

在迈克尔·T. 特维（M. T. Turvey）、托马斯·斯托夫壬根（Thomas Stoffregen）、哈瑞·赫夫特（Harry Heft）、爱德华·里德（Edward S. Reed）、安东尼·切莫瑞（Anthony Chemero）等吉布森派学者的丰富和拓展下被学界日益接受和认可，并认为这一概念为具身认知科学奠定了基础，影响了认知科学向经验转向①，开启了认知科学的生态学范式。

1991 年，作为生物学家和神经科学家的 F. 瓦雷拉与哲学家 E. 汤普森、认知科学家 E. 罗施在多学科交叉的背景下结合现象学传统，在《具身心智：认知科学和人类经验》一书中提出了"具身"（embodied）这一术语，并开宗明义地表明是受到了梅洛-庞蒂的启发和影响，因而该书是对梅洛-庞蒂具身认知研究纲要的延续。瓦雷拉等人十分认同梅洛-庞蒂具身性的双重意涵，即将身体看作"作为活生生的、经验的结构"以及"作为认知机制的环境或语境"②。而这种具身的双重性在传统认知科学中是严重缺失的，因而瓦雷拉等人决心将梅洛-庞蒂具身的知觉现象学的相关洞见引入认知科学领域，倡导从日常生活的活生生的人类经验和情境中理解认知，提出"认知是具身行动（embodied action）"③，试图在"科学的心智"与"经验的心智"之间达成共识，从而建立认知科学的生成观以向传统认知的"计算—表征"论发起挑战。于是，认知主义、联结主义、生成主义便构成了认知科学理论发展的三个阶段。

此外，认知语言学也深受梅洛-庞蒂的身体现象学的影响。不同于乔姆斯基将自然语言数理逻辑化，即让句法独立化、权威化，而将语义边缘化的形式语言学，乔治·莱考夫和马克·约翰逊在《我们赖以生存的隐喻》一书中认为人类的抽象思维是以隐喻的方式构成概念系统的，我们是借助隐喻来认识和理解世界的。而身体便是我们最初利用的隐喻，人类最基本的隐喻

---

① 罗玲玲，王磊. 可供性概念辨析［J］. 哲学分析，2017（04）：118-133+200.
② 〔智〕瓦雷拉，〔加〕汤普森，〔美〕罗施. 具身心智：认知科学和人类经验［M］. 李恒威，等译. 杭州：浙江大学出版社，2010：xvii.
③ 〔智〕瓦雷拉，〔加〕汤普森，〔美〕罗施. 具身心智：认知科学和人类经验［M］. 李恒威，等译. 杭州：浙江大学出版社，2010：xxi.

就来源于身体结构及其活动方式。从这个意义上说，身体决定着我们的思维和认知。而在他们合著的另一本书《肉身的哲学：具身心智及其对西方思想的挑战》中，他们以身体隐喻为基础，提出了心智的具身性。莱考夫和约翰逊认为传统认知科学忽视了人的生理构造及身体体验在认知中的重要作用，因而第一代认知科学是抽象的、离身的。为此，在哲学、神经科学、人工智能和生理学的基础上，他们提出了三个重要发现：第一，心智是具身的；第二，思维大多是无意识的；第三，抽象概念、范畴源于身体及其活动的隐喻。正是我们的身体最终塑造了我们的心智和认知。简言之，莱考夫和约翰逊借助现象学将语言和身体的认知加工机制关联起来，强调身体在认知与语言习得中的根基性作用，提出了语言学"具身转向"的哲学基础——具身实在论，用具身性摆脱了语言学的形式主义和客观主义的理性思维预设。① 随后，大量认知科学的最新实验结果均证实了莱考夫和约翰逊所持有的"思维来源于身体经验"的观点。

另外，镜像神经元的发现也进一步佐证了具身认知的观点。20世纪90年代，意大利科学家贾科莫·里佐拉蒂（Giacomo Rizzolatti）等人在恒河猴的大脑皮层F5区发现了一种新的"视觉—运动"神经元——镜像神经元。随后的一些实验也证实，在人的大脑皮层中存在类似的镜像神经元。镜像神经元是理解他人动作的神经机制，它能如同自己在执行动作一般映射他人的动作，它能对动作的意义而非视觉特征产生反应。镜像神经元的发现，说明认知过程并非抽象符号的信息加工，而是与身体及其动作系统密切相关。我们基于自己的动作意图去理解他人的动作意图，身体作用于外部世界的动作造就了思维和认知的过程。②

综上所述，20世纪80年代以来兴起了一股具身认知的风潮，试图将被置于大脑中的认知复归于身体，把身体放置于具体的情境和生活世界中，建立一种"具身—嵌入"（embodied-embedded）的认知观。以具身性、情境性、

① 芮必峰，昂振. 传播研究中的身体视角——从认知语言学看具身传播［J］. 现代传播（中国传媒大学学报），2021（04）：33-39.
② 叶浩生，主编. 具身认知的原理与应用［M］. 北京：商务印书馆，2017：25.

动力性为特征的第二代认知科学——具身认知（embodied cognition）科学由此兴起。这个阶段的认知科学并不是抽象、孤立地强调大脑的认知作用，而是将认知放置于包括身体、情境、文化在内的整体系统中去研究。① 强调认知对身体的依赖性，将认知看作身体在实时（real time）环境中的活动②，并在身体与环境的互动中得以塑造。这意味着认知是"建构"而非"反映"的过程。具身认知从本质上讲涉及的是身心关系。如果说第一代认知科学本质上是笛卡尔主义的离身认知观，将心智看作"思维的东西"，那么第二代认知科学则是深受海德格尔"在世存在"、梅洛-庞蒂身体现象学等影响的具身认知范式。从根本上说，具身认知科学的兴起表明了认知科学的哲学信仰正在发生转向，即从笛卡尔主义转向身体现象学，尽管目前这种转向尚未形成主导态势。现象学对离身哲学观的深刻批判、对具身认知的发现以及对身体究竟如何塑造认知等问题的回答为具身认知科学奠定了坚实的哲学基础，并成为推动非具身认知范式转向具身认知范式的动力源泉。2002 年，一份专门研究现象学与认知科学关系的期刊 *Phenomenology and Cognitive Science* 创刊，大有将现象学在认知科学领域主题化、建制化的决心。

一言以蔽之，具身性思想最初源于现象学等形而上学的哲思，经由心理学、语言学、人工智能、神经科学等学科分别从理论和大量科学实验的角度得以反复论证，使具身性思想从思辨走向了科学实证和实际运用领域，在西方的哲学和科学中获得了来自理论和实践的双重效度。例如，具身 AI 便是现象学具身性思想在人工智能领域的具体实践。可以说，在具身性这个交叉地带，哲学和科学相互渗透、互为基础，主观和客观、哲思与实证的分界正在消融。毋宁说，具身性在西方成为一座沟通哲学与科学、理论与实践的桥梁。

二 具身性思想的中国哲学渊源："体知"观

中国传统哲学是一种既出世又入世的人生智慧，总体上看是实践取向

---

① 何静. 身体意象与身体图式——具身认知研究［M］. 上海：华东师范大学出版社，2013：36.
② 叶浩生，主编. 具身认知的原理与应用［M］. 北京：商务印书馆，2017：5-6.

的。中国古代思想家不追问"第一原因""最终本质"，不寄希望于超验的、外在的上帝和彼岸世界，"不向静态的、抽象的理念世界致思"，反而"究心于动态的、具体的生命历程"。① 孔子曰："未知生，焉知死？"中国人重视的是社会而非宇宙，是人伦日常而非天堂地狱，是今生现世而非来世。在牟宗三先生看来，中国哲学的主要课题即如何调节、运转、安顿我们的生命②，因而是"向内看"的，而西方传统哲学是以自然界为研究对象的，必然要"向外看"。这样的差异也造成了西方人因注重外延真理而使抽象思维与理性思维发达。而中国人注重的是内容真理，是从具体实践中体悟生命价值，在伦理道德方面极为智慧。③ 简言之，中国哲学着眼于生命，所以重德。④ 孟子说："圣人，人伦之至也。"中国的圣人是现世中的人，具有"内圣外王"的人格，践行的是一种以身载道、内在于行动的箴言体系。中国哲学历来反对归约主义（reductionism）、重视相互依存、超越线性推理，不曾出现西方物与心、主与客、俗与神二分对立的思维传统。中国哲学常以主客、心物、人天一体、兼容并包的思维方式为主，总体上呈现"存有连续""有机整体""辩证发展"的三大基调。⑤ 可以说，笛卡尔式的认识论阶段在中国是没有明显经历的。现代新儒家学派代表人物杜维明先生把中西哲学的这种方法论上的差异概括为"对话性二分"与"排斥性二分"，前者是"即此即彼"（both-and），后者是"非此即彼"（either-or）。⑥ 中西认知的差异用北宋大儒张载的话来说就是"德性之知"与"闻见之知"的差别，前者是内在体证之知，必须体之于身，后者则是认知之知，无须非得体认。"德性之知"是包含了"闻见之知"的更高层次

---

① 〔美〕杜维明.杜维明文集（第五卷）〔M〕.郭齐勇，郑文龙，编.武汉：武汉出版社，
  2002：9.
② 牟宗三.中国哲学十九讲〔M〕.上海：上海古籍出版社，2005：12.
③ 牟宗三.中国哲学十九讲〔M〕.上海：上海古籍出版社，2005：33-34.
④ 牟宗三.中国哲学十九讲〔M〕.上海：上海古籍出版社，2005：36.
⑤ 〔美〕杜维明.杜维明文集（第五卷）〔M〕.郭齐勇，郑文龙，编.武汉：武汉出版社，
  2002：11-12.
⑥ 〔美〕杜维明.体知儒学——儒家当代价值的九次对话〔M〕.杭州：浙江大学出版社，
  2012：103.

的综合认知。① 毋宁说，"德性之知"是一种境界之学，而"闻见之知"是一种知识之学。当代哲学家张世英也曾将中西思想的差异阐发为中西方两种不同的在世结构，即中国的"人—世界"合一式与西方的"主体—客体"二分式。一言以蔽之，中西方思想文化在开端处就存在看待世界的差异。

1985 年，杜维明先生用"体知"（embodied knowing）这一概念高度凝练了儒家哲学的精髓，即一种相异于西方现代知识论（主体与客体、道德与知识二分）的儒家的认知模式②，是包含了脑力、心灵和身体的综合认知。可以说"体知"也可称作东方意义上的"具身认知"。这种超越西方认识论的体知结构被华语学术圈普遍接受和推崇，后来逐渐将"体知"普遍化为涵盖儒释道的整个中国传统思想的特质。

"体知"是一个与"体"有关的复合词，而在古代汉语中"体"除了作为名词"身体"外，多作动词之用，即"身体力行""体之于身"，涵盖了"体会""体悟""体验""体认""体察""体谅"等"亲身体验"或"设身处地地着想"之意。③ 张载所讲的"德性之知"是认知主体的自知自证，是不以客观对象为转移而自然涌现的真知④，其本质就是一种体知之知。"体知"虽然也是一种认知，但绝非西方纯粹理性的认知，而是受用，是一种对人起到动态转化作用的认知。⑤ 儒家的"修身"就是通过体知的转化功能把作为生物存在的人转化为真善美之人。《大学》曰："自天子至于庶人，一是皆以修身为本"，进而教化中国人要"修身齐家治国平天下"。中国儒家思想中的"身"并不仅仅是肉体，更是一种精神化的身体，因而，

---

① 〔美〕杜维明．杜维明文集（第五卷）[M]．郭齐勇，郑文龙，编．武汉：武汉出版社，2002：367.

② 〔美〕杜维明．杜维明文集（第五卷）[M]．郭齐勇，郑文龙，编．武汉：武汉出版社，2002：364.

③ 〔美〕杜维明．杜维明文集（第五卷）[M]．郭齐勇，郑文龙，编．武汉：武汉出版社，2002：364.

④ 〔美〕杜维明．杜维明文集（第五卷）[M]．郭齐勇，郑文龙，编．武汉：武汉出版社，2002：368.

⑤ 〔美〕杜维明．杜维明文集（第五卷）[M]．郭齐勇，郑文龙，编．武汉：武汉出版社，2002：371.

中国人所看重的"修身"本质上是培养品性修养，是一种以身体为根基去体悟的"道"。儒家的心性论并非脱离身体而空谈意识、精神，恰恰是身心合一、体之于身的。儒家的"修身"基本与"养心"同义，因而工夫便是"体知"实践。

中国古代的"六艺"——"礼、乐、射、御、书、数"无不讲求"体之于身""身体力行""知行合一"。儒家在内讲"仁"，在外讲"礼"，而古训有云："礼，体也。仁，觉也。"可见，"礼""仁"都是涉身的，中国人对内对外都是以身体及其知觉为根本出发点。孔子推己及人的仁学，孟子"心性不二"的心性之学，其所讲的人绝不是可化约的抽象空洞之人，而是活生生的、有血有肉的、具体的、在场的人，是包括了身体、心知、灵觉和神明四种层次的人①，通过"体知"实践进行伦理教化以通天道，因而得以达到"万物皆备于我""天地万物为一体"的天人合一的境界。在儒家看来，西方标榜的不接触身体的"纯粹的思考"（pure thinking）是不存在的。

既然"体知"日益被看作中国传统哲学共有的鲜明特质，那么道家自然也是"体知"的。中国哲学历来以身通道，这个"道"便是天人合一的境界——"天""地""人"融为一体的大生命体，是一种理想的生命状态。儒道两家都以此为前提，采取以身体之的工夫实践来悟道和得道。不同的是，儒家是以心转身，将实存之身通过"体知"的方式转化为德性之身；道家则以气涵化身心，通过知觉转化而支离和解构经验之身使之处于本真状态。因而，在本质上儒道两家皆以"体知"得道，但在路径上有所不同，分别走向以重心和重气两条体证之途。②从终极上说，儒道最后要抵达的"以天地万物为一体"（儒家）和"天地与我并生，万物与我为一"（道家）是相通的。简言之，儒道两家在"天""地""人"一气相通的共识上，各自展开"通"的"体知"工夫有所不同。儒家入世，直面"被给予"的世

---

① 〔美〕杜维明. 杜维明文集（第五卷）［M］. 郭齐勇，郑文龙，编. 武汉：武汉出版社，2002：336.
② 周与沉."通"的体知——本体·工夫·境界：《庄子》思想的身体之维［M］//陈少明. 体知与人文学. 北京：华夏出版社，2008：63.

间境域，协调优化身心、万物、天地、你我之关系。因而"形躯官能（小体）为德性生命（大体）所统，感性存在之气为德性之志所帅"①，并通过"以身体之"到"体之于身"的"体知"转化而达到"身心性天"的一体相通，尤以孟子的"践形观"和"生色论"最典型。道家（以庄子为例）的"体知"也如儒家一般是一种身心高度投入、融合的工夫实践，但具体是通过逆向、反致和虚化的消解之道，即"坐忘""心斋"等工夫来消解经验之体，"进而敞开原初气化之身，复归于无所不通的大道始源之体"②。一言以蔽之，道家（庄子）的"体知"以脱离、否定、忘却、解蔽、离形、弃知来成全、实现、还原、复性、全形、明心（直知），以通达理想性的"无身之身"，这也正是道家"体知"的境界与归宿。③

可见，身体在中国传统文化中是连接可见物与不可见物的重要媒介和桥梁，中国人一贯以身体的隐喻性思维来认识世界。而这种思维在庄子的《逍遥游》中最为典型。威斯康星大学的吴光明教授曾将庄子的这种身体隐喻性思维称为"身体思维"（body thinking），即以身体的方式在具体物中进行思想行动，亦称为身体化/具身化（embodied）思维④，以情境性、视角性、语境性、有限性、开放性、关联性为典型特征⑤。吴光明的"身体思维"概念与杜维明"体知"思维可谓异曲同工，其本质都是"embodied""embodiment"，即"具身"。

中国古典哲学中蕴含的"体知"观彰显了中国人"思在合一"的思维传统，是中国哲学一以贯之的鲜明特质。这种"体知"观与现代西方

---

① 周与沉. "通"的体知——本体·工夫·境界：《庄子》思想的身体之维［M］//陈少明. 体知与人文学. 北京：华夏出版社，2008：67.
② 周与沉. "通"的体知——本体·工夫·境界：《庄子》思想的身体之维［M］//陈少明. 体知与人文学. 北京：华夏出版社，2008：67.
③ 周与沉. "通"的体知——本体·工夫·境界：《庄子》思想的身体之维［M］//陈少明. 体知与人文学. 北京：华夏出版社，2008：67.
④ 〔美〕吴光明. 庄子的身体思维［M］. 蔡丽玲，译.//杨儒宾，主编. 中国古代思想中的气论及身体观. 台北：巨流图书公司，1993：394.
⑤ Kuang-Ming Wu. On Chinese Body Thinking：A Cultural Hermeneutic［M］. Leiden：E. J. Brill，1997：252.

晚近才产生的具身观在本质上多有相通。中国传统哲学中的"天人合一""以身载道"的身体用西方哲学话语来指称，便是本体论化的、现象学式的身体。而中国古人的"体知"则是直觉之知、关系之知、践形之知的辩证统一。源远流长的中国文明正是建立在这种"体知"的具身性思想根基之上。① 20 世纪以后，在"具身"视域下，中国传统哲学与西方现象学、具身认知科学逐渐形成中西对话与融通，中西方的"具身"观遥相呼应，中国传统哲学中的"体知"观也开始在现代语境中打上了现代话语的烙印。

第二节　中西方具身性思想的视域融合

本章第一节对具身性中西方思想源流进行了梳理和评析，可以看到，具身性作为一种多学科交叉而形成的观念、理论和方法创造了中西方思想在当代得以对话交流甚至融合的可能和契机，借用美国地理学家保罗·亚当斯用来形容传播地理学这种交叉学科的话来说，具身性便是一种"相遇的形而上学"（metaphysics of encounter）②。从根本上说，西方具身性思想主要来源于现象学，具身认知科学也是深受海德格尔"在世存在"和梅洛-庞蒂身体现象学的影响。而现象学却与中国古典哲学颇有共鸣，因而被公认为是打通中西方哲思，形成思想对话的桥梁，引发了西方哲学向东方看的热潮。无论是海德格尔对老庄思想的尊崇和吸收③，还是德里达对中国书写文字的兴致，现象学几乎变更了西方传统哲学认识世界的方式，而这种方式与东方思想，尤其是中国古典哲学极为相似。不同于以康德、黑格尔为代表的西方哲学家对中国哲学及思维方式的刻薄，现象学家看到了东方

---

① 张再林．中国古代"体知"的基本特征及时代意义 [J]．西安政治学院学报，2008（04）：100-111．

② Adams，P. C. Geographies of Media and Communication I：Metaphysics of Encounter [J]．Progress in Human Geography，2017（3）：371．

③ 张祥龙．海德格尔与中国哲学：事实、评估和可能 [J]．哲学研究，2009（08）：65-76+129．

思想的独特价值和魅力，在一定程度上打破了西方哲学对东方思想固有的傲慢、偏见。现象学的出现，尤其是西方"具身"观的兴起，正在开启中西方的平等对话与交流互鉴，为东方智慧进入和参与世界哲学的话语体系提供了一个重要契机。毋宁说，中西方思想的共鸣处潜藏着未来哲学发展的方向和可能。①

麦克卢汉就曾直言对东方思想的好奇，并越来越意识到这种东方智慧与以量子论为代表的现代物理学有诸多相似之处。但如何在中西思想之间取长补短，弥合传统西方理性分析推理和东方真理冥想体验之间的鸿沟，一直是麦克卢汉面临的难题。② 而具身性不仅涉及哲学、心理学、语言学、人类学、计算机科学、神经科学、人工智能等跨学科视域，更是一个能够融通中西方智慧及其思维方式的思想场域。因而，虽然至今没有对具身性形成一个统一的定义，但它在跨视域的观照中达成了一种思想的共鸣。这样的共鸣并不是一种劳动分工，而是一种基于潜在统一性的视域融合的结果。具身性思想在多元、异质的理论资源中呈现以"一本四性"为鲜明特征的内在统一性。

一 "一本四性"：中西方具身性思想的内在统一性

具身性概念之本质指向的是身心关系和具身的指引关系，是一种对萌芽于古希腊，形成于近代西方的身心二元对立反思后的思维变革，因而具有解构性和超越性。奠基于"我思"和奠基于"身体"的哲学的思维方式迥异。而这种所处位置及其视角的变更和转换决定了研究者看到的是不一样的风景以及面对的是全然不同的问题。中西方具身性思想内部虽然是分化的异质性结构，但同样具有潜在的内在统一性，即"一本四性"，具体表现为：以身体为根本、主客（身心）一体性、知觉体验性、关系情境性、身体实践性。而"一本四性"之间是相互关联、相互渗透的，可以说这是具身性思想的

---

① 张祥龙. 现象学导论七讲：从原著阐发原意 [M]. 北京：中国人民大学出版社，2011：3.
② Eric McLuhan, Frank Zingrone. Essential McLwhan [M]. Stoddart Publishing Co., 1995：371.

核心特征。

（一）以身体为根本

从胡塞尔的具身化知觉开始，现象学便把身体一步步复归到思想的发源地。哪怕是最抽象的思考、认知都必然遵循身体这一根本性原则。毋宁说身体是认知与探寻真理的起点和要素。因而，胡塞尔说人的精神是建立在身体之上的，每一种共同体也都是以作为该共同体的成员之个别身体为基础的。① 梅洛-庞蒂将身体作为主体看待，人是以知觉具身的主体方式在世界之中存在的。海德格尔和唐·伊德更是发现了技术的存在论关系以及技术的具身性。与此同时，具身认知科学从实证科学的角度进一步佐证了身体在认知中拥有不可或缺与不可替代的核心地位。身体并不是认知的伴随条件，而是根本性条件。如果说长期以来西方惯于仰望星空而将身体排除在知识生产之外，随着具身性思潮的兴起，才将身体重新置于知识生产中，那么中国人则更习惯于脚踏实地、身体力行。中国人所重视的"修身"即为培养品性修养，以身载道。无论是《论语》中的"吾日三省吾身"还是《尚书》中的"天之历数在汝躬（身）"，抑或是《周易》中的"近取诸身""安身而后动"等，都体现出中国传统哲学是一种以身体为根本的"体知"哲学。而中国古人所谓的身体并不是笛卡尔式的、科学话语中的作为"死物"的身体，而是本体论意义上的身体，与梅洛-庞蒂的现象身体颇有相似之处。中国人以身体之、体之于身的"体知"观本质上就是一种"具身"观。中国古人将身体作为本体并泛化和体现在"依形躯起念"之具身的宇宙观、"民胞物与"之具身的伦理观、"天人合一"之具身的宗教观之中。② 中国古人所谓的"内在超越"并不是心灵之超越，而恰恰是有限的物质化身体向无限的精神化身体的超越。简言之，无论是现象学中的知觉的具身、后现象学中的技术的具身，还是认知科学中的认知的具身，具身性在中西

---

① 〔德〕胡塞尔. 欧洲科学的危机与超越论的现象学［M］. 王炳文，译. 北京：商务印书馆，2011：385.

② 张再林. 意识哲学，还是身体哲学——中国传统哲学理论范式的重新认识［J］. 世界哲学，2008（04）：6-12.

方语境中首要地表现为以身体为根本，而非如自柏拉图起的传统西方哲学那样惯常地将身体看作知识获取的障碍。这是中西方具身性得以视域融合的基础。

然而必须澄清的是，"具身"并不等于"亲身"或"身体在场"，后者只是具身的一种形式，身体的意向性、身体的构成性、身体的隐喻性、身体的投射性等都不意味着身体作为实体的必然在场，因而具身性的另一种维度乃是用身体的意向性、构成性、隐喻性、投射性代替身体的亲身在场。因此，具身并非一定要与作为实体的身体在同一空间中保持直接的触摸联系，而是只要与能被整体性地感知到并能超越实体身体的空间、位置和界限的原初身体性状态发生联系，便可称之为"具身"。具身性是以身体为根本而不是以身体在场为根本。

（二）主客（身心）一体性

从根本上说，具身性是对西方近代认识论尤其是笛卡尔的"身—心""主—客""理性—感性""物质—精神"等一系列二元对立的反动。胡塞尔用"现象学还原法"、海德格尔用"在世存在"试图打破和超越笛卡尔的二元划分。梅洛-庞蒂在此基础上，进一步用知觉具身的"身体—主体"来进行超越。梅洛-庞蒂的"现象身体"并非笛卡尔意义上广延的实体，也并非与精神的实体相对立，而是一种主体、客体不分，身体与心灵相融的身、心、环境（世界）融为一体的模糊地带，即境域化的身体。而心理学中兴起的具身认知的思潮同样是要打破以笛卡尔"主—客""身—心"二分为预设的离身心智的心理学建制基础。以具身认知为特征的第二次认知革命就是要在科学实证的支撑下将认知从独立的大脑放回到身体的大脑中，将认知复原为有机整体的联动过程。中国传统哲学讲究"以身载道""即身而道在"，指修身与养心同一，修身便是养心。这种"身心不二""天人合一"的身体消解了现象与本质、主体与客体的二元划分与对立。中国传统思想中这种主客、心物、人天一体，兼容并包的"体知"，用张载的话说就是"德性之知"，用杜维明的话说就是"即此即彼"的"对话性二分"，在张世英那里则体现为"人—世界"合一式的在世结构，用现代科学话语来表述便是具身认知模式。因而，中西具身性思想均是对建立在"我思"基础上的近代西方认识论的批判和超越，这构成了具身性的革命属性。

（三）知觉体验性

具身性最初源于现象学对知觉的讨论。现象学普遍将知觉看作一切行为得以展开的基础和前提，世界并不是外在于我的客体，而是自然环境、我的一切想象及鲜活知觉的场。知觉既是一切知识的开端，也是科学的基础。因而现象学揭示了科学是建立在主观的生活世界之知觉体验之上的，思考科学本身首先便要唤起我们对世界的这种原初的知觉体验，而科学则是这种原初知觉体验的间接表达。① 现象学所谓的主体性和主体间性是相互构成的，是通过我的过去的具身体验在当下的具身体验中的再现以及他人的具身体验在我的具身体验中的再现，二者在相互渗透中达成统一。② 而具身的知觉是一切人类体验的起点，现象学方法便是直接描述和呈现我们的体验之所是。现象学对意向性的分析突出强调了现象学对建立在具身知觉和身体活动之上的人类经验的解释。现象学视域中的体验是"第一人称"视角的涌现、绽出，而并非对象化的经验。梅洛-庞蒂就将体验看作一种境域，而把知觉视作境域的核心。体验总是身体的体验，知觉总是身体的知觉。③ 具身认知科学也是受到梅洛-庞蒂知觉现象学的直接影响。瓦雷拉等人试图用"具身的心智"在"科学的心智"与"经验的心智"之间达成共识，从而超越传统认知的"计算—表征"论。而这种具身心智是通过具身的知觉体验通达的。中国古代的直觉性"体知"更是重在身体的知觉体验，在体验中"体认"世界万物。中国人对内对外均以身体及其知觉体验为根本出发点。因而，具身性直指具身的知觉体验，这种体验是基于"第一人称"视角的体验，"具身"首先是知觉的具身，尔后才发展出被中介的知觉的具身——技术具身。

---

① 〔法〕梅洛-庞蒂. 知觉现象学 [M]. 姜志辉，译. 北京：商务印书馆，2001：3-5.
② 〔法〕梅洛-庞蒂. 知觉现象学 [M]. 姜志辉，译. 北京：商务印书馆，2001：17.
③ 费多益. 认知研究的现象学趋向 [J]. 哲学动态，2007（06）：55-62.

（四）关系情境性

现象学家一贯声称"人—世界关系的相关性是所有知识和经验的一个存在论的特征"①。现象学中的具身性并不是孤立、静态、与世隔绝的"第一人称"视角，而总是在生活世界之中遭遇的活生生的知觉体验，具身性总是"……的具身"，总是在遭遇他者、它物时才得以自我显现。梅洛-庞蒂的身体便是处于一定关系情境中的境域化的身体。而胡塞尔的"生活世界""主体间性"，海德格尔的"在世存在""上手—在手"以及唐·伊德的"技术具身"无不存在于关系情境中。用海德格尔的话来说便是，并不存在用具这样的东西，用具的存在总是作为一个用具整体。只有在这样整体的关系情境中，那件用具才是其所是。② 因而，具身性因关系情境性而呈现动态生成性。具身认知科学便是把静态、归约、抽象的认知复归到身体及其运动的有机整体的动态构成中。关系性思维则是中国传统思想所固有的特性，中国传统哲学中的"体知"并不是封闭的"我思"，而是处于社会关系网络节点中的个体的体认、体悟。毋宁说，中国传统哲学就是一种充满了双边关系、对话关系、辩证关系的关系哲学。梅洛-庞蒂强调了身体的关系情境性是构成思想的必要成分，而这种思想的关系情境性在中国传统思想中从来都是不证自明的。③ 因而，具身性并不是真空实验条件下的产物，而必然是源于生活世界关系情境中的鲜活体验。

（五）身体实践性

现象学将人类经验置于分析中心，而经验来源于实践。具体来说，后期的胡塞尔、海德格尔、梅洛-庞蒂以及唐·伊德都不约而同地将实践作为理论基础。毋宁说，具身实践是我们在世界之中存在和揭示真理的方式。正如海德格尔洞察到的那样："此在用以识别……当前的存在物本身……的澄

---

① 〔美〕唐·伊德. 技术与生活世界：从伊甸园到尘世 [M]. 韩连庆，译. 北京：北京大学出版社，2012：27.

② 〔德〕海德格尔. 存在与时间（修订译本）[M]. 陈嘉映，王庆节，译. 北京：生活·读书·新知三联书店，2012：80.

③ 〔美〕吴光明. 庄子的身体思维 [M]. 蔡丽玲，译.//杨儒宾，主编. 中国古代思想中的气论及身体观. 台北：巨流图书公司，1993：397.

清，不是精神表征的对象，而是对用法的支配。"① 现象学中暗含的具身实践观正体现了 20 世纪以来西方哲学从"思知"向"体知"的转向。这种哲学的转向反映在认知科学领域便是具身认知革命的兴起。因此，无论是现象学还是具身认知科学，具身性思想都涵盖了身体的实践性。认知并不是"我思……"而是"我能……"，即我能凭借我的身体知道、凭借我的身体经验、凭借我的身体行动。具身认知科学则从大量的科学实验中反复证明了认知与身体知觉及运动系统的关联。认知来源于具身实践，因而，认知是作为具身行动的认知。中国传统哲学的"体知"也并非坐而论道，而是讲求知行合一，工夫论的本质便是"体知"实践，毋宁说是一种具身实践的认识论。中国儒道两家均采取以身体之的工夫实践来悟道和得道，而具体的实践过程有所不同。儒家是以心转身，将实存之身通过"体知"的方式转化为德性之身；道家则以气涵化身心，通过知觉转化而支离和解构经验之身，使之处于本真状态。两家均以身通达天人合一的境界——"天""地""人"融为一体的理想的生命状态。总之，中西方语境中的具身性思想都不是抽象的认识论，而是实践的认识论。

二　具身性概念、内涵及其超越性

（一）具身性概念及内涵

具身性因涉及众多学科的交叉而尚无统一概念，但具身性思想在西方直接起源于现象学，尤其深受梅洛-庞蒂身体现象学的影响，这是毫无争议的。诚然，具身性早就根植于中国古典哲学之中，但因中国传统思想的表述并非一套严密的逻辑化、抽象化的话语体系，而是散见于各种语录、诗歌等思想作品中，因而在一定程度上难以使具身性概念化。但鉴于现象学与中国"体知"观的诸多相似性，本书认为通过现象学的话语体系来理解和定义具身性概念有助于准确把握具身的内涵。传播学者芮必峰等就曾从存在论的现

---

① Heidegger, M. The Basic Problems of Phenomenology ［M］. Cambridge, England: Indiana University Press, 1981: 21.

象学视角出发，将"具身"理解为：人在投入某活动的操持时，身、心、物及环境无差别地融为一体，达到一种身体与周围环境的物我交互。① 而在具身认知科学内部具身性虽然有着"强具身"和"弱具身"的观点分歧，但普遍将具身性理解为认知的具身，是知觉和行动过程中身体与世界直接遭遇和互塑的结果。②

结合前文对中西方具身性思想"一本四性"的归纳，本书认为具身性是一个整体性、关系性、情境性的概念。从狭义上理解，具身性指的是一种以身体知觉和运动图式为基础的身、心、物、环境在特定关系情境中的交互实践状态。具身并不等同于肉身，也非简单的"身体+"，更不是身体决定论，具身性在本质上是一个关系性概念，是身、心、物、环境融为一体的平衡论。身心合一的有机体与包括物在内的环境之间是相互塑造、相互影响、相互制约的。从广义上说，具身性作为一种思想场域，其内涵大致可以从以下三个维度进行理解。

第一，作为本体论层面的具身性。具身性始于胡塞尔的发生现象学，他将科学认知的基础还原为一种原初的源自生活世界中的人类具身化的知觉体验。而梅洛-庞蒂将其进一步落脚到在世存在的"具身的主体性"上，并认为身体是朝向世界存在的基础和锚定点，是生活世界的意义之源，使身体获得了本体论上的优先性。需要澄清的是具身性思想中的身体并不仅仅是生理层面作为肉体的物质性身体，这只是现象式身体的一个方面。实际上，知觉现象学理解中的身体是一种超越二元对立的、主客未分化的、与环境融为一体的"第三种存在"——境域化身体，即是本体论意义上的非表征性的原初身体，通过本己的知觉体验便可自我揭示而不需要再借助精神、意识的中介来表征。具身性思想中的身体是具有双重性的暧昧的身体，既不能还原为

① 芮必峰，孙爽. 从离身到具身——媒介技术的生存论转向 [J]. 国际新闻界，2020（05）：7-17.
② Alban, M. W., Kelley, C. M. Embodiment Meets Metamemory: Weight As a Cue for Metacognitive Judgments [J]. Journal of Experimental Psychology: Learning, Memory, and Cognition, 2013 (5): 1628-1634.

物质实体，也不能还原为精神实体；既是作为经验主体的执行的身体，又是被经验的作为客体的身体，因而不能用二元存有论的思维框架来界定。关于具身性，唐·伊德、斯蒂格勒等人走得更远，他们直接将技术具身性看作人之为人的规定性，正因为人天生就是缺陷性存在的，因而人必须以技术倚身，以至于从伊甸园走入尘世的那一刻起，人便是技术性存在，如果我们把技术物看作一种广义的媒介物的话，人便是媒介性存在。从存在现象学的角度来看，人的有限性就在于人的媒介性，即人总是要借由作为环境的媒介才能够知觉和改造世界，一方面媒介是人体的延伸，另一方面人也因此局限于其中的命运。① 因而追问人之存在即是追问人的媒介性——一种媒介具身的存在。总而言之，从现象学角度来理解，具身性已具备了本体论的意涵，是对传统西方哲学表征主义本体论承诺的一种反叛。这种本体论假设世界是可脱离具体情境而被表征为一系列确定无疑的事实与命题的结构化系列。② 而具身性思想显然是反对这种表征主义本体论的。

第二，作为认识论层面的具身性。非具身认知将形式化表征与符号操控看作一切语言、思想及行动的基础，而计算机正是这一假设的实证模型。这种哲学观指导下的人文和科学研究，以"身心可分离"为知识模型，以客观主义和实证主义为框架，将知识看作对外在世界的客观抽象的反映和表征。相比这种建立在笛卡尔"主—客""身—心"二分认识论基础上的"离身"观，现象学的"具身"观则是一种"主—客""身—心"合一并与环境融为一体的非表征主义的实践认识论。这种离身认识论导向的是一种脱离了具体语境，只存在于真空实验条件下的对世界的归约化、概念化认知。而具身认识论视域下的知识是身体与环境互动建构的产物，来源于生活世界的活生生的、具体的人类知觉经验，具有强烈的实践性。因此，具身性是对西方近代认识论（知识论）及现代性进行反思、批判、解构后的产物。从这个意义上说，具身性本身就是一种全新的认识和把握世界的方式，即从站在

① 胡翌霖. 媒介史强纲领：媒介环境学的哲学解读 [M]. 北京：商务印书馆，2019：8.
② 徐献军. 具身认知论——现象学在认知科学研究范式转型中的作用 [M]. 杭州：浙江大学出版社，2009：28.

世界之外"看"世界转为在世界之中体验世界。

第三，作为方法论层面的具身性。具身性最早是经由现象学还原后在发生现象学中提出的，因而具身性有着现象学方法论的意涵，与之匹配的必然是动态的、关系情境性思维。具身性思想的引入并不是将身体简单地作为研究对象引入，也不是仅仅把身体作为影响认知的因素纳入思考的维度，而是具有方法论上的革命性。具身性对离身认知的批判和解构应该被理解为对非具身研究范式的反思和对提出替代性范式的尝试。因此，从方法论层面上说，具身性即"一种研究模式的根本改变"①。也正是托马斯·乔尔达什倡导的把对身体的结构主义式分类分析转换为具身研究，从符号学与文本分析转移到现象学视域的"在世存在"的研究模式。因而，具身性意味着一种扎根于生活世界的关系性、情境性、经验实践取向的非对象化的方法论视野。具身性在认知科学领域开创了一种具身认知科学研究范式，用以打破和超越将认知建立在符号主义、行为主义、计算主义、表征主义、功能主义等基础上的非具身认知科学研究范式。

（二）具身性思想的超越性

上述分析可以表明，具身性思想的超越性首要地表现在本体论、认识论、方法论上的全面革新，是对传统哲学"离身"观的超越。此外，具身性思想的超越性还表现在对西方传统哲学中三种身体与主体关系和视觉中心主义的超越。

1. 对三种身体与主体关系的超越

具身性要成为一种认知范式就必须超越西方传统哲学中的三种身体与主体关系。② 一是柏拉图和亚里士多德的身体与主体观。他们认为人类主体是由肉体和心灵构成的，起初人类主体只是作为世界中的某物，但人类主体因为拥有心灵而与万物区别开来，并借助心灵以摒弃肉体的方式达到与世界的

---

① Wilson，A. D.，Golonka，S. Embodied Cognition Is Not What You Think It Is ［J］. Frontiers in Psychology，2013（4）：1-13.

② 徐献军. 具身认知论——现象学在认知科学研究范式转型中的作用 ［M］. 杭州：浙江大学出版社，2009：143-148.

同一。这种观念虽然承认人类主体的身体性，但又将身体看作人类主体认知的障碍。人类主体只是借助身体而停泊于世界中。二是笛卡尔"我思"主体观。人类主体不再如柏拉图和亚里士多德认为的那样，是作为世界的某物或某种质料而存在的，人类主体在笛卡尔这里演变为一种凌驾于世界万物之上的、不占空间位置的、抽象的理性存在——"在思的实质"。因此，笛卡尔是把人类主体与身体进行了分离。三是休谟和莱布尼茨的身体与主体的关系论。经验主义的休谟去除了人类主体与身体的同一性，而把身体视为被动的客体，主体只是与阐明世界的这种功能身份同一，而并非与身体同一。理性主义的莱布尼茨虽然认为人类主体是能动的和自发的，但与休谟一样均将主体看作一种阐明世界的功能身份而非一种存在，这样就彻底切断了人类主体与身体的关联。综上所述，如果在柏拉图和亚里士多德那里身体仍然保留有一点主体地位，那么笛卡尔以后，尤其是到了休谟和莱布尼茨这里，身体与主体便毫无关联了。

具身性蕴含的"回到身体本身"的思想，便是要重返身体的主体地位，毋宁说，是对上述三种身体与主体关系的超越。以上三种关系中都共同预设了物质与精神、身体与心灵的二分，而精神总是高于物质，因而作为精神的心灵总是高于作为物质的身体，此谓心统摄身。具有优先地位的主体只能是为"高级"的心灵、精神、意识所占据，而作为"低级"的身体是需要作为障碍被克服的。具身性则跨越了一系列认识论的二分，认为身体是身与心、物质与精神的统一体，因而身体既具备阐明世界的功能身份又同时是一种世界的物质存在，这种"超越的身体"因为取消了二元论的预设而能与人类主体完全同一。"具身的主体性"是我们参与世界的方式，我们总是"身体—主体"般地在世界之中存在。换句话说，具身性思想使身体以多元的维度、超越的姿态第一次登上了人类主体宝座。

2. 对视觉中心主义的超越

柏拉图对"肉体之眼"和"心灵之眼"的区分，开启了西方传统哲学视觉中心主义的传统。早在古希腊，人们便认为视觉是最适宜认知的感官，因而视觉与理性最为靠近。亚里士多德就曾明确指出，在人类的诸多感觉中，尤重视觉。直到笛卡尔，视觉的感性、非理性的"外衣"被彻底撕去，"心灵之眼"成为观看的权威法则。可以说，视觉中心主义与西方逻各斯中心主义、理性主义是互构的。视觉优先原则与理性主体原则携手进入并主导着科学领地，排挤了感性、情感等非理性经验在认知中的地位。视觉观看成为认知的优先模式，宣告着以"透视法"为观看中心的笛卡尔主义的绝对真理性。"在视觉框架中，我是作为我的身体的不可动的观察者"①，当我们以视觉为想象和观看世界的优先模式时，我们的视线脱离身体而向着无限的遥远边界延伸，因而除视觉外，我们的身体并未置于视界中。② 海德格尔将"世界成为图像"视为现代性之本质③，即世界被视觉所接管。世界的图像化在海德格尔看来便是将身体从世界中抽离，对世界进行对象化把握而并不是身体"在世存在"地遭遇世界，毋宁说世界是一种"视界"，而麦克卢汉认为这正是拼音—印刷文化的产物，口语和电子时代则并不以视觉的优先模式展开，世界是紧紧包裹着我们，让身体置身其中的世界。④ 可以说，这种视觉中心主义所带来的直接后果是我与我的身体疏离，身体与世界分离，身体因此丧失了主体性。具身性是通过强调身体的知觉与存在，尤其是恢复视觉之外的感官以及身体的运动图式在认知中的核心地位来宣称认知是具身的认知，通过对无身的、理性的视觉中心主义的超越，重返身体的主体性地位。

从根本上说，由于具身性是源于现象学的一种思想和概念，其身上注定带有解构西方传统形而上学的批判和变革的力量。具身性作为一种视角、范式的转换在人文、科学领域所引发的思想浪潮，是对始于古希腊、形成于笛卡尔的"主—客""身—心"二元划分与对立的反叛与超越。

---

① Todes, S. Body and World [M]. Cambridge, Massachusettes and London: MIT Press, 2001: 45.
② 胡翌霖. 媒介史强纲领：媒介环境学的哲学解读 [M]. 北京：商务印书馆, 2019：183-184.
③ 〔德〕马丁·海德格尔. 海德格尔选集（上）[M]. 孙周兴, 选编. 上海：生活·读书·新知上海三联店, 1996：899.
④ 胡翌霖. 媒介史强纲领：媒介环境学的哲学解读 [M]. 北京：商务印书馆, 2019：190.

第三节　传播学引入具身性的双重意涵

本书第二章已指出，具身传播是在身媒关系的具身回归以及传播研究的知识型转移的背景下兴起的。而现在我们要继续追问的是：传播学引入具身性对传播研究及其未来发展意味着什么？如果说现象学的意义在于：一是将注意力从抽象推理的形式化知识转移到日常经验和独特现象上[①]；二是开创了方法论的变革。那么，传播学引入具身性同样具有双重意涵：一是回应日常传播实践中，尤其是智媒时代媒介具身化趋势所产生的独特的传播经验和现象；二是将具身性视角视作"重思传播"的一种理论和方法的创新路径。

一　回应媒介具身化生存之趋势

在传播学中，技术与媒介通常是一对"近义词"[②]，因而大多数时候，当我们在传播领域谈论技术时，实际上我们谈论的或直接谈论的就是媒介。如果沿着麦克卢汉对媒介作泛化的理解，那么我们的身体便是我们遭遇的最基础、最始源的媒介，其次是语言。从这个原初的意义上说，口语传播时代面对面的亲身传播无疑是一种最原初纯粹的具身传播，而所有人类的传播现象都是具身的，因为均离不开具身的认知和语言。如果按照唐·伊德、斯蒂格勒等人的说法，将人看作技术性的存在，那么人类的一切活动均离不开作为中介（媒介）的技术，技术具身是人类经验的普遍事实。大众传播时代那些征服时间和空间的媒介虽然具有"去远性"，但因其与身体的空间距离的疏离以及媒介对人的感官的分裂，使大众媒介的这种具身性隐而不显。故在传统传播学界看来，大众媒介是离身而非具身的。在智媒时代，实现了

---

① Dourish，P. The Foundations of Embodied Interaction［M］. Cambridge：The MIT Press，2001：106.

② 〔加〕罗伯特·洛根. 理解新媒介——延伸麦克卢汉［M］. 何道宽，译. 上海：复旦大学出版社，2012：9.

"此时此地"传播效应的媒介却力图重返与身体及其整体感官的"亲密距离"，因模仿和复制身体的感知而越来越具有具身化趋势，也就将"媒介的具身性"推至前台。无论是移动智能终端、智能可穿戴设备、智能手环、谷歌眼镜等作为"外在的身体延伸"，还是可植入芯片、"脑机接口"等作为"内在的身体延伸"，媒介技术都在试图接近、模仿、复制，甚至超越面对面亲身传播这种乌托邦式的"理想"交流状态。因而，媒介在智媒时代不再仅仅是对象化的技术物件，而是早已与人的身体互嵌互构、相互趋近、合为一体、深度融合，形成了所谓的后人类时代的新型主体——"赛博人"①或"媒介人"②，亦有学者称其为作为行动者的"身体—媒介物"共生体③。如果说，技术化生存是人之为人的根本规定，那么在智媒时代，这种根本规定进一步体现为智媒具身化生存。因而，无论是"赛博人"还是"媒介人"，抑或是"身体—媒介物"共生体等，都是对以往传播学中人（身体）与媒介二元划分的消解与修正。这种碳基与硅基作为共同体的协同共生开启了后人类的生存实践。

在大众传播时代，大众媒介在某种程度上是作为一种信息生产与流通的独立而专业的机构和组织。大众媒介作为人们了解外部信息的重要渠道和中介，对信息具有绝对的垄断力和操纵权。但大众媒介的物质性装置要么不轻便，难以随时随地随人移动（如电视机、影院等），要么是信息内容的一次性给予而无法在同一物质介质上进行更新（如报纸、唱片、书籍等）。这些媒介的物质性装置在空间上是作为物而异质于、疏离于人的身体的，因而无法与身体随时随地"切近"。从这个层面来理解，我们说大众媒介无疑是离身的，只有当大众媒介在使用中处于"上手"状态时，我们才从广义上说大众媒介此时也是具身的。可见，只有当大众媒介作为使用中的顺畅的信息工具而"抽身而去"时，我们才能说它具备了具身

① 孙玮. 赛博人：后人类时代的媒介融合 [J]. 新闻记者，2018（06）：4-11.
② 李智. 走向人伦主义的关系本体论——媒介深度融合进程中"媒介人"的人文主义思考 [J]. 现代传播（中国传媒大学学报），2021（01）：28-32.
③ 杜丹. 共生、转译与交互：探索媒介物的中介化 [J]. 国际新闻界，2020（05）：18-34.

性。然而，随着移动互联网、人工智能、虚拟现实、物联网等技术的发展，以手机为代表的智能媒介日益呈现小型化、移动化、随身化特征，这种集信息的生产与接收、数据的处理与感知于一体的新型媒介已经以人类的"义肢"或"第三持存"的形式通过与身体的共在而嵌入了人类的日常生活实践中。这种智能媒介的具身性不仅表现在与身体在空间上和感官上的"亲密无间"，更重要的是成了此在日常操持所依赖的中介，而在与世界打交道中可随时随地处于"上手"状态并改变人类的知觉经验。换句话说，智媒时代媒介的性质和功能已经发生了根本性转变，即从大众媒介时代的作为符号表征的工具转向智媒时代使身体与世界发生根本性关联的具身交互的"无处不在"的中介。毋宁说，媒介具身化实践构成了当今社会人类的整体日常生活经验，数字化生存即智媒具身化生存。这种传播实践中的媒介从符号表征到具身交互的功能转变召唤着传播学作出新的理论阐释。因而，传播研究引入具身性首要的是对数字化、移动化、智能化传播实践的回应，尤其是对智媒时代新型的传播经验和现象的理论前瞻。

二　作为"重思传播"的一种创新路径

笔者在前文中已经多次阐述了传播学在当下正面临学科"裹足不前"的困境和危机，近年来掀起的传播的物质性研究、媒介化研究、媒介理论、媒介哲学等都是对以往传播研究中"预先被给予的"前提、假设的一种反思与批判，从而试图解蔽被这种旧有知识型遮蔽的其他研究线索和面向。为此，黄旦认为媒介乃"重思传播"的重要入射角①；刘海龙聚焦身体的物质性以及作为基础设施的媒介②；孙玮从城市传播角度出发，以赛博人的媒介实践展开身体与技术的互动融合研究③；胡翼青提倡关注社会存在、人的存

---

① 〔加〕杰弗里·温斯洛普-扬. 基特勒论媒介 [M]. 张昱辰，译. 北京：中国传媒大学出版社，2019："媒介道说"序 13.
② 刘海龙. 传播中的身体问题与传播研究的未来 [J]. 国际新闻界，2018 (02)：37-46.
③ 孙玮. 赛博人：后人类时代的媒介融合 [J]. 新闻记者，2018 (06)：4-11.

在与媒介的互塑互构关系①；章戈浩、张磊②、曾国华③等对传播物质性进行理论溯源等。可以说，传播学界正以各种各样的方式掀起一股"重思传播"的批判与反思的热潮。之所以需要"重思"，是因为旧有的传播之思已无力对当下新型的智能传播经验与现象作出有力阐释，更重要的是它成了一种僵死的学科框架与思维局限。因而，传播学在当下亟待解放思想、激发创新，召唤出新的学科生命力。具身性的引入之所以能够成为传播研究的一种创新路径，主要体现在以下两个方面。

（一）以具身性为桥梁，开辟介于科学与人文之间的第三条道路

传播学引入具身性便是引入一种现象学的视角和方法。虽然克雷格早就将现象学视作传播学理论研究的七大传统之一，但回顾过往的传播研究，几乎找不到明确以现象学标识的研究成果。有学者将麦克卢汉的媒介理论看作媒介现象学，并把麦克卢汉视为沟通传播学与现象学的桥梁④，但麦克卢汉本人从未觉察到和宣称过自己是现象学的。具身性从根本上说，直接源于现象学，现象学最大的贡献便是方法论——一种独特的"接近问题的方式"。因而具身性的引入必然带来传播研究方法论的变革。

众所周知，长期以来传播学形成了科学主义和人文主义方法论上的二元对立。具体来说就是，经验学派主张通过效仿自然科学的客观主义实证研究模式发现传播活动的规律，因而极力推崇以孔德、斯宾塞为代表的科学主义方法论；批判学派则强调对人及其意识、行为的理解，因而主要继承了韦伯开创的人文主义传统；而技术学派无论是技术乐观主义还是技术悲观主义通常来说都是偏向人文主义色彩的。实证研究历来是美国主流传播学的主导，

---

① 毛章清，胡雍昭. 胡翼青：重新发现传播学——从海德格尔的技术哲学谈起 [J]. 国际新闻界，2016（02）：170-173.
② 章戈浩，张磊. 物是人非与睹物思人：媒体与文化分析的物质性转向 [J]. 全球传媒学刊，2019（02）：103-115.
③ 曾国华. 媒介与传播物质性研究：理论渊源、研究路径与分支领域 [J]. 国际新闻界，2020（11）：6-24.
④ 范龙. 媒介现象学：麦克卢汉传播思想研究 [M]. 北京：中国大百科全书出版社，2012：138-139.

在这种理性主义视野中，媒介被看作信息传播的工具或渠道，因而主流传播学持有的是一种科学主义的媒介本质观，注重的是传播的效果、动机和劝服①，传播研究日益沦为一种"传播的工程学"。具身性视角着眼的是传播的中间层——实践，所要揭示的是媒介具身在生活世界中的实践意义，并借助现象学的方法对人类媒介具身实践和经验进行观察和阐释，以此观照人的"在世存在"。事实上，传播的经验（实证）学派与批判学派之争本质上是经验论和唯理论的方法论之争。如果说经验学派的实证主义路线将传播研究导向"精致的平庸"，而批判学派又事先预设了意识形态的标签，二者的研究预设和结果都是一种外在的"被给予"，那么具身性所蕴含的本质直观的现象学方法论便是要悬置一切关于媒介的事先预设，直观地切近媒介所中介的"生活世界"，以还原媒介的本质以及媒介的生存意涵。套用海德格尔的话说，即让媒介"以自己显现自身的方式被从它自己那里看到"②。

　　现象学方法被称为与"实证归纳法"和"黑格尔式辩证法"并列的现代哲学的第三大方法。③ 如果说经验学派对应着"实证归纳法"，批判学派采取的是"黑格尔式辩证法"，那么具身性作为桥梁的传播研究便是试图在实证与批判之间开辟出以现象学方法为核心的第三条研究道路。而麦克卢汉因其现象学意味的媒介理论可以视作此条道路上的先驱。无疑，传播研究引入具身性便是引入了一种方法论上的创新路径。

　　（二）以具身性为思想场域，关注人与媒介的存在论关系

　　传统传播研究无论是经验学派还是批判学派所秉持的均是笛卡尔的身心二元论，无论是传递观还是仪式观都是将传播看作精神的交往。虽然传递观注重的是符号的传递，仪式观注重的是符号的价值维系，但二者的本质均是一种符号表征论，人作为主体是借助媒介的符号表征功能来掌控和改造世界

① "劝服"在一些学者那里也表达为操纵和控制。
② 〔德〕马丁·海德格尔. 存在与时间［M］. 陈嘉映，王庆节，译. 北京：生活·读书·新知三联书店，1999：41.
③ 〔德〕赫尔曼·施密茨. 新现象学［M］. 庞学铨，李张林，译. 上海：上海译文出版社，1997：Ⅻ.

的，因而人与媒介是一种主体与客体的关系。在这一视域下，传播研究要么关注的是媒介所传递的"内容"而对"媒介"（亦包含作为媒介的身体）视而不见，要么就是以一种将媒介（包含身体在内）对象化的"在手"方式来关注媒介。而传播研究引入具身性，即意味着引入了一种非表征主义的视角，既体现了一种身体与媒介的非对象性的指引关系，也体现了一种身体与媒介的互塑共生的存在论关系。这种从生存论和存在论角度理解"身体—媒介"和传播的视角虽然在传统传播研究中是被遮蔽的，但早已在麦克卢汉的媒介理论中萌芽。如果说以往的传播研究采取的是一种"第三人称"的观察者视角，坚持的是所谓的客观主义，解决的是传播的效果、动机、操纵和控制的问题，那么具身性引入的则是一种"第一人称"的经验（体验）中的视角，以此为补充，面对的是生活世界中作为在世存在的人的媒介具身实践与经验。具身性是一个来自多学科交叉的思想场域，因而是一个视角开放、兼容并包的生成性场域。从具身性视角看人（身体）、媒介以及世界之存在论的关系，正好切中了智媒时代最核心的传播命题。这种看和问的方式对于传播学来说是全新的研究面向，故而具身性对于传播学来说亦是一种创新路径。

可以说，具身性视角将传播学中身体与媒介及二者的实践关系从遮蔽到去蔽，并置顶为智能传播时代的核心议题之一。在媒介具身实践中，人与技术（媒介）互构，并以行动者的主体身份共同参与生活世界的建构。技术具身的视角将身体作为传播研究的重要面向召回，在回应新媒介技术给传播带来的新经验、新现象的同时，也带来了思想观念的启迪和革新。

第四节　具身传播研究：一种后现象学视域

传播学引入具身性的直接表现即具身传播研究领域的确立。从对具身性思想的理论溯源及其概念界定可以得知，具身性是一个极具现象学色彩的关系性概念。"具身"必然是"……栖居于身体""……体现于身体"的一种关系性结构，具身传播研究必然是与现象学的理论和方法紧密关联的。具体而言，具身传播只有定位在现象学的语境中，尤其是放置在后现象学的视域下理解才具有创新价值和意义。然而，综观当下具身传播研究现状，很多研究只是追赶热点，冠以时髦的概念，却完全不了解具身传播视域中对身体的准确理解，不明晰具身性的确切意涵以及具身传播所属的理论和方法脉络，因而要么"新瓶装旧酒"，要么乱用、套用、误用具身传播的相关理论和概念，造成相当数量的伪研究。本书花了相当大的篇幅从思想史、学术史的脉络对身体进行追本溯源以及对具身性思想渊源进行探究，其目的便是最终确定具身传播究竟应该被定位在何种理论脉络之下，具身传播研究所涉及的概念、理论和方法究竟应该在怎样的理论视域下展开。一言以蔽之，当我们谈论具身传播或者从事具身传播研究的时候，我们究竟需要带着何种理论视域才能进行有效对话？

一　为什么是后现象学

（一）后现象学是对现象学在当代的创新发展

唐·伊德开创的后现象学（技术现象学）是一种混合体系，是吸收了实用主义和现象学所长，结合技术哲学的"经验转向"，对人与技术的关系进行现象学的探究。可以说，这种后现象学中的"后"并非指对古典现象学的反叛，而是"另一种表明自身区别于但又承继于先人的方式"①，毋宁说后现象学是一种对现象学在当代的丰富、创新和发展，是"一种修正的或复合的现象学"②。

具体来说，唐·伊德发掘了以杜威为代表的美国实用主义可为当代所用的资源，对实用主义和现象学进行嫁接，开辟了一条后现象学的道路，提出了"一种非主体性的和相互关联的现象学"③。唐·伊德察觉到实用主义是

---

① Ihde, D. Postphenomenology: Essays in the Postmodern Context [M]. Evanston, Illinois: Northwestern University Press, 1993: 1.
② 〔美〕唐·伊德. 让事物"说话"：后现象学与技术科学 [M]. 韩连庆，译. 北京：北京大学出版社，2008：62.
③ 〔美〕唐·伊德. 让事物"说话"：后现象学与技术科学 [M]. 韩连庆，译. 北京：北京大学出版社，2008：11.

从"实践"而非"表象"入手对西方现代认识论予以解构的，例如杜威就巧妙地用"有机体—环境"模式绕开了笛卡尔"主体—客体"的思维定式。相比之下，早期现象学从意识、表象、沉思入手就不可避免地用其所批判的主体哲学的话语方式建构自己的理论体系，因而早期现象学经常被诟病为"主体"风格的哲学。实用主义的解构方式就避免了这样的主体主义和观念主义。与此同时，本书在第二章第一节中已经提到美国实用主义和现象学的内在亲缘，即实用主义者詹姆斯对胡塞尔的影响以及康德对实用主义和现象学的影响。事实上，现象学是一种关于经验的严格分析，而这种分析潜在的是"实验的"，因而这就与把"经验"置于分析中心的实用主义发生了关联。比如杜威就曾强调作为哲学基础的经验是"实验的"或"工具的"。[①]因此，唐·伊德一方面看到了实用主义较之早期现象学的分析优势，另一方面，他又认为现象学中一些独特的方法将有助于实用主义对实验的分析。简言之，实用主义并非意识哲学，它在"有机体—环境"模式下看到的是更深层、更广义，同时被嵌入在物质化世界和"文化—社会"世界中的"经验"。现象学则是更严格的关于经验的分析，现象学的"变更理论""具身化""生活世界"等理论资源具有重要的当代价值。此外，唐·伊德发现无论是杜威实用主义视野中有机体的世界还是胡塞尔后期现象学中作为"历史—文化—实践"的世界都是与技术无关的世界，二者均忽视了物质化的技术这一研究维度。因此，唐·伊德从追问技术物在人与世界的关系之中处于何种位置出发，结合实用主义（尤其是杜威的理论）和现象学的优势，发展出了以人、技术（具体的技术物）、世界三者关系为核心的融入生活世界的后现象学。

后现象学深刻根植于 20 世纪至 21 世纪技术哲学的"经验转向"背景下。不同于 20 世纪早期以海德格尔、埃吕尔（Jacques Ellul）、芒福德（Lewis Mumford）、约纳斯（Hans Jonas）为主的正统技术哲学倾向于关注整体技术而非具体的、特殊的技术或技术物，关心使现代技术成为可能的、历

---

① 〔美〕唐·伊德. 让事物"说话"：后现象学与技术科学［M］. 韩连庆，译. 北京：北京大学出版社，2008：10-11.

史的和超越论的（transcendental）条件而非伴随技术文化发展而出现的真正变化，普遍因对"自主性技术"（Autonomous Technology）① 怀有恐惧和"敌托邦"（dystopian）情绪而患上浪漫主义的"怀乡病"。如海德格尔就曾反复强调技术的本质不在单个的、具体的技术物中，并向往传统社会的"诗意地栖居"。而发生了"经验转向"（empirical turn）的当代技术哲学则认识到科学与社会的共同进化，进而开始研究技术与社会的共同进化。正是在这样的背景下，后现象学远离了对总体技术的描述以及超越论的视角，转而用具体的（经验的）方法来研究生活世界中具体的、特殊的、单个的技术（物）以及作为物质文化的技术的多元可能②，这些构成了后现象学的基本轮廓。毋宁说，唐·伊德意欲建构的后现象学是一种对正统现象学予以修正、混合、更新的现象学。唐·伊德赞赏海德格尔率先将现象学引入了技术哲学，却忽视了技术物质性与人的知觉经验的关系。唐·伊德便是从这一角度出发，结合胡塞尔、梅洛-庞蒂的理论对海德格尔的技术哲学进行了批判和超越，唐·伊德因此被称为"海德格尔式的杜威"③。

简言之，后现象学嫁接了美国实用主义和现象学传统，并深刻根植于技术哲学在当代的"经验转向"中，同时以历史性、时间性、物质性为进路，彰显的是一种非表征主义的认识论和本体论。从理论内涵上看，后现象学是一种关系性/关联性存在论现象学、具身（embodied）现象学和物质现象学的混合体。④ 首先，后现象学利用"意向性"存在论的分析框架，关注在生活世界的具体情境或环境背景下各种存在物的关联性模式。唐·伊德发现，

---

① 自主性技术（Autonomous Technology）是美国著名的技术哲学家兰登·温纳（Langdon Winner）在其经典著作《自主性技术——作为政治思想主题的失控技术》（*Autonomous Technology：Technics-out-of-Control as a Theme in Political Thought*）中提出的概念。意指在现代社会中，技术已经从工具变成了现代社会不可分割的重要组成部分，人与技术的关系日益复杂化。技术从处于人的支配和从属地位中渐渐获得了主体性，作为人的主体性和作为技术的主体性在现代社会引发了一种人机竞争的关系。

② 〔美〕唐·伊德. 让事物"说话"：后现象学与技术科学［M］. 韩连庆，译. 北京：北京大学出版社，2008：25-28.

③ 韩连庆. 技术与知觉——唐·伊德对海德格尔技术哲学的批判和超越［J］. 自然辩证法通讯，2004（05）：38-42+37-110.

④ 曹继东. 唐·伊德的后现象学研究［J］. 哲学动态，2010（06）：104-110.

在这种模式中，技术处于一种对人与世界进行居间调节的位置，而人（身体）、技术与世界的三种关系（中介、背景、它异）构成了技术现象学的核心。因而，作为一种关系性/关联性现象学，后现象学为我们提供了一种人类为何以及如何与技术物相联系，技术物如何居间调节人对所处世界的知觉经验的关系视角。其次，作为一种具身现象学，后现象学用"具身"代替了"主体"，将"具身"视作人与技术互塑的双向关系。这种视野与拉图尔所谓的人类与非人类的对称性观点异曲同工，也与后人类理论有所共鸣。与此同时，后现象学视域下的"具身"是结合了梅洛-庞蒂的知觉和行动的具身以及福柯、女性主义视角中的社会历史文化具身基础上的技术具身。换句话说，后现象学视域中的"具身"是知觉与行动具身、社会历史文化具身和技术具身三重维度的多元"具身"。最后，后现象学还是一种物质解释学（现象学）。唐·伊德反对自然科学与人文科学的绝对二分，因而也反对将实证主义方法与解释学方法相对立。因此，他意欲发展一种扩展的解释学——物质解释学，即寻求科学中暗含的解释学维度以及推动科学与解释学的融合。作为一名工具实在论者，唐·伊德尤为重视视觉技术，他常常将显微镜、望远镜、照相机等视觉技术人造物作为研究的焦点。他认为人类可以借助技术物将不可见的转译为可见的，让沉默的事物自己"说话"，从而通达我们从前所经验不到、知觉不到的世界。①

综上所述，相比意欲作为一门"严格科学"的现象学，后现象学（技术现象学）并不是教条主义地继承和发展现象学，而是博采众长，视野更加开放、多元，方法更加灵活、融通，最重要的是在具身性思想中引入了技术的物质性维度，使现象学与当下的时代特征更加适配。

（二）后现象学与具身传播研究的适切性

笔者之所以认为具身传播研究应该定位在后现象学的理论视域中才更有创新意义，主要基于两点考虑：一是具身性源起于现象学，而"技术具身"主要来源于后现象学，因而涉及人（身体）与媒介（技术）关系的具身传

---

① 曹继东．唐·伊德的后现象学研究［J］．哲学动态，2010（06）：104-110.

播只有放在现象学尤其是后现象学视域下考察才合乎其理论逻辑；二是"技术具身"已经成为当今社会的一种普遍性，与时俱进的后现象学与具身传播研究在视角、理论、方法等多方面都存在匹配性和适切性。具体表现在以下几个方面。

1. 后现代解构性特征

现象学是一种反传统的哲学，其矛头直指现代主义。因而现象学的任务便是要悬置一切自然态度预设的前提、假设、成见、观念等，以此跨越现代知识论框定的一系列笛卡尔主义的二元划分。而后现象学同样继承了现象学这种后现代的解构传统的精神特质。具身传播兴起的重要背景便是要通过对传统传播学知识型的解构，创造性地重构学科，激发出传播学新的生命力。后现象学这种后现代的反叛精神与具身传播一拍即合。借助其方法论，具身传播可以将一切传统传播学，无论是传递观还是仪式观，无论是经验学派、批判学派还是媒介环境学派的前提、观念、偏见等预设"悬置"起来"悬而不论"，在生活世界中直观地去把握传播本质。毋宁说这是对传播旧有知识型的一种解构。与此同时，后现象学由于引入了"技术具身"维度而显示出一种人与非人、人与技术物互构的非人类中心主义视野，因而与后人类理论、网络行动者理论等兼容。这就使置身于后现象学理论脉络中的具身传播能够与智媒时代人机（媒）关系研究衔接和适配。

2. 多元开放、兼容并包的理论和方法优势

后现象学本身融合了美国实用主义传统、现象学方法论、技术哲学的"经验转向"，而有分析哲学背景的唐·伊德还继承了分析哲学逻辑清晰、细致入微的分析风格，因此，后现象学尤其注重不同学科与思想的碰撞和互鉴，其理论体系并非封闭的教条主义，而是对现象学的继承和发展，因此更具多元开放、兼容并包的理论和方法优势。面对日新月异、变动不居的媒介实践，具身传播研究必然要抛弃本质主义静态的、僵化的研究立场，而倾向于一种动态的关系情境研究，这正是后现象学所擅长的。后现象学反对抽象、先验的哲学思辨传统，聚焦技术物在与人交互的具体情境中如何作用于人的知觉经验等实际案例，关注日常生活中具体的技术物及其形构的

"人—技术—世界"的关系情境，从而考察人的知觉经验如何为技术所形塑。可以说，相比古典现象学的宏大和"含混"，集大成的后现象学的视域更加微观和实用，其理论和方法的多元性、开放性、实用性、相对明晰性可以为具身传播研究这个多元交叉的领域提供有力的支撑。

3. 物质、经验与实践的"人—技术—世界"的关系视角

后现象学作为一种技术现象学关注的是"人—技术"在生活世界中的实践关系，尤其是聚焦具体技术人造物对人类知觉经验的居间调节作用，揭示的是人与技术物在生活世界中的互融共生关系。而在唐·伊德看来，技术具身关系是"人—技术—世界"全方位的一种"存在形式"。① 技术现象学较之正统技术哲学最大的区别在于，后者关心的是作为总体的技术，而前者关注的是生活世界中具体的技术人造物及其具身实践，突出的是技术具身的物质性、经验性和实践性特征，而理论的针对性、清晰性和可操作性更加凸显。智媒时代无时无刻不充满了智能技术物（媒介物），以至于我们日常的操持离不开与具体的、单个的具身性的智能媒介产品打交道，具身传播就是要揭示这种媒介具身实践与世界的存在论关系，而这种关系视角是长期被传统传播研究所遮蔽的，是以往传播学所没有关注到的重要面向。从这个意义上说，后现象学的理论视角与具身传播所要解蔽的研究面向是相似相融的。具身传播只有在后现象学视域中谈论才更具创新价值和意义。

4. 多维的身体以及多重的具身

唐·伊德是在梅洛-庞蒂的知觉与行动的身体和福柯、女性主义研究者所谓的社会的、文化的、历史的身体基础上提出贯穿前两者的第三维度的身体，即技术性的身体。相应的，后现象学视域下的具身观也是多重面向的，具身既是古典现象学中所谓的知觉与行动的具身，又是福柯等意义上的社会、文化、历史的具身。与此同时，因为人的本质是一种技术性存在，而技术正是当今时代最显著的变量，因而在当今社会，技术（物）具身是人类

---

① Ihde，D. Technology and the Lifeworld：From Garden to Earth［M］. Bloomington：Indiana University Press，1990：80.

在世存在最根本的规定，"人—技术—世界"的存在论关系作为当下传播研究的重要命题构成了智媒时代的核心议题之一。传播的本质不再仅仅是意识的对接和操纵，传播变成了一种邀约各种关系的基础场域，具身传播研究只有具备多维的身体观和多重的具身观，才能与时刻变化、生成中的传播场域动态适配。而传统传播研究中那种对身体进行本质的、单一的、机械的理解已无法对智媒时代的传播实践与现象作出合理阐释。

二　何谓后现象学视域下的具身传播研究

通过上述分析，笔者回答了为什么具身传播只有置于现象学视域下才更有意义。换句话说，只有在后现象学理论脉络下谈论的身体传播才称得上是具身传播，才最具创新价值，而在其他理论路径上生发的身体传播研究大致都是根植于既有传播学研究传统，因而也就不能称其是一种创新，而只是对原有路径和传统的一种深化与推进。那么我们现在要继续追问：这种被定位在后现象学视域中的具身传播到底是什么？即当我们在谈论具身传播的时候，我们到底在谈论什么？

目前传播学界尚未对具身传播这一概念达成共识，由于具身性本身的学科交叉性和含混性，因而试图对具身传播进行严格定义通常来说是有难度也绝非明智和必要的。与其说具身传播是一个严格的定义，不如说它是一种传播的观念、视角和方法。事实上，具身传播是一个多层次、多维度的概念，我们可以简单将其概括为：但凡在具身性视角观照下的传播实践皆可称为具身传播，而将这种具身传播实践和经验予以概念化、理论化的过程便是具身传播研究。由于客观上社会科学理论的确经常具有一种吉登斯所谓的"双重解释"的特性，因而本书对具身传播的探究既包括了具身传播在实践层面的经验事实，也包括了基于这些事实所作出的观察、思考和审视。这种经验事实与理论在本书语境中处于相互纠缠、相互渗透、相辅相成、互塑共生的状态而无法绝对地二分。毋宁说，本书对具身传播研究的考察是在一个"双重解释"的互动场域中进行的。

然而，虽然对具身传播进行精准定义存在困难，但至少可以梳理出具身传播的几点共识。具身传播是相对于大众媒介的离身传播而言的，因而具身传播首要的是持有具身观念，这与笛卡尔主义笼罩下的传统离身传播划清了界限。这种共识体现在对具身性思想的接受和认同上，并践行具身性思想在本体论、认识论、方法论上的主张。下面，笔者将具身传播（研究）所达成的几点共识梳理如下。

第一，具身传播秉持的是非表征主义本体论立场。因而具身传播既不将传播的过程简化为计算和表征以及模式化，如把传播过程简化为"5W"模式，也不事先预设任何意识形态的标签，而是着眼于日常生活中的人类媒介具身的实践和经验以及身体、媒介、世界三者之间的非表征主义的存在论关系。

第二，具身传播是一种全新的认识和把握传播现象及本质的方式。具身传播研究并非要求以一种"第三人称"的观察者视角保持客观中立，而是引入"第一人称"的体验性视角作为补充。即从在传播之外"看"传播转为在传播之中"体验"传播。因此，具身传播过程即个体体验中的媒介具身实践的动态生成过程。传播既可以是理性的，也可以是非理性的，因而可以把感性的、情感的等诸多具身的非理性因素纳入其中。

第三，具身传播意味着一种扎根于生活世界的关系情境性媒介实践取向的方法论视野。因而具身传播并不将传播及其过程作对象化处理，而是直面其"直接给予性"。其本身蕴含着一种对研究范式进行变革的力量。

本章小结

本章旨在追问具身传播研究的理论渊源、视域定位及其概念的廓清。笔者首先对具身性概念进行思想溯源，发现具身性思想有着中西方双重渊源。从西方来看，具身性具有西方哲思与实证的双重有效性：一方面，具身性直接来源于西方现象学谱系，概括起来，则以四个哲学家及其理论作为具身性思想最重要的理论根源，即作为"启蒙者"的胡塞尔及其具身化知觉、作为"中介者"的海德格尔及其"上手—在手"、作为"奠基者"的梅洛-庞蒂及其"身体—主体"、作为"集大成者"的唐·伊德及其技术具身；另一方面，具身性思想还来源于具身认知科学，后者为前者提供了科学实证的担保。此外，具身性思想与中国传统哲学中的"体知"观亦发生诸多共鸣。可以说，具身性是一种中西方思想的视域融合，并呈现以身体为根本、主客（身心）一体性、知觉体验性、关系情境性、身体实践性"一本四性"的内在统一性特征。据此，笔者进一步将具身性界定为一个整体性、关系性、情境性的概念。从狭义上理解，具身性指的是一种以身体知觉和运动图式为基础的身、心、物、环境在特定关系情境中的交互实践状态；从广义上说，具身性作为一种思想场域，包含了本体论、认识论和方法论层面的内涵。而具身性思想的超越性体现在对"三种身体与主体关系"和"视觉中心主义"的超越。上述论述如图 3-1 所示。

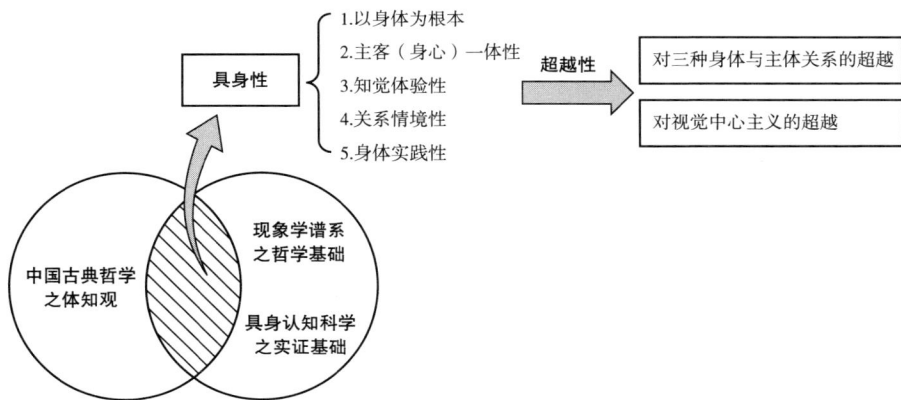

图 3-1　具身性之思想溯源

之后，笔者继续追问传播学引入具身性的意涵，并认为：一是为了回应媒介具身化生存之趋势；二是作为"重思传播"的一种创新路径，即以具身性为桥梁，开辟介于科学与人文之间的第三条道路以及以具身性为思想场域，关注人与媒介的存在论关系。

最后笔者进一步指出具身传播研究将被定位在后现象学的理论视野中，其原因在于以下两个方面。一方面，具身性思想直接来源于现象学，而后现象学是对现象学在当代的创新发展。另一方面，后现象学与具身传播研究在理论和实践上具有适切性，表现在：后现象学具有强烈的后现代解构性特征；多元开放、兼容并包的理论和方法优势；物质、经验与实践的"人—技术—世界"的关系视角；多维的身体以及多重的具身。笔者将"具身传播"界定为一个多层次、多维度的概念，即但凡在具身性视角观照下的传播实践皆可称为具身传播，而将这种具身传播实践和经验予以概念化、理论化的过程便是具身传播研究。具身传播（研究）总体上体现出以下几点共识：第一，非表征主义本体论立场；第二，一种全新的认识和把握传播现象及本质的方式；第三，一种扎根于生活世界的关系情境性媒介实践取向的方法论视野。

第四章
作为观念的"元范式"：智媒时代
具身传播研究的革命性

要创造一种新学科结构的各种企图都必然要对已建立的正统观念发起挑战。[①]

——〔英〕约翰斯顿

自互联网诞生之日起，网络社会就作为人类社会的一种显著形态日益崛起了，并持续处于进化之中。彭兰曾将互联网连接的演进概括为几个阶段（见图 4-1）：前 Web 时代（以机器连接为核心）、网络媒体出现的 Web1.0时代（以内容连接为核心）、社会化媒体兴盛的 Web2.0 时代（以人的连接为核心）以及未来以物与物、物与人的连接为核心的时代，学界将这一时代普遍概括为 Web3.0 时代。如果 Web1.0 时代人类社会进入了"网络化"，Web2.0 时代人类社会进入了"数字化"，那么当前我们迈向了 Web3.0 以人工智能等技术为核心的"智能化"社会。智能化也被称为继蒸汽机、电气化、信息化之后的第四次工业革命。新锐历史学家尤瓦尔·赫拉利更是直言：人工智能不仅是 21 世纪乃至整个人类历史中最重要的科学进化，也是整个生命创始至今最为重要的原则。[②] 若将媒介作为人类历史和文明的划分

---

① 〔英〕约翰斯顿. 哲学与人文地理学 [M]. 蔡运龙，江涛，译. 北京：商务印书馆，2000：7.
② 蒋晓丽，贾瑞琪. 论人工智能时代技术与人的互构与互驯——基于海德格尔技术哲学观的考察 [J]. 西南民族大学学报（人文社科版），2018（04）：130-135.

标准，那么毫无疑问，智能化时代对应的则是智媒（传播）时代。彭兰进一步将媒介的智能化（智媒化）特征概括为：万物皆媒、人机合一、自我进化。① 如果说智能化时代面临的是硅基和碳基的共生问题，那么相应的，智媒时代面临的则是人与媒介的存在论和生存论问题。归根结底，二者的本质皆是"人—技术—世界"的关系，这无疑构成了当下和未来智能化生存的核心命题。从传播学的意义上说，智媒社会预示着一种全新的时代图景，必将孕育范式的革命。

　　本章将首先对范式概念进行再阐释，指出和澄清范式长期以来被忽略的从宏观、中观到微观的三重内涵，即"元范式"、"社会学范式"及"构造范式"，这一概念所包含的递进式聚焦的三个层次分别构成了本书"范式变革"的基本内容，即第四章、第五章、第六章的整体逻辑架构。其次，本章考察了当前传播研究中所公认的几种范式的划分，指出这些范式及其划分依据在当下所面临的双重困境和危机，进而从理论上推演和提出一种与智媒时代传播研究相耦合的范式划分标准，即以"人—媒"关系为基础的"离身（非具身）传播研究范式"与"具身传播研究范式"的二分。最后，本章将进一步论证智媒时代具身传播研究本身蕴含着一种成为新范式的革命潜能。

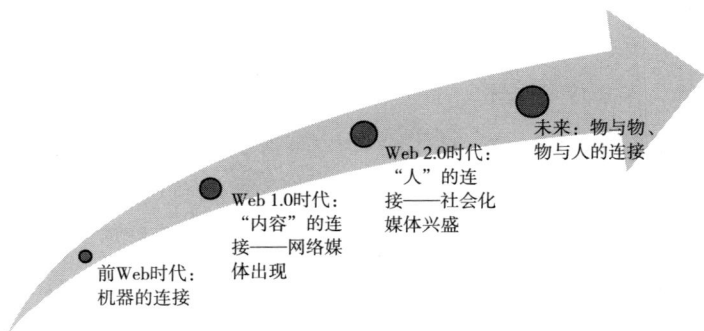

图 4-1　互联网连接的演进

　　资料来源：彭兰. 智媒化：未来媒体浪潮——新媒体发展趋势报告（2016）[J]. 国际新闻界，2016（11）：6-24.

────────────

① 彭兰. 智媒化：未来媒体浪潮——新媒体发展趋势报告（2016）[J]. 国际新闻界，2016（11）：6-24.

第一节　“范式”概念的分层阐释

长期以来，科学哲学领域围绕着“科学知识是如何演进的”这一命题争论不休。以石里克（M. Schlick）、科恩（J. Cohen）等为代表的逻辑实证主义（逻辑经验主义）学派认为科学知识是对经验现实的客观反映，因而科学知识的演进是一种与社会因素无关的累积式增长性逻辑。在这之后，证伪主义学派认为科学知识的增长机制并非关于逻辑命题的总结和验证，为此提出了科学知识增长的“四阶段说”——“提出问题—猜测—反驳—产生新问题”，强调批判和证伪在科学发展中的作用，并把科学家的主观能动性，即对学术的批判（怀疑、猜测、争鸣和反驳）精神视为知识发展的动力之一。[①]1962 年，美国科学哲学家库恩采取历史主义路径，在《科学革命的结构》（*The Structure of Scientific Revolutions*）一书中提出“范式”（paradigm）理论，推动了科学哲学从证伪主义迈向科学历史主义。库恩在考察了科学发展史后发现，科学发展并不是如同人们预期的那样渐进式、积累式发展，而是一个否定与肯定、进化与革命的非积累过程。在常规科学阶段，科学共同体会共享一套研究前提、假设，并在此信仰下展开具体研究，确保了科学研究的专注性、深入性以及科学目标的一致性。但随着研究的深入，一些例外、反常的现象逐渐出现，人们开始修改和补充某些规则来维护原有的研究范式，直到出现了无法解决的危机，人们便开始质疑原有前提、假设和范例的正确性和有效性，甚至抛弃之而另辟蹊径，大胆提出新的假说，直到危机得以解决，库恩将之称为科学革命或范式革命。[②]因此，库恩将科学发展看作一个包括了常规科学阶段、科学危机阶段、科学革命阶段以及新的常规科学阶段的动态模式（见图 4-2）。

范式是为某种连贯的科学研究传统提供一种“承诺和内在的一致性”，

[①]　〔英〕伊姆雷·拉卡托斯，艾兰·马斯格雷夫，编. 批判与知识的增长——1965 年伦敦国际科学哲学会议论文汇编第四卷 [M]. 周寄中，译. 北京：华夏出版社，1987：译者前言 1.

[②]　刘海龙. 大众传播理论：范式与流派 [M]. 北京：中国人民大学出版社，2008：74-75.

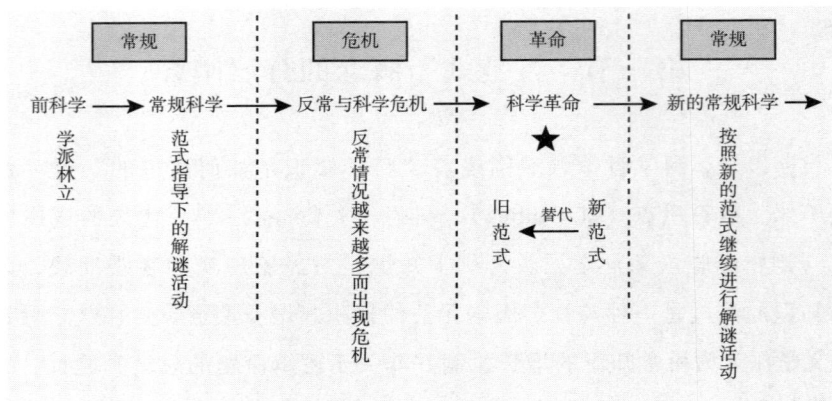

图 4-2　科学发展的动态模式

资料来源：书杰.哲学 100 问：后现代的刺〔M〕.北京：华文出版社，2020：306.

以使加入这一科学共同体的研究者也具备相同的研究共识。范式是形成和延续某种研究传统的先决条件①，因而在科学研究中具有优先性。一种范式决定了选择问题的标准，符合该范式的问题即被鼓励去研究，其他问题则被拒斥。② 不同的范式之间是不可通约的（incompatible），它们彼此竞争，针锋相对。若要宣布一个达到范式地位的科学理论无效，就必须有另一种作为候选范式取代它的地位。③ 与此同时，一种范式若得到多数研究者的承认，那么该范式就可能成为主流范式。

事实上，库恩并没有给"范式"这一概念下一个严格、准确的定义。英国学者玛格丽特·玛斯特曼发现库恩在《科学革命的结构》一书中针对"范式"就有多达二十一种不同的表述，范式既是"一种神话""一门哲学""一种成功的形而上学思辨"，亦是"公认的模型或模式"、一种"标准""原理""规范""解说""工具"等。玛斯特曼对这二十一种表述进行

---

① 〔美〕托马斯·库恩.科学革命的结构〔M〕.金吾伦，胡新和，译.北京：北京大学出版社，2012：8-9.

② 〔美〕托马斯·库恩.科学革命的结构〔M〕.金吾伦，胡新和，译.北京：北京大学出版社，2012：30-31.

③ 〔美〕托马斯·库恩.科学革命的结构〔M〕.金吾伦，胡新和，译.北京：北京大学出版社，2012：66.

了归类，从中提炼出库恩"范式"概念所涵盖的三个层次和维度。① 一是形而上学范式或元范式（metaparadigm），即"一种形而上学的观念或实体"，是科学研究所具有的"一种整体的世界观"。二是社会学范式（sociological paradigm），即"一种普遍承认的科学成就"或"一套科学习惯"。相比作为世界观的元范式来说，社会学范式是具体的、可捉摸的、先于理论的一套科学研究习惯。三是人工范式（artefact paradigm）或构造范式（construct paradigm），即可以理解为解决难题的"一个思维的构造，一个人造物，一个体系，一个依靠本身成功示范的工具，一个由于现身说法而展示的解释方法"②。可见，库恩所谓的"范式"是一种包含了宏观、中观、微观三种递进层次的概念。总的来说，范式从属于科学哲学范畴，在宏观上，范式是一套科学共同体所共同承认的关于科学研究的世界观、信仰、价值观等，是指导该群体进行科学研究的一种潜在的形而上学的视域和框架；在中观上，范式则是科学共同体所形成和依赖的一套先于理论的"智识的、语言的、行为的、机械的、技术的"科学习惯，以此吸引研究者组成"一个团结一致的团体"，并为他们"提供了各种各样的问题"③；在微观上，范式意味着一种理论基础和实践规范，因而是一套范例，是具体指导科学发展的研究模式或模型。

　　总而言之，库恩预设了特定的范式必然与特定的世界观、价值观、方法论相匹配，并以此作为识别和分析范式的共识单元为学科理论的分类提供了一种多层次的、有效的、便于认知的概念框架。④ 正因为自然科学研究本身

---

① 〔英〕玛格丽特·玛斯特曼. 范式的本质［M］// 〔英〕伊姆雷·拉卡托斯，艾兰·马斯格雷夫，编. 批判与知识的增长——1965 年伦敦国际科学哲学会议论文汇编第四卷. 周寄中，译. 北京：华夏出版社，1987：77-85.

② 〔英〕玛格丽特·玛斯特曼. 范式的本质［M］// 〔英〕伊姆雷·拉卡托斯，艾兰·马斯格雷夫，编. 批判与知识的增长——1965 年伦敦国际科学哲学会议论文汇编第四卷. 周寄中，译. 北京：华夏出版社，1987：90.

③ 〔英〕玛格丽特·玛斯特曼. 范式的本质［M］// 〔英〕伊姆雷·拉卡托斯，艾兰·马斯格雷夫，编. 批判与知识的增长——1965 年伦敦国际科学哲学会议论文汇编第四卷. 周寄中，译. 北京：华夏出版社，1987：84-85.

④ 梅琼林. 透视传播学"范式之惑"——基于对"范式"概念的反思［J］. 现代传播（中国传媒大学学报），2010（09）：42-47.

总是暗含着一些必要的张力，以至于在某个时刻最终导致了范式的转换，推动了科学的发展。由于这种科学革命的结构和发展过程在科学之外的研究领域也存在相似之处，因而库恩的"范式"概念逐渐成为认知和引导学科发展的有效工具而备受推崇，以至于在今天已经不再局限于仅对科学研究及其发展的阐释，而是被拓展运用到包括人文社会科学等更广泛的研究领域中。人们普遍借助"范式"一词来概括和阐释某学科内部的研究传统。可以说，今天的范式早已脱离了原有的生成语境，而成为任何学科任一研究共同体共享的一套研究信仰、观念、共识或模式的普遍指称。这种对范式从自然科学领域迁移出来进行语境泛化的理解和借鉴，也逐渐成为一种学界的普遍共识。因此，本书是在这个语境泛化后的意义上使用范式概念及其理论的，而并非对库恩范式理论的教条性运用。

第二节　现有传播研究范式及其划分标准
面临的危机与困境

长期以来，传播学学科内部存在多种范式的划分，概括起来大致有"二分法"、"三分法"甚至"四分法"，基本是以社会科学研究范式为参照。传播学者在早期普遍持"二分法"，代表性观点如卜卫提出"定量"与"定性"之分①；芮必峰提出"自然主义"与"人文主义"之分②；丁淦林提出"欧洲批判研究"与"美国经验研究"之分③；梅琼林提出"实证主义"与"人文主义"之分④；等等。"三分法"的代表性观点如陈力丹提出"经验—功能""结构主义符号—权力""技术控制论"之分⑤；陈卫星提出

---

① 卜卫.传播学实证研究的方法论问题［J］.新闻与传播研究，1994（02）：8-16.
② 芮必峰.传播观：从"自然主义"到"人文主义"——传播研究的回顾［J］.新闻与传播研究，1995（04）：40-43.
③ 丁淦林.我国新闻传播学学术研究的现状［J］.新闻采编，1998（06）：8-9.
④ 梅琼林.批判学派与经验学派方法论的比较分析［J］.当代传播，2008（05）：15-17.
⑤ 陈力丹.试论传播学方法论的三个学派［J］.新闻与传播研究，2005（02）：40-47+96.

"经验—功能""控制论""结构主义方法论"之分①；杨茵娟提出"结构功能主义""政治经济学""文化研究"之分②；臧海群提出"经验主义的实证传统""否定性思维的批判传统""文化主义的诠释传统"之分③等。胡翼青则在"经验主义""批判主义""技术主义"的基础上，曾预言以"信息人"为核心和纲领的"新人本主义范式"，即第四种传播研究范式的到来。④ 国内学界无论是"二分法"、"三分法"还是"四分法"，从根本上说都是以社会科学的理论形态和方法论为主要划分依据的。而西方传播学界如波特、麦奎尔等学者提出的传播研究范式的三种类型，即"社会科学范式""诠译范式""批判分析范式"⑤，同样是从理论形态和方法论入手进行范式分类的。

尽管传播学内部各种范式因各自的理论和方法论立场之间存在不可通约性而导致范式间的对立和竞争，但总的来说，传播学长期以来是以美国经验学派的实证主义研究传统为主流范式的。但问题是，随着传播学的不断发展，原有研究范式之间在理论和方法上的不可通约性开始消融，对立和竞争的关系逐渐呈现融合发展态势，这就使以理论形态和方法论为划分依据的范式分类无法完全囊括今天的传播研究类型和现状。如曾经门户之见颇深的经验学派与批判学派早已开始了互动、互鉴。⑥ 欧洲批判主义范式已经开始被美国经验主义范式接纳。而 20 世纪六七十年代以来，实证主义的定量法亦被批判主义范式广泛运用。⑦ 这就导致了传播学以理论形态和方法论为划分依据的各范式之间的差异不断缩小。此外，自

---

① 陈卫星 . 传播的观念 [M]. 北京：人民出版社，2004：14.
② 杨茵娟 . 从冲突到对话——评传播研究典范：结构功能主义、政治经济学与文化研究 [J]. 国际新闻界，2004（06）：50-56.
③ 臧海群 . 西方受众研究的传统与范式 [J]. 国外社会科学，2005（05）：21-26.
④ 胡翼青 . 传播学学科危机与范式革命 [M]. 北京：首都师范大学出版社，2004：3.
⑤ 胡翼青 . 论传播研究范式的表层结构与深层结构——兼论中国传播学 30 年来的得失 [J]. 新闻与传播研究，2007（04）：36-41+95.
⑥ 李彬 . 传播学引论（增补版）[M]. 北京：新华出版社，2003：339.
⑦ 胡翼青 . 论传播研究范式的表层结构与深层结构——兼论中国传播学 30 年来的得失 [J]. 新闻与传播研究，2007（04）：36-41+95.

从人类进入网络化社会，传播研究诸多的现有范式面对着新的传播实践显得捉襟见肘，甚至完全失灵，从而导致了传统传播研究范式及其划分标准面临挑战。

简言之，基于理论形态和方法论标准进行划分的传统传播研究范式在当下遭遇双重危机：一是原本处于对立中的传播研究范式逐渐走向了融合，以至于缩小了原有范式之间的差异和消解了彼此间的不可通约性，而导致这种理论和方法发生融合的新的研究类型又无法囊括在旧范式的分类之中，使理论形态和方法论的划分标准不再适切；二是新媒介技术的发展不仅催生了有别于大众传播时代的新传播经验和现象，更重要的是这场肇始于移动网络技术的传播革命将向大众传播时代的核心传播命题、概念系统、理论体系发起前所未有的挑战。毋宁说，伴随大众传播时代而崛起的各种传播研究的旧范式不同限度地陷入了危机，传播学亟待进行一场新的范式革命。新范式意味着一种对当下研究的重构和对未来研究的前瞻，而范式的选择往往取决于未来的前景而非过去的成就。①

胡翼青曾认为理论和方法并不能构成一个范式的全部，而仅仅是作为范式的一种"表层结构"，范式与范式之间最重要的差异并非来自"表层结构"，而是范式所处的语境以及背后所持有的研究立场、价值观等更为深刻的推动力，即范式的"隐在结构"或"深层结构"。② 于是，他摒弃了范式的"四分法"转而借用福柯的"知识—权力"的关系说明知识的价值取向并非流于具体的理论和方法，而是诉诸与权力的关系。因而，他将"知识—权力"的关系看作构成范式深层结构的一个重要主题，根据理论与现行权力的关系将传播学的研究范式划分为与权力合谋的保守主义范式、主张改良权力的人本主义范式、与权力异构的激进主义批判范式三类，并将范式的"深层结构"视作学术共同体所共享的一种价值立场和

---

① 〔美〕托马斯·库恩. 科学革命的结构［M］. 金吾伦，胡新和，译. 北京：北京大学出版社，2012：132.
② 胡翼青. 论传播研究范式的表层结构与深层结构——兼论中国传播学30年来的得失［J］. 新闻与传播研究，2007（04）：36-41+95.

学术人格。① 胡翼青这种基于范式与权力之间的微妙关系而对传播学的研究范式进行的重构带有一种强烈的意识形态批判色彩，促使传播学者对现行权力进行反思和警醒。这种范式划分揭示了自称为社会科学的主流传播学长期以来披着科学主义、客观主义外衣的虚伪性。事实上，任何一种传播研究都不可能是价值中立的，都提前预设了某种价值观并直接形塑了研究结果。② 但此种范式的划分是根据原有范式背后的深层价值观上的差异而进行的重构，依然以大众传播时代的研究传统为反思基础，并不是一种立足当下、前瞻未来的范式划分。从客观上说，胡翼青在 2007 年提出这一观点，当时我们正迈入 Web2.0 时代，技术的变革力量尚未像今天这样深刻，因此这一观点的提出难免有时代的局限性。但总的来说，以价值观取向为标准的范式划分虽然绕开了传播研究旧有范式之间的融合问题，但依然无法真正解决大众传播时代所形构的诸种传播研究传统在新媒介时代下面临的范式危机。值得赞赏的是，胡翼青这种着眼于范式"深层结构"的本质性差异的划分思路有效地绕开了范式在中观、微观层面发生融合而导致范式相融的问题，是极具启发意义的。

如果说胡翼青提出的范式的"表层结构"对应的是玛斯特曼根据库恩的范式表述所提炼出来的"社会学范式"和"构造范式"，那么范式的"深层结构"指向的则是"元范式"。从这个意义上说，将理论形态和方法论作为范式划分的依据也就是着眼于范式在中观、微观层面上的差异，而胡翼青以价值观取向等"深层结构"所作出的区分着眼于范式在形而上学的宏观层次，即作为一种整体的世界观上的差异。当下的社会科学正处于一种多元融合的开放态势，因而只有着眼于范式之间的根本性差异，即在元范式层面（深层结构）进行的范式划分才具有相对稳定性，而着眼于社会学范式、构造范式等"表层结构"的范式划分则容易陷入范式的危机和困境。要解决

---

①　胡翼青. 论传播研究范式的表层结构与深层结构——兼论中国传播学 30 年来的得失［J］. 新闻与传播研究，2007（04）：36-41+95.
②　汉诺·哈特，刘燕南，钱芹茹. 范式转变：大众传播研究话语中心的消解［J］. 国际新闻界，2002（03）：54-59.

当下的范式危机，根本路径在于，一方面应捕捉和揭示当下传播革命中孕育着的全新的具有范式潜能的传播研究形态；另一方面应从范式之间在宏观层次（深层结构）上的本质差异出发，对现有传播研究范式进行更新和重塑。面对当下人文社会科学在理论和方法上的相互融合，应尽量避免以中观、微观层面的表层差异作为范式划分的根本标准。

如果说大众传播的辉煌已经在网络化时代遭遇了挑战，而在数字化时代走下了神坛，那么随着智媒时代的到来，大众传播的神话即将被智能传播终结，一场关于传播的革命正在发生。无论是基于理论形态和方法论的这种以"表层结构"为划分依据的"二分法""三分法""四分法"，还是以范式的"深层结构"为依据提出的与权力关系的三种范式类型，均没有反映出与当下这场正在进行的智能传播革命所匹配的范式需求。以上的范式划分依据主要针对和体现的都是大众传播时代的研究特点和需要。一言以蔽之，这种范式划分依据是对大众传播时代的研究传统及其产物的区分。

可以说，大众传播是现代性的一种组织和担保力量，大众传播时代的研究反映了一个确定性时代的特点，相应的，伴随大众传播时代而形成的传播研究范式其目的就是揭示传播活动背后的这种确定性的规律和本质。而网络化、数字化、智能化时代与后现代思潮相互激荡，其最显著的特征便是不确定性。智媒社会是一个在错综复杂的关系情境中不断生成的社会，呼唤的是与这种不确定性相耦合的新的传播研究范式。毋宁说，智媒时代蕴含着一股解构的力量，召唤着一场传播的范式革命。而仅仅是理论和方法等中观、微观层面的"反常"并不足以在当下或未来推动一场范式革命，其根本性的推动力来自对既有传播研究所共享的世界观的变更，即这首先是一场"元范式"层次上的变革，不仅仅是"社会学范式"或"构造范式"的转换。

第三节　格式塔变更：一种以"身—媒"关系为基础的元范式划分

上一节中，笔者对当前传播研究中存在的几种范式划分的代表性观点进行了述评，并指出了这些范式及其划分依据在当下面临不同程度的范式危机和困境。"危机的意义就在于：它指出更换工具的时机已经到来了。"① 随着第四次工业革命的来临，势必会深刻改变传播实践的逻辑和结构，也必然在当下或未来推动传播研究范式的革新。根据上一节的分析，笔者认为，推动这场范式革命的根本性的力量必然来自范式的"深层结构"的差异，即一种作为整体的"元范式"层次上的根本性变革。库恩认为，大多数科学家终其一生倾注汗水耕耘的这个常规科学阶段，是建立在科学共同体对"世界是什么样"的假设所达成的共识之上的。② 而这种常规科学传统一旦发生了变更，即对"世界是什么样"的假设的变更，库恩称之为"格式塔变更"（范式变更）。③ 他曾用视觉格式塔转换实验来类比和说明范式变更的基本原型。面对"鸭兔图"（见图 4-3），有的人看到的是鸭子而有的人看到的是兔子，不同的视觉格式塔意味着不同的知觉方式。格式塔变更意味着知觉世界的方式的变更。科学传统一旦被变更，科学家们看到的就可能是一个全新的世界。因而，这种元范式层面的变更意味着世界观的转换。哥白尼天文学、牛顿动力学、微粒光学等在科学发展史上均带来了格式塔的变更，掀起了一次次科学的范式革命。

上一节中，笔者指出现有传播学研究范式及其划分依据是对大众传播时代的研究传统及其产物的区分，因而在旧有基础上无论怎样进行范式重构都无法实现真正的推陈出新，满足当下这场智能传播革命的范式需求。那么我们现在要继续追问的是，有没有一种新的范式及其划分依据既可以对传统大众传播时代的研究作出反思和区分，又可以对当下和未来面临的智能传播革命有所预见和前瞻，并且这样的范式划分还必须在较长时间内处于一种相对稳定的结构而不易发生内部的融合。库恩还强调："一个新范式往往是在危

---

① 〔美〕托马斯·库恩. 科学革命的结构 [M]. 金吾伦，胡新和，译. 北京：北京大学出版社，2012：65.

② 〔美〕托马斯·库恩. 科学革命的结构 [M]. 金吾伦，胡新和，译. 北京：北京大学出版社，2012：4.

③ 〔美〕托马斯·库恩. 科学革命的结构 [M]. 金吾伦，胡新和，译. 北京：北京大学出版社，2012：94.

Rabbit or Duck?

图4-3　视觉格式塔：鸭兔图

机发生或被明确地认识到之前就出现了，至少是萌发了。"① 换句话说，新范式的变更早有预示。那么面对着智能传播革命，这种预示究竟如何显现在传播研究中呢？笔者认为，从根本上说，这种预示首要地体现为传播学整个哲学观（世界观）正在随着后现代思潮以及智能传播革命的现实需求而悄悄作出调整和变更。这种传播哲学观的悄然变更又必然形成一种对学科的进一步投射，即智媒时代我们必须对传播以及媒介作出重新理解，即进一步对传播观、媒介观以及与之相匹配的方法论等进行一系列的格式塔变更，这些变更已经显现于当下繁荣的智能传播研究尤其是具身传播研究领域中。可以说，这一系列元范式层面的变更早已萌芽，并以某种显著的特征明确区分于传统的大众传播的观念体系和研究路数，而这种特征我们可以捕捉到并将其揭示为一种以"身—媒"关系为依据的元范式的变更——从"离身传播研究范式"到"具身传播研究范式"的变更。

可以说，以往的传播研究范式普遍以理论形态和方法论为划分依据，用胡翼青的话来说是基于范式的"表层结构"作出的区分，用玛斯特曼的话来说是偏向于一种作为科学习惯或科学成就的"社会学范式"（中观层面）

---

① 〔美〕托马斯·库恩. 科学革命的结构 [M]. 金吾伦，胡新和，译. 北京：北京大学出版社，2012：74.

以及一种作为具体的研究模式的"人工范式"或"构造范式"（微观层面）的区分。而以"身—媒"关系为范式划分依据着眼的是形而上学的本质性差异，即范式的"深层结构"或玛斯特曼所谓的"元范式"。

"离身"观与"具身"观作为传播学两种对立的哲学观（世界观）预设导致了传播研究在元范式上的根本性分野。毋宁说，这是两种不同的"看"传播的方式，"框限了我们凝观的宽度和孔径"①。"离身"观是以西方意识哲学，尤其是西方近代知识论为认知框架，是建立在可表征性的存在论假设和身心二元的知识论假设基础上的一种世界观或哲学观。这种观念使身体被彻底排除在知识生产之外，其背后指向的是一种符合论的真理观，即"主"与"客"、"知"与"物"的相合。这种"离身"观对传播学在形而上学层面的投射便是首先假定世界是一个可计算、可表征的确定性的客观世界，并奠定了一种"身—媒"主客二元的工具论（认识论）关系。于是作为主体的人通过使用作为工具的媒介认识和改造可表征的世界，传播的本质沦为一种脱离身体的符号传递、表征和操纵，传播的过程要么被抽象为一系列数学化的传送模式，要么被视作一种意识形态的操纵手段和工具。而其后果就是"一个拥有记忆、感情、知识、想象与目标的活生生的身体主体"消失在了传播过程中。② 笔者将由这种"离身"观所支配的传播研究传统概括为传播研究的离身范式。从终极上说，这是一种笛卡尔主义的遗产。由于传播学的建制主要是以大众传播研究为基础的，而长期以来离身传播研究范式又是大众传播学的主导范式，离身传播和大众传播成为传播学尤其是主流传播学的一体两面，在某种意义上二者可同一。一言以蔽之，传播研究长期以来是在离身范式的框架下提出问题、分析问题以及解决问题的。

如果说，传播研究的离身范式将"身—媒"关系看作一种"主—客"二元的认识论关系，那么具身传播研究范式则将"身—媒"关系视作一种

---

① 〔英〕彼得·艾迪（Peter Adey）. 移动 [M]. 徐苔玲，王志弘，译. 台北：群学出版有限公司，2013：18.
② 〔英〕彼得·艾迪（Peter Adey）. 移动 [M]. 徐苔玲，王志弘，译. 台北：群学出版有限公司，2013：71.

关系存在论（Relational Ontology）范畴。正如唐·伊德所认为的那样：任何一种人与技术之关系皆是一种内在关系存在论的模式，并暗示了"存在着一种人和技术的共同构造"①。如果说，离身传播研究范式重在研究传播的规律和效果，所预设的是确定和必然的物的世界，那么具身传播研究范式则关注媒介与人的存在论关系以及媒介如何改变了人的存在，而人的存在始终处于不确定的关系生成中，因而所预设的是一种充满了不确定性的、变动不居的关系性世界。人则是身与心的融合统一，其背后指向的是一种海德格尔所谓的去蔽论真理观。在具身传播研究范式所秉持的具身哲学观（世界观）的框架下，世界变成了非计算的、非表征的处于流动中的关系情境，传播的本质既不是意识符号的传递或操纵，也不完全是物质的过程。毋宁说传播既是精神的也是物质的，传播的过程无法简化为某种静态的数学模式，而是一个在生活世界中因媒介具身实践而实时邀约的各种关系、情境的生存经验和存在之揭示的过程。媒介也并非无生命的、中立的客体和工具，而是作为"代具"构成了人的身体，并调节着身体的知觉经验，从而构成了人与世界打交道的必要条件。从媒介和存在论的视角来看，人总是需要"经由什么"来"通达什么"，具体来说即人总是需要借助身体和媒介来感知世界并有所作为，这便是人存在于世的宿命，也是人的现实性、有限性和历史性所在。因此，笔者将这种以具身观为哲学基础，将"身—媒"关系视作关系存在论范畴的传播研究范式称为具身传播研究范式。以具身观的视角重思传播，将会看到很多在大众传播离身范式框架下被遮蔽的具身面向。如果说，离身传播范式逐渐将口语传播、面对面传播、亲身传播等人际传播形态边缘化，那么具身传播研究范式无疑将重返和追溯人际传播形态。换句话说，具身传播早已有之，只是缺少一种发现它的视域和框架。具身传播研究范式是一种重新发现和看见传播的具身面向的工具——一种格式塔的变更。

---

① 〔美〕唐·伊德. 让事物"说话"：后现象学与技术科学［M］. 韩连庆，译. 北京：北京大学出版社，2008：58.

　　值得澄清的是，具身传播研究虽然是在智媒时代才得以凸显并日益显示出范式气质的，但这并不意味着具身传播的现象和经验是在智媒时代才出现。事实上，具身性早就隐含在一切传播活动中，尤其是面对面的亲身传播可视为具身传播的原型，但具身传播研究范式在智媒时代才得以浮现并有望形成一种新范式，其直接原因就在于，在人工智能、虚拟现实、物联网等新技术推动下的第四次技术革命引发的是一场真正意义上的传播革命。德国社会学家鲁曼将每个时代占主导地位的传播方式看作与这个时代相配合的一种人类沟通的模态和社会系统，标示出人类所处的不同的社会阶段。① 按照鲁曼的观点，智媒时代必然因其独有的存在和运作方式为人类"重构感知和经验的时空参数"，因而这场传播革命必然为人类配置"一个独特的社会体验模式的构成框架"。② 人类行将迈入的智媒时代是一个所谓万物皆媒、万物互联的泛媒介化时代，智媒技术正在将传播实践日益嵌入大众的日常生活纹理中。智能媒介这种独有的存在和运作方式势必会构建属于智媒时代的实在，即媒介性成了万物（包括人）存在的根本属性，万物皆以被媒介所架构（framing）的方式存在于世，此乃真正意义上的"媒介化生存"。③ 这样的传播实践与大众传播实践具有根本性不同，完全立足于另一套全新的媒介技术逻辑和运作结构。这场正在进行的传播技术革命使具身性的研究视角从一种隐在状态中强势显现。换句话说，具身传播研究范式只有在智媒时代才具备格式塔变更的条件和时机。

　　黄旦曾强调，若传播学以媒介作为重要的入射角，传播学科才真正找到了自己的核心议题之所在。如果以此为参考，那么既往传播学范式划分显然是非媒介视角的。而以"身—媒"关系为依据的划分就是一种以媒介作为入射角的思考方式，从这样的"孔径"望进去，媒介史或传播史即是一种

---

① 黄旦. 建构实在：大众媒体的运作——读尼克拉斯·卢曼的《大众媒体的实在》[J]. 国际新闻界，2020（11）：54-75.

② 〔澳〕斯科特·麦奎尔. 媒体城市：媒体、建筑与都市空间 [M]. 邵文实，译. 南京：江苏教育出版社，2013：前言 1.

③ 李智. 走向人伦主义的关系本体论——媒介深度融合进程中"媒介人"的人文主义思考 [J]. 现代传播（中国传媒大学学报），2021（01）28-32.

媒介与身体的关系实践史，传播学则是在从去身体化到回归身体的观念坐标上进行的知识生产与再生产。这种以"身—媒"关系的不同假设为根本差异进行的范式划分，即是离身传播研究范式和具身传播研究范式的分野。如果说前者秉持的是一种"身—媒"二元认识论，那么后者秉持的则是一种"身—媒"关系存在论，因而二者的差异是一种"元范式"层面的本质性差异。这两种不同的"看"传播的方式，即为两种不同的格式塔，从"离身"转为"具身"即是格式塔的变更。这种变更意味着传播学所面对的问题域发生了转移，解决传播问题的标准、思维方式等都将相应地发生转换。毋宁说，传播学者所面对的世界发生了翻转。"这些改变，连同几乎总是伴随这些改变而产生的争论一起"，都是范式革命的基本特征。① 接受一种范式犹如戴上一副眼镜，在看清世界景象的同时亦接受并内化了这副眼镜在人与世界之间所预设的尺寸和角度。

第四节　智媒时代具身传播研究：作为"元范式"的批判性变革

上一节中，笔者在理论层面上提出了一种着眼于哲学观（世界观）的根本性差异的"元范式"的划分。本节将进一步论证这种具身传播研究何以在智媒时代具备形成一种新范式的潜能，其究竟具备了哪些特征以至于预示着一场传播研究的范式革命？换句话说，笔者将要指出，具身传播研究并非一种普通的新的传播研究形态，它意味着一种传播学的批判性变革。毋宁说，具身传播研究的当代价值即是孕育着一场传播研究的范式革命。

库恩指出，在一种新范式形成之前，通常都有"一段显著的专业不安全感时期"，这种不安全感体现为一些在常规科学阶段徒增的"反常"现象，而常规科学又无法对其进行行之有效的处理和解决，在这种"持续失

---

① 〔美〕托马斯·库恩. 科学革命的结构［M］. 金吾伦，胡新和，译. 北京：北京大学出版社，2012：5.

败"中产生了专业的不安全感。库恩进一步指出："现有规则的失效，正是寻找新规则的前奏。"① 而这种来自专业的不安全感早在传播学建制不久后就初见端倪。如果说，长期以来传播学的合法性问题作为一种"原罪"始终萦绕在传播学上空，成为学科不安全感的本质根源，那么随着媒介技术的快速更迭和智媒传播革命的到来，建立在大众传播时代的传播研究范式进一步面临有效性的拷问，无疑再次加剧了这种专业的不安全感。如果说"导致范式改变的反常必须对现存知识体系的核心提出挑战"②，那么，这种由于媒介技术的智能化发展，人类沟通模式的整体变迁正以一种不可回避与势不可挡的"反常"态势挑战着离身传播研究范式的核心知识体系。格式塔的变更绝不是一个积累的过程，即"远不是一个可以经由对旧范式的修改或扩展所能达到的过程"。毋宁说，范式革命是"一个在新的基础上重建该研究领域的过程"③，甚至意味着研究者"据以观察世界的概念网络的变更"。一种新范式的革命意义就在于其具备了这种"重新定义相应的科学"的潜力。④

库恩曾强调，一个新范式的优越性体现在至少两个方面，即新范式能够发现旧范式所尚未发现的问题以及新范式能够解决旧范式产生的危机和困境。⑤ 因此，作为一种新范式，具身传播研究范式至少在两个层面上体现出前所未有的价值。一方面，它以新的视角引导了一种对既往研究的总结和反思，即通过具身性这种新的解释视角和框架去"处理与以前一样的同一堆

---

① 〔美〕托马斯·库恩. 科学革命的结构 [M]. 金吾伦，胡新和，译. 北京：北京大学出版社，2012：57.
② 〔美〕托马斯·库恩. 科学革命的结构 [M]. 金吾伦，胡新和，译. 北京：北京大学出版社，2012：55.
③ 〔美〕托马斯·库恩. 科学革命的结构 [M]. 金吾伦，胡新和，译. 北京：北京大学出版社，2012：73.
④ 〔美〕托马斯·库恩. 科学革命的结构 [M]. 金吾伦，胡新和，译. 北京：北京大学出版社，2012：88.
⑤ 〔美〕托马斯·库恩. 科学革命的结构 [M]. 金吾伦，胡新和，译. 北京：北京大学出版社，2012：128-129.

资料"，"使它们处于一个新的相互关系系统中"。① 换句话说，我们用离身范式的框架去审视的传播经验和现象势必会遮蔽传播中具身性的一面，而当我们以具身范式为主导框架时，具身关系就作为焦点涌现了出来。正所谓不同的范式决定了我们如何看以及看到了什么。另一方面，具身传播研究范式还是一种对当下（智媒时代）新的传播实践的理论观照和对未来的理论前瞻，因而是一种立足当下、朝向未来的传播研究的方向和原则。但需要进一步澄清的是，并不存在一种完美的范式可以涵盖和解决所有面临的问题。如果自然科学研究本身总是暗含着一些必要的张力，那么人文社会科学也同样如此。而这些必要的张力，导致了旧范式的危机以及新范式的出现。

孙玮曾一针见血地指出当前传播研究所面临的危机和悖论，即一方面我们正处于一场新技术引发的传播革命中，各种层出不穷的新媒介引发着各种社会关系的重构；另一方面，我们的传播研究是在既有研究传统中对材料、对象、功能的不断翻新，仍然是在旧范式中打转。尼尔·波兹曼曾在《娱乐至死》中强调，一种新的媒介的诞生必会带来一种新的认识论②，而在智媒时代，"人—媒"关系的本质性重构成了这种新的认识论的起点。当下智媒技术所激发的媒介变迁正在挑战和突破着传播研究的既有范式。可以说，"传播学研究范式的重构正当此时"③。具身传播研究范式所继承和发展的具身性思想本身就具有一种后现代的解构和变革的力量，即一种对传统离身传播研究的反叛。具身传播研究范式所带来的传播观念的格式塔变更"不再能够，并将永远不能容于旧体系之中"④。事实上，它体现为一种范式革命的潜能。一言以蔽之，具身传播研究范式具备重新定义传播学的批判性变革

① 〔美〕托马斯·库恩. 科学革命的结构 [M]. 金吾伦，胡新和，译. 北京：北京大学出版社，2012：73.

② 彭兰. 新媒体用户研究：节点化、媒介化、赛博格化的人 [M]. 北京：中国人民大学出版社，2020：244.

③ 孙玮. 从新媒介通达新传播：基于技术哲学的传播研究思考 [J]. 暨南学报（哲学社会科学版），2016（01）：66-75+131.

④ 〔美〕戴维·J. 贡克尔，〔英〕保罗·A. 泰勒. 海德格尔论媒介 [M]. 吴江，译. 北京：中国传媒大学出版社，2019：26.

力量，这种力量体现在作为一种"元范式"的革命性，即传播的哲学观、传播观、媒介观、方法论、基本视角及学科定位等传播学形而上学（观念和思维）层面的整体变迁和转换。

一 传播哲学观的变迁：超越意识哲学的思维框架

智媒时代具身传播研究范式的兴起预示着传播学旧有知识型的解构与新的知识型的正在生成。从终极上说，传播研究"具身转向"的实质是传播哲学观的变迁，即试图超越西方传统意识哲学的思维框架。以往的传播研究主要是大众传播时代的研究，无论是传递观还是仪式观，都总体上大致秉持着西方意识哲学的信念：一是可表征性的存在论假设，即认为世界可以表征为由非对即错的原子事实或命题组成的系统；二是身心二元论假设，即将人分为身体与心灵两个独立的实体，而身体与认知是无涉的。长期以来，近代哲学中这种笛卡尔主义的二元论把我们的身体从自我认识、相互认识及认识世界的过程中驱逐出去了[1]，总体上表现为一种离身观念。与这种意识哲学的假设相对应的是符合论的真理观，即"主"与"客"、"知"与"物"的相合。而早在笛卡尔那里真理就被规定为表象的确定性，这意味着作为认识对象的客体必须向作为认识的主体而存在，客体必须作为主体的"表象"被置于或提交到主体面前供主体确认。世界因此也就成为一种被表征的"图像"。[2] 按照美国哲学家罗蒂的说法，西方意识哲学中的这种符合论的真理观乃是一种唯表象主义，是对客观主义原则的无上推崇，以远离生命欲望的"第三人称"的旁观者视角无视身体的情感欲望。这种真理观导向的必然是一种还原主义。[3] 西方传统哲学中的表象论、反映论、表征论等都是符合论真理观的不同表现形式。西方意识哲学框架中的传统传播学，无论是实

① 〔美〕丹尼尔·托马斯·普里莫兹克. 梅洛-庞蒂 [M]. 关群德，译. 北京：中华书局，2003：5.
② 张祥龙. 技术、道术与家——海德格尔批判现代技术本质的意义及局限 [J]. 现代哲学，2016（05）：56-65.
③ 张再林. 意识哲学，还是身体哲学——中国传统哲学理论范式的重新认识 [J]. 世界哲学，2008（04）：6-12.

在主义取向还是建构主义取向，二者共享的真理观都是表象符合论。因而，在离身传播研究范式主导下的传播学一直沉溺于对客体的测量、计算、评估、确定，进而达到控制和操纵的目的。

与之不同的是，具身传播研究范式所秉持的是一种现象学的哲学信仰，即一种非表征主义的存在论假设以及身、心、物、环境一体论的具身假设。与之相对应的是，海德格尔提出的去蔽论真理观。从符合论到去蔽论，真理的本质也相应地发生了根本性变化，即由"陈述所具有的反映，或可靠地指涉物体的能力"转变为"作为揭示过程的真理"。[①] 但必须指出的是，海德格尔并不是否定符合论，如果这种符合论真理观是一种认识论范畴的话，海德格尔则是要"追问符合是如何内在地可能的"，为符合论提供一个存在论基础。[②] 因而去蔽论将这种对存在者的揭示和对其隐藏的消除，称为真理。[③] 在这种哲学观和真理观的原则下，传播研究被赋予了某种付之阙如的生存意蕴，因而具身传播研究范式视野中的传播观、媒介观、方法论、问题域等都较传统离身传播研究发生了根本性的颠覆和变革，毋宁说是一种伴随着传播哲学观变迁所带来的思维框架的解放与超越。

二 传播观的翻转：从观念的传播到实践的传播

"离身"观与"具身"观是传播研究中两种截然不同的传播哲学观，或称为传播的两种不同的认知基模。我们从不同的认知基模去认识和把握传播，决定了我们看到的是截然不同的问题及传播的本质。在"离身"观视野下，传播最初被比拟为一种脱胎于信息论中 C. 香农和 W. 韦弗提出的电子通信过程的模型。这种包括了信源、讯息、发射器、信道、接收器、信宿、噪声等诸要素的线性模型被奉为"传播过程的数学模式"。数学模

---

① 〔美〕戴维·J. 贡克尔，〔英〕保罗·A. 泰勒. 海德格尔论媒介 [M]. 吴江，译. 北京：中国传媒大学出版社，2019：201.
② 张世英. 哲学导论 [M]. 北京：北京师范大学出版社，2014：61.
③ 〔美〕戴维·J. 贡克尔，〔英〕保罗·A. 泰勒. 海德格尔论媒介 [M]. 吴江，译. 北京：中国传媒大学出版社，2019：101.

式使传播工具化，使传播过程被高度抽象为一种脱离了情境的可计算、可量化、可表征的符号传输过程。即便是凯瑞试图扭转这种传递观所带来的传播研究的窄化而倡导传播研究的仪式观，也不过是将传播视作以再现（表征）为中心的仪式展演。从根本上说，传递观和仪式观都是置身于"离身"观视野下的，都将传播视作精神的交往、意识的对接，因而重在以文本为中心进行考察。信息符号作为一种关于世界表征的心灵意识，只有脱离身体的障碍才能远距离传输，以帮助人们更好地征服世界。因此，离身传播研究范式注重的必然是传播的效果、动机以及符号价值、信仰的维系。传播学的任务就是要思考如何优化这个信息符号的传送模型以达到更好的社会控制、操纵与治理的目的。从根本上说，离身传播研究范式所隐含的是一种观念的传播。

与"离身"观不同，"具身"观则是要"悬搁"那些传统传播研究中未经检视的、教条化的预设。因为只有通过这种"悬搁"，才能跳出旧有的知识型或认知基模的束缚，"一种新的经验、思考以及理论化的方式"①才会向传播学者敞开。"具身"观反对认知的"计算—表征"论，因而传播的过程无法简化为某种静态的数学模式。"具身"观视野中的传播是一个在生活世界中因媒介具身实践而实时邀约的各种关系、情境的聚集。因此，具身传播指向的是一种关系存在论和实践认识论，毋宁说具身传播持有的是去蔽论真理观。

从广义的具身性视角来看，人的身体是最根本、最原初的媒介，知觉和语言是不可脱离于人的身体的。从这个意义上说，人类的一切传播活动都是具身的，包括大众传播。而从狭义的具身性视角来看，即从身体与媒介的"切近性"来理解，面对面的亲身传播无疑被奉为"最理想"的具身传播形态，而大众传播虽然力图消除一切物理距离而具有"去远性"特质，但"去远性"并没有解决"切近性"的问题。当且仅当大众媒介作为使用中的信息工具处于"上手"状态时，我们才能视之为具身的。而在智媒时代，

---

① 〔丹〕丹·扎哈维. 胡塞尔现象学 [M]. 李忠伟，译. 上海：上海译文出版社，2007：44.

身体与媒介物的互嵌、趋近，造就了新型的传播主体——媒介人（赛博人）。赛博人的媒介化生存是日常生活的常态。从这个意义上说，智媒时代的具身媒介实践便是海德格尔所谓的"操持性的打交道"①，也正是此在在世界之中存在之揭示的基本方式，考察生活世界中的媒介具身实践亦构成了智媒时代具身传播面临的最核心的任务。毋宁说，具身传播研究范式所秉持的是一种实践的传播观，而传播观的翻转意味着研究命题的随之转换。

三 媒介观的转移：从媒介工具论到媒介存在论

长期以来，离身传播研究深受西方技术中性论和功能主义的影响而秉持着一种媒介工具论观点，即将媒介视作提供外部世界的表征及信息流通的渠道和中介。与卡尔·雅斯贝斯（Karl Jaspers）所谓的技术本身是非善亦非恶的论调②如出一辙的是，拉扎斯菲尔德和默顿将媒介视为一种可善可恶的强大工具③。可以说，长期以来大部分传播学者都持有这种中性的媒介工具论假设。受西方传播学影响，国内传播学界在早期也持这样的观点，如学者张咏华就将媒介看作"传播过程赖以实现的中介"，并进一步将其解释为"由人所发明、创造、控制、运用"的一种"承载、传递信息服务的工具"。④学者李彬也将媒介视作"传递大规模信息的载体"，并在非严格的意义上将媒介与大众媒介等同。⑤ 媒介工具论暗含着人是技术的操纵者，技术是被动受制于人的，因而人是第一性的，技术是第二性的。⑥ 从根本上说，这是一种"身—媒"二元认识论。在这种观念下，传播研究的核心议题就在于传播的内容而非传播的形式（媒介），传播的任务和核心是如何利用信息内容

① 〔德〕马丁·海德格尔. 时间概念史导论 [M]. 欧东明，译. 北京：商务印书馆，2009：261.
② 〔德〕卡尔·雅斯贝斯. 历史的起源与目标 [M]. 魏楚雄，俞新天，译. 北京：华夏出版社，1989：132.
③ 〔美〕保罗·拉扎斯菲尔德，罗伯特·默顿. 大众传播的社会作用 [M]. 黄林，译.//中国社会科学院新闻研究所世界新闻研究室，编. 传播学（简介）. 北京：人民日报出版社，1983：158.
④ 张咏华. 大众传播学 [M]. 上海：上海外语教育出版社，1992：233.
⑤ 李彬. 传播学引论 [M]. 北京：新华出版社，2003：181.
⑥ 范龙. 媒介现象学：麦克卢汉传播思想研究 [M]. 北京：中国大百科全书出版社，2012：81.

实现对大众的影响和操控。因而,作为技术的、物质的媒介面向在传统传播研究中是被忽视的。无论是经验学派的科学主义的媒介本质论,还是批判学派的意识形态的媒介本质论,二者的实质皆为媒介工具论。媒介工具论背后隐含着一种工业社会时代对效率和功用的追求与提升。诚然,媒介自有工具性规定的一面,这是没错的,但传统传播研究将这一方面放大为全部并标榜为唯一的真理,这就值得商榷了,这一做法势必会遮蔽其他关于媒介的理解路径。德国学者克莱默尔认为,媒介不仅仅作为一种信息传递工具,更重要的是媒介本身从根本上被赋予了一种参与生产意义而非仅仅传递意义的力量。① 在传播学术史上,媒介环境学派最早对媒介工具论持否定意见。无论是英尼斯发现了媒介的时空偏向还是麦克卢汉揭示了媒介的感官偏向,抑或是波兹曼指出媒介的道德偏向,在媒介环境学派看来,技术(媒介)并不是中立的工具。麦克卢汉并不将媒介看作把客观事物传递到人类主观感知中来的无生命的工具和中性的中介,他宣称媒介"不是人与自然的桥梁,它们就是自然"②,为此他提出"媒介即讯息""媒介即人的延伸",提供了另一种理解媒介的路径,拉开了媒介存在论转向的序幕,具身传播研究则以更鲜明的态度和立场推动了这一转向。

具身传播视野中的媒介技术并不是中立的客体和工具,而是作为"代具""居间中介"(并非指媒介工具论)构成了人的身体,并调节着身体的知觉经验,人是以技术为中介来理解社会、理解周遭、理解存在的,人的"技术性存在"这一事实在智媒时代晦暗的背景下得以凸显,媒介成为人们与世界打交道的必要条件。海德格尔就明确反对技术中性论,他认为这种论调完全无视技术的本质。③ 基特勒也直言:"媒介决定我们的境遇。"换句话说,媒介框定和塑造着此在在世存在之领会。人总是需要"通过什么"而

---

① 〔德〕克莱默尔,编著.传媒、计算机、实在性〔M〕.孙和平,译.北京:中国社会科学出版社,2008:64-65.

② 〔加〕埃里克·麦克卢汉,弗兰克·秦格龙.麦克卢汉精粹〔M〕.何道宽,译.南京:南京大学出版社,2000:407.

③ 〔美〕戴维·J.贡克尔,〔英〕保罗·A.泰勒.海德格尔论媒介〔M〕.吴江,译.北京:中国传媒大学出版社,2019:162.

"通达什么"，这个"通过什么"即寓于媒介之中，媒介乃存在者得以显现的存在方式。媒介一方面是人体的延伸，另一方面也是人被局限于其中的命运。① 因而追问人之存在即是追问人的媒介性——一种媒介具身的存在。人的这种媒介性同时规定了人的现实性、有限性和历史性。从存在论的角度来看，人的本质即是"无"，是可能性而非现成的规定性。媒介存在论即是回答人在媒介中如何遭遇自身，如何通过媒介来造就自身。② 因而，媒介存在论范畴中的媒介已不是离身观视野中被动的、中性的、静态的工具而是能动地参与了存在者之存在的揭示过程。而长期以来这种人与技术在存在意义上的根本性关联被媒介工具论所遮蔽。可以说，媒介并不仅仅关涉一种工具认识论，在智媒时代它更为迫切地落入了存在论的讨论范畴中。媒介是为存在者所用的工具，媒介关涉的是存在者的存在，即存在者的出场和呈现方式。故而，从这个意义上说，存在论即媒介论。③

此外，当代法兰克福学派的重要代表人物安德鲁·芬伯格（Andrew Feenberg）同样反对将技术仅仅看作工具，尽管他所提出的技术理论中含有"工具"二字。芬伯格认为，技术创造了"把人们卷入其中并且形塑人们生活的环境"④，这颇与将媒介视作环境的媒介环境学派有共鸣之处。他并不满意传统技术哲学关于技术本质的两种理解，即技术工具论和技术实体论，而提出了"工具化理论"（并非"媒介工具论"），即将技术的本质分为"初级工具化"和"次级工具化"两个层次，二者辩证统一。芬伯格认为，导致人、自然、现代技术对立的根源是技术在上述两个层次上的失衡，即技术被严格限定在与计算、控制、效率相关的"去情境化"的"初级工具化"层次上，而技术的内部结构中却缺失了生态、道德、审美、人的健康等涉及人与自然生存发展的"次级工具化"要素，这种"抽离世界"（deworlding）

---

① 胡翌霖．媒介史强纲领：媒介环境学的哲学解读［M］．北京：商务印书馆，2019：8.

② 胡翌霖．媒介史强纲领：媒介环境学的哲学解读［M］．北京：商务印书馆，2019：18.

③ 胡翌霖．媒介史强纲领：媒介环境学的哲学解读［M］．北京：商务印书馆，2019：18.

④ ［美］安德鲁·芬伯格．在理性与经验之间：论技术与现代性［M］．高海青，译．北京：金城出版社，2015：序4.

的本质主义技术观最终导致技术无法跟人与自然和谐相融。为此,芬伯格倡导技术的"再情境化",将技术放回到具体的实践情境中理解,通过恢复和重视技术的"次级工具化"地位以此重构人、自然、技术的和谐关系。① 从芬伯格的观点来看,传播学中长期存在的媒介工具论论调即属于技术的"初级工具化"层次的理解,而技术"次级工具化"层次的要求体现的是一种此在与媒介在生存论上的关涉。从终极上说,"次级工具化"指向的是媒介存在论的问题域。

媒介观从工具论到存在论的转向亦是一种从认识论(追问我们何以认识事物)到存在论(追问事物何以存在)的转变,媒介的意涵也随之改变:媒介存在论中的媒介首要的并不是作为工具、渠道的实体性技术物或媒介物,而意在媒介性本身,即凸显的是一种"通过……而达……""向……呈现……"的居间性的指引结构。而这种指引结构蕴含在每一种具体的媒介技术物之中,从而形成不同的通达方式。人总是要"通过什么"而"通达什么",这是人之存在的基本境遇,也构成了人的现实性、有限性与历史性。② 这种将媒介视为居间性的指引概念意味着我们必须扬弃将媒介视作信息传送的中性管道,管道两边分别连接着现成的主体和客体。媒介存在论并不是用存在论的观点来解释媒介,毋宁说是以媒介来追问存在。③ 以媒介来追问存在,即是要打破对媒介进行主客二分的、本质主义的传统思维。④ 媒介的首要意义并不是作为把客体之规定性传递到主体的感知中的桥梁和中介,毋宁说正是媒介的居间性指引使事物成其所是,媒介乃令世界敞开的方式。海德格尔曾直言:技术(媒介)不仅是一种手段(工具),技术(媒介)"乃是一种解蔽方式"。⑤

---

① 童美华,陈墀成. 基于技术整体论的技术、自然、人的和谐——芬伯格生态技术观解析 [J]. 自然辩证法通讯,2019(12):97-102.

② 胡翌霖. 媒介史强纲领:媒介环境学的哲学解读 [M]. 北京:商务印书馆,2019:16-19.

③ 胡翌霖. 媒介史强纲领:媒介环境学的哲学解读 [M]. 北京:商务印书馆,2019:189.

④ 胡翌霖. 媒介史强纲领:媒介环境学的哲学解读 [M]. 北京:商务印书馆,2019:20.

⑤ 〔德〕海德格尔. 海德格尔文集. 演讲与论文集 [M]. 孙周兴,译. 北京:商务印书馆,2018:13.

如果说西方近代哲学的"认识论转向"探究的是知识何以可能，从追问知识的内容转向追问求知的方法和可能，而知识并不是直接给予的，总需要"通过什么"而获取，媒介则被视作知识的传递者，因而某种意义上可以说是认识论发现了媒介，媒介作为一种知识的工具被置于认识论的思维定式下，那么以海德格尔为代表的西方哲学的存在论转向及麦克卢汉的媒介洞见，则是试图打破这种认识论哲学的主客二元对立思维。可以说，媒介存在论并不是把媒介放置在主客二元的认识论框架下，而是以媒介追问存在，亦如海德格尔用此在追问存在者之存在。在这样的视域下，媒介被视为"某种先于主客心物之分的先验条件"①。

这种媒介观从认识论（工具论）到存在论的转换必然带来传播研究的问题域的随之转换：从关心媒介传送了什么、取得了什么效果到关注媒介构成和揭示了什么，媒介是如何改变人类经验的，媒介性是如何构成人的可能性、有限性和历史性的，即媒介不仅是认识世界的工具，更重要的是媒介具有一种揭示存在者之存在的居间指引能力。毋宁说，媒介即存在，"媒介之外别无他物"②。

四 方法论的变更：以（后）现象学方法为底色

可以说，方法之于哲学乃是推动其不断变革的根本动力，以至于哲学史上几乎每一次重大变革都是哲学方法的革新。现象学的方法论同样具有划时代的革命意义。因为现象学的"悬搁""还原""本质直观"等是对以观察为基础的休谟经验主义和以理性、概念系统为基础的康德超验唯心主义的双重反动③，是一种用具身实践弥合经验论与唯理论的二元对立，用直观经验弥合个别与一般的断裂，从"表征"回返到"前表征"的全新的"接近问题的方式"。用施密茨的话说便是："现象学家试图揭示性和理解性地去接

---

① 胡翌霖．媒介史强纲领：媒介环境学的哲学解读［M］．北京：商务印书馆，2019：241.
② 〔美〕戴维·J. 贡克尔，〔英〕保罗·A. 泰勒．海德格尔论媒介［M］．吴江，译．北京：中国传媒大学出版社，2019：译者序28.
③ 〔美〕维克多·维拉德-梅欧．胡塞尔［M］．杨富斌，译．北京：中华书局，2014：16-18.

近无意识的生活体验，从自己的信念中，从许多人甚至所有人的共同信念中剖析出尚未把握的东西。"① 在法国哲学家索莫看来，现象学具有启蒙哲学的特质，擅于发现那些不言而喻的东西背后的可疑性。② 因此，置身于后现象学学术脉络中的具身传播研究，是以现象学的方法论为基础的，这无形中赋予了具身传播研究范式一种批判性和超越性，即从表象的思想（representative thought）变更为根源的思想（original thought），从抽象的普遍性（abstract universal）转为具体的普遍性（concrete universal）。③ 因此，不同于经验学派和批判学派那样去把握一种现成的传播之本质和规律，其所把握到的传播乃是在观念中之所是，以现象学的方法论为底色的具身传播研究是直面生活世界的"直接给予性"，在媒介具身实践中如其所是般地把握和揭示传播。换言之，具身传播研究的任务便是把传播研究从充斥着概念、模型、公式、计算、表征的理念化世界中解救出来，从活生生的日常生活的媒介具身实践与经验中被"直接给予"、获得明证性。

由于现象学从不以将自身树立和标榜为教条圣谕和终极真理为目的，因而后现象学才得以在现象学的方法论上与时俱进，这种方法上的继承和发展正好与智媒时代的具身传播研究适切。因此，在后现象学视域中的具身传播研究是将现象学"接近问题的方式"作为底色，同时得益于后现象学取长补短、兼容并包的方法论优势。换句话说，处于后现象学视域下的具身传播研究虽然是以现象学方法论为底色，但并不拒斥其他的方法论。相反，后现象学具备一种多元开放的兼容特性，这就决定了具身传播研究的方法论注定是一种介于科学与人文之间、多元融合的形态。

五　基本视角的改变：从人类中心主义到非人类中心主义

以人为中心作为建构自身及万物的价值标尺的人类中心主义思想由来已

---

① 〔德〕赫尔曼·施密茨. 新现象学［M］. 庞学铨，李张林，译. 上海：上海译文出版社，1997：11.
② 范龙. 媒介现象学：麦克卢汉传播思想研究［M］. 北京：中国大百科全书出版社，2012：67.
③ 牟宗三. 中国哲学十九讲［M］. 上海：上海古籍出版社，2005：27–28.

久。早在古希腊时期这种观念就根深蒂固，如智者派代表普罗泰戈拉就认为"人是万物的尺度"，亚里士多德将人看作其他存在物的目的，认为万物皆为了人而造。到了近代西方，人类中心主义思想更是与"主—客"二元论深度缠绕，确立了近代西方的主体性原则，在唯理论和经验论的共同推动下，作为理性的人的主体性地位被越发抬高。康德所谓的"人为自然立法"为人类中心主义奠定了伦理学根基①，黑格尔的"绝对精神"更是强化了人类中心论思想。总的来说，人类中心主义具有三重内涵，即由"地球中心论"推导出"人是宇宙的中心"；从目的论层面论证"人是万物的目的"；从价值论层面强调"人是万物的尺度"。② 可以说，时至今日，人类中心主义观念在自然科学、人文科学、社会科学中都有深远影响。长期以来，传播研究皆在此种视角的预设下展开。

20 世纪以来，随着现象学、技术哲学、拉图尔的网络行动者理论（ANT）、新物质主义、后人类理论等的发展，一种非人类中心主义的视角正在颠覆以往人类的自大观念和主体特权。当代哲学家格拉汉姆·哈曼更是结合了胡塞尔的意向性理论和海德格尔的工具分析论，主张物不是"被使用"，它"是其所是"③，从非人类中心主义的视角提出一种以物为导向的本体论（Object-Oriented Ontology，简称 OOO），并引领了一场迈向思辨实在论（speculative realism）的运动。近年来，媒介技术掀起了传播革命，这些思潮也作为重要的理论资源被引入传播研究中，推动了"媒介转向""传播的物质性""媒介考古学"等研究，基特勒的媒介本体论、哈拉维的后人类理论等被广泛引用。如果说传统的传播研究尤其是主流传播研究由于时代和观念的局限，根本上体现为一种人类中心主义的基本视角的话，那么具身传播研究范式所置身的则是一种非人类中心主义视角，甚至是后人类视角。在智

---

① 蔡春玲，汤荣光. 人类中心主义的哲学阈限及其价值重构 [J]. 南通大学学报（社会科学版），2018（06）：19-23.

② 金炳华. 哲学大辞典 [M]. 上海：上海辞书出版社，2001：1176.

③ 〔美〕格拉汉姆·哈曼. 迈向思辨实在论：论文与讲座 [M]. 花超荣，译. 武汉：长江文艺出版社，2020：129.

媒时代，人已经不再是唯一的传播主体，人与媒介物的共生体成为智媒时代作为混合行动者的新型传播主体，体现的是人与物的共同主体性。因此，具身传播研究范式既非人类中心主义视角也非媒介中心主义视角，而是一种隐含着身体与媒介的指引关系，彰显着人与技术（物）共生的"媒介人"视角。

六　学科定位的转换：从学科到元学科

从广义上说，传播是一门关于沟乃通和交流的学问，因而一开始传播学因其"杂交"属性而被形容为"十字路口""租界"。但迫于传播学的建制需要，施拉姆首先用"四大奠基人"给传播学框限了特有的研究议题，筑起了学科的边界，并为传播学在方法论上树立了示范。可以说，传播学最初是依靠着"一组特定的人"围绕"特定的兴趣"而产生的，这就不可避免地存在一些视野的局限和狭隘，但这种传播学的最初形式却为以后的历史定型。① 施拉姆为传播学得以迅速成为一门独立学科作出了巨大贡献，但同时因为传播自身的普遍性决定了传播研究的繁杂性，传播学应该面对的并不仅仅是社会的局部问题，而包括人类生活的整体经验。② 控制论的创始人诺伯特·维纳（Norbert Wiener）早就将社会学和人类学纳入传播学这一总范畴中③，著名媒介理论家傅拉瑟（Vilém Flusser）也曾把传播学看作与科学、哲学并立的学科。可见，一些学者早已预见了传播学具备元学科的潜质。当下，当传播越来越跳出一种"社会运行子系统"的结构功能主义设定而成为社会构成性要素和基础架构的时候④，施拉姆当初在学科建制时埋下的隐

---

① 〔美〕汉诺·哈特．传播学批判研究：美国的传播、历史和理论［M］．何道宽，译．北京：北京大学出版社，2008：12-16.

② 范龙．媒介现象学：麦克卢汉传播思想研究［M］．北京：中国大百科全书出版社，2012：134.

③ 〔英〕G.H.哈代等．科学家的辩白［M］．毛虹，等译．南京：江苏人民出版社，1999：142.

④ 孙玮．从新媒介通达新传播：基于技术哲学的传播研究思考［J］．暨南学报（哲学社会科学版），2016（01）：66-75+131.

患日益凸显，以至于整个 21 世纪的传播研究都充满了对研究碎片化、学科合法性的焦虑。传播的"物质性转向""媒介转向"等思潮都是对主流传播学被囿于功能主义、实证主义之狭小的学科视域的一种反思和突破，意欲改变目前传播学科裹足不前、行将就木的局面。而具身传播范式通过提供以"身体—媒介"为共生体的具身实践揭示人与世界的存在是传播研究的创新视角。这种创新并非研究对象的创新，而是思维与观念的创新，其最本质的体现便是不同于离身传播研究范式在表征符合论真理观中把握传播，具身传播研究范式是以去蔽论真理观为基础的一种创新的研究模式。这种研究模式回应着这样一种事实：媒介在当今时代已经从一种中立的工具转变为人的身体的组成部分，具身媒介实践已经成为人在世存在之最基本的操持方式，媒介早已跳出工具论的窠臼而获得生存论的意涵和介入存在论的范畴。因而传播学无法再囿于和仅仅满足于封闭、单一的"社会工程学"视角和眼界来探究当前万花筒式的传播生态和场域，必然要勇于转向一种元学科，在具身性这个当下最强劲的思想场域中勇于提供一种来自传播学的元视角和元理论思考。

综上所述，如果重构传播是范式创新的一个重要起点[①]，那么智媒时代则为之准备了必要的时机和条件。与此同时，时下诸多新媒体研究中的确已经萌芽和显现出了具身传播研究范式的雏形以及学术共同体的一种无意识的范式自觉。本书重要的研究旨趣即是发现、捕捉并揭示这些研究中所共享的、隐在的研究成果和内在一致性。而又因为"表现一种科学特征的是观点，而不是研究对象"[②]，研究什么和如何研究没有必然的联系，研究对象的变更并不必然带来范式的变更，因而具身传播研究并不仅仅是研究对象简单的推陈出新，更根本的是一种传播观念的格式塔变更。本书意欲指出具身传播研究本身所蕴含着的这股解构和重构的力量与潜能。正是这样

---

① 孙玮. 从新媒介通达新传播：基于技术哲学的传播研究思考 [J]. 暨南学报（哲学社会科学版），2016（01）：66-75+131.

② 〔法〕雷吉斯·德布雷. 媒介学引论 [M]. 刘文玲，译. 北京：中国传媒大学出版社，2014：3.

的内在革命性决定了其在智媒时代有望带来一场传播研究的（元）范式革命。

　　需要进一步说明的是，范式的变更即意味着我们"看"传播的方式也随之变更。具身传播研究范式在智媒时代的浮现，一方面为我们提供了一种新的传播研究的新视域，用具身传播研究范式回看以往的传播研究，我们将发现那些被遮蔽和忽略的传播中的具身面向，具身传播研究范式提供了一种重构过去的工具和视角；另一方面，具身性并非一种新近创造的观念，中国传统思想中的"体知"观无疑就是一种"具身"观。可以说，具身理念始终存在，但只有到了智媒时代这种理念才得以具备形成传播研究范式的力量和条件。因而，具身传播研究范式的意义不仅在于为过去的传播研究提供一种新的视角，更重要的价值在于能为当下的、我们正身处的智媒时代提供重要的、与之匹配的研究启示和指导，在此基础上为未来的传播研究开启前瞻和想象。

本章小结

　　本章首先借英国学者玛格丽特·玛斯特曼的观点对库恩"范式"概念进行澄清与再阐释，指出了长期以来库恩范式概念被遮蔽和忽略的三个层次与维度，即形而上学范式或元范式、社会学范式、人工范式或构造范式。事实上，库恩所谓的"范式"是一种包含了宏观、中观、微观三种递进层次的过程概念。在宏观层面，范式是一套科学共同体所共同承认的关于科学研究的世界观、信仰、价值观等，是指导该群体进行科学研究的一种潜在的形而上学的视域和框架；在中观层面，范式则是科学共同体所形成和依赖的一套先于理论的科学习惯，以此吸引研究者组成研究共同体，并为他们提供相应的研究问题；在微观层面，范式意味着一种理论基础和实践规范，因而是一套范例，是具体指导科学发展的研究模式或模型。玛斯特曼关于库恩范式概念的三重提炼为本书奠定了论述智媒时代具身传播研究范式的总体分析框架。本书的第四章、第五章和第六章是在范式的三个层次上依次对智媒时代具身传播研究范式展开递进式探讨。

其次，本章考察了当前传播研究中所公认的几种范式的划分，无论是以基于理论形态和方法论的这种"表层结构"为划分依据的"二分法""三分法""四分法"，还是以范式的"深层结构"为依据提出的与权力相关的三种范式类型，均是基于大众传播时代的研究传统及其产物的一种划分，因而在旧有基础上无论进行怎样的范式反思和重构都无法真正推陈出新，无法反映出与当下这场正在进行中的智能传播革命所匹配的范式需求，从而不同限度地陷入了危机与困境。据此，本章追问的是：有没有一种新的范式及其划分依据可以既对传统大众传播时代的研究作出反思和区分，又对当下和未来面临的智能传播革命有所预见和前瞻，并且这样的范式划分还必须在较长时间内处于一种相对稳定的结构而不易发生内部的融合。因此，笔者结合媒介实践从理论上推演和提出一种与智媒时代传播研究相耦合的范式划分标准，即以"人—媒"关系为基础的"离身（非具身）传播研究范式"与"具身传播研究范式"的二分，这是一种以哲学观（世界观）上的根本性差异为依据的"元范式"的划分。

最后，本章进一步论证了具身传播研究并非一种普通的新的传播研究形态，它意味着传播学在智媒时代的批判性变革，即孕育着一场传播研究的范式革命。这种新范式的革命潜能体现在与旧有的、在大众传播时代占主导地位的离身传播研究范式在元范式层面的深层差异，即哲学观、传播观、媒介观、方法论、基本视角、学科定位等元观念上的根本性不同，笔者总结如表4-1所示。

综上所述，具身传播研究与离身传播研究的本质区别并不是研究对象的推陈出新，更根本的是一种基于不同哲学观下的一系列传播观念的格式塔变更。具身传播研究正是因其所具备的内在革命性决定了其在智媒时代有望掀起一场传播研究的（元）范式变更。

表 4-1 离身与具身传播研究范式在元范式层面的深层差异

	类型	离身传播研究范式	具身传播研究范式
元范式层面的深层差异（宏观）	哲学观	以传统意识哲学的思维框架为主导，认为世界是确定和必然的物的世界： 1. 可表征性的存在论假设； 2. 身心二元论的离身假设； 3. 符合论真理观	以现象学的思维框架为主导，认为世界是不确定的、生成中的关系性世界： 1. 非表征主义的存在论假设； 2. 身心一体论的具身假设； 3. 去蔽论真理观
	传播观	观念的传播： 1. 传播即是观念、意识的对接； 2. 视身体为传播过程中必须克服和征服的物质障碍； 3. 传播过程是可计算的数学模式	实践的传播： 1. 传播即是以身体为根本的媒介实践活动； 2. 传播即是在生活世界中因媒介具身实践而实时邀约的各种关系、情境的聚集性场域
	媒介观	"身—媒"二元认识论、媒介工具论	"身—媒"关系存在论、媒介存在论
	方法论	1. 以传播内容为本位，以功能主义为立场； 2. 以客观主义、科学主义、实证主义的方法论为主	1. 以"媒介人"为本位； 2. 以后现象学方法论为基础，介于科学与人文之间，秉持多元、互补、开放的方法论视野
	基本视角	人类中心主义	非人类中心主义、后人类视角
	学科定位	一门独立的社会科学	视野宽广的元学科

第五章
作为习惯的"社会学范式"：智媒时代具身传播研究的初始论纲

> 新环境对旧环境进行彻底的加工。①
>
> ——〔加〕马歇尔·麦克卢汉

上一章揭示了智媒时代的具身传播研究较之以往的传播研究在哲学观、传播观、媒介观、方法论、学科定位等形而上学层面的批判性变革，因而可以被视作一种具备格式塔变更潜能的元范式。而以身媒关系在观念上的本质性差异为划分标准，本书在元范式层面将传播研究范式划分为离身传播研究范式和具身传播研究范式。换句话说，具身传播研究范式是以具身传播观为起点进行划分和识别的，是根据元范式层面的深层差异加以命名和区分的。然而，库恩的范式概念是一个涵盖宏观、中观与微观的多层次、多维度的立体概念，描述的是科学研究的动态发展过程。上一章笔者在元范式层面完成了对具身传播研究范式的识别，本章将继续在范式的中观层面——"社会学范式"层面对具身传播研究在概念、范畴、关系、方法等基本研究框架中所需要达成的初始共识，即库恩所谓的"研究习惯"进行探索。

玛格丽特·玛斯特曼曾指出，社会学范式概念的独创性在于这种范式

---

① 〔加〕马歇尔·麦克卢汉. 理解媒介——论人的延伸［M］. 何道宽，译. 北京：商务印书馆，2000：27.

"是在还没有理论时起作用的那种力量"①。如果说库恩的元范式作为一种整体的世界观是形而上学的、先于理论的，那么社会学范式则是"具体的、可以捉摸的一套习惯"，同样是先于理论而不同于理论的。② 如果常规科学阶段是"一种旨在精炼、引申并阐明早已存在的范式的事业"③，即范式从观念到理论的具体化过程，那么我们可以将社会学范式视作向常规科学阶段的过渡。因而，本章对具身传播研究在社会学范式层面的探索，旨在揭示的是一套从事具身传播研究的共同体无意识或有意识在事先所达成的关于研究习惯的初始共识，即对基本的概念、范畴、关系、方法等的默认，是一种研究的世界观（元范式）在中观层面的延展和深化。从元范式到社会学范式再到构造范式，是一个从范式革命阶段的观念变革到常规研究阶段的形成理论体系，从而使范式不断被阐明的清晰化过程。

值得澄清的是，本章的目的并不是为具身传播研究提供一份现成的、可以按部就班的操作手册，更不是提出一套成熟的理论体系。事实上，"新理论的同化需要重建先前的理论，重新评价先前的事实，这是一个内在的革命过程，这个过程很少由单独一个人完成，更不能一夜之间实现"④，是科学共同体在常规科学阶段所共同努力的目标和方向，是一个必须依赖科学共同体集体智慧的过程。本章仅仅是揭示和阐明那些具身传播研究共同体在进入常规研究阶段之时自觉或不自觉形成的研究习惯的内在统一性，毋宁说本章阐发的是产生具身传播研究的成熟理论体系之前的一种研究的预备活动或是潜在的指导研究活动的认知和行为的基模，这种基模虽然不同于常规研究阶

① 〔英〕玛格丽特·玛斯特曼. 范式的本质［M］// 〔英〕伊姆雷·拉卡托斯，艾兰·马斯格雷夫，编. 批判与知识的增长——1965 年伦敦国际科学哲学会议论文汇编第四卷. 周寄中，译. 北京：华夏出版社，1987：84.

② 〔英〕玛格丽特·玛斯特曼. 范式的本质［M］// 〔英〕伊姆雷·拉卡托斯，艾兰·马斯格雷夫，编. 批判与知识的增长——1965 年伦敦国际科学哲学会议论文汇编第四卷. 周寄中，译. 北京：华夏出版社，1987：85.

③ 〔美〕托马斯·库恩. 科学革命的结构［M］. 金吾伦，胡新和，译. 北京：北京大学出版社，2012：103.

④ 〔美〕托马斯·库恩. 科学革命的结构［M］. 金吾伦，胡新和，译. 北京：北京大学出版社，2012：6.

段的成熟理论模型，却是后续理论生成的基础和"前结构"，因而也必然隐含着某种理论性，故本章仅以"初始论纲"粗略地进行指称。

第一节　智媒时代具身传播研究的核心概念

在智媒时代，传播研究面对的并不仅仅是报纸、杂志、广播、电视、电影等有限的大众传播形态，因为这是一个万物皆媒、万物互联、无处不传播的时代。移动网络、人工智能、云计算、算法推荐、大数据、虚拟现实等技术已经强势介入和镶嵌进我们日常生活的纹理之中，我们几乎被媒介无缝包裹起来而处于虚实共生的媒介环境之中。麦克卢汉曾把媒介比拟为生活的主要成分或自然资源，卡斯特亦认为媒介构成了我们存在的背景和生活的条件。① 而这一状况在智媒时代显得更加激进，媒介不仅决定着我们的境况（基特勒语），还成为我们的宿命。为此全新的智媒时代呼唤着传播研究范式的格式塔变更，具身传播研究范式应运而生，其背后蕴藏着的是一股解构主流传播研究（离身传播研究范式）的革命力量，而解构本身同时孕育着重构。在德里达看来，解构是一种"双重姿态"：颠倒（inversion）和概念置换（displacement）。② 这种"颠倒"表现为以"回归身体"为基础的传播哲学观及其传播观念的相应转移，而这将进一步引发概念系统的变更。范式革命意味着"必须对现存知识体系的核心提出挑战"③，而研究者据以观察世界的概念网络也随之变更。④ 接下来，笔者将在智媒时代的语境下对具身传播研究的核心概念进行探讨和廓清。

---

① 〔美〕曼纽尔·卡斯特. 网络社会的崛起 [M]. 夏铸九，等译. 北京：社会科学文献出版社，2001：413.
② 〔美〕戴维·J. 贡克尔，〔英〕保罗·A. 泰勒. 海德格尔论媒介 [M]. 吴江，译. 北京：中国传媒大学出版社，2019：24.
③ 〔美〕戴维·J. 贡克尔，〔英〕保罗·A. 泰勒. 海德格尔论媒介 [M]. 吴江，译. 北京：中国传媒大学出版社，2019：55.
④ 〔美〕戴维·J. 贡克尔，〔英〕保罗·A. 泰勒. 海德格尔论媒介 [M]. 吴江，译. 北京：中国传媒大学出版社，2019：88.

一 具身媒介——人与世界的居间中介

在本书第三章中，笔者已指出了具身性是一个涉及整体、关系、情境的多维复杂的跨学科概念。从狭义上理解，具身性指的是一种以身体知觉和运动图式为基础的身、心、物、环境在特定关系情境中的交互实践状态。具身性并不是简单的"身体+"，更不是身体决定论，而是身、心、物、环境融为一体的平衡论。身心合一的有机体与包括物在内的环境之间是相互塑造、相互影响、相互制约的关系。"具身"总是"什么的具身"并由此"通达什么"，因而其中隐含着身体与"某种东西"之间的关系以及一种"通达……"的指引性结构。从广义上理解，具身性作为一种思想场域，包含了本体论、认识论和方法论层面的内涵。总的来说，具身性思想体现出"一本四性"的特征，即以身体为根本、主客（身心）一体性、知觉体验性、关系情境性、身体实践性。如果说，具身性最初是指知觉对身体的依赖，进而拓展到认知对身体的依赖，即是将身体作为我们与世界（环境）打交道的最基础的媒介。正如梅洛-庞蒂认为的那样，身体作为介质既在世界之中存在，成为世界的中心，又是世界显现的载体，那么在万物皆媒的智媒时代，媒介作为中介更加深刻地改变了身体与世界（环境）的直接联系，媒介以具身的方式居间调节着身体与世界的知觉关系。唐·伊德将这种技术（媒介）嵌入身体的状态概括为人与技术的具身关系。唐·伊德所谓的"具身性/具身化/具身"（embodiment）强调的正是人与具体技术物（而非总体技术）之间基于知觉和身体意义上的生存关系。[1] 在唐·伊德看来，技术（媒介）具身实践是人类介入世界的方式[2]，技术（媒介）具身已经融入我们的身体经验和意识感知中。事实上，除了唐·伊德明确界定的具身关系，诠释关系、背景关系皆可看作广义的具身关系，指向的皆是一种现象学生存

---

[1] 〔美〕唐·伊德. 让事物"说话"：后现象学与技术科学 [M]. 韩连庆，译. 北京：北京大学出版社，2008：译者注 12.

[2] 〔美〕唐·伊德. 让事物"说话"：后现象学与技术科学 [M]. 韩连庆，译. 北京：北京大学出版社，2008：55.

论层面的基于身体知觉的人与技术的交互。

　　基于上述分析，笔者将处于人（身体）与世界（环境）之间对人类知觉及经验起到居间调节作用的技术中介皆称为具身媒介。这种居间中介并不是一种中立的技术工具，而是影响和调节人们对世界感知的一种"指引"。正如海德格尔认为的那样，技术绝不仅仅是工具或物的聚集，技术的本质是一种中介化的揭示世界的方式。毋宁说，具身媒介与身体、世界之间是相互揭示、互塑共生的。在智媒时代，媒介具身化生存已经成为人类实践的普遍性事实，媒介史无前例地凸显着其"构成了经验与理解的基本结构和准超验标准"[①] 的事实和价值，因而传播学引入具身性思想是一种媒介技术发展导致的必然，具身传播由此应运而生。在具身传播研究范式下，媒介概念的内涵发生了变更：从传统离身传播研究范式下的广播、报纸、电视、电影等大众媒介变更为泛在化的具身媒介。这种媒介并不仅仅是一种实体性的、封闭的专业媒介机构或特定的几种媒介装置，而是一种涵盖自身在内的、敞开的意义和关系空间，人、物、技术、权力、资本等涉及传播过程的诸要素在此汇集融通，从而聚集成为一个"行动的场域"。[②] 在此视野下，传播学的问题域也势必会跳出大众传播学的窠臼而重新变更其研究重心。

二　媒介具身——人媒关系的基本存在方式

（一）对唐·伊德技术具身关系的修正与拓展

　　在人与技术关系的探讨中，唐·伊德是当代技术现象学的重要代表。在前面的章节中，我们已经阐述过唐·伊德将人与具体技术物的关系概括为具身、诠释、背景、它异四种。他用"（人—技术）→世界"模式来表明具身关系的知觉结构，认为技术通过具身于我们的身体直接改变我们的知觉，并指出具身关系是人与技术最基本的关系。如果说这是从狭义的方面理解

---

① 〔美〕W. J. T. 米歇尔，〔美〕马克·B. N. 汉森，主编. 媒介研究批评术语集［M］. 肖腊梅，胡晓华，译. 南京：南京大学出版社，2019：1.
② 钱佳湧."行动的场域"："媒介"意义的非现代阐释［J］. 新闻与传播研究，2018（03）：26-40+126.

具身关系的话，那么我们从广义层面来看，诠释关系、背景关系同样可以视作一种广义的技术具身关系，揭示的同样是一种现象学生存论层面的基于身体知觉的人与技术的交互。因而，在唐·伊德具身关系的界定基础上，我们将技术具身关系拓展为包括具身关系、诠释关系、背景关系在内的三种情况。

与此同时，唐·伊德曾提出身体的三重维度，即身体一（梅洛-庞蒂意义上的现象身体）、身体二（福柯意义上的社会文化作用的身体）、身体三（技术中的身体）。身体三是对身体一和身体二的贯穿与批判性超越。在此基础上，唐·伊德又进一步区分了"真实生活的身体"与"虚拟的身体"。他以一个关于设想跳伞的"思想实验"为例，将人们想象自己跳伞的情形分为有整全的身体感受参与的"具身跳伞"和作为旁观者观看和感受的"离身跳伞"。① 在唐·伊德看来，"具身跳伞"是由作为整体的身体感官参与的"在此的身体"（here-body）给予的，而"离身跳伞"则是在"准他者视角"下视觉客观化、对象化自己的身体，是由"虚拟的身体"抑或"图像—身体"（image-body）② 给予的。唐·伊德通过真实与虚拟身体之分，认为具身的技术是以"真实生活的身体"为基础的，而通过技术把身体客体化、图像化、对象化所形成的"虚拟的身体"指向的则是离身的技术。③ 换句话说，唐·伊德将是否具有整全的身体感受的参与作为技术具身与离身的判断标准，并认为"虚拟的身体"由于取消了身体的情境性和感官的整体性而只是一种技术营造的虚幻，因而缺乏真实身体在场的在线参与是脱离身体、疏离道德承诺和责任的，单薄的虚拟身体"绝无可能达到肉身的厚度"④。

---

① 刘铮. 虚拟现实不具身吗？——以唐·伊德《技术中的身体》为例 [J]. 科学技术哲学研究，2019（01）：88-93.
② Ihde, D. Bodies in Technology [M]. Minneapolis: University of Minnesota Press, 2002: 5.
③ 刘铮. 虚拟现实不具身吗？——以唐·伊德《技术中的身体》为例 [J]. 科学技术哲学研究，2019（01）：88-93.
④ 刘铮. 虚拟现实不具身吗？——以唐·伊德《技术中的身体》为例 [J]. 科学技术哲学研究，2019（01）：88-93.

事实上，唐·伊德所谓的三重身体都是建立在"真实生活的身体"基础之上的，身体三强调的是肉身对于技术具身的本体性地位。然而，随着智媒时代各种增强现实（Augmented Reality，简称 AR）、虚拟现实（Virtual Reality，简称 VR）、混合现实（Mixed Reality，简称 MR）等新技术的出现（见图 5-1），现实世界（Reality World）与虚拟世界（Virtual World）的界限日益模糊，身体的物理边界也日渐消融。"虚拟的身体"绝非唐·伊德所理解的仅仅是一种科技的虚幻，"虚拟的身体"与"真实生活的身体"深度融合，共同组成了身体三（技术中的身体）的面向。如在 VR 体感游戏中，身体一方面将图像的形式作为虚拟形象和角色出现在虚拟游戏场景中；另一方面，这种虚拟身体是经由物理身体的感官和运动图式进行连接与控制的。换句话说，在此种情境中，身体既是主观化的又是客观化的，既是数字的、虚拟的又是物质的、实在的。游戏角色的操作过程必须是"真实生活的身体"与"虚拟的身体"协同作用的过程。此时，"虚拟的身体"并不是对物理身体的消解，而是对物理身体在网络中的延伸和映射。换句话说，虽然数字技术使身体可以符号化、数字化、网络化、虚拟化为唐·伊德所谓的"图像—身体"，而在形态上与物理身体相分离，但这种虚拟身体却依然保

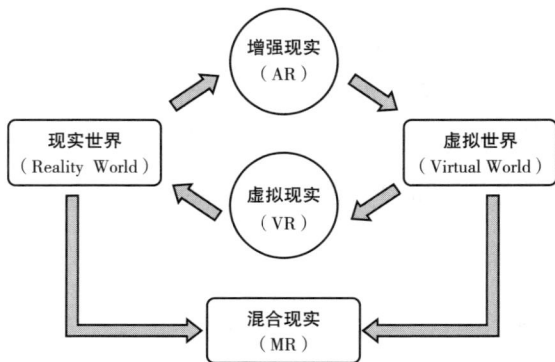

图 5-1　AR、VR、MR 三者的关系

资料来源：张翀 . AR、VR、MR：一张关系图，弄清三个"R"［EB/OL］.［2017-04-28］. 人民网—人民日报新闻研究网，http：//media. people. com. cn/n1/2017/0428/c404465-29244061.

持着对物理身体本体的连接和依赖。因而原本以"真实生活的身体"为基础的狭义和广义的人与技术的具身关系的界定受到了挑战。为此，芬伯格批判了唐·伊德建立在虚拟身体基础上的技术离身的观点。芬伯格认为，我们当下的互联网生活，其实质是一种虚拟具身化（virtual embodiment）的生存。身体被置于和参与由网络技术所创设的虚拟情境中并展开意义互动。在芬伯格看来，使用电脑、手机的线上交流与使用笔进行的线下交流是等同的，均未超出唐·伊德所谓的"具身关系"范畴。换句话说，芬伯格认为，技术具身性并非仅仅指物理身体的具身，创设了虚拟身体的技术同样可视作一种虚拟的具身性媒介。因此，在芬伯格看来，唐·伊德严格区分人与非人、真实与虚拟的还原论（reductionism）倾向在智媒时代是站不住脚的。①智媒时代也是媒介深度融合、万物智联的时代，由此带来一系列边界的模糊和消融。因而，虚拟与实在总是相互关联、融合交互、彼此映射的。人工智能机器人、人脸识别、智能可穿戴设备、虚拟现实等技术的不断涌现也提醒我们要不断检视唐·伊德的技术具身理论。据此，我们需要在后现象学的视域下，结合智媒技术发展的现实情境对唐·伊德的技术具身理论在继承的基础上加以修正、拓展和超越。

（二）媒介具身性的多重内涵

大众传播是以大众媒介为主的传播，在智能传播时代则以智能媒介为主导。广义的智能媒介是指以人工智能技术为核心的技术物。智能媒介不仅能够模拟人类智慧，也能够模拟人类情感。从某种程度上看，智能媒介可被视作一种"类人"，因而在智媒时代的具身传播研究范式下，智能传播不仅是理性的过程，还是情感的过程。智媒具身性中的"身体"不仅指物理态身体（唐·伊德所谓的"真实生活的身体"），也包括网络态身体（唐·伊德所谓的"虚拟的身体"）。在智媒时代媒介化生存的语境下，具身的本质体现为与身体的连接，并且身体与这种连接具有互塑关系。这种连接关系中包

---

① 刘铮. 虚拟现实不具身吗？——以唐·伊德《技术中的身体》为例 [J]. 科学技术哲学研究，2019（01）：88-93.

含了亲身在场、身体的隐喻投射两种直接和非直接的具身关系。因而，智媒具身性具有多重内涵（见表5-1），既包括实在具身性（real embodiment），也包括虚拟具身性（virtual embodiment），二者彼此交互融合、辩证统一。智媒的实在具身性是指智媒嵌入人的真实生活的身体中，从而与人组成共生体并以联合主体的方式进行具身传播实践。如智能可穿戴设备犹如一层人体的"皮肤"媒介附着在我们的身体上，带来一种合并指向自我的身体体验和感知经验，并延展了我们的某项具体行动。[1] 当这种实在的具身体验成为人们日常体验的组成部分，智能可穿戴设备便因其"准透明性"而被视作身体的一部分。智媒的虚拟具身性指的是以数字化、网络化、虚拟化身体为基点的人媒的具身传播实践，此种虚拟身体是可复制和可修改的，但同时又保持着对身体物质本体感官的联系和依赖。换句话说，智媒的虚拟具身性是以实在具身性为前提和基础的，是一种隐喻投射性的非直接具身关系，如网络游戏中的虚拟角色以及社交媒体中的自我虚拟形象、AI主播等。具身的智能媒介创造了一个实时形塑包括人类的移动性、心绪、信息的可供性等在内的特定环境，人与技术的双重逻辑与人在虚实世界中的双重行动交织互嵌。以智能手机为例，它不仅是一台智能机器，更重要的是它将人类的身体置于"特定物理的、虚拟的、精神的和情感的场景设置"[2] 中。这种物理与虚拟的双重具身性所带来的结果：一方面，人与媒介的关系超越了物理情境的关系限制，而具有了虚拟与现实的混合情境关系；另一方面，传播不再仅仅被视作理性的过程，来源于物理身体的情绪、情感等非理性因素越来越成为智能传播过程中的主导要素。在智能传播中，智能媒介日渐强调身体的知觉，尤其是触觉、嗅觉以及身体的运动图式在认知中的核心地位，从而通过对无身的、理性的视觉中心主义的超越恢复身体的主体性地位。

---

[1] 喻岚. 人和媒介技术的互动：一个再思考 [J]. 自然辩证法研究，2021（05）：42-47.

[2] Hildebrand, J. M. Modal Media: Connecting Media Ecology and Mobilities Research [J]. Media, Culture & Society, 2018（3）：352.

表 5-1　智媒具身性的多重内涵

分类一（以虚实关系为划分）	关系
直接具身：实在具身性（real embodiment） 间接具身：虚拟具身性（virtual embodiment）	1. 二者彼此交互融合、辩证统一 2. 虚拟具身性以实在具身性为前提和基础，前者是后者的隐喻性投射 3. 亲身≠具身 4. 在场/缺席≠具身/非具身
分类二（以人媒关系为划分）	知觉结构（媒介作为居间中介）
具身关系（embodiment relations）	（身体—媒介）→世界
诠释关系（hermeneutic relations）	身体→（媒介—世界）
背景关系（background relations）	身体—（—媒介）→世界

　　因此，对智媒具身性概念的澄清和界定，将有助于减少和消除当前具身传播研究领域相关概念系统混乱的状况。首先，智媒具身性的双重内涵表明了"亲身≠具身"，因为具身除了包含真实身体的直接具身（实在具身），还包含间接具身，即虚拟具身；其次，智媒具身性的概念消解了身体的"在场"与"缺席"这一对传统范畴。换句话说，智媒时代在具身传播研究范式下，"具身"与"非具身"替代了实在身体的"在场"与"缺席"。实在身体在传播过程中的"缺席"与否并不是判断"具身"与否的根据。因为，具身也可以是实在身体"缺席"下的作为实在身体的隐喻性投射的虚拟具身。

　　（三）智媒具身性的概念网络

　　在智媒时代，由于万物皆媒、万物连通、人媒共生的泛媒化特点，人与万物的存在并非由其客观物质性或主观精神性加以定义，存在的根本在于其媒介性，即以被媒介所架构的方式存在——媒介化生存①，这成为人在世存在的基本方式。换句话说，人与万物的生存实践无法脱离媒介，媒介形塑了人与物的存在。因而，在智媒时代具身性媒介成了一种生存型基础设

---

① 李智. 走向人伦主义的关系本体论——媒介深度融合进程中"媒介人"的人文主义思考 [J]. 现代传播（中国传媒大学学报），2021（01）：28-32.

施，构成了人在世存在的必要条件。具身性媒介成为智能传播过程中不可或缺的根本性概念，媒介具身性在智媒时代作为一种基石般的观念在运作。而具身性媒介与媒介具身性背后有三个关键性因素起到支撑作用，即智能媒介的连通性、移动性与交互性。可以说，具身的智能媒介正是建立在这三个特性基础上才得以在人与世界之间发挥知觉调节作用，离开了连通性、移动性与交互性的担保，媒介具身性便是"空中楼阁"，更谈不上智能社会人的媒介具身化生存。英国学者盖恩和比尔曾反对将概念视为彼此割裂的实体，为此他们在界定何谓"新媒介"时，用了六个与之相关的概念将新媒介整合为一个"有思想的技术"网络。[①] 借鉴这一概念界定的思路，本书试图将智能媒介的连通性、移动性、交互性这三个关键性概念整合进一个关于智媒具身性的概念网络中。换句话说，理解智媒具身性概念包含了对媒介连通性、移动性、交互性的深刻理解。下面将对上述三个概念进行逐一阐释。

1. 连通性（Connectivity）

从演化视角来看，社会是由人与人、人与物、人与组织三类基本关系演化而来。而在关系的演进中，无论是协同还是冲突，都内含有一个基本行动，即"连通"。连通的本质是人、物、组织之间的信息与物质的互动和交换。可以说，连通性是互联网的基础属性，网络技术为社会的变迁提供了外部条件。如果说前互联网时代连通性形构的是相对分割的人类社会、事物社会、组织社会[②]，那么5G建构下的智能时代则是人、物、组织、虚实环境混合交融的社会。

智媒时代召唤着身体及其知觉的回归，因而智能媒介借助互联网的连通性旨在打通关系，建立身体与物、环境之间的连通，将身体复归到具体的传播情境之中。实现智媒时代万物皆媒、万物互联的前提是将身体、物、环境全面网络化、数字化，从而接入虚拟空间，实现虚实空间的互联互通。而身

---

① 〔英〕盖恩（Gane, N.），〔英〕比尔（Beer, D.）. 新媒介：关键概念 [M]. 刘君，周竞男，译. 上海：复旦大学出版社，2015：116.

② 邱泽奇. 连通性：5G时代的社会变迁 [J]. 探索与争鸣，2019（09）：41-43.

体、物、环境自身的物理限制决定了其必须以媒介为中介将其转译为网络化形态，主体便可在虚实空间建立和处理跨越时空的错综复杂的关系。可以说，智能媒介的连通性打开了身体的边界，使身体经由作为中介的媒介与外部世界融为一体。智能媒介的连通性是移动互联网、网络协议、5G、Wi-Fi等网络基础设施和技术的协同支持。

连通性使人、物、环境经由智媒的转译而整合进网络空间中并形成彼此内部和彼此之间的互联互通，创造了网络虚拟空间和现实物理空间的趋同融合。连通性大大拓展了身体的自由空间，在促使身体网络化而克服身体的物理障碍的同时，又保持了与物质肉身的关联。因而，智媒的连通性特征是对智媒具身性的基础性支撑。换句话说，智媒具身性是以连通性为前提要件的。

2. 移动性（Mobility）

传统认为，移动性仅关涉空间和时间，指人或物"横跨、凌越和穿越空间的移置"①，或是指对过去、现在、未来的跨越和对当下多重时间的切换和并置。而英国人文地理学家彼得·艾迪（Peter Adey）认为移动性还是一种动态的关系，是"跟世界产生关联、参与，并在分析上理解世界的方式"②，是对个人、他人以及世界的定位。因而移动性也具有社会性。可以说，移动性构成了当今世界的关键成分。③

克莱·舍基（Clay Shirky）认为互联网是数据在点与点之间移动的一套协议。移动互联技术则将人与物从物质空间连接进互联网空间成为一个点。④ 在此基础上，智媒时代媒介的移动性表现在物理移动和虚拟移动及

① 〔英〕彼得·艾迪（Peter Adey）. 移动［M］. 徐苔玲，王志弘，译. 台北：群学出版有限公司，2013：18.
② 〔英〕彼得·艾迪（Peter Adey）. 移动［M］. 徐苔玲，王志弘，译. 台北：群学出版有限公司，2013：xviii.
③ 〔英〕彼得·艾迪（Peter Adey）. 移动［M］. 徐苔玲，王志弘，译. 台北：群学出版有限公司，2013：16.
④ 〔英〕库尔德利（Couldry, N.）. 媒介、社会与世界：社会理论与数字媒介实践［M］. 何道宽，译. 上海：复旦大学出版社，2014：2.

其所生成的场景关系之间的交织互构：一方面，媒介物理形态的微型化使其易于随身携带而发生物理位移；另一方面，移动互联网作为基础设施保证了媒介随时随地将人与物、环境连接并入虚拟空间，由此产生了卡斯特所谓的新型的人类行动，即"物理移动的同时又与世界万物保持网络化关联"①。这些移动媒介小巧且价格低廉，具有随时随地"嵌入几乎任意的客体而不被察觉"的潜能。② 这种移动性使媒介"无处不在"而又"无形"（准透明），使人与生存环境之间的传统界限模糊化，"身体与城市的信息和物质结构交织在一起"③。人们借由具身性媒介的移动性来协调"身体—主体"的空间位置（包括物理空间与虚拟空间）、时间配置以及处理因移动性而实时邀约和聚集的场景化关系。我们可以将具身性媒介的这种复合移动性称为由赛博身体在"物理—虚拟"空间中展现的超物质性的"赛博移动性"。④

可以说，媒介的移动性打破了长期以来身体被视作传播过程的物质障碍的观念，在赛博移动性的支持下，具身性媒介使身体不再是传播的障碍而可以在物理和虚拟的时空中自由穿梭。因此，智媒的具身性具有了物理和虚拟的双重移动性。

3. 交互性（Interactivity）

从根本上说，交互性主要指人机的沟通互动，即人机交互（Human-Computer Interaction，简称 HCI）。交互性以模拟和制造类似人际交流的交互能力而著称。⑤ 交互性暗含着一种将技术智能化、人格化的趋势。交互性是

---

① Castells, M. Space of Flows, Space of Places: Materials for a Theory of Urbanism in the Information Age [M]. In Graham, S. (Ed.). Cybercities Reader. London, UK: Routledge, 2004: 87.

② Thrift, N. Knowing Capitalism [M]. London: Sage, 2005: 222.

③ 〔英〕盖恩（Gane, N.），〔英〕比尔（Beer, D.）. 新媒介：关键概念 [M]. 刘君，周竞男，译. 上海：复旦大学出版社，2015：62.

④ 戴宇辰，孔舒越. "媒介化移动"：手机与地铁乘客的移动节奏 [J]. 国际新闻界，2021（03）：58-78.

⑤ Kiousis, S. Interactivity: A Concept Explication [J]. New Media & Society, 2002 (3): 355-383.

智能媒介较之以往新媒介的最显著的特点，即要将人媒交互营造为一种类似在真实世界里的人际交流的镜像。而交互界面是实现人与机器（媒介）顺畅交流的中介和基础，"它向双方呈现信息，使彼此了解对方"①，即通过交互界面将人的语言和机器的语言进行互译，以促使人机在彼此理解的基础上采取行动。因而，交互界面是人机之间基于语义学层面的一种操控关系，重在意义和表达而非物理力量。② 交互界面作为"一个新兴的人/机关系的枢纽"③，推动了人类身体与智能媒介之间的信息流动④。智能媒介的交互性对传统传播中硬件/软件、身体/媒介、物理/虚拟、物质/非物质等一系列二元对立的概念提出质疑，从而在二元论中开辟出一个可协商的空间，使媒介理论的关注焦点从网络结构转向不同系统、身媒之间的联通何以可能这一问题。⑤ 与此同时，交互界面作为一种物质形态揭示了人机（媒）交互中界限关系的变迁过程。⑥ 可见，在智媒时代，智能媒介的交互性离不开对人类身体及意识的连接和转译，是对媒介具身性的技术支撑和体现，与媒介具身性在逻辑上是同构的。

　　连通性、移动性、交互性在技术上是一个递进过程，三者又协同支撑着智能媒介的实在具身性和虚拟具身性的交互，如图5-2所示。如果说，前网络社会为了拓展人类的自由空间，身体是传播必须克服的障碍，那么在智媒时代，具身性媒介的连通性、移动性、交互性使身体不再成为物质障碍而变为日常传播实践中不可缺失的基础性物质条件。可以说，智媒时代呼唤身体和知觉的回归，并将人际传播视作人与人、人与机器

---

① De Souza e Silva, A. From Cyber to Hybrid: Mobile Technologies as Interfaces of Hybrid Spaces [J]. Space and Culture, 2006（3）: 261-278.

② Johnson, S. Interface Culture: How New Technology Transforms the Way We Create and Communicate [M]. New York: Basic Books, 1997: 14.

③ Poster, M. The Second Media Age [M]. Cambridge: Polity Press, 1996: 21.

④ 〔英〕盖恩（Gane, N.），〔英〕比尔（Beer, D.）. 新媒介：关键概念 [M]. 刘君，周竞男，译. 上海：复旦大学出版社，2015: 53.

⑤ 〔英〕盖恩（Gane, N.），〔英〕比尔（Beer, D.）. 新媒介：关键概念 [M]. 刘君，周竞男，译. 上海：复旦大学出版社，2015: 64-65.

⑥ 〔英〕盖恩（Gane, N.），〔英〕比尔（Beer, D.）. 新媒介：关键概念 [M]. 刘君，周竞男，译. 上海：复旦大学出版社，2015: 11.

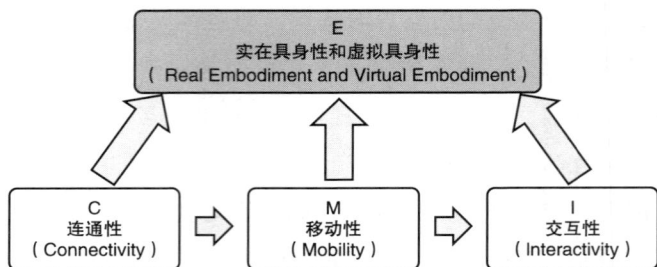

图 5-2 智媒具身性的概念网络关系

（媒介）的理想交流形态。如果说，主流传播研究是以大众传播研究为主导并逐渐将人际传播边缘化，那么智媒时代的具身传播研究重在关注人机（媒）关系，因而以人机传播为主，而人机传播又是以人际传播为沟通交流的理想原型。这预示着人际传播将在智能技术情境中再度复兴。

三 具身传播主体——作为混合行动者的媒介人

按照传统理解，主体一般指实际行动的人，是相对于作为客体的物而言的；主体性则是主体在行动中体现出的自主、自控、自决及其交互等特性。① 而人类主体性的建立与媒介技术的变革密不可分，以至于每一次技术革命的背后都隐藏着一场主体性质的观念革命②，每一次媒介技术的变革都是人类主体性的显现，同时对人类主体性施加影响。如果将语言视作人类的第一次媒介革命，这一变革的结果便是将人与动物区别开来，建立了人类原初的主体性；以文字为代表的第二次媒介革命则创造了可供传承的书面文化，增强了人类主体的历史意识和逻辑思维能力；以印刷术为代表的第三次媒介革命带来了人类知识的普及，彰显了文本与主体性的关系；以电报、电话等电子媒介为代表的第四次媒介革命首次实现了人类即时性的远程交流，

---

① 夏德元 . 电子媒介人的崛起——社会的媒介化及人与媒介关系的嬗变 [M]. 上海：复旦大学出版社，2011：84.

② 陈卫星 . 媒介域的方法论意义 [J]. 国际新闻界，2018（02）：8-14.

226

促使人们深入探究电子传播技术与人类主体意识的关系；以计算机、互联网、人工智能为代表的第五次媒介革命为人类创造了一个数字化世界以及一种全新的交互主体。① 可见，媒介深刻地改写着人的主体性。因而自从网络社会崛起，传播的主体较之大众传播时代发生了根本性变化，主要体现在以下两个方面。一方面，从总体上说，大众传播是一种单向性的权威型传播过程，传播主体可以明确分割为传者和受者，后者又称为"受众"，相较于传者，受者较为被动。而在网络社会，随着社交媒体的出现，卡斯特所谓的"大众自我传播"日益整合为人们的日常传播习惯，传播主体已无法泾渭分明，传者与受者合二为一。另一方面，大众传播语境中的传播主体是指人或媒体组织、机构，指向的仅是一种人的运作。而在网络社会尤其是智媒社会，人机的界限正在消融，涌现出一种人机协同共生的新型传播主体。新型传播主体不再局限于人类，人类不再对完整的自由主体性享有特权，主体也可由非人类（如社交机器人等）或人与非人的共生体（如赛博人等）担当。

学者们曾用不同的概念对这种人机互嵌的新型传播主体进行指称。早在20世纪80年代，唐娜·哈拉维就曾用"赛博格"（或称"赛博人"）来形容无机物机器与有机生物体的混合体。赛博格在本质上打破了人与非人、物质与非物质、有机物与无机物等一系列跨越关系。在她看来，没有任何客体、空间或身体与生俱来就是神圣的，只有提供合适的标准、编码并以某种通用语言来转译，任何上述部分才皆可彼此交互。② 从更广泛的层面来看，学界将这种经由技术加工或信息化、数字化而突破了自然人或生物人界限的"人工人"称为"后人类"，赛博人便是后人类的代表。沿袭哈拉维的观点，海勒进一步将赛博格区分为以人造皮肤、电子心脏起搏器等为代表的"技术意义上的赛博格"和以电子游戏玩家为代表的"隐喻性赛博

---

① 夏德元. 电子媒介人的崛起——社会的媒介化及人与媒介关系的嬗变 [M]. 上海：复旦大学出版社，2011：84.

② Haraway, D. Simians, Cyborgs, and Women: The Reinvention of Nature [M]. London: Free Association, 1991: 163.

格"。海勒始终强调，在人机相互构建的过程中，人类物质性身体对于赛博格具有不可脱离性，身体的物质实践始终优先于技术的变革力。① 此外，国内学者如夏德元曾用"电子媒介人"从现象学和传播本体论的角度概括道："生活于媒介化社会，拥有各种电子媒介，具备随时发布和接受电子信息便利，成为媒介化社会电子网络节点和信息传播主体的人。"② 孙玮则沿用赛博人的概念，将作为移动网络节点主体的赛博人看作后人类时代的媒介融合③，并认为传播主体随着技术的发展发生了从意识主体、"身体—主体"到智能主体的演变，呈现了传播与多种身体形式、多重在场方式的复杂关系。④ 杜丹则用"'身体—媒介物'共生体"一词来替换"赛博人"这一概念，并将其看作拉图尔意义上的混合行动者，将媒介具身视作"身体—媒介物"共生体的行动。⑤ 李智将媒介深度融合的过程看作人与媒介之间的互融，即"媒介的人化和人的媒介化"，最终二者相互趋近、互塑生成"媒介人"。⑥ 无论是赛博格、后人类还是电子媒介人、"身体—媒介物"共生体、媒介人，其本质均是描述人机互嵌后在本体论层面产生的实质性变革。因"媒介人"这一概念与传播学的学理关系更为紧密，故本书借用"媒介人"这一称谓来指代智媒时代智能传播的新型主体——媒介技术具身实践的行动主体。

智媒社会，外部世界早已大大超出了人自身的知觉范围，人必须以媒介作为中介来展开日常交往和生存实践。在媒介存在论看来，人乃是媒介性的存在者。⑦ 媒介具身实践即是人在智媒社会最根本的存在方式。社会则是依

---

① 〔英〕盖恩（Gane，N.），〔英〕比尔（Beer，D.）. 新媒介：关键概念［M］. 刘君，周竞男，译. 上海：复旦大学出版社，2015：107-108.

② 夏德元. 电子媒介人的崛起——社会的媒介化及人与媒介关系的嬗变［M］. 上海：复旦大学出版社，2011：63.

③ 孙玮. 赛博人：后人类时代的媒介融合［J］. 新闻记者，2018（06）：4-11.

④ 孙玮. 交流者的身体：传播与在场——意识主体、身体—主体、智能主体的演变［J］. 国际新闻界，2018：83-103.

⑤ 杜丹. 共生、转译与交互：探索媒介物的中介化［J］. 国际新闻界，2020（05）：18-34.

⑥ 李智. 走向人伦主义的关系本体论——媒介深度融合进程中"媒介人"的人文主义思考［J］. 现代传播（中国传媒大学学报），2021（01）：28-32.

⑦ 胡翌霖. 媒介史强纲领：媒介环境学的哲学解读［M］. 北京：商务印书馆，2019：45.

托对这些共有的具身实践的理解而被聚集起来的"一个具身化的与物质交织在一起的实践领域"①。毫无疑问，人本身即是在生活世界之中的行动者（actor）。在拉图尔看来，行动者并非仅指人类，非人亦是行动者，如作为非人的技术人工物可以通过"激励"或"抑制"人类行动者的行动而达到影响人与世界关系的目的。此外，唐·伊德在后现象学中发展了物质性的诠释学，目的在于使事物或物质实现自我"言说"②，暗含了一种技术物在人的知觉活动中作为"行动者"的主张。在拉图尔、唐·伊德观点的基础上，荷兰技术哲学家维贝克（Peter-Paul Verbeek）进一步提出人工技术物在道德上亦是行动者，技术人工物并非中立的工具，而其本身早在设计之初就内嵌着道德，并最终对人的思想和行为起到重要的调节作用（引导和规范），由此他提出"道德物化"理论，主张一种人与技术"杂交"的意向性，体现的是具体的技术物作为行动者与人类行动者通过积极的交融互构共同参与世界的建构，并在此过程中显现出物质性、实践性和道德性。③

　　总而言之，人类行动者绝不是"一种纯粹而毫无疑问的行动源"④，在智媒社会，人（身体）与智媒结合为行动的共生体，构成了智媒时代媒介技术具身实践的行动主体。这种"共生"关系体现在：一方面，人（身体）与媒介物融为一体、互塑共生，媒介物以身体的构造、需求、行动为想象和演化的尺度，而人的身体技术、知觉实践也因媒介物而延展、增强或制约；另一方面，这种"共生"关系意味着人与媒介的技术交互，其物质性载体则是各种人媒交互界面，如手机屏幕、人机操作界面等。⑤智媒时代，人以技术具身的"媒介人"为行动主体展开生存实践，在此

① 〔美〕西奥多·夏兹金，〔美〕卡琳·诺尔·塞蒂纳，〔德〕埃克·冯·萨维尼.当代理论的实践转向［M］.柯文，石诚，译.苏州：苏州大学出版社，2010：4.
② 〔美〕唐·伊德.让事物"说话"：后现象学与技术科学［M］.韩连庆，译.北京：北京大学出版社，2008：中译本前言2.
③ 史晨.技术哲学的第三次转向——维贝克道德物化思想的三重特征［J］.科学技术哲学研究，2020（05）：67-73.
④ Latour, B. Reassembling the Social: An Introduction to Actor-Network-Theory ［M］. Oxford, UK: Oxford University Press, 2005: 46.
⑤ 杜丹.共生、转译与交互：探索媒介物的中介化［J］.国际新闻界，2020（05）：18-34.

过程中，人与媒介以一种拉图尔所谓的"混合行动者"的方式互嵌互构，构成智媒时代的新型传播主体。当梅洛－庞蒂所谓的以人为落脚点的"身体—主体"演变为智媒时代以媒介人为落脚点的"（身体—媒介）—主体"时，后者也如同"身体—主体"一般，既是行动的主体，又是思维的主体、知觉的主体，是与外部世界打交道的具有媒介性的主体。毋宁说，从自然人到智媒社会的媒介人是由"一种朝向世界的存在"转变为一种经智能媒介"修正过的身体性存在"。① 从存在论角度看，媒介已经原初地介入和参与了人的自我意识的生产，媒介人便是作为一种人与媒介的交互主体调和了麦克卢汉"媒介即人的延伸"与基特勒"人即媒介的延伸"的观点分歧。

四　具身传播——媒介人的日常生存实践

库尔德利曾指出，若要探究人类如何凭借媒介生活，把媒介当作实践来思考是最佳的研究出发点。因此，他的媒介研究的实践路径"不是把媒介当作物件、文本、感知工具或生产过程"，而是在具体的行为情境中考察人正在用媒介做什么。② 这种以媒介实践为出发点的媒介研究，给予我们一种新的传播研究的启示和想象。因而在本书中，笔者始终立足于实践，将传播本身视作一种媒介实践。

具体来说，在前文中，笔者将具身传播定义为：但凡在具身性视角观照下的传播实践皆可称为具身传播，而将这种具身传播实践和经验予以概念化、理论化的过程便是具身传播研究。针对智媒社会，移动性的智能媒介将世界整合、置入我们的日常事务中，使"媒介弥漫在我们的感官中，我们对世界的感觉里充盈着媒介"③，万事万物的存在似乎皆可由媒介所定义，

---

① 〔美〕唐·伊德. 技术与生活世界：从伊甸园到尘世［M］. 韩连庆，译. 北京：北京大学出版社，2012：118.

② 〔英〕库尔德利（Couldry，N.）. 媒介、社会与世界：社会理论与数字媒介实践［M］. 何道宽，译. 上海：复旦大学出版社，2014：39.

③ 〔英〕库尔德利（Couldry，N.）. 媒介、社会与世界：社会理论与数字媒介实践［M］. 何道宽，译. 上海：复旦大学出版社，2014：1.

媒介性嵌入了人与物的本质属性范畴，媒介人的日常行动即为媒介具身化实践。换句话说，人的日常生活实践深度依赖"人的身体与媒介的结合来完成媒介化对实践活动的指令和定位"①。因而智媒时代的具身传播指的是媒介人的日常生存实践。这种实践包含着人与媒介的交互、媒介人与媒介人的交互、媒介人与物（包括环境）的交互等。智媒时代的生活世界便是作为行动者的媒介人的一系列生存实践的聚集。唐·伊德早已指明，借助技术把实践具身化"是一种与世界的生存关系"②。媒介人以"身体—媒介"具身实践的方式在世存在。身体是媒介化的身体，媒介是身体化的媒介。据此，"传播"不再是离身传播研究范式理解下的去身体化的信息流动渠道和表征，"传播"即是在一种实时邀约和聚集起来的关系与意义场域中的媒介人基于生存需求所进行的非表征性媒介操演和"身体—媒介"的日常交互实践。

我们可以结合现代人的媒介经验进行一次"思想实验"，试想一个都市媒介人的一天是怎样度过的。媒介人小 A 是一名普通的单身男性上班族。早晨 6：00 醒来，小 A 第一时间查看手机的来电、短信、微信、电子邮箱等信息，确认无要紧事需要处理后，他打开手机"健康管理"App 查看自己的"睡眠记录"，接着一边听新闻，一边做起床后的事情。早晨 7：30，小 A 准时挤上了地铁，上班途中的 1 个小时里，小 A 拿出手机刷微信朋友圈、刷微博、学习英语等。8：30 到公司后，小 A 打开电脑开始了一天的工作。他首先完成了上司交办的报表任务，然后在微信群、QQ 群、办公组群之间不停切换以保持与工作团队的沟通交流，他还给上司和客户打语音电话对接工作。一转眼到午餐时间了，小 A 在"某团"App 上点了个外卖，饭到后，一边吃饭一边追剧。午休时间，他打开手游玩了起来。14：00，小 A 开始准备下午的工作。他先用打印机打印了一摞会议资料，接着利用"腾讯会议"App 与客户进行了两场远程视频会议。18：00，

---

①　陈卫星. 智能传播的认识论挑战［J］. 国际新闻界，2021（09）：6-24.

②　〔美〕唐·伊德. 技术与生活世界：从伊甸园到尘世［M］. 韩连庆，译. 北京：北京大学出版社，2012：72.

小 A 终于下班了。他在回家的地铁上先在网络平台下单了蔬菜、水果，然后打开"喜马拉雅"App 听起了有声书。19：00，小 A 刚到家门口就看见订购的蔬菜、水果已经配送到了。准备晚餐时，他打开"网易云音乐"App，一边做饭一边听歌。19：30，小 A 再次开启了"吃饭+追剧"模式。21：00，小 A 打开健身 App"keep"，做了半个小时的有氧运动。22：00，小 A 洗漱完上床，他打开电子书开始睡前阅读。23：30，小 A 定好手机闹钟准备就寝。

以上便是我们再熟悉不过的一个普通现代人（媒介人）普通的一天，这也几乎是我们大多数人的日常缩影。媒介深刻地嵌入了小 A 日常生活、学习、工作的每一个场景。可以说，小 A 的日常行动深度依赖着媒介的中介化效应。而小 A 并非个案，小 A 代表着智媒时代媒介人典型的媒介化生活，揭示的是身体如何把日常需求通过将媒介作为中介转化为身体习惯。例如，当我们日常购物的时候，会习惯性地拿出手机登录"淘宝""京东""拼多多"等 App，购买日常的大部分消费品，包括粮食、蔬菜、水果、衣饰等；当我们日常出行，会习惯性地打开"百度地图""高德导航"等 App 进行路线规划，或使用"滴滴出行"App 直接打车；当我们日常选择乘坐公交车、地铁等公共交通工具出行时，只需拿出手机展示支付二维码，便可轻松上下车、进出站；当我们拥有闲暇的碎片化时间时，会使用各种 App 或小程序打发时间，如刷微博、刷朋友圈，以及刷抖音和快手短视频等；当我们工作时，总是离不开电脑、打印机等各种自动化办公系统；当我们需要解决"是什么"时，总是习惯性地求助"百度"等搜索引擎；哪怕当我们做家务时，也深度依赖各种智能电器。媒介不再是"抽象工具的运行"，而是具身地"嵌入了我们的习惯做法"。① 这些似曾相识的日常生活的媒介经验构筑了媒介人的生存实践，媒介的逻辑已经深度渗入人的生活逻辑，电脑、手机及各种

---

① 〔英〕库尔德利（Couldry, N.）. 媒介、社会与世界：社会理论与数字媒介实践〔M〕. 何道宽，译. 上海：复旦大学出版社，2014：48.

App、小程序等软硬件已经成为人日常生存的组成部分，并与人的身体融合互嵌。这一切描述生动地展示了人类的活动是"如何彻底地与技术交织在一起的了"[①]，而这种技术在当代表现为智能媒介技术。斯蒂格尔将媒介看作我们日常生活的"第三持存"，现代社会的人类更加需要以媒介作为中介来记忆、行动和生活。智媒社会既没有"去媒介化"的身体，也没有"去身体化"的媒介，人（身体）与媒介正走向深度互嵌和融合，媒介以具身的方式在人的日常生活中持续"在场"。因而，人的日常实践便是作为"身体—媒介"共生体的媒介人的日常具身实践，也可称为具身传播实践。

第二节　智媒时代具身传播再造新型
媒介时空形态

时间和空间历来是关涉人类存在的两个基本向度。早在古希腊时期，亚里士多德就将时间和空间纳入其关于客观存在所提出的十个著名范畴之中，康德则将时间和空间视作纯粹的直观形式。可以说，一定时期的时空观反映了人类一定阶段的认识论水平。哈罗德·伊尼斯曾指出，不同的文明孕育着不同的时空观，而不同的媒介具有不同的时空偏向。戴维·哈维（David Harvey）也曾认为不同的社会培养了不同的时间感受。[②] 继工业社会之后，人类便进入了一种充满着不确定感的、变动不居的液态社会。社会的一切都在以异质、不均、不可预期的形式加速流动。[③] 可以说，技术已经成为社会时空感知变迁的重要原动力。为此，孔拉德（Peter Conrad）曾将现代性归

---

① 〔美〕唐·伊德. 技术与生活世界：从伊甸园到尘世［M］. 韩连庆，译. 北京：北京大学出版社，2012：2.
② 〔美〕戴维·哈维. 后现代的状况——对文化变迁之缘起的探究［M］. 阎嘉，译. 北京：商务印书馆，2003：252.
③ Urry, J. Mobile Sociology［J］. British Journal of Sociology, 2000（1）：185-203.

结为时间的加速，艾利克森（Thomas H. Eriksen）直接将现代性等同于加速。① 罗萨（Hartmut Rosa）认为这种加速表征为科技、社会变迁、生活步调的三重加速。② 在这样的加速逻辑下，"一切坚固的东西都烟消云散了"，社会体现出后现代的无序特征。维利里奥（Paul Virilio）认为，加速的历史是一个从运输革命到传播革命再到生物科技的"移植"革命的发展过程。③ 可见，科技的发展是导致社会加速的根本动因之一。在罗萨看来，科技加速（包括生产、运输、传播的加速）改变了"在世存有"，改变了我们与世界的关系，即改变了我们与客体世界、社会世界和主体世界之间的关系，如图5-3所示。可以说，技术已经成为社会时空感知变迁的重要原动力。

针对传播加速，约翰·汤姆林森（John Tomlinson）指出，继电报、电话被发明以来，现代媒介就步入了加速轨道，以至于"新媒介""快媒介"这些词在大众话语中几乎成为一种同义反复的概念。④ 在媒介化社会，媒介加速的逻辑深刻影响和改变着人们对时空的感知，媒介正在重塑社会的时空观。在卡斯特看来，时间和空间是人类生活的根本物质向度⑤，网络社会则以时空的转变为特征，他用"无时间之时间"与"流动的空间"来形容网络社会因计算机网络技术而导致的传播加速的时空特征。⑥ 戴

---

① 〔德〕哈特穆特·罗萨. 新异化的诞生——社会加速批判理论大纲［M］. 郑作彧，译. 上海：上海人民出版社，2018：9.

② 〔德〕哈特穆特·罗萨. 新异化的诞生——社会加速批判理论大纲［M］. 郑作彧，译. 上海：上海人民出版社，2018：13.

③ 〔德〕哈特穆特·罗萨. 新异化的诞生——社会加速批判理论大纲［M］. 郑作彧，译. 上海：上海人民出版社，2018：14.

④ 袁艳. "慢"从何来？——数字时代的手帐及其再中介化［J］. 国际新闻界，2021（03）：19-39.

⑤ 〔美〕曼纽尔·卡斯特. 网络社会的崛起［M］. 夏铸九，等译. 北京：社会科学文献出版社，2001：465.

⑥ 〔英〕盖恩（Gane, N.），〔英〕比尔（Beer, D.）. 新媒介：关键概念［M］. 刘君，周竞男，译. 上海：复旦大学出版社，2015：20.

维·哈维同样将时间和空间视作人类存在的基本范畴①，他用"时空压缩"（time-space compression）一词表达了资本主义社会加速导致的时空变迁，并认为我们应当在社会行动中理解时间和空间。② 可以说，当我们进入智媒社会，媒介对时间和空间的改变较之大众传播时代更加深刻，"天涯共此时""天涯若比邻"不再是梦想而变为现实，智能技术创造了一种前所未有的时空坍缩，使"所有事物都在一致的去远性中堆叠在一起了"③。智媒时代的媒介人正处于"身体—媒介"共生体所创造的碎片化、即时化、拼贴化、无序化的复杂多维的时空关系之中，日益呈现个体化、多样化、情境化、交错并置的多重时空感知和体验。一言以蔽之，智能革命使超越于人自身知觉之外的世界在时空的向度中正以可见、可知、可感、可触的方式向我们敞开。

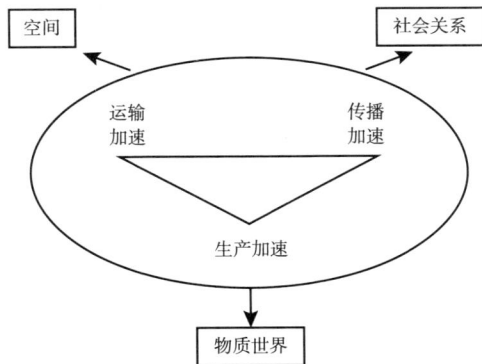

图 5-3　科技加速与我们的"世界关系"的转变

资料来源：〔德〕哈特穆特·罗萨. 新异化的诞生——社会加速批判理论大纲［M］. 郑作彧，译. 上海：上海人民出版社，2018：57.

---

① 〔美〕戴维·哈维. 后现代的状况——对文化变迁之缘起的探究［M］. 阎嘉，译. 北京：商务印书馆，2003：252.

② Harvey，D. The Condition of Postmodernity［M］. Oxford：Blackwell，1990：204.

③ 〔美〕戴维·J. 贡克尔，〔英〕保罗·A. 泰勒. 海德格尔论媒介［M］. 吴江，译. 北京：中国传媒大学出版社，2019：168.

一 智媒时间——人格化的点状云结构

媒介技术的发展首先外显为时间观念的变迁。卡斯特曾认为，人类本身体现为一种具身的时间（embodied time），人与社会皆由作为时间的历史所造就。① 网络社会计算机以远超人类感知极限的每秒 10 亿次的运算速度改变了人类对时间的感知，为人类锚定了一种新的时间定向——古德尔（Thomas Googale）等人称之为"计算机时间"。② 类似观点还有鲍曼提出的"软件时间"，认为一旦我们以电子速度跨越空间距离，瞬时性的"软件时间"则预示着空间的贬值。③ 在约翰·厄里看来，这种由计算机技术带来的时间的变革，即"即时性时间"，正取代着钟表时间④，以至于"那种从过去通向未来的连续性的感觉已经崩溃了，新的时间体验只集中在现时上"⑤。

为此，国内学者卞冬磊等人首先提出人类在经历了农耕社会以自然现象为经验参照的"自然时间"、工业社会以机械计量为参照的"钟表时间"之后，正步入信息社会的"媒介时间"。"媒介时间"的提出是建立在承认技术对时间的变革具有决定性作用的前提下，认为时间的技术标准流向了传播媒介，并揭示了媒介对时间变迁的推动作用。⑥ 卞冬磊等人进一步描述了人类时间结构的变迁（见表 5-2）。他认为农耕社会的以生命周期和实践感知为参照的自然时间是一种循环结构，工业社会的钟表时间则是一种抽离了身

① 〔美〕曼纽尔·卡斯特.网络社会的崛起〔M〕.夏铸九，等译.北京：社会科学文献出版社，2001：525.
② 〔美〕托马斯·古德尔，杰弗瑞·戈比.人类思想史中的休闲〔M〕.成素梅，等译.昆明：云南人民出版社，2000：148.
③ 〔英〕齐格蒙特·鲍曼.流动的现代性〔M〕.欧阳景根，译.上海：上海三联书店，2002：185.
④ 〔美〕约翰·厄里（John Urry）.关于时间与空间的社会学〔M〕//〔英〕布赖恩·特纳，主编.Black well 社会理论指南.李康，译.上海：上海人民出版社，2003：522.
⑤ 〔美〕詹姆逊.后现代主义与文化理论〔M〕.唐小兵，译.北京：北京大学出版社，2005：182.
⑥ 卞冬磊，张稀颖.媒介时间的来临——对传播媒介塑造的时间观念之起源、形成与特征的研究〔J〕.新闻与传播研究，2006（01）：32-42+95.

体、空间和实践的人造的、非人格化的、线性结构的标准计量时间，是一种由牛顿掀起的以绝对时间为组织原则的时间革命。对此，吉登斯（Anthony Giddens）、拉什（Scott Lash）、哈维（David Harvey）、厄里（John Urry）等都曾认同现代性意味着钟表时间对社会和空间的支配。① 而媒介时间则显现出后现代的特点，是在循环时间和线性时间的基础上，经过媒介技术的压缩、切割、分化、拼贴、组合等一系列操作后形成的散乱、断裂、无序的被卞冬磊等人称为"分子云"式的时间结构。媒介时间是时间的再度人格化回归，不仅与人和身体紧密相连，更重要的是对人的精神世界的渗透和影响。如果说，如麦克卢汉认为的那样，在工业社会作为一项度量技术（机器）的钟表生产出了标准化、模式化、可计算的秒、分、时等时间单位，时间经由统一加工后最终从人的经验节律中独立出去了，并慢慢渗透进人们的一切感知生活中，最终使工作、生活，就连吃饭睡觉也逐渐遵循了钟表的度量而非生物体的需要。② 那么，在媒介化社会，钟表对时间的霸权将让位于媒介。智媒时代的来临，将使具身的智能媒介取代大众媒介而重新定义媒介时间的结构和感知方式。卞冬磊等人在"信息社会"的语境下将媒介所造成的时间变迁整体界定为"媒介时间"，因而他们并未针对传统的电子媒介和数字智能媒介对于时间改变的差异进行区分，只是含混地将媒介时间的参考标准界定为以电视、手机为代表的传播媒介，将现代媒介技术对时间的改造笼统地称为"分子云"结构的媒介时间。事实上，信息社会自身具有不同的发展阶段，不同发展阶段对应着不同的媒介时代和内部存在着深刻差异的媒介时间。卞冬磊等人所提出的媒介时间的"分子云"结构更贴合智能媒介时间的结构特征，而非传统大众媒介（电子媒介）时间。当我们从大众电子媒介时代进入移动智媒时代，我们对媒介时间的感知发生了深刻变化。

---

① 〔美〕曼纽尔·卡斯特.网络社会的崛起［M］.夏铸九，等译.北京：社会科学文献出版社，2001：529.

② 〔加〕麦克卢汉.理解媒介——论人的延伸［M］.何道宽，译.北京：商务印书馆，2004：188.

表 5-2　人类时间结构的变迁总图式

时间类型	自然时间	钟表时间	媒介时间
参考标准	自然信息、实践劳动处于过渡期的日历	钟摆、手表、机器	以电视、手机为代表的传播媒介
形成基础	农业劳动，天文观察，神秘思维	钟表的普及，时区的统一	通信技术对时间的压缩，传播媒介对日常生活的普遍渗透
存在空间	人的身体	外部空间	精神世界
时间结构	循环	线性	点状
心理感受	缓慢	按部就班，急促	急促
社会基础	农业社会	工业社会	媒介化（信息、知识）社会
内部特征	循环、缓慢、神秘	均匀、独立、可测量	瞬间、零散、无序
社会特征	缓慢地循环，以事件为参考的生物性，过去的时间取向	人造的抽象性，线性流逝的急促感，可预测的计算性	时间结构的无序，作用于人的精神世界，关注当下的即时性
心理特征	推迟的满足	适时的回报	提早地享受
结构图式			

资料来源：卞冬磊，张稀颖．媒介时间的来临——对传播媒介塑造的时间观念之起源、形成与特征的研究［J］．新闻与传播研究，2006（01）：32-42+95．

丹麦学者夏瓦（Stig Hjarvard）曾以考察媒介对社会和文化的长期制度化变革所带来的影响即所谓的"媒介化过程"而闻名。以至于在过去的十多年间，"媒介化"日渐作为一种新的理论框架被用来探讨技术性媒介在文化和社会变迁中的角色和影响。[①] 夏瓦进一步指出，媒介化理论不同于以往媒介和传播研究中的两大传统，即着眼于"媒介对人做什么"（what do media do to people）的"效果范式"（effect-paradigm）和着眼于"人用媒

---

① 〔丹麦〕施蒂格·夏瓦（Stig Hjarvard）．文化与社会的媒介化［M］．刘君，李鑫，漆俊邑，译．上海：复旦大学出版社，2018：中文版前言 1．

介做了什么"（what people do with media）的受众研究（文化研究取向）。为此，媒介化研究将关注的焦点"从媒介参与传播的特殊实例转移到媒介在当代文化和社会中的结构变迁"。媒介在当代社会已经拥有了对社会现实和社会互动的条件模式进行界定的权力。[①] 在此基础上，针对算法、云计算、人工智能、虚拟现实设备等数字智能媒介对人的能动性的增强以及对社会基础设施的塑造，安德烈亚斯·赫普（Andreas Hepp）提出了深度媒介化概念，并认为深度媒介化是媒介化的高级阶段，即是一种万物媒介化时代。[②] 因此，在笔者看来，"媒介化社会"与"深度媒介化社会"比"信息社会"或"网络社会"的笼统提法更能准确概括当下媒介作为一种社会和文化实践的结构性条件的现实。媒介对社会、文化的这种结构性影响的典型表现便是对时间的改变。为此，本书将对于媒介时间的探讨放置在"媒介化"的社会语境下。考虑到印刷媒介时代基本上遵从和维护的是现代性的钟表时间，印刷媒介几乎成为现代性的一种合谋工具，而到了以广播、电视、电影等为代表的大众电子媒介时代，电子媒介对钟表时间发起了挑战，而以移动互联网、人工智能、算法等为技术核心的智媒时代则对钟表时间进行了彻底颠覆。因此，本书将大众电子媒介时代看作媒介化社会的初始阶段，而将媒介化程度更高的智媒时代看作深度媒介化社会。

从大众电子媒介到智能媒介的演化并不是一种进化的"连续统"，其运作方式、作用机制、功能特性、人媒关系等都表征为一些"突变"和"涌现"。因而，智媒时代并不是大众电子媒介时代进化发展的最新产物。毋宁说，智媒时代掀起了一场新的传播革命，是一种不同于大众电子媒介时代的全新的传播格局，二者所主导的媒介时间也具有深刻的差异（见表5-3）。大众电子媒介时间取代钟表时间而成为占支配地位的社会时间是

---

① 〔丹麦〕施蒂格·夏瓦（Stig Hjarvard）. 文化与社会的媒介化［M］. 刘君，李鑫，漆俊邑，译. 上海：复旦大学出版社，2018：3-4.
② 常江，何仁亿. 安德烈亚斯·赫普：我们生活在"万物媒介化"的时代——媒介化理论的内涵、方法与前景［J］. 新闻界，2020（06）：4-11.

建立在大众电子媒介日渐构成社会的结构性力量的现实基础上的，因而社会时间被广播、电视、电影等传统大众电子媒介所建构的媒介时间所主导。大众电子媒介时间来自媒介机构的操控：一方面，通过节目时刻表、黄金时间、广告时间等对受众时间进行编排、贩卖和操纵；另一方面，通过制造媒介事件、共享媒介仪式来创造时间的共在感和意义的认同感。受众身处大众传播单向度、弱交互、威权型、中心化、自上而下的媒介环境中，体验到一定的沉浸性与麻醉感，但因受节目版面、容量以及线性播出时间等限制，心理满足具有一定程度的延迟感。大众电子媒介时间表现出受传媒机构操控、相对可逆、线性偏向的特征，尽管其时间结构仍然属于迥异于自然时间的循环结构和钟表时间的线性结构的一种不规律、不稳定、碎片化的云状结构，但由于节目播出的线性特征总体上呈现一定的线性偏向。因而，我们可以将大众电子媒介的时间结构概括为"线状云结构"。可以说，从大众电子媒介时代开始，时间的技术标准逐渐被传播媒介所改写。

表 5-3　媒介化社会时间结构的变迁

类型	大众电子媒介时间 （媒介化社会）	智能媒介时间 （深度媒介化社会）
参考标准	以广播、电视、电影等传统大众电子媒介为主要参照	以智能手机、智能音箱、智能可穿戴设备、智能家居等智媒为主要参照
形成基础	在大众传播时代,大众媒介尤其是大众电子媒介日渐构成社会的结构性力量,媒介化社会得以形成	随着移动互联网、人工智能、大数据、虚拟现实等技术掀起新一轮的传播革命,万物皆媒、万物智联的智媒时代到来,媒介成为社会的基础架构,媒介化社会发展至深度媒介化阶段
作用对象	受众	日常生活的媒介人
作用范畴	精神世界、现实世界	精神/物质、现实/虚拟的一体化世界
作用空间	较明确的空间边界；相对固定的媒介场所	模糊的融合空间：随时随地、无时无刻、无处不在的具身作用,公私、虚实场景的交错并置

续表

类型	大众电子媒介时间 （媒介化社会）	智能媒介时间 （深度媒介化社会）
作用机制	来自媒介机构的操控：一方面，通过节目时刻表、黄金时间、广告时间等对受众时间进行操纵；另一方面，通过制造媒介事件、共享媒介仪式来创造时间的共在感和意义的认同感	来自个体与智媒的协同驯化，以媒介人的实际需求为导向，泛在化地渗透于日常生活的方方面面，具身地作用于媒介人的一切生存实践中
作用特征	单向度、弱交互、威权型、中心化、自上而下	具身交互性、泛在化、去中心化、节点化
时间特性	受传媒机构操控、相对可逆、线性偏向	以个体需求为导向的个性化拼贴、重组与定制，可逆、无序、多重向度交错并置、人格化
心理感知	有一定的沉浸性、麻醉感，同时受节目版面、容量及线性播出时间等限制，心理满足具有一定程度的延迟感	随时随地体验深度沉浸式的即刻满足而不易觉察时间的流逝，对时间的感知较为麻木
时间结构	线状云结构	点状云结构
时间图式		

　　智能媒介时间则表现出比大众电子媒介时间更为微粒化、混合化、无序化、个性化、人格化等的明显差异。如果说大众电子媒介时间是对钟表时间的有限反叛，那么智能媒介时间则是对钟表时间的彻底颠覆。智能媒介以两种形式造成时间的转化：一方面，智能媒介的计算和传输速度带来时间的同时性（simultaneity）和即时性（immediacy），从而将时间压缩到极致，以至于造成了时间序列和时间本身的消逝，即产生了卡斯特所谓的"无时间的时间"或"永恒的时间"①；另一方面，智媒时代更多地偏向媒介人的个性

---

① 〔美〕曼纽尔·卡斯特. 网络社会的崛起 [M]. 夏铸九，等译. 北京：社会科学文献出版社，2001：530.

和自由意志，以至于这种"个性化意志已经有了和专业媒体意志相抗衡的资本"①。因而，以媒介人的个体需求为导向进行的个性化拼贴、重组与定制的智能媒介时间表现出可逆、无序、多重向度交错并置、人格化等更自由地选择的特性。毋宁说，智能媒介时间是一种混合、多轨的时态，一种非循环、非线性的云状结构，是依人媒的实时关系情境而随机组织起来的散点化组合。换句话说，智媒世界创造了一种各种时态并行、混合、拼贴，无开端、无终结、无序列的永恒时间。智媒社会的文化无疑正是卡斯特所谓的"永恒—瞬间"的文化。② 这种智能媒介时间不再是一种来自外部专业媒体机构所"编排"和"强加"的时间，而是一种具身的、可供选择的时间"定制"和"组合"。通过依靠个体与智媒的协同驯化（如人与算法的交互和调试等），以媒介人的实际需求（包括生理的和社会的）为导向，泛在化地渗透于日常生活的方方面面，具身地作用于媒介人的一切生存实践中。因此，智能媒介时间随时随地、无时无刻、无处不在地包裹着媒介人，使之随时随地体验深度沉浸式的即刻满足而不易察觉到时间的流逝，对时间的感知较为麻木。如媒介人在刷抖音、快手等短视频的时候，常常感知不到时间的快速流逝。而日常的网络痕迹则构成了个体智能媒介时间的可视化标记和永恒记忆。与此同时，相比大众电子媒介时间主要作用于人的精神世界和现实世界，智能媒介时间则彻底打破了精神与物质、虚拟与现实世界的区隔而成为一种更为普遍的时间逻辑。其时间结构同样呈现了一种流动不定的云状结构特征。相比于大众电子媒介时间线性偏向、有限碎片化的"线状云结构"，智能媒介时间体现的是一种更加微粒化、散点化、人格化的"点状云结构"。

上述对智能媒介时间的判断，我们可以在韩裔德国哲学家韩炳哲关于后现代时间观念的论述中得到验证。作为研究海德格尔的专家，韩炳哲不可避

---

① 彭兰. 新媒体用户研究：节点化、媒介化、赛博格化的人 [M]. 北京：中国人民大学出版社，2020：223.

② 〔美〕曼纽尔·卡斯特. 网络社会的崛起 [M]. 夏铸九，等译. 北京：社会科学文献出版社，2001：561-562.

免地对时间进行探究，他曾在《时间的味道》一书中提出三种时间：神学时间、历史时间、现代时间。他认为神学时间是起源于古希腊的一种无限循环的时间观念，此时世界处于永恒轮回之中。此种神学时间与卞冬磊等人所谓的自然时间类似。所谓的历史时间与神学时间的循环机制相对立，是一种由基督教所定义的连续、非循环的线性时间，与卞冬磊等人指出的钟表时间异曲同工。现代时间则是由媒介技术全面介入后导致的一种碎片化、无序化、原子化的点状时间，使叙事整合遭遇瓦解。[①] 他认为现代媒介技术所带来的速率和效率打破了原本稳定的社会时间结构[②]，并一针见血地指出"网络时间是一种不连续的、点状的此刻时间"[③]。在他看来，这种此刻性不具有持续性，难以形成一种连续的历史。因而他把数字化时代遭遇崩塌形成无序点状的此刻时间称为"不良时间"。最后他将点状时间取代线性时间归结为一种从现代到后现代的范式转换。[④] 韩炳哲关于数字时代时间的论述与卞冬磊等人提出的媒介时间如出一辙。而本书提出的智能媒介时间则是媒介时间在当代的新型表征。

综上所述，本书认为媒介化社会的到来是导致时间的技术标准流向媒介的根本动因。而以广播、电视、电影等为代表的大众电子媒介对社会产生的强势影响使大众电子媒介时间取代钟表时间而成为媒介化社会初期占支配地位的时间秩序。而当媒介化社会发展至中高级阶段的深度媒介化社会——智媒社会，智能媒介时间就成为新的时间主导。因此，笔者在卞冬磊、韩炳哲等前期研究基础上，将媒介时间内部的差异区分为大众电子媒介时间和智能媒介时间，并将人类时间结构的演进分别表示为不同社会的三种占主导的结构模式：循环结构的自然时间（农耕社会）、线性结构的钟表时间（工业社会）以及云状结构的媒介时间（媒介化社会）。其中，本书又将媒介时间区

---

① 〔德〕韩炳哲. 时间的味道［M］. 包向飞，徐基太，译. 重庆：重庆大学出版社，2017：29-38.

② 〔德〕韩炳哲. 他者的消失［M］. 吴琼，译. 北京：中信出版社，2019：5.

③ 〔德〕韩炳哲. 时间的味道［M］. 包向飞，徐基太，译. 重庆：重庆大学出版社，2017：85.

④ 连水兴，陆正蛟，邓丹. 作为"现代性"问题的媒介技术与时间危机：基于罗萨与韩炳哲的不同视角［J］. 国际新闻界，2021（05）：158-171.

分为线状云结构的大众电子媒介时间和点状云结构的智能媒介时间，分别对应着媒介化社会和深度媒介化社会，如图 5-4 所示。自从进入工业社会，人类的时间秩序便表现出以某种占支配性的时间结构为主导、多种时间结构并存的特性。因而在智媒社会，虽然是以点状云结构的时间作为主要组织原则，但并不意味着自然时间、钟表时间、大众电子媒介时间的消逝。事实上，尽管"世俗的生物节奏已经被存在的抉择时刻所取代"[①]，但"取代"并不等同于"不存在"。因而智媒社会是一个以智能媒介时间为主导、多种时间结构并存的混合时间感的社会。

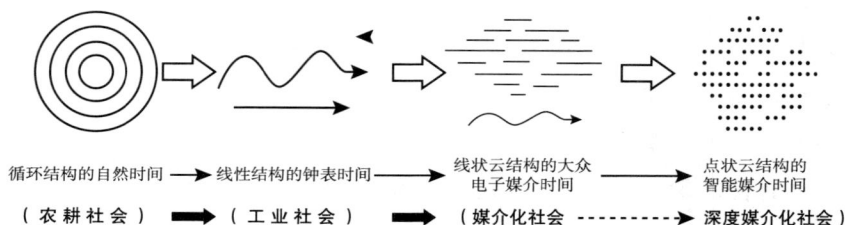

循环结构的自然时间 ➝ 线性结构的钟表时间 ➝ 线状云结构的大众电子媒介时间 ➝ 点状云结构的智能媒介时间

（农耕社会） ➡ （工业社会） ➡ （媒介化社会） ┈┈➤ 深度媒介化社会）

图 5-4　人类社会时间结构的演进

二　智媒空间——具身流动的复合空间

爱因斯坦的相对论将时间视作第四维度，并与空间一起组成四维时空结构。在人文社会科学领域，空间一般被看作死寂、僵滞、非辩证的，而时间是富饶、灵动、辩证的。因而大多数时候，时间普遍被认为既可以支配空间，也可以消灭空间。以至于福柯曾为空间鸣不平，认为这种长期以来对空间的低估应该受到批判。毋庸置疑的是，时间和空间总是紧密联系、相互纠缠、互为影响的一对范畴。"四方上下曰宇，古往今来曰宙"，中国自古有把时间和空间联系在一起的智慧。毫无疑问，现代媒介技术对时间或空间的改造必然带来另一方的改变。就空间而言，美国学者韦斯（Dennis

---

① 〔美〕曼纽尔·卡斯特. 网络社会的崛起 [M]. 夏铸九，等译. 北京：社会科学文献出版社，2001：548.

M. Weiss）认为，现代技术创造了以赛博空间、虚拟空间为代表的新型空间类型，使人类赖以存在的空间及家园得以再生。①

不同于古典社会学认为时间支配空间的假设，卡斯特认为，网络社会恰恰是"空间组织了时间"②，造成了技术、社会与空间在彼此互动中形成复杂状态，并将这种网络社会占支配地位的新空间逻辑形式称为"流动的空间"③。按照社会学的观点，空间即"共享时间之社会实践的物质支持"。换句话说，空间具有把并存于同一时间里的社会实践集聚起来的能力——"同时性的物质接合（articulaticn）"，正所谓"空间是结晶化的时间（crystallized time）"。④ 在此基础上，卡斯特将"流动的空间"界定为"通过流动而运作的共享时间之社会实践的物质组织"，"流动"即是"在社会的经济、政治与象征结构中，社会行动者所占有的物理上分离的位置之间那些有所企图的、重复的、可程式化的交换与互动序列"⑤。"流动的空间"是支撑信息社会中支配性过程与功能的物质形式，并由通信网络基础设施、连接了特定地方的节点与核心、占支配地位的管理精英的空间组织三个层级构成。⑥ 卡斯特关于网络社会流动空间的观点很有启发性。我们不禁要问，当网络社会发展至中高级阶段的智媒社会时，这种占支配地位的流动空间将产生哪些变化？又是哪些因素在支撑这种空间内部的转变？

智媒社会的空间组织形式不只是流动的，还是场景化、复合化的。这种空间所集聚的不只是发生在同一时间的物质接合，亦可将不同时态的物质进行同时性接合；不仅可将不同物质从物理空间中脱离而在虚拟场景中接合，

---

① 杨庆峰. 符号空间、实体空间与现象学变更 [J]. 哲学分析，2010（03）：131-140+199.
② 〔美〕曼纽尔·卡斯特. 网络社会的崛起 [M]. 夏铸九，等译. 北京：社会科学文献出版社，2001：466.
③ 〔美〕曼纽尔·卡斯特. 网络社会的崛起 [M]. 夏铸九，等译. 北京：社会科学文献出版社，2001：468.
④ 〔美〕曼纽尔·卡斯特. 网络社会的崛起 [M]. 夏铸九，等译. 北京：社会科学文献出版社，2001：504.
⑤ 〔美〕曼纽尔·卡斯特. 网络社会的崛起 [M]. 夏铸九，等译. 北京：社会科学文献出版社，2001：505-506.
⑥ 〔美〕曼纽尔·卡斯特. 网络社会的崛起 [M]. 夏铸九，等译. 北京：社会科学文献出版社，2001：506-509.

还可将虚拟场景中的"物质—图像"映射和关联到实体性的物理场景中进行"再接合"。这种智媒空间对时间和实践的集聚形式不是固定不变的，而是根据人、物、环境而显示出高度实时化、情境关系化、虚实场景化的生成性特点。因而，智媒社会这种支配性的空间形态首先是一种流动的、虚实交叠融合的复合空间。

与此同时，这种流动的复合空间还是具身的。换句话说，智媒时代恢复了身体与空间的原始关系。从原初的意义上说，身体是知觉的起点，是任何知觉得以生发的基础。因而，身体亦是空间知觉的起点。正是有了身体这个原始空间坐标，人才有了方向、位置和空间感，才区分出远近、上下、左右、前后、高低等层级和秩序。海德格尔所谓的"指引联系"，即人是如何利用身体在寻视操持的实践活动中开启一个生存论的空间的。如"上面"即"房顶那里"，"下面"即"地板那里"等身体与实践空间的指引联系。①胡塞尔亦将身体视作客体经验的可能性条件，我们关于世界的一切经验都是以我们的身体为中介和前提的②，我们对空间的经验亦是如此。梅洛－庞蒂更是强调了身体的空间性是在实践活动中实现的，物亦是在人的身体知觉的定向中以一定的距离和角度来自我显现。毋宁说，身体是物得以显现的背景或界域。因此，任何物体的空间性都事先预设了以我的身体为基点的原始对应关系。"任何图形都是在外部空间和身体空间的双重界域上显现的"，换句话说，身体天生带有投射功能，能把身体自身携带的空间方位和身体与物体间所对应的空间关系运用到物体的定位中，这是客观空间得以形成的基础。③ 如果说在大众媒介时代，人作为主体更多的是被当作一个站在世界之外依靠大众媒介凝视世界的超越主体的话，在智媒时代，智媒的移动性和强具身性使媒介人得以作为行动者主体走入世界之中并直接从日常的具身操持中重获身体感和空间感。

---

① 张尧均. 隐喻的身体 [M]. 杭州：中国美术学院出版社，2006：64.
② 徐献军. 具身认知论——现象学在认知科学研究范式转型中的作用 [M]. 杭州：浙江大学出版社，2009：104-105.
③ 张尧均. 隐喻的身体 [M]. 杭州：中国美术学院出版社，2006：64.

在大众媒介时代,进步意味着征服空间,克服一切空间障碍,于是时间杀死了空间,身体亦被理所当然地视作传播的空间障碍,导致了作为原始空间坐标的身体与客观空间的疏离,空间与身体的关系被割裂而只能依靠想象来维系。例如,身处某一媒介事件中的受众是经由大众媒介营造的现场感、共时感来想象那些"远在天边"的作为共同体的成员。在智媒时代,虚实深度融合的复合空间中的具身实践使身体与空间的原始关系重新凸显。梅洛-庞蒂曾用帽子上的羽饰举例说明身体可以在空间中借助技术来超越自身的物理界限,从而使知觉得以拓展。唐·伊德直接指明了人对身体之外的物体的知觉可以借助技术工具作为中介而得以实现。① 如果说大众电子媒介片面地增强和延伸了人的视觉和听觉,靠想象增进了彼此间的认同感,却又因打破了感统的平衡而削弱了空间的具身性,那么智能媒介则促使我们"从认同转向行动"②,而这种行动首要地表现为日常生活的实践。智媒作为媒介人日常行为实践的中介则因重拾了身体的感觉平衡而可以将物还原于空间中来具身感知。例如,智能导航并不仅仅是一种图像的视觉性引导,而是将身体的物理位置关联进网络空间而成为一个虚拟化的节点,经由网络空间对身体方位和物理位置的定位、耦合、计算、规划后给出可随身体实时移动而实时变化的可视化的路线导引,媒介人通过在物理空间中移动身体便可突破身体的知觉限制,从而让作为客体的路径在虚拟空间中以可视化、场景化的方式完整地显现出其虚拟实体性,并借助身体的投射功能跟随规划后的路径行动。因而,智能导航是关于身体、位置(地点)、环境在复合空间中的一整套交互和运作,还原的是"身体—主体"对空间感知的基础定位,是依靠实实在在的身体移动和身体投射的媒介具身实践,而绝非单纯依靠大众媒介式的"图像+想象"。毋宁说,智能导航中的用户处于一种虚拟与现实联动的连续性空间之中,因而用户获得了双重身份——一种"身体—主体"

---

① 韩连庆.技术与知觉——唐·伊德对海德格尔技术哲学的批判和超越 [J].自然辩证法通讯,2004(05):38-42+37-110.

② 〔英〕盖恩(Gane, N.),〔英〕比尔(Beer, D.).新媒介:关键概念 [M].刘君,周竞男,译.上海:复旦大学出版社,2015:56.

可以"同时存在于现实空间和呈现空间中"① 的合理性，而这种主体的分裂性保证了不同空间的具身性。如果说，大众媒介被定位为一种人作为主体向外看世界的重要工具，那么智能媒介则是媒介人日常实践的必要中介。实践总是身体的实践，因而，智媒空间努力还原的是一种建立在日常实践基础上的具身空间，而绝非去身体化的空间。

可以说，具身的智媒空间所实现的正是人作为生物体本身所具有的强烈的生理需求，即"渴望我们的肉体在真实空间中运动，而不是在赛博空间中运动"。毋宁说，"赛博空间的世界需要真实空间"②。例如，虚拟现实技术所创造的便是一种虚拟的但却又允许真实进入的身临其境的人工环境。③ 媒介人通过置身其中与技术进行交互从而获得沉浸式的具身体验。这种技术广泛运用在一些 VR 体感设备上。如美国某所大学研发的可穿戴的 VR 体感游戏背心，其针对胸、腹、肩、手臂等身体部位内置了 16 个触觉反应区。每当游戏玩家在虚拟场景中被触碰、撞击或中枪时，身体便会受到触觉反应区所产生的刺激，从而获得真实的触觉感知。④ 可以说，在智媒技术的加持下，身体的知觉不是被抛弃的障碍而是重新作为重要的维度被关联、复制和延伸进网络空间，实现了物理现实与虚拟现实经由媒介人作为中介的具身交互。

智媒社会流动的空间是一种具身流动的复合空间，而支撑这种变化的卡斯特所谓的网络社会的三个层级也随之变化。一是作为网络社会基础架构的网络通信基础设施在技术上进一步智能升级，包括人工智能、物联网、算法、云计算、大数据、实时定位系统、虚拟现实、区块链等在内的一整套新的技术系统成为智媒社会新的技术基础设施。二是节点与核心不仅仅是与地方及地方经验相关联，每一个活生生的作为"身体—媒介"共生体的媒介

---

① 〔俄〕列夫·马诺维奇. 新媒体的语言［M］. 车琳，译. 贵阳：贵州人民出版社，2020：112.

② 〔美〕莱文森. 真实空间：飞天梦解析［M］. 何道宽，译. 北京：中国人民大学出版社，2006：xiii.

③ Heim，M. Virtual Realism［M］. New York：Oxford University Press，1998：7.

④ 唐娟，聂萌. 超越与回归：后人类与传播中的身体变迁［J］. 贵州大学学报（社会科学版），2021（03）：105-112+124.

人也是构成智媒社会的网络化节点,甚至在特殊事件中成为核心。与此同时,这种节点与核心并不是网络中孤零零的一个数据化的点,而是沟通虚拟与实在的关键点。尽管赛博空间向身体所处的真实空间发出了挑战,但保罗·莱文森指出,真实空间绝不会被赛博空间完全取代。① 事实上,智媒空间是一种虚拟与真实并存、穿梭、叠加之后的复合空间,是将现实空间(地方)和活生生的身体(人)进行交互作为关键性支撑的。三是占支配地位的管理精英的空间组织日渐被一种平台型基础设施及其算法所隐含的权力所取代,智媒社会中的意识形态与权力关系正是透过这些日渐形成垄断的平台型基础设施及其算法来形塑日常生活的秩序。如果说,在大众媒介时代,意识形态、资本等主要借助大众媒介及其机构自上而下的中心化运作机制实行对大众思想和行为的有目的的操控,那么在智媒时代,意识形态、权力、资本通过与平台型基础设施、算法、智能媒介物的技术设计等合谋,将更加隐蔽、更加微观化的权力运作方式通过具身媒介实践渗透于个体日常生活的方方面面。

三 新型智媒时空形态——"元宇宙"的崛起

人格化点状云结构的媒介时间与具身流动的复合空间的交织融合进而极致发展的结果便是一种智媒时代新型的媒介时空集合——"元宇宙"(metaverse)正在崛起。此概念最早出自尼尔·斯蒂芬森(Neal Stephenson)的科幻小说《雪崩》(Snow Crash),意指平行于现实世界并赋予人以虚拟身份的独立的虚拟数字世界。随着 Web3.0、5G/6G、VR/AR/MR、人工智能、区块链等媒介技术的发展,智媒时代"元宇宙"的内涵已经超越了原意,并迅速成为互联网公司追逐的风口。以 Roblox 为代表的在线游戏社交平台被公认为在游戏中搭建了"元宇宙"的雏形,该公司于 2021 年在纽交所成功上市,被称为"元宇宙第一股";脸书(Facebook)、腾讯等公司纷纷涉

---

① 〔美〕莱文森.真实空间:飞天梦解析 [M].何道宽,译.北京:中国人民大学出版社,2006:6.

足"元宇宙"业务，意欲定义和打造"元宇宙"时代。"元宇宙"正在从概念落地为现实，人类正创造着前所未有的新世界。

如果说，"元宇宙"最初仅仅是一个区别于现实世界、与现实世界平行并对现实世界具有映射作用的虚拟世界，依然是一种"虚拟—现实"的二元认知的话，那么，当下正在崛起的"元宇宙"则是打破边界的线上线下交织、虚实交互的一体世界。换句话说，万物皆媒、万物互联所形构的"元宇宙"世界既是虚拟的也是现实的，既是物质的也是意识的。清华大学新媒体研究中心将"元宇宙"定义为"整合多种新技术而产生的新型虚实相融的互联网应用和社会形态，它基于扩展现实技术提供沉浸式体验，基于数字孪生技术生成现实世界的镜像，基于区块链技术搭建经济体系，将虚拟世界与现实世界在经济系统、社交系统、身份系统上密切融合，并且允许每个用户进行内容生产和世界编辑"①。"元宇宙"因此被预言为互联网的终极形态，有着极致的沉浸感、超时空、超真实、虚实交互的消费、娱乐、工作、社交与生活体验，马化腾将其称为"全真互联网"，这不仅是一种新的社会形态，随之而来的将是新的文明。

且不讨论"元宇宙"究竟携带着多少互联网的商业泡沫，本书仅仅意欲征用"元宇宙"一词来概括和前瞻智媒社会的高级时空形态，这种正在崛起的"元宇宙"即是媒介人未来将遭遇的真实境遇，媒介人在智媒时代的高级阶段所身处其中的是虚实交叠、具身交互、全息沉浸的生活世界。如果说，胡塞尔最初用"生活世界"一词来指向人们生存其中的主体间交互的世界是我们原初的直观基地，那么到了数字智能化时代，这种"生活世界"是被智能媒介所包裹和渗透着的媒介世界。毋宁说，是被智能媒介改写了时空形态的"生活世界"，而正在崛起的"元宇宙"便是智媒时代高级阶段媒介人所要遭遇的全新的"生活世界"。作为行动者的媒介人的一切实践都活生生地发生于"元宇宙"之中，都将对世界在虚拟和现实两个维度上同时产生作用与影响。毋宁说，"元宇宙"就是媒介人行将遭遇的真实

---

① 清华大学新媒体研究中心.2020—2021年元宇宙发展研究报告［R］.2021.09.16.

世界。

然而,"元宇宙"并非一种永恒的意识世界,它仍然无法脱离现实物理世界的基础,无法脱离作为时间性存在的人及其身体,无法脱离人性,一旦脱离了这一切就脱离了意义和价值而成为一个缥缈的意识集合。换句话说,"元宇宙"并不能脱离人的主体性,尽管人并非唯一的主体,人不断将主体性让渡给非人,但这并不意味着人完全放弃主体性,人的主体性在"元宇宙"始终有其存在的必要,即对于人的价值和尊严的坚守。

保罗·莱文森认为,新媒介技术所带来的传播模式与人类前技术时代的传播模式(面对面交流)的契合度是决定这种媒介技术演进的重要力量。① 换句话说,媒介技术的演进与身体、人性等密切相关。汉斯·莫拉维克(Hans Moravec)所谓的人的主体性并不需要依附于物质实体,只要在技术上实现将人的意识上传到计算机系统中,人类便可以抛弃身体而得以永生的观点是站不住脚的。智媒时代的时间是具身的时间,智媒时代的空间亦是具身的空间,因而正在崛起的"元宇宙"是具身的世界。媒介技术去身体化的历史并未走得太远,具身性就在智媒时代重新显现,并彰显着人类的身体、人性及其价值和尊严。

第三节 智媒时代具身传播再造新型传播关系

在詹姆斯·凯瑞看来,传播学研究所关注的应该是我们是谁、对于他人来说我们是谁以及我们正在创造一个什么样的现实的问题。② 因而,传统传播关系涉及的是人与自身、人与人以及人与世界的关系。在这种传统视野下,作为技术的媒介及其附着的关系维度是被视而不见的。然而,唐·伊德

---

① 刘晗,龚芳敏. 保罗·莱文森媒介技术演进思想评析 [J]. 贵州大学学报 (社会科学版),2016 (02): 142-145.

② Carey, J. W. Technology As a Totem for Culture: And a Defense of the Oral Tradition [J]. American Journalism, 1990 (4): 242-251.

告诉我们，"从现实的人的观点来看，没有技术的生活世界至多是一个想象性的投影"，技术无论如何都能在世界之中找到其恰当的位置。① 若以媒介作为入射角，传播研究的焦点将转变为在媒介的塑造下我们是谁、对于他人来说我们是谁以及我们借媒介正在创造着怎样的现实。因而在"媒介转向"所塑造的传播关系中，媒介被视为一股重要的中介力量嵌入其中。毋宁说，媒介作为不可脱离的技术中介嵌入人与自我、人与人、人与世界的传播关系中。但总的来说，在大众传播时代及其之前的很长一段时间里，传播主要涉及的是人与人之间的沟通交流，而到了以媒介人作为传播主体的智媒时代，人与媒介、媒介与媒介之间的交互亦成为传播活动的重要组成部分。具身传播再造新型传播关系即是指媒介人与自我、媒介人与媒介人、媒介人与世界的传播关系，而智能媒介则以具身的方式影响着每一种传播关系的建构和形塑，如图 5-5 所示。

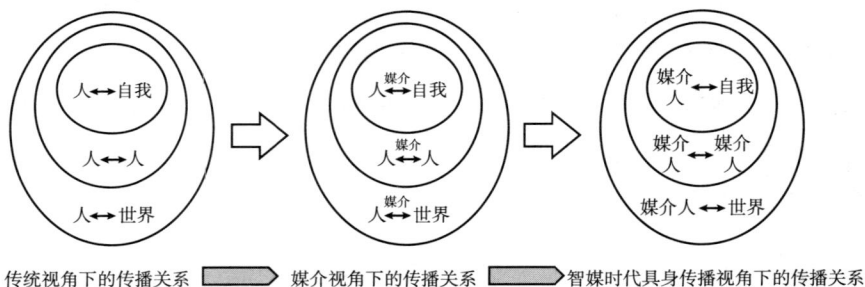

图 5-5　传播关系的变迁

一　流动生成中的媒介人及其自我交互

在海德格尔看来，此在是以"上手—在手"的操持方式存在的，因而此在并非处于确定的关系之中，而是处于生活的日常状态和时间性之中。而在智媒社会，此在是以媒介人的形式在世界之中存在的，我们在前

---

① 〔美〕唐·伊德. 技术与生活世界：从伊甸园到尘世 [M]. 韩连庆，译. 北京：北京大学出版社，2012：34.

述中将智媒社会中这种人（身体）与媒介以共生体的形式所构成的具身实践的行动主体称为智媒时代的新型传播主体——作为混合行动者的媒介人。媒介人亦并非一个封闭的共生体，毋宁说，媒介人首先是一种流动生成中的人媒关系体。这种流动生成性表现在两个方面。一方面，在万物皆媒的智媒社会，人并非仅仅和某一种特定的媒介组合成媒介人，如智能手机尽管如人类"义肢"一般存在，但它只是人类展开日常生存实践而"合作"最多的媒介之一。智能手环、智能手表、智能可穿戴设备、智能音箱、智能家居等皆可根据人类的实践需求而与人类实时组成行动的联合体。因而，媒介人概念本身所蕴含的人媒关系是一种实时化、场景化、情境化的动态组合的开放关系。这种组合也并不仅仅是"一对一"的组合（人与一种媒介的组合），更多时候是"一对多"的组合（人与多种媒介的组合），即"身体—媒介群"共生体。由于一个人究竟在什么时候、与哪种或哪几种媒介组合为媒介人是依据每个人的实时需求、所处情境、所展开的个体化生存实践而随机决定的，因而作为联合行动者的媒介人始终是动态生成中的。另一方面，媒介人的主体性也并非固定不变的，既不单独取决于人的主体性，也不单独取决于媒介的主体性，而是作为一种混合行动者在具身实践中所表现出的共同主体性，即媒介人的主体性来自人媒的互融互构。由于人与媒介的这种"构成"关系本身是处于动态流变中的，因而媒介人所呈现的混合主体性亦是一种不断建构又重组的动态随机的共同主体性。

与此同时，由于媒介人概念首要地体现为一种人媒关系体，并非实体概念，因而媒介人是一种隐喻性表述，并非从实体边界上进行界定，而是从关系层面上予以定义。换句话说，媒介人的"构成"关系并非仅仅指媒介对身体物理边界的实体性嵌入，如脑机接口等，还包括基于媒介功能与人的实际需求而在人体外发生的形式上的象征性组合，如具身的智能手机。如果说，脑机接口、芯片植入等技术实现了媒介以实体的方式嵌入人的肉身，此时媒介与人组合成了真正的实体性媒介人，那么，媒介在人的身体外部以具身的形式与人在形式上结成的行动共生体则是一种隐喻意义上的媒介人。从现实层面来看，媒介人更多地存在于隐喻层面而非实体层面。实体层面的媒介人由于是在物理意义上的结合而看似人媒关系是相对封闭固定的，但在日常生活中这种实体层面的媒介人依然需要与更多的外部媒介"再组合"，才能满足日常的生存实践需要。尽管实体层面的媒介人其内部结构是相对固定的，但因其外部在实践活动中又必然与其他媒介再组合为新的复杂多变的媒介人，因而实体层面的媒介人依然处于流动生成的关系之中。据此，我们说媒介人是一种开放动态的隐喻。

如果说，大众传播的主体（以人为落脚点）内部存在"自我传播"的形态，那么智媒时代的具身传播主体内部所呈现的媒介人的"自我传播"中除了"人内传播"外，还增加了一种"人媒传播"的维度。如果我们将媒介窄化理解为机器，那么即是"人机传播"。可以说，人机传播是媒介人的一种新型的自我沟通和交互方式。人类正面临人与机器将长期共存的现实，人机关系与人机传播将成为传播学未来最重要的研究面向之一。早在2012年，为了应对日渐普遍化的人类与智能机器之间的沟通交流现象，国外学者 Gunkel 就曾主张计算机辅助传播范式应向人机传播范式转变。而与其他传播模式相比，人机传播更注重个体层面的特殊性而非普遍性。[①] 若把人机传播视作媒介人的自我沟通，那么人内传播可视作人机传播的理想交流形态。若把机器与人看作两种对等的主体，那么人际传播则亦可看作人机传播的理想交流形态。无论是以人内传播还是以人际传播为理想参照，其目的皆是达到人与机器（媒介）的无障碍沟通和理解。从媒介人的视角来看，人与智能机器（媒介）的沟通交流即为媒介人的自我传播。换句话说，媒介人自身内部的传播关系既包括了作为生物体和社会体的人与自我的传播关系，亦包括了人与具身媒介的传播关系。简言之，媒介人的自我交互方式包含两个维度，除了传统的自我传播（人内传播）外，还纳入了人机（人媒）传播的新方式。

---

① 程思琪，喻国明. 人工智能技术路线的洞察与人机传播新范式的构建 [J]. 全球传媒学刊，2021（01）：19-34.

二　媒介人之主体间的交互

黑格尔曾指出，"不同他人发生关系的个人不是一个现实的人"①，海德格尔亦认为此在的本质即是"共在"。因而，在人的交往世界中不仅存在"主体—客体"的主客关系模式，亦存在"主体—主体"的主体间关系模式，后者是建立在前者基础之上的。如果说，主体性体现的是主客关系中的主体属性，那么主体间性体现的则是主体间关系中的内生性质。② 按照胡塞尔的说法，主体性是对自我的一种觉知，是一种第一人称的给予模式。然而主体的这种自身给予性总是以主体间性为中介而并不是直接给予的。毋宁说，人的交往世界是一种充满了主体间关系的世界，一种主体与主体共在、共享、交互的意义世界。按照拉图尔的观点，媒介亦可视作主体，因而媒介人作为一种人与媒介的共生性主体所体现的是共同主体性，这种媒介人的共同主体性是媒介人相对外部客体世界所体现出的主体性与人媒之间的主体间性的统一，是一种交互主体性。如果说，媒介人自身内部的主体间性体现在人机（人媒）交互过程中，那么媒介人外部的主体间性则体现在媒介人与媒介人的日常交往中。

如果说胡塞尔为了摆脱现象学陷入"唯我论"的困境而提出"主体间性"（亦称"交互主体性"），即是突破了作为主体的"我"的单一视野，从而把传统认识论中被对象化的客体转化为对等关系中的"另一主体"，那么实际上现象学就将所谓静态恒定的客观世界经由"主体间性"转化为一个由诸多主体共在、彼此交互的、可在不同主体视域中被加以经验和阐释的"共识世界"——交互主体性的世界。③ 而在智媒社会，人以媒介人的方式在世存在，人与人的交往体现为媒介人与媒介人的交往。因此，智媒社会人的主体性是以媒介人的共同主体性的方式存在，人与人的交往活动体现为媒

---

①　[德] 黑格尔. 法哲学原理 [M]. 范扬，张企泰，译. 北京：商务印书馆，1961：347.

②　郭湛. 论主体间性或交互主体性 [J]. 中国人民大学学报，2001（03）：32-38.

③　范龙. 媒介现象学：麦克卢汉传播思想研究 [M]. 北京：中国大百科全书出版社，2012：33-34.

介人与媒介人的主体间交互。可以说，智能媒介是以强势的本体姿态渗透到主体维度中。因而，如果说人与人的沟通活动被视作人际传播，那么媒介人与媒介人的沟通则是包含了人机传播的新型的"人际传播"——交互主体之间的传播。

与此同时，人是在与世界打交道的操持实践中认识和构成世界的。因而媒介人与世界的交流和沟通是建立在媒介人的自我交互（包括人内传播和人机传播）、媒介人与媒介人的主体间交互的基础上的，并体现为媒介人的日常生活的生存实践。因而智媒时代所创造的世界是人、智能媒介、物在实践中彼此交互生成的不确定性的世界。换句话说，媒介人的自我交互、主体间交互构成了媒介人与世界的交互。可以说，智媒社会所呈现的多层次、多角度的传播关系彼此连接、重叠、拼贴成一张拓扑关系网，并形构为一种实时邀约、汇集、生产各种关系和实践的媒介人的行动场域。智媒社会具身传播所再造的传播关系的实质是一种媒介人的实践关系。因而延森倡导，应重构当前传播研究的焦点，即从作为技术的媒介转向作为实践的传播。①

第四节　智媒时代具身传播研究进路：
一个基本分析框架

本书在第三章中已经论述了具身传播研究是根植于后现象学土壤，而后现象学又深刻体现了技术哲学的经验转向和美国实用主义传统，因而后现象学具有鲜明的技术实践倾向。因此，将实践作为传播研究的立足点和出发点，智媒时代具身传播研究所要探究的便是媒介人在生活世界中展开的一系列日常生活的媒介实践及其意义和影响。进一步来说，智媒时代传播学的研究进路将从主流传播研究开创的控制分析、内容分析、媒介（大众媒介及机构）分析、受众分析、效果分析转为关注媒介技术及媒介物、具身、媒

---

① 〔丹〕延森（Jensen, K. B.）. 媒介融合：网络传播、大众传播和人际传播的三重维度 [M]. 刘君，译. 上海：复旦大学出版社，2012：1.

介实践在生活世界中的现象学变更；研究目的也将从实现对大众的操控转为探究人与媒介的存在论关系，媒介人与社会、文化之间的相互建构过程及意义和影响。

一　"可供性"视角的引入

"可供性"（affordance）是一个和具身认知科学、现象学、技术哲学等紧密联系的重要概念。20 世纪 80 年代，吉布森就认为建立在身心分离基础上的行为主义心理学、完型主义心理学、实验心理学等存在不可克服的缺陷，他意欲用生态学的进路来统合身心，以此重构心理学。他对符号加工模式提出批评，并认为身体在知觉的形成中起着决定性作用，身体能力决定了知觉的性质，而知觉是全部心理学的支柱。为此，吉布森提出了"可供性"这一重要概念并最初意指"动物和环境之间的协调性"[1]。深入剖析可供性，可以揭示出可供性概念自身所隐含的多重内涵。第一，可供性暗含着一组关系范畴，体现为有机体与环境的关联属性，同时指向环境和有机体本身。[2]这一概念超越了"主—客""身—心"二分的认知论。如果用可供性视角来看待人与物的交互关系，那么可供性体现的是物所展示出来的客观物理属性以及有机体的主观能动性之间的互动关系。其中就涉及关于某物的知觉的形成，它不仅与该物本身能够提供什么样的刺激直接相关，同时取决于有机体自身的结构与能力。[3]可见，可供性涉及的是人的"知觉—行为"与环境资源的动态交互过程，这一过程不可还原为静止和被动的感知。第二，可供性暗含了一种实践倾向。实现可供性的过程既是有机体使用物的功能属性以满足自身目标和需求的实践的过程，也是这种实践结果反向作用于有机体对物的感知和使用行为从而形成新的可供性的过程。第三，可供性还暗含了一种内在的"限制"，即有机体与物在交互过程中互为条件、彼此制约、彼此给

① Gibson，J. J. The Ecological Approach to Visual Perception ［M］. Boston：Houghton-Mifflin，1986：127.
② 罗玲玲，王磊. 可供性概念辨析 ［J］. 哲学分析，2017（04）：118-133+200.
③ 叶浩生，主编. 具身认知的原理与应用 ［M］. 北京：商务印书馆，2017：24.

予。第四，可供性本身具有现象学意味，吉布森强调有机体的"知觉—行为"和环境之间的动态交互与梅洛-庞蒂关注的"身体—主体"与世界之间关系的知觉现象学有颇多共鸣。由于可供性关涉的人的"知觉—行为"是具身的，因而可供性概念中蕴含着具身性、情感性的面向。可供性与现象学为具身认知科学奠定了基础，影响了认知科学的经验转向。① 有学者曾主张将"affordance"翻译为"示能"，更有台湾学者将其翻译为"机缘"。无论是"可供性"还是"示能""机缘"，意在揭示的都是此概念内含的一种有机体、环境（包含物在内）之间的相互开启、相互揭示的实践关系。

可供性尤其擅于诠释人、机器、环境之间的互动关系以及理解在特定情境中人工技术物对个体行动者所给予的行为潜能。因而可供性关涉到人的生存路径和手段的可能性与有效性，据此可以对作为物的媒介与作为有机体的人（身体）在生存论上的交互关系作出有力阐释。因而近年来可供性概念被频繁引入人机关系的研究中用以调和技术决定论和社会建构论的二元对立。可供性概念中涉及的具身性、物质性与主客体对称性使其作为一种整合性视角为传播研究的"媒介转向"提供了新的理论启示和进路。② 如学者施洛克（Schrock，A. R.）提出"传播可供性"的分析框架用以研究移动媒介如何融入和改变日常生活实践③；学者莱斯等（Rice，R. E. et al）提出"媒介可供性"来描述行动者的潜在感知行为与媒介的潜在属性之间的关系④；潘忠党等则率先将可供性视角引入国内新闻传播学领域，并提出了生产可供性、社交可供性、移动可供性以及涉及 13 项可供力指标的媒介可供性构成框架（见图 5-6）。⑤

① 罗玲玲，王磊. 可供性概念辨析 [J]. 哲学分析，2017（04）：118-133+200.
② 孙凝翔，韩松. "可供性"：译名之辩与范式/概念之变 [J]. 国际新闻界，2020（09）：122-141.
③ Schrock，A. R. Communicative Affordances of Mobile Media：Portability，Availability，Locatability，and Multimediality [J]. International Journal of Communication，2015（9）：1229-1246.
④ Rice，R. E.，Evans，S. K.，Pearce，K. E.，et al. Organizational Media Affordances：Operationalization and Associations With Media Use [J]. Journal of Communication，2017（1）：106-130.
⑤ 潘忠党，刘于思. 以何为"新"？"新媒体"话语中的权力陷阱与研究者的理论自省——潘忠党教授访谈录 [J]. 新闻与传播评论，2017（01）：2-19.

基于可供性对人媒关系的强大阐释力以及可供性越来越引起传播学界的重视,可供性理应作为一种合理且必要的理论视角引入智媒时代聚焦人(身体)、媒介与世界关系的具身传播研究中,为后现象学分析路径增添一种有力的理论补充。

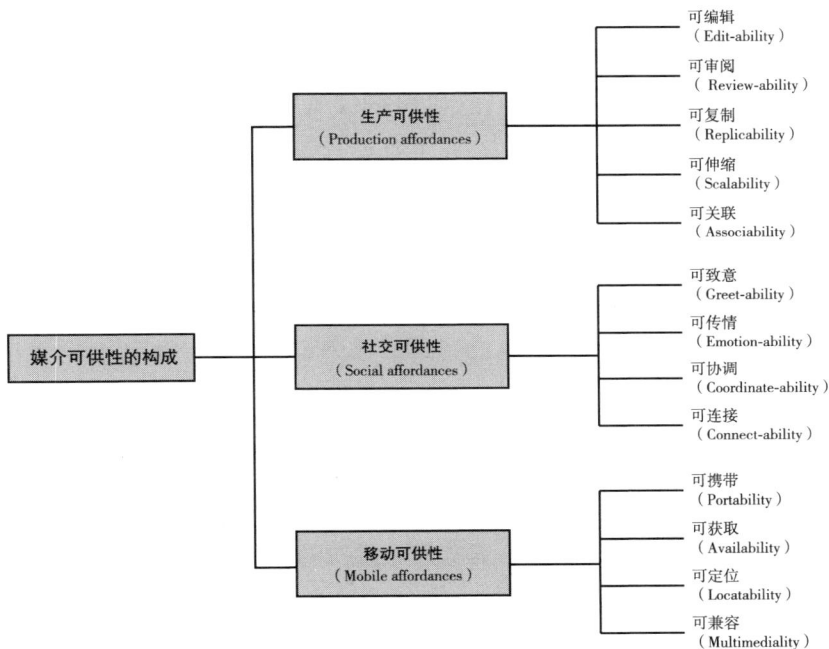

图 5-6 媒介可供性构成框架

二 一个基于可供性的现象学分析框架

我们可以将智媒时代的具身传播研究进路概括为一个基本分析框架,即在可供性视角下考察一系列媒介人的具身关系与"媒介人—世界"的具身实践之现象学变更。现象学变更最早源于数学中的变分理论,是一种用以确定本质及其结构的技巧,胡塞尔将其作为现象学本质直观的基本方法。他认为,若以不同的视角和方式想象事物便会发现本质的各种表现形式。因而,现象学变更也被称为"想象的变更"。梅洛-庞蒂进一步用胡塞尔的现象学变更方法发现了知觉的变更。唐·伊德更是将现象学变更提升到了后现象学方法论的核心地位。在对具体技术物的分析中，他所谓的技艺现象学即是用变更的方法去发现"人—技术"的含混关系中隐含着的各种结构性特征[①]，如中介关系模式、背景关系模式、它异关系模式等；而他所谓的文化阐释学即是利用变更的技巧去考察在不同文化背景下人们使用技术的不同方式。[②]他曾以不同国家、不同文化背景的人们对弓箭的使用为例，利用变更理论考察了技术的物质性、身体技巧、实践的文化情境等三重维度，发现在"人—技术—世界"中存在不同的变更及其差异，但变更的结果是浮现出一种同质多形的多元稳定结构、实践中具身的作用，以及不同的历史文化和环境中出现的不同结构的生活世界。[③]受唐·伊德技艺现象学和文化诠释学的启发，本书在此基础上提出智媒时代具身传播研究的总体分析框架，即现象学变更一和现象学变更二。

（一）现象学变更一：媒介人之具身关系变更

在智媒时代的具身传播研究中，首先需要考察身体与媒介的共生体之媒介人的具身关系变更。换句话说，即是要考察"身体—媒介"之具身关系是如何展开的、"身体—媒介"是如何结成行动者主体的。根据前面的论述我们已经确定了广义的媒介具身关系包含了唐·伊德所谓的中介关系（狭义的具身关系、诠释关系）和背景关系，分别对应着媒介人在生活世界中的三种具身关系之现象学变更：

变项 A（狭义的具身关系）：（身体—媒介）→世界

变项 B（诠释关系）：身体→（媒介—世界）

变项 C（背景关系）：身体—（—媒介）→世界

---

① 〔美〕唐·伊德. 技术与生活世界：从伊甸园到尘世［M］. 韩连庆，译. 北京：北京大学出版社，2012：77.
② 曹继东. 现象学与技术哲学——唐·伊德教授访谈录［J］. 哲学动态，2006（12）：31-36.
③ 〔美〕唐·伊德. 让事物"说话"：后现象学与技术科学［M］. 韩连庆，译. 北京：北京大学出版社，2008：24-25.

　　智媒时代的上述三组变更关系中身体与媒介的广义的具身组合均构成了媒介人。换句话说，无论是狭义的具身关系还是诠释关系，抑或是背景关系，身体与媒介除了它异关系外，均构成一种共生的媒介人关系。与此同时，在三组广义的具身关系之现象学变更中，媒介人具有含混性和隐喻性的双重属性。其中，含混性表现在两个方面。一方面，无论是狭义的具身关系还是诠释关系，抑或是背景关系，媒介与人的知觉都存在融合的趋势，媒介因此变得"准透明"而"抽身而去"。如在狭义的具身关系中，人借助体感设备来控制虚拟游戏中的角色而浑然不觉体感设备的存在；在诠释关系中，人从智能运动手环中读取能够判断身体是否健康的各项数据，因这种"读取"能力的习得早已成为一种经现代技术训练后构成的知识惯习而显得理所当然；在背景关系中，正常运转的智能扫地机器人在人无觉察的情境下退居为一种技术背景、场域等。以上均揭示了人（身体）与媒介在知觉上发生的各种现象学层面的融合和变更。另一方面，媒介物按照具身的方向即人的知觉和行为来形塑自身。如智能媒介总是朝着人更易理解、更易感知的趋势演进。与此同时，隐喻性体现在媒介人既包含无机物与有机物、媒介与身体在实体层面的互嵌和互构，如脑机接口、植入芯片等，还包含媒介与身体在形式、功能上而非物质实体层面的象征性组合，如智能手机之于人等。因而媒介人在本质上是一个关系类比概念，揭示的是一种媒介具身的隐喻性关系。

　　上述三组具身关系的现象学变更的结果并不仅仅是复制了人的身体知觉，而是在变更关系中展示了一种有关知觉的本质性的放大/缩小（magnification/reduction）的结构。换句话说，三组具身关系通过现象学变更在技术的物质性维度上放大（增强）与缩小（降低）了人对外部世界的知觉经验。这种放大/缩小的知觉同时产生了人对外部世界感知的解蔽与遮蔽效果。因而，"可见性""可感知性"成为一种隐含其中的权力关系。

　　此外，媒介与身体的具身组合并不是一种"强加"而是一种"耦合"，而可供性原则始终指导着这种"耦合"过程。换句话说，并不是任何媒介与人都能"强行"组合在一起而构成作为行动者主体的媒介人的，必然是此种媒介及其媒介性已经与人在功能上发生了"匹配"，在形式上产生了事实上的"具身"，在本体上构成了存在论关系。可供性原则保证了媒介物与人（身体）的彼此交互、相互开启、相互揭示，并导向对媒介物质性维度、身体知觉以及具身关系的三重聚焦。

综上所述，智媒时代的具身传播研究进路之一便是要在可供性视角下聚焦媒介人的物质性和身体性维度，并考察媒介人在生活世界中所呈现的各种具身方式以及不同的具身方式对人的知觉经验的调节及其影响。媒介人在生活世界中的具身关系变更如图 5-7 所示。

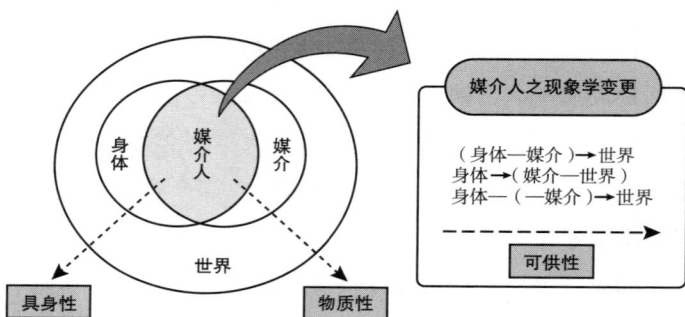

图 5-7　媒介人在生活世界中的具身关系变更

（二）现象学变更二："媒介人—世界"之具身实践变更

唐·伊德早就指出人类自伊甸园走入尘世便脱离了赤裸裸的知觉，知觉的技术具身性（embodiment）过程本身早已发生。因此他宣称："把我们和古人区别开的不仅是新的理论，而且是借助工具具身所实现的新近得到扩展的知觉。"[①] 如果说人类借助早期现代科学的光学技术（如望远镜）而知觉到了全新的世界，那么人类借助技术把实践具身化的普遍过程，其本质是一种与世界的生存关系。[②] 与此同时，这种借助人工技术物所实现的具身知觉

---

① 〔美〕唐·伊德. 技术与生活世界：从伊甸园到尘世 ［M］. 韩连庆，译. 北京：北京大学出版社，2012：60.

② 〔美〕唐·伊德. 技术与生活世界：从伊甸园到尘世 ［M］. 韩连庆，译. 北京：北京大学出版社，2012：77.

所发生的场域即是生活世界。① 而智媒时代的生活世界所呈现的最显著的特点便是充分展示了我们的日常生活如何彻底地与媒介技术交织在一起。可以说，智媒社会的媒介技术已经构成了人类生活的新的特殊环境。毋宁说，万物皆媒使人类的一切生存实践在智媒时代都打上了媒介技术的标签。因而，智媒时代具身传播研究的进路二便是要在可供性视角下考察媒介人在生活世界中的日常生存实践，即"媒介人—世界"之具身实践变更，如图 5-8 所示。

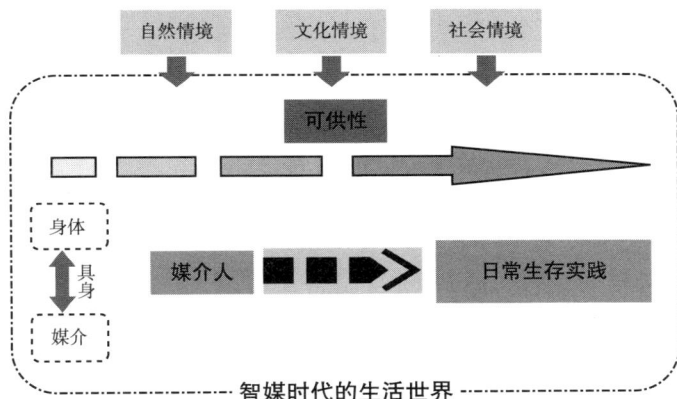

图 5-8　"媒介人—世界"之具身实践变更

不论是可供性还是具身性都不约而同地关注到技术的"情境性"这一属性。因而在现象学变更二中，我们首先需要关注的便是媒介技术物的使用情境。每一种媒介技术物都必然在与它嵌入的自然、文化、社会的关系情境中"成其所是"。将媒介性作为显著特征的媒介人必然是被置身于生活世界的具体情境中。我们需要在考察媒介人的具身实践中探究媒介人所处的具体情境及这些情境是如何作用于媒介人、媒介人又是如何反向塑造环境的，以及考察在此过程中权力和意识形态是如何渗透和运作的。

---

① 〔美〕唐·伊德. 技术与生活世界：从伊甸园到尘世〔M〕. 韩连庆，译. 北京：北京大学出版社，2012：61.

其次，不论是可供性还是具身性都不约而同地聚焦在技术的"实践性"这一属性上。因而，现象学变更二提示我们进一步关注媒介人的日常生活的具身实践。智媒社会人类的生存实践的形式是多样的、内容是千差万别的，因而具身实践的变更形式也是复杂多变的。但"同质多形"之变更可以帮助我们洞悉到背后所浮现出的一种多元稳定的含混结构，即"媒介人—世界"的具身实践本质———一种生存论关系。智媒时代具身传播研究的进路二便是要在"人—技术"的微观维度上进一步从宏观知觉的视角考察和聚焦媒介人与世界在生存论范畴产生的媒介实践的多样性及其对生活世界的建构意义。

（三）两种现象学变更之关系

技术对人知觉的影响不仅在于直接放大或缩小人对外部世界的知觉经验，当技术嵌入具体的社会、文化中，技术将形成一种宏观知觉的情境对社会、文化产生结构性影响。据此，唐·伊德在《技术与生活世界：从伊甸园到尘世》一书中提出了技术与生活世界的纲领1（技艺现象学）和纲领2（文化诠释学），二者构成了后现象学的理论核心。① 唐·伊德认为技术关于人对外部世界知觉经验的影响不仅在于"人—技术"（媒介人）层面的微观知觉的改变，还通过嵌入社会文化在"人—技术—世界"（媒介—世界）层面构成了作为宏观知觉的"技术—文化"情境。如果说，媒介人之具身关系的现象学变更是建立在唐·伊德技艺现象学的考察基础上，主要探索智媒技术所带来的个体的技术经验的改变，是一种在微观知觉层面上的探讨，那么"媒介人—世界"之具身实践变更则是建立在唐·伊德的文化诠释学基础上，不仅聚焦文化嵌入媒介的方式，还进一步拓展为整个情境（自然的、文化的、社会的）连同媒介技术嵌入后形成的媒介情境如何影响媒介人的构成及其日常生活实践以及建构了怎样的社会现实。现象学变更二便是要在

---

① 唐·伊德在《技术与生活世界：从伊甸园到尘世》一书中提出过技术与生活世界的三个重要纲领：纲领1是技艺现象学、纲领2是文化诠释学、纲领3是生活世界的形态。根据研究需要，本书借鉴了纲领1和纲领2，并在此基础上提出了智媒时代具身传播研究的总体分析框架，即现象学变更一和现象学变更二，分别从纲领1和纲领2推导而来。

变更一的基础上"把这种探究推进到技术和生活世界中,把关注的重点转移到宏观知觉领域中,这个领域也牵连到我们的身体"①。两种现象学变更之关系如图 5-9 所示。

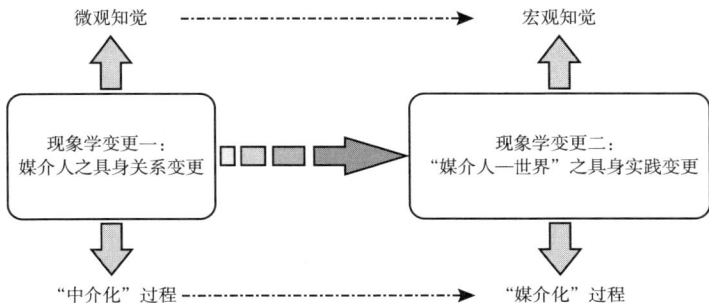

图 5-9 两种现象学变更之关系

在前述中,笔者已经介绍过丹麦媒介学家夏瓦在《文化与社会的媒介化》一书中提出了一种"媒介化"的新的理论框架,强调将研究焦点从"中介化"过程转向"媒介化"过程,即"考察媒介作为传播的载体(中介化过程)对文化与社会的长期制度化变革所带来的影响(媒介化过程)"②。如果对夏瓦和唐·伊德的理论进行迁移和关联性运用,我们发现"人—技术"的微观知觉的变迁恰好对应着媒介参与传播的短期的"中介化过程",而"人—技术—世界"的宏观知觉的变迁则对应着产生结构性影响的长期制度化的"媒介化过程"。因此,如果说媒介人的具身关系的现象学变更聚焦的是媒介技术所带来的人类微观知觉的变迁,而这个过程可看作夏瓦所谓的媒介的"中介化",那么"媒介人—世界"之具身实践的现象学变更则聚焦的是媒介作为社会和文化变迁的行动者,即媒介对当代文化和社会产生的结构性影响的"媒介化"过程。具体到智媒时代,现象学变更二则

---

① 〔美〕唐·伊德. 技术与生活世界:从伊甸园到尘世〔M〕. 韩连庆,译. 北京:北京大学出版社,2012:131.

② 〔丹麦〕施蒂格·夏瓦(Stig Hjarvard). 文化与社会的媒介化〔M〕. 刘君,李鑫,漆俊邑,译. 上海:复旦大学出版社,2018:中文版前言 1.

是通过作为行动者的媒介人的一系列具身实践考察其建构了一种怎样的生活世界形态。

综上所述，本书给出了智媒时代具身传播研究的一个总体性的初步分析框架，即在可供性视角下的现象学变更一和现象学变更二，分别从"人—技术"（媒介人）的微观知觉层面探讨媒介人的具身关系变更和从"人—技术—世界"（"媒介人—世界"）的宏观知觉层面探讨媒介人的具身实践变更。对智媒时代的具体的具身传播研究而言，我们可围绕具体的问题意识和研究目的选择性运用两种现象学变更，将其作为初步的分析进路，也可综合运用，以互为补充。由于本书聚焦的是作为"社会学范式"的具身传播研究，此种范式的主要任务并不是形成成熟的理论体系，而是揭示和明晰形成具体理论模型之前所具备的一种研究习惯。因而，本书提出的总体分析框架仅仅是在展开具体研究之前所提示的一种研究准备、需要抓住的研究方向和要点，正所谓在正式理论形成之前起作用的那股力量——一套具体的、可以捉摸的研究习惯。据此，该分析框架是作为智媒时代具身传播研究之"社会学范式"在常规研究阶段正式开启之前的研究指引。

第五节 智媒时代的例外状态：异化的媒介人

根据前文的论述，智媒时代的媒介人是一个概括"身体—媒介"共生体的广义的、开放的、关系隐喻性的概念。媒介人所蕴含的身体与媒介的关系趋向于一种"准我"关系，暗含着唐·伊德所谓的具身、诠释、背景三种关系模式。然而，唐·伊德还提出过身体与媒介的第四种关系模式，即它异关系，暗含着身体与媒介的"疏离"，其知觉结构表示为"身体→媒介—（—世界）"。在它异关系中，人不必然通过媒介指向外部世界。此时世界是作为一种情境和背景，而媒介是作为人与之相遇的前景和有焦的准它者出现。换句话说，在"身体—媒介"的此种关系中，媒介物是作为"它者的技术"呈现的。媒介物相对于人（身体）具有了"他异性"，是一种"准它者",从"准我"的共生关系转变为对象化关系。人与媒介物的对象化关系在海德格尔那里表现为"在手"状态,是媒介物因破损、故障等从"上手"状态中被迫中止,从而恢复了媒介物的不透明性。唐·伊德并不是完全从海德格尔的观点中引申出它异关系,他更多的是根据列维纳斯(Emmanuel Levinas)在其代表作《总体性和无限性》(*Totality and Infinity*)中对"他异性"的阐发而得到启示。列维纳斯将"他异性"看作"一个人与另一个人之间的根本区别",即我以外的其他人是作为他者而存在的,而人的"他异性"就体现在"一种伦理上的、面对面的相遇中"①。唐·伊德在此基础上作出了进一步修正和延伸,考察"技术如何和在什么程度上成为它者,或者至少成为准它者?"② 他首先对骑马与使用技术物这两种情境进行比拟,认为技术物所表现出的它者性比海德格尔所谓的"在手"状态所呈现的对象性要强,但比人或马这些"活物"所体现的他(它)者性要弱,因而这是一种"准它者"。此外,他还以陀螺为例,认为一旦陀螺被人驱使开始旋转后,人与陀螺之间的关系就不再局限于狭义的具身关系,陀螺犹如具有了生命一般,其运动轨迹处于各种可能的情境中而无法预测,从而显示出"准生机"的属性。据此,唐·伊德认为技术的它异性具有"准它者"和"准生机"特征。③ 在他看来,最能体现技术它异性的是以人工智能为技术特征的计算机。近年来,学界普遍为强人工智能阶段计算机获得自主意识即达到技术"奇点"后将对人的主体性原则进行彻底抛弃而担忧。这在智媒时代的具身传播研究中体现为对人媒主体性、人媒伦理性、工具理性与价值理性等的探讨。因此,媒介人的异化问题正成为具身传播研究中的一个重要问题得以浮现。

如图 5-10 所示,如果说当媒介物以完全透明或准透明的形式"嵌入"

---

① 〔美〕唐·伊德. 技术与生活世界:从伊甸园到尘世 [M]. 韩连庆,译. 北京:北京大学出版社,2012:102-103.

② 〔美〕唐·伊德. 技术与生活世界:从伊甸园到尘世 [M]. 韩连庆,译. 北京:北京大学出版社,2012:104.

③ 〔美〕唐·伊德. 技术与生活世界:从伊甸园到尘世 [M]. 韩连庆,译. 北京:北京大学出版社,2012:104-106.

人（身体），与人（身体）的经验发生融合，从而构成了一种关系共生体的媒介人，世界因此而朝向媒介人呈现和敞开，媒介物也随之嵌入构成人自身的生存关系中，以媒介人的形态共同呈现作为行动者的主体性。那么，当这种融合关系不再是一种常态，即媒介物的"不透明性"演变为一种日常的普遍性状态，媒介物自身的主体性不再依赖于或部分依赖于人的主体性时，此时媒介物从"身体—媒介"的共生体中日益独立出来，媒介物自身的主体性也随之从趋向平等或从属于人的主体性转向凌驾于人的主体性之上而导致媒介人的共同主体性面临解构和挑战。如果说在人类历史中的很长一段时间里，人总是作为万物的尺度（普罗泰戈拉语），甚至为自然立法（康德语），人作为主体始终代表着人凌驾于万物的价值和尊严，那么到了智媒时代，人是以媒介人的形式在世存在，这意味着人不得不对自身完整的主体性作出一定程度的让渡。但是这种让渡并不意味着人对其主体性的彻底放弃，而是对其主体性的一系列主动和被动地改造，即吸收、补充、调节以及重构。换句话说，人不得不承认非人的主体性，并将非人的主体性从本体论上加以吸纳，从而重组为共同主体性。然而，当原本与人处于共生体状态的媒介物获得了完全的自主意识，其智能超越人类并能自主进化，其主体性超越了人对主体性可接受的让渡限度时，即媒介物因到达了技术"奇点"而完全脱离人的主体性牵制后表现为一种失控状态时，媒介人自身便发生了自我分裂，从而导致共同主体性遭遇危机。我们说，此时的媒介人产生了异化现象。

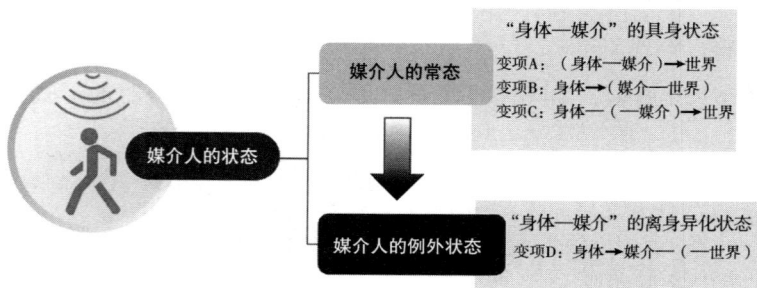

图 5-10　智媒时代媒介人的两种状态

基特勒早就断言是媒介在决定着人类的境遇,而非相反。在他看来,人是媒介所召唤出来的结果,媒介是构成人的主体意识与感官经验的技术配置以及人的感知的起点。因而,人的主体性是以物质与技术的配置为条件的①,媒介在"规定"着人的主体性。事实上,基特勒试图取消了人的主体特权,他将能自主学习和演化的智能机器视作主体而非工具,因而人只是机器的"操作者"而非"主体",人之于"自反性递归"的媒介而言是一个"他者"。② 尽管基特勒这种媒介中心论显得过于激进,但其所揭示的媒介的主体性、自反性递归是具有深刻启发意义的,提示着这样一个事实:人类并非唯一的主体,人类也并非将始终处于世界的中心,万物不必然被人类所驯化。随着智能技术的发展,智能媒介以前所未有的激进方式重构着人类的经验和感知、重塑着人类赖以生存的社会的、文化的栖居环境,媒介技术的主体性正深刻改写甚至取代人的主体性。

媒介人的异化在现阶段只是智媒时代的一种例外状态,一旦人工智能获得了不依赖于人类的自主意识,这种例外状态就将面临转为常态化的风险。媒介人的异化现象在本质上是技术的异化问题。"异化"源于拉丁语"alienatio",其本义有让渡、疏远、脱离等意思,最早在神学中指代信徒对上帝的疏远,尔后逐渐延伸至政治学、社会学等领域。马克思的劳动异化理论便是在批判性吸收黑格尔、费尔巴哈等人的异化思想基础上提出的,揭示了异化的本质是劳动异化。在马克思看来,异化是从主体中产生出客体,并发生客体主体化,导致客体统治主体。换句话说,异化是作为人类所创造出来的却反过来演变为一种异己的存在力量控制和奴役人、取代人的主体性地位。技术异化则是马克思劳动异化理论在当代的新型表征。③ 在智媒时代,当人工智能技术从模拟人的智慧发展成为一种独立的、高级的、超越人类的

① 唐士哲. 作为文化技术的媒介:基德勒的媒介理论初探 [J]. 传播研究与实践,2017 (02):5-32.

② 郭小安,赵海明. 媒介的演替与人的"主体性"递归:基特勒的媒介本体论思想及审思 [J]. 国际新闻界,2021 (06):38-54.

③ 闫坤如. 人工智能技术异化及其本质探源 [J]. 上海师范大学学报(哲学社会科学版),2020 (03):100-107.

自主意识时，智能媒介将不再与人结成共生体的媒介人而完全取代人的主体性和媒介人的共同主体性，即智能媒介的主体性一跃成为万物的尺度。如果说媒介人是一种理想的技术具身的和谐共生状态，那么媒介人的异化则是一种需要在未来加以警惕的真正的媒介离身（非观念上的）的结果和极端的状态。如果说，人与媒介在广义上的具身关系（包括中介关系、背景关系）捍卫和彰显的仍然是人在主体性上的一席之地，那么它异关系发展至极端状态，媒介可以真正做到非观念上的"离身"时，意味着人的主体性将被技术彻底背弃。

综上所述，智媒时代的人（身体）与媒介处于两种状态，即媒介人的常态化和媒介人的异化。前者彰显为人机共生的和谐状态，并体现着作为行动者的共同主体性。这在低、中级的人工智能阶段将是一种普遍的常态，也是人机关系的理想状态。值得说明的是，此时媒介人的异化现象依然存在并被囿于量变范畴而并非发展为一种普遍化的主导状态。换句话说，媒介物与人在合作共生的过程中，媒介物形成对人认知的改变、对人精神的麻醉、对人能力的削弱等事实，只要这些现象是在人的主体性可控的范围内，媒介人的异化现象只是一种表层的异化。而一旦人类进入强人工智能时代，媒介物就有可能从媒介人的共生体状态中强行"独立"出来，彻底抛弃人的主体性并打破和取代媒介人的共同主体性，那么媒介人此时的异化就是一种深层的异化，是关乎人类生死的历史性变革。因此，智媒时代的具身传播研究势必要警惕和关注技术（媒介）所导致的媒介人的异化问题。鉴于强人工智能阶段尚处于人类的想象中，人类仍处于并将长期处于低、中级人工智能阶段，因此从当下的发展来看，媒介人的异化暂且属于智媒时代的一种例外状态。

本章小结

在上一章中，笔者指出库恩的"范式"概念是一个涵盖宏观、中观与微观的多层次、多维度、描述科学研究动态发展过程的立体概念，并从元范式层次上完成了对具身传播研究范式的识别。这种识别阐明了具身传播研究是一种具备范式转化意义的学科创新。本章的视域则从宏观转为中观，从对元范式的识别进一步聚焦到对社会学范式的揭示。基于本书研究的重点并非考察具身传播研究范式如何重构过去的传播研究，即并非一种媒介考古学路径，而是主要关注具身传播研究范式如何开启当下和启发未来的传播研究，即重在探讨的是智媒时代的具身传播研究范式。因此，本章是在智媒时代的语境下对具身传播研究在概念、范畴、关系、方法、进路等基本智识上所需要达成的研究习惯的初始共识予以揭示。与此同时，本章在一开始便作出澄清，即本章揭示和阐明的正是那些具身传播研究共同体行将进入常规研究阶段之时自觉或不自觉形成的研究习惯的内在统一性，即是在具身传播研究建构起成熟理论体系之前的一种研究的预备活动或是潜在的指导研究活动的认知和行为的导引，故本章用"初始论纲"一词进行粗略的指称。

在第一节中，笔者借用德里达将解构看作一种"颠倒"与"概念置换"的"双重姿态"的观点，认为如果具身传播研究范式在元范式层面上表现为一种观念的"颠倒"，即以"回归身体"为基础的哲学观及其传播观念的相应转移，那么这种元范式上的宏观变更必将带来中观层面社会学范式的随之变更，首要的即是引发"概念置换"——一系列概念系统的变更。因此，第一节中笔者集中对智媒时代具身传播研究的几个核心概念进行了探讨和廓清。通过论述，笔者将"具身性媒介"界定为智媒时代中人与世界的居间中介，即凡是处于人（身体）与世界（环境）之间对人类知觉及经验起到居间调节作用的技术中介皆可称为具身性媒介。这种居间中介并不是一种中立的技术工具，它影响和调节着人们对世界的感知。笔者将"智媒的具身性"看作一种智媒时代中人媒关系的基本存在方式，并在唐·伊德技术具身关系修正与拓展的基础上，指出在智媒时代媒介化生存的语境下，具身的本质体现为与身体的连接，并且身体与这种连接具有互塑关系。这种连接关系中包含了亲身在场、身体的隐喻投射两种直接和非直接的具身关系。据此，笔者提出了智媒具身性的多重内涵，即包括实在具身性（real embodiment）和虚拟具身性（virtual embodiment），二者彼此交互融合、辩证统一。智媒的实在具身性是指智媒嵌入人的真实生活的身体从而与人组成共生体并以联合主体的方式进行具身传播实践，即是一种身体与媒介的实体性的嵌入与互构。智媒的虚拟具身性指的是以数字化、网络化、虚拟化身体为基点的人媒的具身传播实践，此种虚拟身体是可复制和可编辑的，同时又保持着对身体物质本体的感官联系和依赖。换句话说，智媒的虚拟具身性是以实在具身性为前提和基础的，是一种隐喻投射性的非直接具身关系。与此同时，笔者将智能媒介的连通性、移动性、交互性这三个关键性概念整合进一个关于智媒具身性的概念网络之中。此外，笔者借"媒介人"这一称谓来指代智媒时代智能传播的新型主体，既是一种"身体—媒介"的共生体又是媒介技术具身实践的行动主体。在此基础上，笔者将智媒时代的具身传播进一步定义为媒介人的日常生存实践。

在第二节中，笔者阐述了智媒时代具身传播再造的新型媒介时空。首先，笔者认为媒介化社会的到来是导致时间的技术标准流向媒介的根本动因，并在卞冬磊、韩炳哲等前期研究基础上，将媒介时间内部的差异区分为大众电子媒介时间和智能媒介时间，并将人类时间结构的演进分别表示为不同社会的三种占主导的结构模式：循环结构的自然时间（农耕社会）、线性结构的钟表时间（工业社会）以及云状结构的媒介时间（媒介化社会）。其中，笔者又将媒介时间区分为线状云结构的大众电子媒介时间和人格化点状云结构的智媒时间，分别对应着媒介化社会和深度媒介化社会。其次，笔者提出智媒空间是一种虚拟与真实并存、穿梭、叠加之后的复合流动的具身空间，是以与现实空间（地方）和活生生的身体（人）进行交互作为关键性支撑的一种新型空间。而这种人格化点状云结构的媒介时间与具身流动的复合空间的交织融合正缔造着智媒时代新型的媒介时空集合：一种正在崛起的"元宇宙"（metaverse）时空形态。

在第三节中，笔者探讨了智媒时代具身传播再造新型传播关系。笔者认为以媒介人作为传播主体的智媒时代，具身传播再造新型传播关系即是指媒介人与自我、媒介人与媒介人、媒介人与世界的传播关系，而智能媒介则以具身的方式影响着每一种传播关系的建构和形塑。一方面，媒介人自身内部的传播关系既包括了作为生物体和社会体的人与自我的传播关系，也包括了人与具身媒介的传播关系。媒介人的自我交互方式包含两个维度，除了传统的自我传播（人内传播）外，还纳入了人机（人媒）传播的新方式。另一方面，智媒社会中人的主体性是以媒介人的共同主体性的方式存在，人与人的交往活动体现为媒介人与媒介人的主体间交互。可以说，智能媒介以强势的本体姿态渗透到主体维度中。因而，如果说人与人的沟通活动被视作人际传播，那么媒介人与媒介人的沟通则是包含了人机传播在内的新型的"人际传播"——交互主体之间的传播。

在第四节中，笔者首先指出了在具身传播研究范式下，智媒时代传播学的研究进路将从主流传播研究开创的控制分析、内容分析、媒介（大众媒介及机构）分析、受众分析、效果分析转为关注媒介技术及媒介物、具身、媒介实践在生活世界中的现象学变更；研究目的也将从实现对大众的操控转为探究人与媒介的存在论关系、媒介人与社会、文化之间的相互建构过程及意义和影响。其次，笔者提出了一个智媒时代具身传播研究的基本分析框架，即在"可供性"视角下的现象学变更一和现象学变更二，分别从"人—技术"（媒介人）的微观知觉层面探讨媒介人的具身关系变更和"人—技术—世界"（"媒介人—世界"）的宏观知觉层面探讨媒介人的具身实践变更。如果说前者着眼的是一种夏瓦所谓的短期的"中介化"过程，那么后者隐含的是一种长期制度化影响的"媒介化"过程。对智媒时代的具体的具身传播研究而言，我们可围绕具体的问题意识和研究目的选择性运用两种不同的现象学变更作为初步的分析进路，也可综合运用，以互为补充。

在第五节中，笔者探讨了智媒时代的例外状态，即媒介人的异化。笔者认为智媒时代的媒介人是一个概括"身体—媒介"共生体的广义的、开放的、关系隐喻性的概念。媒介人所蕴含的身体与媒介的关系趋向于一种"准我"关系，暗含着唐·伊德所谓的具身、诠释、背景三种关系模式。然而，唐·伊德还提出过身体与媒介的第四种关系模式，即它异关系，暗含着身体与媒介的"疏离"，其知觉结构表示为"身体→媒介—（一世界）"。据此，笔者进一步指出，智媒时代中的人（身体）与媒介处于两种状态，即媒介人的常态化和媒介人的异化。前者彰显为人媒共生的和谐状态，并体现着作为行动者的共同主体性。这在低、中级的人工智能阶段将是一种普遍的常态。此时媒介人的异化现象依然存在，但却因其始终未跳出人主体性的可控范围而被围于量变范畴，并未发展为一种普遍化的主导状态。因此，常态化的媒介人的偶发异化现象只是一种表层的异化。而一旦人类进入强人工智能时代，媒介物获得了自主意识就有可能从媒介人的共生体状态中强行"独立"出来，彻底抛弃人的主体性并打破和取代媒介人的共同主体性，那么媒介人此时的异化就是一种深层的异化，是关乎人类生死的历史性变革。因此，智媒时代的具身传播研究势必要警惕和关注技术（媒介）所导致的媒介人的异化问题。但鉴于强人工智能阶段尚处于人类想象中，人类仍处于并将长期处于低、中级人工智能阶段，因而从当下的发展来看，媒介人的异化暂且属于智媒时代的一种例外状态。

综上所述，本章集中在社会学范式层面上对智媒时代具身传播研究展开探讨，提出了包括概念、关系、范畴、方法、进路等在内的一套"具体的、可琢磨的"关于研究习惯的初始共识，笔者将其总结为表5-4。从元范式到社会学范式再到构造范式，是一个从范式革命阶段的观念变革到常规研究阶段的形成理论体系从而使范式不断被阐明的清晰化过程。因此，本章的目的并不是为具身传播研究提供一份现成的、可以按部就班的操作手册，更不是提出一套成熟的理论体系，而仅仅是进一步揭示和阐明那些具身传播研究共同体行将进入常规研究阶段之时自觉或不自觉形成的研究习惯的内在统一性。正如玛斯特曼所指出的，库恩社会学范式概念的独创性就在于其揭示了"还没有理论时起作用的那种力量"①。

---

① 〔英〕玛格丽特·玛斯特曼. 范式的本质［M］//〔英〕伊姆雷·拉卡托斯，艾兰·马斯格雷夫，编. 批判与知识的增长——1965年伦敦国际科学哲学会议论文汇编第四卷. 周寄中，译. 北京：华夏出版社，1987：84.

表 5-4　社会学范式层面的差异（中观）

<table>
<tr><td rowspan="8">社会学范式层面的差异（中观）</td><td>类型</td><td>离身传播研究范式
（大众传播研究的主导范式）</td><td>具身传播研究范式
（智能传播研究的主导范式）</td></tr>
<tr><td>社会情境</td><td>大众媒介作为社会的结构性力量，媒介化社会初步形成</td><td>智能媒介作为社会的基础架构，日渐进入深度媒介化社会</td></tr>
<tr><td>传播主体</td><td>在人范畴之中的传者与受者</td><td>作为混合行动者的媒介人（人与非人的组合）</td></tr>
<tr><td>传播关系</td><td>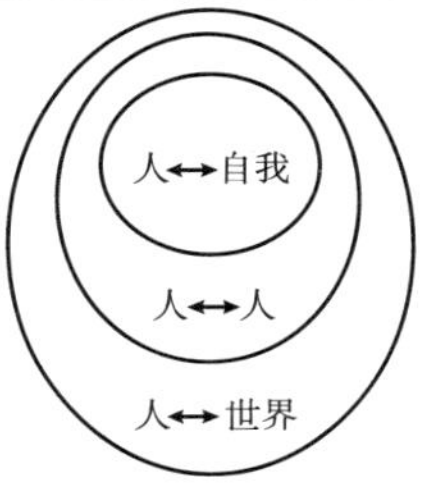
人↔自我
人↔人
人↔世界
作为内容载体的媒介在传播关系中隐退</td><td>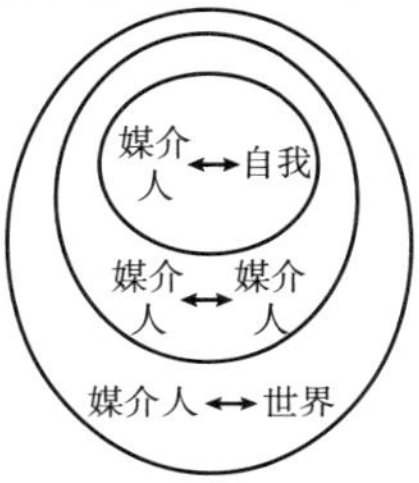
媒介人↔自我
媒介人↔媒介人
媒介人↔世界
媒介以具身的方式嵌入各级传播关系中</td></tr>
<tr><td>传播
时空观</td><td>1. 现实空间与媒介空间的双重性；
2. 线性偏向的线状云时间结构
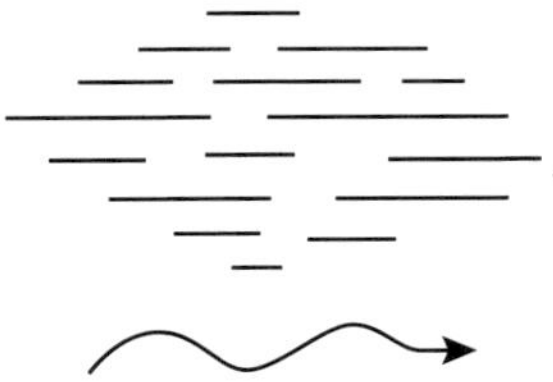</td><td>1. 具身流动的复合空间；
2. 人格化的点状云时间结构；
3. 日渐趋向虚拟与现实深度融合、自由穿梭的“元宇宙”时空形态
</td></tr>
<tr><td>权力运作</td><td>意识形态、权力、资本等借助大众媒介机构自上而下的中心化运作机制实行对大众思想和行为的有目的的操控</td><td>意识形态、权力、资本等通过与平台型基础设施、算法、媒介物的技术设计等合谋，以更加隐蔽的、微观化的权力运作方式通过具身媒介实践渗透于个体日常生活的方方面面</td></tr>
<tr><td>研究进路</td><td>控制分析、内容分析、媒介（大众媒介及机构）分析、受众分析、效果分析</td><td>通过聚焦媒介技术及媒介物、具身、媒介实践在生活世界中基于“可供性”原则的现象学具身变更，探讨“人（身体）—媒介”的存在论关系、“人（身体）—媒介—世界”的生存论关系以及聚集于此的身体、技术、资本、权力之间的交互关系</td></tr>
<tr><td>研究目的</td><td>实现对大众的有效操控</td><td>探究人与媒介的存在论及生存论关系，媒介人与社会、文化之间的相互建构过程及意义</td></tr>
</table>

第六章

作为模式的"构造范式"：常规研究阶段的
理论建构与展望

> 常规科学是一种旨在精炼、引申并阐明早已存在的范式的事业。①
>
> ——〔美〕托马斯·库恩

在库恩看来，一个范式并非在开始之初就是完备的，它最初展露的只是选取的、不完善的、有可能成功的"预示"。如果元范式、社会学范式所揭示的正是这种"预示"，那么常规科学阶段恰恰就在于通过"构造范式"来实现这种"预示"并使之趋于明晰和完备。具体来说，即是"扩展那些范式所展示出来的特别有启发性的事实，增进这些事实与范式预测之间的吻合程度，并且力图使范式本身更加明晰"②。因此，玛斯特曼认为，"构造范式"的功能即是回答"范式在干什么"这一疑问，而这并非元范式和社会学范式的功能。③ 如果说，元范式在宏观层面阐明了研究共同体对于科学研究的集体信仰和统一的世界观，社会学范式在中观层面以一套具体的、可琢

---

① 〔美〕托马斯·库恩. 科学革命的结构［M］. 金吾伦，胡新和，译. 北京：北京大学出版社，2012：103.

② 〔美〕托马斯·库恩. 科学革命的结构［M］. 金吾伦，胡新和，译. 北京：北京大学出版社，2012：19-20.

③ 〔英〕玛格丽特·玛斯特曼. 范式的本质［M］//〔英〕伊姆雷·拉卡托斯，艾兰·马斯格雷夫，编. 批判与知识的增长——1965年伦敦国际科学哲学会议论文汇编第四卷. 周寄中，译. 北京：华夏出版社，1987：90.

磨的研究习惯先于一种系统化的理论赋予研究领域或特定学科以自己的特色，那么构造范式旨在从微观层面构造一种研究的具体"模型"、一种"操作"，使常规科学阶段解决疑难的活动得以完成。① 可以说，作为模式的"构造范式"直指常规研究阶段的实践经验探索和具体、系统的理论建构，因而"构造范式"是一种研究的范例和模式。

第一节 以媒介人嵌入日常的具身实践为考察中心

在离身传播研究范式主导之下，传播要么被视作抽离了个性身体与具体情境的由若干要素组成的数学模式，因而传播被高度抽象为一种可计算、可量化的符号传输过程；要么被视为以再现（表征）为中心的仪式展演。尽管后者强调了传播过程的互动性和共享性具有一定的实践倾向，但在本质上，二者都将传播窄化为观念、意识的对接，因而传统的传播研究主要以文本、话语考察为中心。离身传播研究范式注重的是传播的效果、动机以及符号价值、信仰的维系。离身传播研究的任务就是要思考如何优化这个信息符号的传送模型以达到更好的社会控制、操纵与治理以及维系社会文化、信仰的目的。如果说这种研究视角反映的是一种认知的"计算—表征"论，那么具身传播研究范式指向的则是一种关系存在论和实践认识论。具身传播是一个在生活世界中因媒介具身实践而实时邀约的各种关系、情境的集聚，指向的是（人）身体与媒介在传播实践层面的互动关系。智媒时代的具身媒介实践是此在在世界之中存在之揭示的基本方式，媒介人操持事物的经验即是媒介存在论的基础，因而考察生活世界中的媒介具身实践亦构成了智媒时代具身传播研究的核心进路。

"实践"历来是西方社会学研究的重要出发点，以吉登斯、布尔迪厄为代表的第一代实践理论家试图将社会科学从"主客二分"的泥潭转向"主

---

① 〔英〕玛格丽特·玛斯特曼. 范式的本质［M］//〔英〕伊姆雷·拉卡托斯，艾兰·马斯格雷夫，编. 批判与知识的增长——1965年伦敦国际科学哲学会议论文汇编第四卷. 周寄中，译. 北京：华夏出版社，1987：93.

客一体"，揭示了社会行动的二重性，即既有制约性又有能动性。进入 21
世纪，以夏兹金、里克维兹、拉图尔等为代表的第二代实践理论家共同促成
了西方社会学界的又一次"实践转向"（practice turn），将实践视作"一系
列主客观组成元素的集合体"，并着重考察实践过程中主客观元素的协调与
互动。① 近年来，实践理论被引入媒介研究中，库尔德利就曾强调若要探究
人类如何凭借媒介生活，把媒介当作实践来思考即是我们最佳的研究出发
点。为此，他倡导媒介研究的实践路径"不是把媒介当作物件、文本、感
知工具或生产过程"②，而是在具体的行为情境中以媒介嵌入社会的实践为
出发点。布劳克勒（Brauchler）、波斯蒂尔（Postill）进一步指出媒介实践
研究的三大领域：媒介与日常生活、媒介与身体、媒介生产。③ 以媒介实践
为导向的传播研究并非以文本或组织为研究起点，而是关注媒介嵌入社会所
发生的一切人类社会实践。可以说，媒介实践研究跳出了以往传播研究的功
能主义立场和媒介工具论观念，为传播学提供了一个探究"人—媒介—社
会"三元辩证、互动共生关系的整体性思路。④ 而这种研究路径与具身传播
研究范式所聚焦的"身体—媒介—世界"之关系不谋而合。与此同时，具
身传播研究范式也伴随媒介研究的各种思潮而兴起，同样试图超越"主客
二分"的意识哲学的思维框架。因此，本书认为具身传播研究范式不妨借
鉴媒介实践理论，以媒介实践为出发点，具体来说，即是以媒介人为本位，
以媒介人嵌入日常生活的具身生存实践为考察中心。

以实践为取向的具身传播研究范式所秉持的是一种实践的传播观，即将
传播本身视作一种媒介实践。为此，笔者在前文中将具身传播定义为一种具

---

① 顾洁. 媒介研究的实践范式：框架、路径与启示 [J]. 新闻与传播研究，2018（06）：13–
32+126.

② 〔英〕库尔德利（Couldry, N.）. 媒介、社会与世界：社会理论与数字媒介实践 [M]. 何
道宽，译. 上海：复旦大学出版社，2014：39.

③ 顾洁. 媒介研究的实践范式：框架、路径与启示 [J]. 新闻与传播研究，2018（06）：13–
32+126.

④ 周翔，李镓. 网络社会中的"媒介化"问题：理论、实践与展望 [J]. 国际新闻界，2017
（04）：137–154.

身性视角观照下的传播实践。在此基础上，针对智媒社会所处的传播特点与媒介事实，笔者认为媒介人即是以"身体—媒介"具身实践的方式在世存在的，人的日常生活之实践便是作为"身体—媒介"共生体的媒介人的日常具身实践，亦是具身传播实践。智媒时代的具身传播指的便是媒介人的嵌入日常纹理中的各种生存实践。这种实践包含着人与媒介的交互、媒介人与媒介人的交互、媒介人与物（包括环境）的交互等。可以说，上述观点是常规研究阶段展开具体的具身传播研究之前理应达成的研究共识。

与此同时，笔者在第五章中给出了一个智媒时代具身传播研究的现象学分析框架，如果说"媒介人之具身关系变更"指向的是"身—媒"之关系存在论维度，是从微观层面聚焦具身的"中介"过程（这个过程本身也是实践过程），那么"'媒介人—世界'之具身实践变更"在媒介实践理论的指导下指向的则是认识实践论维度，以一种更宏观的、长期的、制度化的"媒介化"视野来追问整个人类的"存在"及其渗透于身体、媒介、社会之间的权力、资本的流动、配置与互动关系。但总的来说，变更一和变更二共同组成了智媒时代具身传播研究的总体分析框架，其核心围绕着三个关键词展开，即生活世界、媒介人、具身实践，一方面可以从个体层面考察媒介人的具身关系实践，另一方面可以从一种整体性、制度化视角考察人类的具身实践活动。与此同时，媒介人的具身实践必然发生于媒介人所处的生活世界中。如果说胡塞尔的"生活世界"概念成为20世纪西方哲学最引人注目的哲学话题，带来了传统哲学向生存哲学的转移，并引发了人文社会科学对于"存在"本身的追问和探寻①，那么具身传播研究则是传播学领域中对"生活世界"的时代性召唤。智媒时代的生活世界已经并非胡塞尔所谓的作为直观基地的生活世界，而是一种经媒介技术改造了时空形态的、基于现实又超越现实的生活世界，这种形态在未来将呈现为"元宇宙"社会，智媒时代的生活世界在本质上是一种由智媒建构的世界。然而智媒时代的日常生活与大众媒介时代的日常生活已经截然不同，毋宁说智媒时代的日常生活已经前所未

---

① 范龙. 媒介现象学：麦克卢汉传播思想研究［M］. 北京：中国大百科全书出版社，2012：101.

有地与媒介实践交织互构、趋同合一，如图 6-1 所示。在这样的智媒生活世界中，"连接即存在"成为智媒时代的生存法则和实践逻辑，连接是媒介人得以具身存在与生存实践的起点，关系到媒介具身以及由此展开的生存实践。

可以说，从离身传播研究范式到具身传播研究范式是一种从观念的传播到实践的传播的转变。以媒介人在生活世界中嵌入日常的具身实践为考察中心，积极从实践探索中进行理论建构是智媒时代具身传播研究的核心进路。

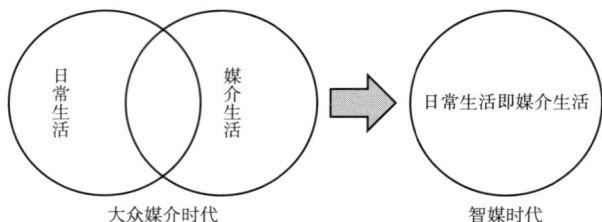

图 6-1 日常生活与媒介生活的关系变迁

第二节 未竟的篇章：常规研究阶段的理论建构

在前面的章节中，笔者已经从元范式和社会学范式两个层面为智媒时代的具身传播研究阐明了那些原本晦暗不明的研究信仰和前提，旨在帮助那些潜在的研究共同体的成员意识到、识别出进而主动承诺持有同样的信念和习惯从事具身传播研究。在库恩看来，这种在研究实践中所产生的明显的一致性是常规科学阶段一个特定的研究传统发生与延续的先决条件。① 如果说元范式和社会学范式是先于理论的一种观念和习惯层面的范式，那么"构造范式"则是范式的实体，即对该研究领域或学科进行具体的理论建构，毋宁说是为了解决疑难而对范式的具体应用从而对范式加以明晰和完善。用玛斯特曼的话来说，构造范式即是"一个思维的构造，一个人造物，一个体

---

① 〔美〕托马斯·库恩. 科学革命的结构 [M]. 金吾伦，胡新和，译. 北京：北京大学出版社，2012：9.

系，一个依靠本身成功示范的工具，一个由于现身说法而展示的解释方法"①，用库恩的话来说即是"一个公认的模型或模式"②。

　　库恩认为在什么时机开启一个全新的研究领域，这需要有特别的"诀窍"和对该领域的"洞察力"，而这些共同指向了一种对潜在的范式的自觉。③ 综观国内具身传播研究成果后发现，刘海龙、孙玮、芮必峰、杜丹等学者无疑是具备这样的"诀窍"和"洞察力"的。正是这些学者最先对以往的传播研究进行反思，发掘出一度被遮蔽的"传播中的身体问题"，抛出了一种"具身"视角，并以一系列研究成果向学术界发出号召，从而吸引了越来越多的学人加入具身传播研究的共同体，使具身传播研究最终成为当前国内传播学界最具活力和创新价值的前沿跨学科研究领域之一。与此同时，黄旦、胡翼青等学者虽未专门聚焦于具身传播领域，但他们对既有传播研究的批判性反思、对功能主义立场的声讨，倡导以媒介为重要入射角对传播研究进行思维和范式的重构，积极打通哲学与传播学的理论对话等诸多学术努力都为具身传播研究的兴起创造了有利的思想氛围。从这个意义上说，以上学者为笔者对具身传播研究在元范式和社会学范式层面的阐明作出了重要的奠基性工作。作为特定研究领域的先导人物，一些学者的贡献远不止于此，更重要的是他们正深入到智媒时代的生活世界中，试图从丰富的具身媒介实践中进行具体的理论建构，并取得了该领域最初的研究进展，这就为迈向常规研究阶段的具身传播研究开辟了最初的研究进路，笔者将之概括为常规研究阶段中一种代表性的研究范例，将为共同体成员在范式应用上作出示范。在库恩看来，常规研究阶段即是学术共同体在特定研究模式、范例的指

① 〔英〕玛格丽特·玛斯特曼. 范式的本质［M］//〔英〕伊姆雷·拉卡托斯，艾兰·马斯格雷夫，编. 批判与知识的增长——1965年伦敦国际科学哲学会议论文汇编第四卷. 周寄中，译. 北京：华夏出版社，1987：90.

② 〔美〕托马斯·库恩. 科学革命的结构［M］. 金吾伦，胡新和，译. 北京：北京大学出版社，2012：19.

③ 〔英〕玛格丽特·玛斯特曼. 范式的本质［M］//〔英〕伊姆雷·拉卡托斯，艾兰·马斯格雷夫，编. 批判与知识的增长——1965年伦敦国际科学哲学会议论文汇编第四卷. 周寄中，译. 北京：华夏出版社，1987：89.

导下不断进行知识积累与生产的过程。可以说，在"构造范式"这项长期的事业中，目前以孙玮和刘海龙的研究最具代表性，笔者将对二人及其团队的相关研究进行范例分析，如表6-1所示。

表6-1　智媒时代具身传播研究范例

具体研究	研究侧重	现象学变更一	现象学变更二
《我拍故我在　我们打卡故城市在——短视频：赛博城市的大众影像实践》	着重在作为感官的身体及其媒介实践层面探究人、媒介、世界之间的存在和生存关系	考察身体与媒介在短视频具身影像实践中形成的具身关系，通过聚焦自拍、打卡两种具身关系的现象学变更，揭示这种具身的互动关系如何形成塑造赛博城市的个体行动者	考察赛博人的具身实践与社会、世界的存在和生存关系，从理论和视角上突破了传统媒介表征论和离身传播观的桎梏，提出赛博人是一种在虚实世界中双重存在的新型自我——"我拍故我在"，并进一步将这种汇聚个体印记的具身媒介实践视作塑造了公共城市形象的力量——"我们打卡故城市在"，由两种"赛博人—城市"的现象学变更得出赛博人的具身实践即是赛博人的一种具身的存在方式，亦是城市生活本身，所塑造的即是赛博城市
《"码之城"：人与技术机器系统的共创生》		身体与二维码、手机等技术媒介如何展开基于生存的具身组合与互动的现象学变更	通过对"赛博人—城市"基于二维码的具身实践揭示了数字媒介正全面作为城市的技术机制与社会系统的中介，以具身的方式直接驱动实在的生成。这一过程指向了智媒社会人与技术系统"共创生"的经验诠释与理解
《网络化身体：病毒与补丁》；《身体作为移动媒介——跨境代购中的具身传播实践和身体问题》；《送外卖：传播实践的物质网络及其时空秩序》	着眼于身体的物质性维度，即主要探讨作为传播的基础设施和条件的物质肉身如何影响和塑造传播过程，并兼具批判性视角反思身体、技术、权力、资本之间的互动关系	考察跨境代购与外卖骑手的具身关系变更，指出身体以"补丁"或"病毒"两种方式构成"网络化身体"（networked body）的存在	通过对人肉搜索、人肉评论、肉身翻墙、人肉代购、人肉快递等一系列日常生活的具身传播实践的现象学变更的归纳，试图从"身—媒"的关系视角超越"人—技术"的二元对立，揭示身体乃人与网络连接的中介，调和着二者的关系，并扮演着修补和对抗现代互联网技术和制度漏洞的双重角色

孙玮首先在理论上阐释了媒介实践与日常生活日益交织重叠并构成了媒介化生存最典型的症候，而这意味着人与媒介不断"互嵌"，从而使人类成为终极的（元）媒介。① 这一过程亦是迈向主体层面的媒介融合的过程，创造了"赛博人"（本书称为"媒介人"）——智媒时代的新型传播主体。② 此外，融媒体生产也击碎了媒体机构的专业区隔，日益嵌入大众日常而成为一种生活方式。③ 孙玮将这种变化与"作为交流系统的城市"相连，认为城市正是赛博人之具身传播实践最为活跃的场域。④ 于是她的具身传播研究以作为技术具身的赛博人在城市场域的一系列具身实践为考察重点。她聚集于赛博人的具身"打卡""自拍"等短视频影像实践，从理论视角上突破传统媒介表征论和离身传播观的桎梏，以赛博人的具身视角提出了一种在虚实世界中双重存在的新型自我——"我拍故我在"，并进一步将这种汇聚个体印记的具身媒介实践视作塑造了公共城市形象的力量——"我们打卡故城市在"，因而赛博人所塑造的即是赛博城市。赛博人的这种影像艺术的具身实践亦是一种生活实践，构成了城市日常生活，这并不是对生活的临摹，毋宁说这就是生活本身，是赛博人的一种具身的存在方式。⑤ 此外，孙玮继续考察了数字技术的典型形态——"二维码"，将其视为"一种媒介勾连社会的新型方式"，并造就了一种新型的媒介城市——"码之城"，揭示了数字媒介正全面作为城市的技术机制与社会系统的中介，直接驱动实在的生成。这一过程亦被视为一种赛博人的具身实践并导向对人与技术系统"共创生"的经验诠释和理解。⑥

如果说孙玮的具身传播研究着重在作为感官的身体及其媒介实践层面探

① 孙玮. 媒介化生存：文明转型与新型人类的诞生［J］. 探索与争鸣，2020（06）：15-17+15.
② 孙玮. 赛博人：后人类时代的媒介融合［J］. 新闻记者，2018（06）：4-11.
③ 孙玮. 融媒体生产：感官重组与知觉再造［J］. 新闻记者，2019（03）：27-31.
④ 孙玮. 赛博人：后人类时代的媒介融合［J］. 新闻记者，2018（06）：4-11.
⑤ 孙玮. 我拍故我在　我们打卡故城市在——短视频：赛博城市的大众影像实践［J］. 国际新闻界，2020（06）：6-22.
⑥ 孙玮，李梦颖. "码之城"：人与技术机器系统的共创生［J］. 探索与争鸣，2021（08）：121-129+179+2.

究人、媒介、世界之间的存在和生存关系，那么刘海龙则着眼于身体的物质性维度，即主要探讨作为传播的基础设施和条件的物质肉身如何影响和塑造传播过程，并兼具批判性视角反思身体、技术、权力、资本之间的互动关系。① 他试图从"身—媒"的关系视角超越"人—技术"的二元对立，通过聚焦一系列"人肉"行动，如搜索、评论、代购、送餐等日常生活的具身传播实践后发现：身体无异于人与网络连接的中介，调和着二者的关系。身体在具身传播实践中作为一种兼具物质性与文化性的具身的行动者，据此他提出"网络化身体"（networked body）这一概念，并由此揭示了一种身体的反向塑造，即身体成了媒介的延伸。而这种延伸产生了两种实践方式：一方面身体以生产数据、作为网络义体等方式构成网络技术系统的"补丁"般存在；另一方面物质性的身体又可以随时断连，成为破坏网络秩序的"病毒"般存在。换句话说，刘海龙提出的"网络化身体"是从实践经验层面勾勒了网络与人（身体）之间的复杂关系，揭示了身体在其中同时扮演着"修补和对抗现代互联网技术和制度漏洞"的双重角色。② 在这一理论视角下，其学生谢卓潇③和束开荣④分别对香港跨境代购者及外卖骑手的具身传播实践进行田野参与和经验观察，从媒介实践的经验材料中进一步论证了这两种"网络化身体"的存在。

可以说，从上述两位国内具身传播研究领域的代表性学者的具体研究看来，二者均以媒介人嵌入日常生活纹理中的具身传播实践为考察中心。在具身性视角下，一方面诠释了"身体—媒介"在具体情境中形成具身关系的"中介化"过程，如身体与媒介如何在"自拍""打卡"等具身影像实践中形成互动从而成为塑造赛博城市的个体行动者；身体与二维码、手机等技术媒介如何展开基于生存的具身组合与交互，代购者、外卖骑手

---

① 刘海龙. 什么是传播视角下的身体问题 [J]. 新闻与写作，2020（11）：1.

② 刘海龙，谢卓潇，束开荣. 网络化身体：病毒与补丁 [J]. 新闻大学，2021（05）：40-55+122-123.

③ 谢卓潇. 身体作为移动媒介——跨境代购中的具身传播实践和身体问题 [J]. 国际新闻界，2021（03）：40-57.

④ 束开荣. 送外卖：传播实践的物质网络及其时空秩序 [D]. 北京：中国人民大学，2021.

如何将身体与网络媒介结成代购、送餐过程中的行动者主体等。另一方面又从微观视域转向宏观视域,从特殊性转入普遍性探讨,探究这一系列具身实践变更背后对人与世界的关系、社会交往模式以及身体、技术、资本、权力的互动关系产生怎样的整体性的"媒介化"效应。如果说,常规研究即"构造范式"阶段便是要对具体的经验材料加以理论化建构并形成一种规范的研究"操作"或"模式",那么,孙玮、刘海龙及其团队为具身传播研究的共同体成员提供了初期研究的范例或模式,即深入生活世界中具体考察媒介人的日常生存实践。值得澄清的是,现象学变更一与现象学变更二在实际研究中并非泾渭分明,而通常是混合使用;并非教条性地严格照搬,而是根据实际研究需要创造性使用。毋宁说,这一总体分析框架仅仅是提供了一种研究的方案和选择,一种方向上的大致指引,并不是不可变更的圣谕。

毫无疑问,智媒时代的具身传播是一个广阔而充满丰富理论可能性和想象力的研究领域,智能导航、直播带货、体感游戏、短视频社交、智能家居等不胜枚举、随时随地嵌入日常的智媒具身实践为具身传播研究提供了最为鲜活的观察田野和经验材料。但综观这些研究,我们发现所采用的研究方法以反身式参与观察结合深度访谈为主,以经验诠释为核心,这固然是现象学所擅长的。然而正如前文所述,具身传播研究根植于后现象学的理论和方法脉络之上,是一种介于科学与人文之间的居间道路,其不仅吸收了现象学方法论的核心,还融合了实用主义、分析哲学的可取之处,既重视质性诠释也不排斥适度的量化实证,因而是一种兼容并包、多元融合的研究路径。因此,智媒时代的具身传播研究亟待发挥后现象学方法论的优势。

正如库恩所提示的那样:"通向一种坚实的研究共识(research consensus)的路程是极其艰难的。"① 构造范式的过程本身即是对先前理论

---

① 〔美〕托马斯·库恩. 科学革命的结构 [M]. 金吾伦,胡新和,译. 北京:北京大学出版社,2012:12.

的一种重建、对先前及当下事实的一种重新评价，因而"这是一个内在的革命过程，这个过程很少由单独一个人完成，更不能一夜之间实现"①。"构造范式"的事业绝不可能由少数几个学者就能完成，更不是笔者依托现有浅薄的学识就能实现的，必定依托有着相同学术旨趣和目标，一代又一代库恩所谓的"团结一致的共同体"的辛勤探索从而形成连续的研究传统以及日益建构起成熟的理论体系。毋宁说，常规研究阶段的"构造范式"是一项未竟的事业，需要持有共同的具身传播研究信念的学人们持续努力，所幸这项事业已经有了一个不错的开头，正吸引着更多的研究者加入此项事业的共同体中。

本章小结

作为模式的"构造范式"是一种范式的具体应用和对后续研究的指引，是常规研究阶段的实践探索与理论建构，是一项必须依靠学术共同体持续耕耘的长期事业，因而本章注定是一个未竟的篇章，一种抛砖引玉，一份期许与展望！

从当前传播学界已然形成的这股强劲的具身传播研究热潮来看，一些学者已经率先具备了库恩所谓的在合适的时机开启一个全新的研究领域（具身传播研究领域）的"诀窍"以及对该领域的"洞察力"，而这些共同指向了一种对潜在的范式的自觉。以刘海龙、孙玮、芮必峰、杜丹等为代表的学者最先对以往的传播研究进行反思和批判，发掘出一度被遮蔽的"传播中的身体问题"，抛出了一种具身视角，并以一系列研究成果向学界发出号召，从而不断吸引着后来者加入具身传播研究的共同体，使具身传播研究最终成为当前国内传播学界最具活力和创新价值的前沿跨学科研究领域之一。从这个意义上说，他们的这种有意识或无意识的范式自觉为笔者对具身传播

---

① 〔美〕托马斯·库恩. 科学革命的结构［M］. 金吾伦，胡新和，译. 北京：北京大学出版社，2012：6.

研究在元范式和社会学范式层面的阐明作出了重要的奠基性工作。作为特定研究领域的先导人物,他们的贡献远不止于此,更重要的是他们正深入智媒时代的生活世界,尝试在丰富的具身媒介实践中进行具体的理论建构,并取得了该领域最初的研究进展,为迈向常规研究阶段的具身传播研究开创了最初的研究进路。笔者将之概括为常规研究阶段一种代表性的研究范例,在范式应用上发挥了良好的示范作用。

据此,本章选取了孙玮和刘海龙两位学者及其团队的几项代表性成果予以剖析后发现,他们均以媒介人嵌入日常生活纹理中的具身传播实践为考察中心。在具身性视角下,一方面诠释了"身体—媒介"在具体情境中形成具身关系的"中介化"过程;另一方面又从微观视域转向宏观视域,从特殊性转入普遍性探讨,探究这一系列具身实践变更背后对人与世界的关系、社会交往模式以及身体、技术、资本、权力的互动关系产生怎样的整体性的"媒介化"效应。可以说,这些研究为"构造范式"提供了一种最初的研究"操作"或"模式",即深入生活世界中具体考察媒介人的日常生存实践。尤其是中国作为当前最前沿、最具活力的媒介实践场域,为中国的传播学者从中国实践出发建构中国本土的传播理论提供了得天独厚的历史性机遇。而迈向常规研究阶段的具身传播研究将以先行者为范例和路标,从中国的媒介实践出发,依靠着有共同信念的学人们去努力完成"构造范式"这项未竟的事业。

余　论
比较视野下的具身传播研究及其学科价值

我们给世界投去的每一瞥都来自一个特殊的视角。①

——〔意〕卡洛·罗韦利

第一节　主要研究发现及其价值

行文至此，本书已用六个章节的篇幅基本完成了论述。概括起来，本书主要以知识社会学作为整体研究进路，"以'身体'重思传播"为考察起点，首先将"身体"置于整个人类思想史中进行"历史—文化"透视，对身体概念的基本流变、中西思想史中不同的身体观以及身体地位沉浮的历史过程进行脉络式的扫描与把握，进而继续追问身体的这些观念史在传播学术史中是如何显现的。通过回溯传播学长期以来占主导地位的知识型脉络，从传播学的源起以及主流传播学研究范式（属于离身传播研究范式）的基本立场、研究假设中反思主流传播学关于身体究竟设置和建构了什么样的先验假设以至于长期以来将身体排除在传播研究之外。据此，本书认为具身传播研究即是在智能媒介技术的现实追问和传播学既有知识型发生转移的双重语境下，伴随媒介研究的各种思潮而延伸出的一种创新路径。随后，通过追问具身性思想的中西理论来源及其价值发现了传播学引入具身性思想的意义所

---

① 〔意〕卡洛·罗韦利. 时间的秩序 [M]. 杨光，译. 长沙：湖南科学技术出版社，2019：113.

在，并认为具身传播研究理应定位在一种后现象学的开放视野中。

而为了回答本书在绪论中针对现有研究提出的三个问题。Q1：现有具身传播研究为何难以形成有效的学术对话？ Q2：智媒时代的具身传播研究如何发挥应有的理论贡献？ Q3：具身传播研究对当下和未来传播学的发展尤其是中国传播学的本土化创新意味着什么？ 本书从知识社会学的视角探究发现，正因为缺乏一种清晰的范式自觉，导致了具身传播研究中的混乱和分裂，更难以形成具有内在统一性的学术共同体沿着一致性旨趣和目标开拓出应有的理论贡献。从根本上说，这亦是在追问具身传播何以在智媒时代成为一种新的传播研究范式以及这种范式具体是什么、有何功能。本书继而以一种比较视野，提出了智媒时代的具身传播研究与大众传播时代的离身传播研究在"元范式""社会学范式""构造范式"上的根本性不同，在三种维度上对智媒时代具身传播研究范式的功能和使命展开多层次的厘清、揭示和比较，以此回应本书的问题意识。据此，本书尚且得出如下几点研究结论。

一　澄清：身体视角并非创新，具身视角才是学科创新

近年来，身体研究俨然成为传播学界一种时髦的前沿研究，但凡涉及智能传播、人机关系的，研究者们大多需要对传播中的身体重新审视一番，而用到"具身性""具身传播"概念或直接以"具身传播"命名的研究也越来越多。然而令人困惑的是，学人们纷纷以探究"传播中的身体问题"为共同的学术旨趣而聚集在一起，却发现彼此之间"鸡同鸭讲"，即便是那些自称"具身传播研究"的成果之间也难以形成有效的学术对话，身体视角在传播研究中的浮现呈现的是一种繁荣而混乱的局面。因此，本书的一个重要的研究初衷便是要探究何以如此。

笔者经过梳理与考察后发现，研究者们首先在"身体"与"具身"、"身体传播"与"具身传播"等基本概念及关系上存在认知的模糊和混乱，这是导致产生上述局面的根本原因之一。事实上，"身体"与"具身"是两个截然不同的概念，如果前者常常被当作实体性来理解的话，后者则是一个关系性、指引性概念。所谓"具身"总是"什么的具身"，隐含着与身体的

一种构成和指引关系。事实上，身体概念本身也不是给定的静态指称，随着智媒时代的到来，其技术维度正在日益凸显。

此外，我们需要进一步澄清的是"发现身体""回归身体"并不等同于学科创新，创新的关键不在于研究对象的翻新，而在于"观看"和"提问"方式的变更。若我们把以身体问题为主要议题进行观照的传播研究都宽泛地称为"身体传播研究"，那么传播学目前存在两条介入身体的研究路径。一是将身体对象化处理，从传播学的学科视角展开对身体的对象化考察，本质上这是一种以笛卡尔身心二元论为哲学基础，机械地将身体看作天生"给定"的、脱离了情境的、静态的物质性实体，并作为研究客体被引入传播学以供作为理性主体的研究者们进行拆分、命名、分析、量化等对象化把握，服从的是理性认知秩序的一种抽象化研究取向。这显然不是学科的创新，是既有的传播研究传统在身体议题上的继承与延续。二是将身体情境化处理，不是将身体作为对象纳入传播研究中，而是将身体连同其所处的情境置身于关系的整体性中考察，持有的是一种动态的身体观。此路径又分为两支。一支是建构主义传统，认为身体是社会建构的产物，是兼具生物性和社会性的未完成的状态。深受戈夫曼互动秩序、福柯规训系统等研究的影响，旨在揭示身体的象征意义及其背后的符号互动、权力和意识形态关系等，在传播的社会学传统、文化研究中早已有迹可循，因而不过是在旧有的传播研究范式中引入关于身体的新的经验材料。另一支是引入具身性视角，将人看作一种身体性存在，而身体是我们在世存在的根基和基本媒介，是生活世界的意义之源。这种事实经常在抽象化（本质主义）路径和建构主义路径中被简化和忽略。此路径是从对身体的结构化分析转换为具身化研究，从符号学与文本分析转移到现象学视域的"在世存在"的研究模式，是传播研究从离身视角转为具身视角的一种范式的格式塔变更。

与此同时，引入具身视角亦是"重思传播"的一种创新路径。之所以需要"重思"就在于旧有的传播之思已无力对智媒时代的传播经验与现象作出适切的阐释，反而成了一种僵死的学科框架与思维桎梏。因而，传播学在当下亟待解放思想、激发创新，召唤出新的学科生命力。而近年来掀起的传播的物质性研究、媒介化研究、媒介理论、媒介哲学等"重思传播"的路径几乎都不约而同地涉及进而交汇于身体议题，并直指"媒介的具身性"。事实上，具身性的引入之所以能成为"重思传播"的一种创新路径，主要体现在两个方面。其一，长期以来传播学形成了科学主义与人文主义在方法论上的二元对立，而具身传播研究则以具身性为桥梁，试图在科学实证与人文批判之间开辟出以（后）现象学方法论为核心的第三条研究路径。引入具身性便是引入了一种方法论上的创新，即一种处于科学主义和建构主义之间的居间性研究路径。其二，以具身性为思想场域，关注人与媒介的存在论关系，这种以"身体—媒介—世界"的关系视角来理解传播在传统传播研究中是被遮蔽的，是麦克卢汉已触及但尚未完全展开的路径。

据此，本书认为当前传播学关注和探究"传播中的身体问题"并不是一种创新，抽象化路径和建构主义传统在传播学中早已有迹可循，唯有从具身视角切入才是当前传播学实质性的学科创新，否则极有可能仍然是"新瓶装旧酒"。

二　揭示：具身传播研究是智媒时代具有范式转化意义的学科创新

笔者发现，具身传播研究不仅是一种学科创新，更为重要的是，这正是一种黄旦所谓的"具有范式转化意义的学科创新"①。本书认为具身性思想本身蕴含着后现代的解构与变革精神，而相应的，具身传播研究是对传统离身传播研究的反叛。正如波兹曼所言"数字技术改变我们看待世界的方式"②，而库恩将这种"看的方式"概括为"范式"。如果说范式作为前理论、前规则的优先性在于它是一种潜在的约束力，它框定着我们的研究角度和问题的呈现方式，那么具身传播研究所秉持的传播观念、习惯等不能够也无法融于传播研究的旧体系之中。事实上，它带有一种范式变革的潜能。换句话说，具身传播研究具备重新定义传播学的批判性变革力量，这种力量体现在作为一种"元范式"的革命性，即传播的哲学观、传播观、媒介观、方法论、基本视角及学科定位等传播学形而上学（观念和思维）层面的整

---

① 黄旦.新闻传播学科化历程：媒介史角度［J］.新闻与传播研究，2018（10）：60-81+127.
② 〔美〕尼尔·波斯曼.技术垄断——文化向技术投降［M］.何道宽，译.北京：北京大学出版社，2007：7.

体变迁和转换。如果说一种范式首要地是改变研究的信仰和思维，这亦是范式的革命之所在，是"元范式"在观念上的功能和使命，那么"社会学范式""构造范式"则是将这种观念作为一种研究的强纲领渗透到共同体的具体研究中，其带来的直接结果即改变或重构了我们现有的学科结构。本书所得出的一个重要结论是在比较视野中指出了具身传播研究与离身传播研究在范式的三种不同层次上的根本性差异，笔者总结为余-1。

可以说，具身传播研究较之主流离身传播研究所带来的根本性变革是一种库恩所谓的看世界的方式的格式塔变更，这种"看的方式"的转换导致离身视角下的"鸭子"变成了具身视角下的"兔子"，因而传播研究者"对环境的知觉必须重新训练"[1]，即学会用新的格式塔看世界，用具身视角"看"传播。本书正是试图阐明这种视角。但我们也应该清醒地认识到传播学中"任何认识论都是某个媒介发展阶段的认识论"[2]，一种新范式必须在特定时期优于它的竞争对手才能被接受，但它不需要也决不可能对它所面临的所有事实与现象具备阐释力。[3] 正如康德所意识到的那样，认识总是受限于把物认作什么的认识方式，即我们的知识总是受限于我们的认知方式。[4] 我们"看"传播的方式从离身到具身的转变，即以另一种"看"的方式窥探到作为"传播"的"显像"，毋宁说这只是"传播"以具身的方式对我们的一种"侧显"。诚然，具身传播研究范式是应对智媒时代新型传播实践所导致的理论和学科困境的一种创新性回应，具有一定的超越性，但同时也有其自身的局限性。这绝不意味着它是一种超越任何认知方式的完满的、无限的认识，也不意味着在智媒时代具身传播研究范式将一统天下，形成"一元化"的范式统治。事实上，对于人文社会科学而言，健康良性的学科发展状态理

---

① 〔美〕托马斯·库恩. 科学革命的结构 [M]. 金吾伦，胡新和，译. 北京：北京大学出版社，2012：94.
② 〔美〕尼尔·波兹曼. 娱乐至死·童年的消逝 [M]. 章艳，吴燕莛，译. 桂林：广西师范大学出版社，2009：23.
③ 〔美〕尼尔·波兹曼. 娱乐至死·童年的消逝 [M]. 章艳，吴燕莛，译. 桂林：广西师范大学出版社，2009：14.
④ 胡翌霖. 媒介史强纲领：媒介环境学的哲学解读 [M]. 北京：商务印书馆，2019：56.

应是多元范式的竞争与并立。毋宁说传播学需要多元范式、多种学派展开对话与交锋，以此促进学科繁荣和回应当下的传播技术的变革。[①]

　　综上所述，本书认为身体在传播学中长期以来处于被遮蔽的状态，到了智媒社会，身体才得以解蔽和被重新发现。而这些发现的方式并不都是学科创新，有些路径是传统传播研究范式的继承与延续，唯有以具身视角切入才是当前传播学的学科创新，并且是一种蕴含着范式革命的创新。因此，具身传播研究范式的学科价值在于它不仅为重构过去的研究提供了一种新的视角和路径，更重要的在于这是一种立足当下、回应当前传播变革，同时开启学科未来的前瞻性研究范式。因而，本书将其视作一种研究范式予以揭示，要阐明它对于传播学具有重大的学科价值和意义。

余-1　离身与具身传播研究范式之比较

差异	类型	离身传播研究范式 （大众传播研究的主导范式）	具身传播研究范式 （智能传播研究的主导范式）
元范式层面的深层差异（宏观）	哲学观	以传统意识哲学的思维框架为主导，认为世界是确定和必然的物的世界： 1. 可表征性的存在论假设； 2. 身心二元论的离身假设； 3. 符合论真理观	以现象学的思维框架为主导，认为世界是不确定的、生成中的关系性世界： 1. 非表征主义的存在论假设； 2. 身心一体论的具身假设； 3. 去蔽论真理观
	传播观	观念的传播： 1. 传播即是观念、意识的对接； 2. 视身体为传播过程中必须克服和征服的物质障碍； 3. 传播过程是可计算的数学模式	实践的传播： 1. 传播即是以身体为根本的媒介实践活动； 2. 传播即是在生活世界中因媒介具身实践而实时邀约的各种关系、情境的聚集性场域
	媒介观	"身—媒"二元认识论、媒介工具论	"身—媒"关系存在论、媒介存在论
	方法论	1. 以传播内容为本位，以功能主义为立场； 2. 以客观主义、科学主义、实证主义的方法论为主	1. 以媒介人为本位； 2. 以后现象学方法论为基础，介于科学与人文之间，秉持多元、互补、开放的方法论视野
	基本视角	人类中心主义	非人类中心主义、后人类视角
	学科定位	一门独立的社会科学	视野宽广的元学科

[①]　孙玮. 为了重建的反思：传播研究的范式创新 [J]. 新闻记者，2014（12）：50-58.

续表

差异	类型	离身传播研究范式 （大众传播研究的主导范式）	具身传播研究范式 （智能传播研究的主导范式）
社会学范式层面的差异（中观）	社会情境	大众媒介作为社会的结构性力量，媒介化社会初步形成	智能媒介作为社会的基础架构，日渐进入深度媒介化社会
	传播主体	在人范畴之中的传者与受者	作为混合行动者的媒介人（人与非人的组合）
	传播关系	（图：同心圆，内含"人↔自我""人↔人""人↔世界"） 作为内容载体的媒介在传播关系中隐退	（图：同心圆，内含"媒介人↔自我""媒介人↔媒介人""媒介人↔世界"） 媒介以具身的方式嵌入各级传播关系中
	传播时间观	1. 现实空间与媒介空间的双重性； 2. 线性偏向的线状云时间结构 （图：横线群及箭头曲线）	1. 具身流动的复合空间； 2. 人格化的点状云时间结构； 3. 日渐趋向虚拟与现实深度融合、自由穿梭的"元宇宙"时空形态 （图：点状云形态）
	权力运作	意识形态、权力、资本等借助大众媒介机构自上而下的中心化运作机制实行对大众思想和行为的有目的的操控	意识形态、权力、资本等通过与平台型基础设施、算法、媒介物的技术设计等合谋，以更加隐蔽的、微观化的权力运作方式通过具身媒介实践渗透于个体日常生活的方方面面
	研究进路	控制分析、内容分析、媒介（大众媒介及机构）分析、受众分析、效果分析	通过聚焦媒介技术及媒介物、具身、媒介实践在生活世界中基于"可供性"原则的现象学具身变更，探讨"人（身体）—媒介—世界"的存在论关系、"人（身体）—媒介—世界"的生存论关系以及聚集于此的身体、技术、资本、权力之间的交互关系
	研究目的	实现对大众的有效操控	探究人与媒介的存在论及生存论关系，媒介人与社会、文化之间的相互建构过程及意义

差异	类型	离身传播研究范式 （大众传播研究的主导范式）	具身传播研究范式 （智能传播研究的主导范式）
构造范式层面的差异（微观）	研究焦点与理论模型	将传播视作社会运行的子系统,将传播研究窄化为传播的功能和效果研究,尤以传播内容为研究重心,以传播文本、话语为考察中心。在结构功能主义的立场下,产生了一系列传播的理论模型,如传播过程的直线模式、循环和互动模式、系统模式等;"魔弹"论;"议程设置功能"理论;"沉默的螺旋"理论;"培养"理论;"新闻框架"理论;"知沟"理论;"第三人效果"理论;"创新—扩散"理论;说服效果理论;等等	将传播视作社会的基础架构,以元学科的视角探讨深度媒介化社会中身体、媒介、生活世界之间交互构成的具身实践关系以及由此形成的文化的、社会的、技术的、权力的互动关系,以后现象学为理论和方法论基础,在常规研究阶段以媒介人嵌入日常生活的具身生存实践为考察中心,从媒介实践中发展和建构出相应的具身传播研究的理论模型和日渐成熟的研究体系

三 指明：具身传播研究提供了本土化创新的空间和可能

具身性思想不仅涉及哲学、心理学、语言学、人类学、认知科学、神经科学、人工智能等跨学科视域，更是一个能够融通中西方智慧及其思维方式的思想场域。从西方来看，具身性具有西方哲思与实证检验的双重有效性：一方面，具身性直接来源于西方现象学谱系，概括起来则主要源于胡塞尔、海德格尔、梅洛-庞蒂等人的知觉具身思想，并由唐·伊德在当代通过后现象学路径将"身体—世界"的知觉具身结构拓展为"身体—技术—世界"的技术具身模式；另一方面，具身性思想还获得了来自具身认知科学的实证担保。此外，具身性思想与中国传统哲学中的"体知"观亦发生诸多共鸣。中西方具身性思想内部虽然是分化的异质性结构，但同样具有潜在的内在统一性，笔者将之概括为"一本四性"，即以身体为根本、主客（身心）一体性、知觉体验性、关系情境性以及身体实践性。而"一本四性"之间是相互关联、相互渗透的，可以说是具身性思想的核心特征所在。如果说麦克卢汉曾毫不掩饰对东方思想的好奇，并越来越意识到东方智慧与以量子论为代表的现代物理学有诸多相似之处，但如何在中西思想之间取长补短，弥合传统西方理性分析推理和东方真理冥想体验之间的鸿沟，一直是麦克卢汉面临的难题的话①，那么将具身性引入传播学无疑是在中西理论之间架起了一座沟通互动的桥梁。因而具身传播研究将是一种基于中西思想视域融合的研究空间和领域。具身传播研究范式并不是一套完全建立在西方现实语境和理论构架上的体系，而是具备了吸收中国古典哲学的理论智慧，寻求中西理论在传播研究中的融通点和接合点的路径可能。据此，中国传播学者可从中国媒介实践的经验出发，开拓出一个由中国本土理论参与解决和阐释中国本土具身传播实践的创新空间，这将有助于更好地理解和阐释中国语境下的媒介实践背后独特又深厚的思想文化根源。为此，本书试图抛砖引玉地明示这种潜在的创新空间与价值。

第二节　相关说明与展望

任何一项研究都有其历史性、规定性和局限性，本研究也不例外。为此本书有必要在研究的结尾处做出几点说明。

第一，本书并不是以一己之力提出具身传播研究范式的，事实上这是不可能的，也是对库恩范式理论的误解。毋宁说，本书是将那些早已萌发的具身传播研究的某种内在的一致性承诺予以阐明和揭示。这项工作并不是试图提供一套教科书般的具身传播研究的教条式规则，而仅仅是将具身传播研究共同体在研究观念与习惯上那些早已共享的东西明示出来，有助于识别出共同体及其潜在的符合这种一致性的成员。因此，本研究是一种对具身传播研究的"前规则"的元考察。而这项阐明工作并不是主要针对那些早已身处具身传播研究共同体之中的成员，毋宁说面向的是共同体之外对具身传播研究感兴趣的潜在研究者。

第二，本研究对具身传播研究范式的揭示工作是在黄旦、胡翼青等学者对传播学学科反思与范式思考的启发下，在以刘海龙、孙玮、芮必峰等国内

① Eric McLuhan, Frank Zingrone. Essential McLuhan [M]. Stoddart Publishing Co., 1995: 371.

具身传播研究领域最具代表性的学者们的前期研究成果的基础上完成的。事实上，这些学者已经率先具备了库恩所谓的在合适的时机开启一个全新的研究领域（具身传播研究领域）的"诀窍"以及对该领域的"洞察力"，而他们的先导性研究成果已然显露出了某些内在的一致性，并共同指向了一种有意识或无意识的范式自觉。因而本研究即是将其捕捉出来，从范式的不同层面将其从晦暗不明中概括和明示出来，以便为共同体之外的研究者们提供一种研究研判和指引。麦克卢汉曾在其成名作《古腾堡星系》中，将海德格尔描述为"踏着电子浪潮而来"。在他看来，海德格尔的存在论哲学正是根植于电子媒介技术的环境所孕育出来的杰出思想，虽然海德格尔本人并未意识到这一点，甚至没有对电子时代做过专门的探究，而这也并非海德格尔需要关心的问题。换句话说，海德格尔的思想之所以与笛卡尔不同，在于他们所置身的媒介域不同。那么当我们迈入智媒时代的媒介域时，必定有先导者早已有意识或无意识地开启了与之相符的传播研究，并进而有望开拓出一种全新的研究范式。因而，本研究并不是一项具身传播的具体研究，毋宁说是"关于具身传播研究的研究"，是一项有关学科反思与范式自觉的思考。

上述研究的过程对于笔者是极为艰辛和漫长的，连接不同学科的理论脉络是超乎想象之困难和庞杂的，对学术素养和逻辑思辨能力要求也是极高的。基于笔者对研究资料占有的局限、在研究经验和知识储备上的不足，以及研究时间、本书篇幅的限制等，笔者的研究是有所聚焦和偏向的，并不能充分展开对具身传播研究范式及其价值的所有面向的学术观照。这正是本书的局限性所在，也构成了笔者继续沿着此领域作后续研究的一种展望。

第一，本书指出具身传播研究范式的价值在于：它不仅开启了一种重构过去传播研究的视角，还是立足当下和面向未来的一种前瞻性研究范式。可以说，本书主要聚焦的是具身传播研究范式"何以"与"何谓"的问题，这充分指向了智媒时代传播研究的变革。事实上，以具身视角回溯以往非智媒时代的传播问题时，我们将解蔽出诸多被离身视角所遮蔽的具身面向。显然，这种类似于媒介考古学式的探究足以形成另一本书，远非本书可以囊括的。因此，本书的研究语境被界定在智媒时代，而具身传播研究范式如何重构过去非智媒时代的传播研究则将作为后续研究议题供其他学人跟进。

第二，本书指出具身传播研究范式蕴含着一种中西理论融合对话，进而实现本土化创新的空间和可能，并从具身性的中西思想溯源中得出了一些抛砖引玉式的见解。然而，这仅仅是一种路径上的指明，更为重要的是怎么将中西方的具身性思想进行话语接合与融通从而用以阐释中国本土的媒介具身实践，这要求研究者具有深厚的中西哲学理论功底以及对具身传播实践的精准把握，是笔者乃至相关学人需要长时间积累、学习、耕耘与思考的。

第三，本书关于"构造范式"章节的探索，选取了孙玮和刘海龙两位学者及其团队的几项代表性成果作为一种最初的具体研究的"操作"或"模式"予以剖析。尽管这些研究并不完美，却可以视为一种有效的、最初的研究指引。据此，本书提出迈向常规研究阶段的具身传播研究将以先行者为范例和路标，从中国的媒介实践出发，深入生活世界中具体考察媒介人的日常生存实践。而"构造范式"这项未竟的事业显然需要依靠更多有共同信念的学人继续努力探索，从而最终构建起从中国具身实践出发的、有中国本土理论贡献的具身传播研究的理论体系。

参考文献

一 译著

1. 〔澳〕斯科特·麦奎尔．媒体城市：媒体、建筑与都市空间 ［M］．邵文实，译．南京：江苏教育出版社，2013.

2. 〔丹〕延森（Jensen，K. B.）．媒介融合：网络传播、大众传播和人际传播的三重维度 ［M］．刘君，译．上海：复旦大学出版社，2012.

3. 〔丹麦〕施蒂格·夏瓦（Stig Hjarvard）．文化与社会的媒介化 ［M］．刘君，李鑫，漆俊邑，译．上海：复旦大学出版社，2018.

4. 〔丹〕丹·扎哈维．胡塞尔现象学 ［M］．李忠伟，译．上海：上海译文出版社，2007.

5. 〔德〕黑格尔．法哲学原理 ［M］．范扬，张企泰，译．北京：商务印书馆，1961.

6. 〔德〕尼采．权力意志：重估一切价值的尝试 ［M］．张念东，凌素心，译．北京：中央编译出版社，2000.

7. 〔德〕马丁·海德格尔．海德格尔选集 ［M］．孙周兴，选编．上海：生活·读书·新知上海三联书店，1996.

8. 〔德〕马丁·海德格尔．时间概念史导论 ［M］．欧东明，译．北京：商务印书馆，2009.

9. 〔德〕海德格尔．海德格尔文集．演讲与论文集 ［M］．孙周兴，译．北京：商务印书馆，2018.

10. 〔德〕海德格尔．存在与时间（修订译本）［M］．陈嘉映，王庆节，译．北京：生活·读书·新知三联书店，2012．

11. 〔德〕海德格尔．面向思的事情［M］．陈小文，孙周兴，译．北京：商务印书馆，1999．

12. 〔德〕赫尔曼·施密茨．新现象学［M］．庞学铨，李张林，译．上海：上海译文出版社，1997．

13. 〔德〕卡尔·曼海姆．意识形态和乌托邦——知识社会学引论［M］．霍桂桓，译．北京：中国人民大学出版社，2013．

14. 〔德〕瓦尔特·本雅明．迎向灵光消逝的年代：本雅明论艺术［M］．许绮玲，林志明，译．桂林：广西师范大学出版社，2008．

15. 〔德〕瓦尔特·本雅明．单行道［M］．王才勇，译．南京：江苏人民出版社，2006．

16. 〔德〕瓦尔特·本雅明．发达资本主义时代的抒情诗人［M］．张旭东，魏文生，译．北京：生活·读书·新知三联书店，2007．

17. 〔德〕瓦尔特·本雅明．机械复制时代的艺术作品［M］．胡不适，译．杭州：浙江文艺出版社，2005．

18. 〔德〕弗里德里希·基特勒．留声机、电影、打字机［M］．邢春丽，译．上海：复旦大学出版社，2017．

19. 〔德〕韩炳哲．时间的味道［M］．包向飞，徐基太，译．重庆：重庆大学出版社，2017．

20. 〔德〕韩炳哲．他者的消失［M］．吴琼，译．北京：中信出版社，2019．

21. 〔德〕埃德蒙德·胡塞尔．现象学的观念［M］．倪梁康，译．上海：上海译文出版社，1986．

22. 〔德〕埃德蒙德·胡塞尔．欧洲科学危机和超验现象学［M］．张庆熊，译．上海：上海译文出版社，1988．

23. 〔德〕胡塞尔．胡塞尔选集［M］．倪梁康，选编．上海：上海三联书店，1997．

24. 〔德〕胡塞尔. 欧洲科学的危机与超越论的现象学〔M〕. 王炳文，译. 北京：商务印书馆，2011.

25. 〔德〕卡尔·雅斯贝斯. 历史的起源与目标〔M〕. 魏楚雄，俞新天，译. 北京：华夏出版社，1989.

26. 〔德〕弗里德里希·恩格斯. 路德维希·费尔巴哈和德国古典哲学的终结〔M〕. 中共中央马克思恩格斯列宁斯大林著作编译局，译. 北京：人民出版社，1972.

27. 〔德〕克莱默尔，编著. 传媒、计算机、实在性〔M〕. 孙和平，译. 北京：中国社会科学出版社，2008.

28. 〔德〕哈特穆特·罗萨. 新异化的诞生——社会加速批判理论大纲〔M〕. 郑作彧，译. 上海：上海人民出版社，2018.

29. 〔俄〕列夫·马诺维奇. 新媒体的语言〔M〕. 车琳，译. 贵阳：贵州人民出版社，2020.

30. 〔法〕笛卡尔. 谈谈方法〔M〕. 王太庆，译. 北京：商务印书馆，2000.

31. 〔法〕笛卡尔. 第一哲学沉思集〔M〕. 庞景仁，译. 北京：商务印书馆，1986.

32. 〔法〕梅洛-庞蒂. 哲学赞词〔M〕. 杨大春，译. 北京：商务印书馆，2000.

33. 〔法〕梅洛-庞蒂. 知觉现象学〔M〕. 姜志辉，译. 北京：商务印书馆，2001.

34. 〔法〕大卫·勒布雷东. 人类身体史和现代性〔M〕. 王圆圆，译. 上海：上海文艺出版社，2010.

35. 〔法〕让·鲍德里亚. 物体系〔M〕. 林志明，译. 上海：上海人民出版社，2006.

36. 〔法〕让·鲍德里亚. 消费社会〔M〕. 刘成富，全志钢，译. 南京：南京大学出版社，2000.

37. 〔法〕贝尔纳·斯蒂格勒. 技术与时间：爱比米修斯的过失〔M〕. 裴程，译. 南京：译林出版社，2019.

38. 〔法〕雷吉斯·德布雷. 媒介学引论 [M]. 刘文玲，译. 北京：中国传媒大学出版社，2014.

39. 〔法〕米歇尔·福柯. 知识考古学 [M]. 谢强，马月，译. 北京：生活·读书·新知三联书店，2003.

40. 〔法〕阿芒·马特拉，米歇尔·马特拉. 传播学简史 [M]. 孙五三，译. 北京：中国人民大学出版社，2008.

41. 〔法〕让-保尔·萨特. 存在与虚无 [M]. 陈宣良等，译. 北京：生活·读书·新知三联书店，1987.

42. 〔法〕阿兰·科尔班，主编. 身体的历史（卷二）[M]. 杨剑，译. 上海：华东师范大学出版社，2013.

43. 〔古希腊〕柏拉图. 斐多：柏拉图对话录之一 [M]. 杨绛，译. 沈阳：辽宁人民出版社，2000.

44. 〔韩〕康在镐. 本雅明论媒介 [M]. 孙一洲，译. 北京：中国传媒大学出版社，2019.

45. 〔加〕梅蒂·莫利纳罗，等编. 麦克卢汉书简 [M]. 何道宽，仲冬，译. 北京：中国人民大学出版社，2005.

46. 〔加〕马歇尔·麦克卢汉. 理解媒介——论人的延伸 [M]. 何道宽，译. 南京：译林出版社，2011.

47. 〔加〕马歇尔·麦克卢汉. 麦克卢汉如是说——理解我 [M].〔加〕斯蒂芬妮·麦克卢汉，戴维·斯坦斯，编. 何道宽，译. 北京：中国人民大学出版社，2006.

48. 〔加〕罗伯特·洛根. 理解新媒介——延伸麦克卢汉 [M]. 何道宽，译. 上海：复旦大学出版社，2012.

49. 〔加〕约翰·奥尼尔. 身体五态——重塑关系形貌 [M]. 李康，译. 北京：北京大学出版社，2010.

50. 〔加〕杰弗里·温斯洛普-扬. 基特勒论媒介 [M]. 张昱辰，译. 北京：中国传媒大学出版社，2019.

51. 〔加〕埃里克·麦克卢汉，弗兰克·秦格龙. 麦克卢汉精粹 [M]. 何道宽，译．南京：南京大学出版社，2000.

52. 〔美〕保罗·莱文森．数字麦克卢汉——信息化新纪元指南［M］．何道宽，译．北京：社会科学文献出版社，2001.

53. 〔美〕保罗·莱文森．手机：挡不住的呼唤［M］．何道宽，译．北京：中国人民大学出版社，2004.

54. 〔美〕保罗·莱文森．真实空间：飞天梦解析［M］．何道宽，译．北京：中国人民大学出版社，2006.

55. 〔美〕彼得斯．交流的无奈：传播思想史［M］．何道宽，译．北京：华夏出版社，2003.

56. 〔美〕约翰·杜翰姆·彼得斯．对空言说：传播的观念史［M］．邓建国，译．上海：上海译文出版社，2017.

57. 〔美〕约翰·杜翰姆·彼得斯．奇云：媒介即存有［M］．邓建国，译．上海：复旦大学出版社，2020.

58. 〔美〕唐·伊德．让事物"说话"：后现象学与技术科学［M］．韩连庆，译．北京：北京大学出版社，2008.

59. 〔美〕唐·伊德．技术与生活世界：从伊甸园到尘世［M］．韩连庆，译．北京：北京大学出版社，2012.

60. 〔美〕詹姆斯·W.凯瑞．作为文化的传播："媒介与社会"论文集［M］．丁未，译．北京：中国人民大学出版社，2019.

61. 〔美〕托马斯·库恩．科学革命的结构［M］．金吾伦，胡新和，译．北京：北京大学出版社，2012.

62. 〔美〕丹尼尔·托马斯·普里莫兹克．梅洛-庞蒂［M］．关群德，译．北京：中华书局，2003.

63. 〔美〕莫顿．社会理论与社会结构［M］．唐少杰，译．南京：译林出版社，2006.

64. 〔美〕格拉汉姆·哈曼．迈向思辨实在论——论文与讲座［M］．花超荣，译．武汉：长江文艺出版社，2020.

65. 〔美〕凯瑟琳·海勒．我们何以成为后人类：文学、信息科学和控制论

中的虚拟身体 [M]. 刘宇清，译. 北京：北京大学出版社，2017.

66. 〔美〕华勒斯坦等. 开放社会科学：重建社会科学报告书 [M]. 刘锋，译. 北京：生活·读书·新知三联书店，1997.

67. 〔美〕哈罗德·D. 拉斯韦尔. 世界大战中的宣传技巧 [M]. 张洁，田青，译. 北京：中国人民大学出版社，2003.

68. 〔美〕乔治·莱考夫，马克·约翰逊. 我们赖以生存的隐喻 [M]. 何文忠，译. 杭州：浙江大学出版社，2015.

69. 〔美〕克里斯托弗·辛普森. 胁迫之术：心理战与美国传播研究的兴起（1945—1960）[M]. 王维佳，等译. 上海：华东师范大学出版社，2017.

70. 〔美〕丹尼尔·杰·切特罗姆. 传播媒介与美国人的思想——从莫尔斯到麦克卢汉 [M]. 曹静生，黄艾禾，译. 北京：中国广播电视出版社，1991.

71. 〔美〕丹尼尔·托马斯·普里莫兹克. 梅洛-庞蒂 [M]. 关群德，译. 北京：中华书局，2003.

72. 〔美〕迈克尔·海姆. 从界面到网络：虚拟实在的形而上学 [M]. 金吾仑，刘刚，译. 上海：上海科技教育出版社，2000.

73. 〔美〕戴维·J. 贡克尔，〔英〕保罗·A. 泰勒. 海德格尔论媒介 [M]. 吴江，译. 北京：中国传媒大学出版社，2019.

74. 〔美〕杜维明. 杜维明文集（第五卷）[M]. 郭齐勇，郑文龙，编. 武汉：武汉出版社，2002.

75. 〔美〕杜维明. 体知儒学——儒家当代价值的九次对话 [M]. 杭州：浙江大学出版社，2012.

76. 〔美〕安德鲁·芬伯格. 在理性与经验之间：论技术与现代性 [M]. 高海青，译. 北京：金城出版社，2015.

77. 〔美〕汉诺·哈特. 传播学批判研究：美国的传播、历史和理论 [M]. 何道宽，译. 北京：北京大学出版社，2008.

78. 〔美〕维克多·维拉德-梅欧. 胡塞尔 [M]. 杨富斌，译. 北京：中华书局，2014.

79. 〔美〕曼纽尔·卡斯特.网络社会的崛起〔M〕.夏铸九,等译.北京:
社会科学文献出版社,2001.

80. 〔美〕西奥多·夏兹金,〔美〕卡琳·诺尔·塞蒂纳,〔德〕埃克·
冯·萨维尼.当代理论的实践转向〔M〕.柯文,石诚,译.苏州:苏
州大学出版社,2010.

81. 〔美〕戴维·哈维.后现代的状况——对文化变迁之缘起的探究〔M〕.
阎嘉,译.北京:商务印书馆,2003.

82. 〔美〕托马斯·古德尔,杰弗瑞·戈比.人类思想史中的休闲〔M〕.成
素梅等,译.昆明:云南人民出版社,2000.

83. 〔美〕詹姆逊.后现代主义与文化理论〔M〕.唐小兵,译.北京:北京
大学出版社,2005.

84. 〔美〕尼尔·波斯曼.技术垄断——文化向技术投降〔M〕.何道宽,译.
北京:北京大学出版社,2007.

85. 〔美〕尼尔·波兹曼.娱乐至死·童年的消逝〔M〕.章艳,吴燕莛,译.
桂林:广西师范大学出版社,2009.

86. 〔美〕W.J.T.米歇尔,〔美〕马克·B.N.汉森,主编.媒介研究批评
术语集〔M〕.肖腊梅,胡晓华,译.南京:南京大学出版社,2019.

87. 〔英〕特里·伊格尔顿.后现代主义的幻象〔M〕.华明,译.北京:商
务印书馆,2014.

88. 〔英〕约翰·罗布,奥利弗·J.T.哈里斯.历史上的身体:从旧石器时
代到未来的欧洲〔M〕.吴莉苇,译.上海:格致出版社、上海人民出
版社,2016.

89. 〔英〕库尔德利(Couldry, N.).媒介、社会与世界:社会理论与数字
媒介实践〔M〕.何道宽,译.上海:复旦大学出版社,2014.

90. 〔英〕彼得·艾迪(Peter Adey).移动〔M〕.徐苔玲,王志弘,译.台
北:群学出版有限公司,2013.

91. 〔英〕吉尔德·德兰逖.社会科学——超越建构论与实在论〔M〕.张茂

元，译．长春：吉林人民出版社，2005.

92. 〔英〕克里斯·希林．身体与社会理论（第二版）［M］.李康，译．北京：北京大学出版社，2010.

93. 〔英〕克里斯·希林．文化、技术与社会中的身体［M］.李康，译．北京：北京大学出版社，2011.

94. 〔英〕尼古拉斯·盖恩，戴维·比尔．新媒介：关键概念［M］.刘君，周竞男，译．上海：复旦大学出版社，2015.

95. 〔英〕伊姆雷·拉卡托斯，艾兰·马斯格雷夫，编．批判与知识的增长——1965年伦敦国际科学哲学会议论文汇编第四卷［M］.周寄中，译．北京：华夏出版社，1987.

96. 〔英〕约翰·罗布，奥利弗·J.T.哈里斯．历史上的身体：从旧石器时代到未来的欧洲［M］.吴莉苇，译．上海：格致出版社、上海人民出版社，2016.

97. 〔英〕布赖恩·特纳．身体与社会［M］.马海良，赵国新，译．沈阳：春风文艺出版社，2000.

98. 〔英〕布赖恩·特纳，主编．Blackwell社会理论指南［M］.李康，译．上海：上海人民出版社，2003.

99. 〔英〕大卫·哈维．寰宇主义与自由地理［M］.王志弘，徐苔玲，译．台北：群学出版有限公司，2014.

100. 〔英〕伊格尔顿．审美意识形态［M］.王杰，傅德根，麦永雄，译．桂林：广西师范大学出版社，2001.

101. 〔英〕约翰斯顿．哲学与人文地理学［M］.蔡运龙，江涛，译．北京：商务印书馆，2000.

102. 〔英〕G.H.哈代等．科学家的辩白［M］.毛虹，等译．南京：江苏人民出版社，1999.

103. 〔英〕齐格蒙特·鲍曼．流动的现代性［M］.欧阳景根，译．上海：上海三联书店，2002.

104. 〔意〕卡洛·罗韦利．时间的秩序［M］.杨光，译．长沙：湖南科学技术出版社，2019.

105. 〔意〕维柯. 新科学 [M]. 朱光潜，译. 北京：商务印书馆，1989.

106. 〔中〕许煜. 论数码物的存在 [M]. 李婉楠，译. 上海：上海人民出版社，2019.

107. 〔智〕瓦雷拉，〔加〕汤普森，〔美〕罗施. 具身心智：认知科学和人类经验 [M]. 李恒威等，译. 杭州：浙江大学出版社，2010.

二　中文专著

1. 北京大学哲学系外国哲学史教研室，编译. 古希腊罗马哲学 [M]. 北京：商务印书馆，1961.

2. 陈卫星. 传播的观念 [M]. 北京：人民出版社，2004.

3. 陈嘉明. 现代性与后现代性十五讲 [M]. 北京：北京大学出版社，2006.

4. 陈少明. 体知与人文学 [M]. 北京：华夏出版社，2008.

5. 丁耘，主编. 什么是思想史 [M]. 上海：上海人民出版社，2006.

6. 陈力丹. 传播学纲要（第二版）[M]. 北京：中国人民大学出版社，2007.

7. 范龙. 媒介现象学：麦克卢汉传播思想研究 [M]. 北京：中国大百科全书出版社，2012.

8. 郭庆光. 传播学教程（第二版）[M]. 北京：中国人民大学出版社，2011.

9. 何静. 身体意象与身体图式——具身认知研究 [M]. 上海：华东师范大学出版社，2013.

10. 胡翼青. 传播学学科危机与范式革命 [M]. 北京：首都师范大学出版社，2004.

11. 胡翼青等. 西方传播学术史手册 [M]. 北京：北京大学出版社，2015.

12. 胡翌霖. 媒介史强纲领：媒介环境学的哲学解读 [M]. 北京：商务印书馆，2019.

13. 胡翌霖. 技术哲学导论 [M]. 北京：商务印书馆，2021.

14. 金炳华. 哲学大辞典 [M]. 上海：上海辞书出版社，2001.

15. 李彬. 传播学引论（增补版）[M]. 北京：新华出版社，2003.

16. 刘海龙 . 大众传播理论：范式与流派［M］. 北京：中国人民大学出版社，2008.

17. 刘海龙 . 重访灰色地带：传播研究史的书写与记忆［M］. 北京：北京大学出版社，2017.

18. 李明伟 . 知媒者生存：媒介环境学纵论［M］. 北京：北京大学出版社，2010.

19. 李智 . 从媒介工具论到媒介存在论——西方媒介思想的演变［M］. 北京：中国传媒大学出版社，2022.

20. 刘胜利 . 身体、空间与科学：梅洛-庞蒂的空间现象学研究［M］. 南京：江苏人民出版社，2015.

21. 陆益龙 . 定性社会研究方法［M］. 北京：商务印书馆，2011.

22. 苗力田，主编 . 亚里士多德全集（第三卷）［M］. 北京：中国人民大学出版社，1992.

23. 牟宗三 . 中国哲学十九讲［M］. 上海：上海古籍出版社，2005.

24. 宁晓萌 . 表达与存在：梅洛-庞蒂现象学研究［M］. 北京：北京大学出版社，2013.

25. 欧阳灿灿 . 当代欧美身体研究批评［M］. 北京：中国社会科学出版社，2015.

26. 彭兰 . 新媒体用户研究：节点化、媒介化、赛博格化的人［M］. 北京：中国人民大学出版社，2020.

27. 钱穆 . 灵魂与心［M］. 台北：联经出版事业公司，1976-1984.

28. 邱志诚 . 国家、身体、社会：宋代身体史研究［M］. 北京：科学出版社，2018.

29. 任继愈 . 中国哲学史（第二册）［M］. 北京：人民出版社，1979.

30. 书杰 . 哲学 100 问：从古希腊到黑格尔［M］. 北京：华文出版社，2019.

31. 书杰 . 哲学 100 问：后现代的刺［M］. 北京：华文出版社，2020.

32. 吴国盛 . 技术哲学经典读本［M］. 上海：上海交通大学出版社，2008.

33. 王德峰 . 哲学导论［M］. 上海：复旦大学出版社，2014.

34. 汪民安．身体、空间与后现代性［M］．南京：江苏人民出版社，2006.

35. 吴志远．超越主体主义——反思 20 世纪传播学的哲学源流［M］．南京：江苏人民出版社，2020.

36. 徐献军．具身认知论——现象学在认知科学研究范式转型中的作用［M］．杭州：浙江大学出版社，2009.

37. 许慎．说文解字［M］．北京：中华书局，1963.

38. 夏德元．电子媒介人的崛起——社会的媒介化及人与媒介关系的嬗变［M］．上海：复旦大学出版社，2011.

39. 叶浩生，主编．具身认知的原理与应用［M］．北京：商务印书馆，2017.

40. 杨儒宾．儒家身体观［M］．台北："中央研究院"中国文哲研究所筹备处，1999.

41. 杨儒宾，主编．中国古代思想中的气论及身体观［M］．台北：巨流图书公司，1993.

42. 中国社会科学院新闻研究所世界新闻研究室，编．传播学（简介）．北京：人民日报出版社，1983.

43. 张咏华．大众传播学［M］．上海：上海外语教育出版社，1992.

44. 张世英．哲学导论（第三版）［M］．北京：北京大学出版社，2016.

45. 张尧均．隐喻的身体：梅洛-庞蒂身体现象学研究［M］．杭州：中国美术学院出版社，2006.

46. 张祥龙．现象学导论七讲：从原著阐发原意［M］．北京：中国人民大学出版社，2011.

47. 赵猛．胡塞尔的具身化知觉理论研究［M］．北京：中国社会科学出版社，2016.

48. 赵建国．身体传播［M］．北京：社会科学文献出版社，2018.

三　期刊论文

1. 安乐哲，陈霞，刘燕．古典中国哲学中身体的意义［J］．世界哲学，

2006（05）.

2. 陈娟. 社交媒体自我形象的建构与传播——以手机自拍的图像话语表达为例［J］. 当代传播，2016（04）.

3. 陈静. 走向媒体本体论——向弗里德里希·A. 基特勒致敬［J］. 文化研究，2013（01）.

4. 陈虹，杨启飞. 无边界融合：可供性视角下的智能传播模式创新［J］. 新闻界，2020（07）.

5. 常江，何仁亿. 约翰·杜伦·彼得斯：传播研究应当超越经验——传播学的技术史视角与人文思想传统［J］. 新闻界，2018（06）.

6. 常江，何仁亿. 安德烈亚斯·赫普：我们生活在"万物媒介化"的时代——媒介化理论的内涵、方法与前景［J］. 新闻界，2020（06）.

7. 陈卫星. 媒介域的方法论意义［J］. 国际新闻界，2018（02）.

8. 陈卫星. 智能传播的认识论挑战［J］. 国际新闻界，2021（09）.

9. 陈力丹. 试论传播学方法论的三个学派［J］. 新闻与传播研究，2005（02）.

10. 车致新. "历史"的历史化——基特勒之后的香农与福柯［J］. 国外文学，2019（01）.

11. 程思琪，喻国明. 人工智能技术路线的洞察与人机传播新范式的构建［J］. 全球传媒学刊，2021（01）.

12. 曹继东. 现象学与技术哲学——唐·伊德教授访谈录［J］. 哲学动态，2006（12）.

13. 曹继东. 唐·伊德的后现象学研究［J］. 哲学动态，2010（06）.

14. 蔡春玲，汤荣光. 人类中心主义的哲学阈限及其价值重构［J］. 南通大学学报（社会科学版），2018（06）.

15. 杜丹. 共生、转译与交互：探索媒介物的中介化［J］. 国际新闻界，2020（05）.

16. 杜丹，陈霖. 与"物"交融：技术具身理论之于传播学研究［J］现代传播（中国传媒大学学报），2021（03）.

17. 杜丹."转场":远程交往的具身行动与体验 [J].现代传播(中国传媒大学学报),2022(07).

18. 丁淦林.我国新闻传播学学术研究的现状 [J].新闻采编,1998(06).

19. 丁方舟.论传播的物质性:一种媒介理论演化的视角 [J].新闻界,2019(01).

20. 戴宇辰,孔舒越."媒介化移动":手机与地铁乘客的移动节奏 [J].国际新闻界,2021(03).

21. 费多益.认知研究的现象学趋向 [J].哲学动态,2007(06).

22. 顾洁.媒介研究的实践范式:框架、路径与启示 [J].新闻与传播研究,2018(06).

23. 郭湛.论主体间性或交互主体性 [J].中国人民大学学报,2001(03).

24. 郭小安,赵海明.媒介的演替与人的"主体性"递归:基特勒的媒介本体论思想及审思 [J].国际新闻界,2021(06).

25. 黄旦."千手观音":数字革命与中国场景 [J].探索与争鸣,2016(11).

26. 黄旦.新闻传播学科化历程:媒介史角度 [J].新闻与传播研究,2018(10).

27. 黄旦.云卷云舒:乘槎浮海居天下——读《奇云》[J].新闻大学,2020(11).

28. 黄旦.建构实在:大众媒体的运作——读尼克拉斯·卢曼的《大众媒体的实在》[J].国际新闻界,2020(11).

29. 黄晨.场域决定思想——当代中国政治思想变迁的知识社会学逻辑(1978—2000)[J].中国人民大学学报,2021(02).

30. 黄俊杰.中国思想史中"身体观"研究的新视野 [J].现代哲学,2002(03).

31. 黄俊杰.东亚儒家思想传统中的四种"身体":类型与议题 [J].孔子研究,2006(05).

32. 胡翼青.传播学四大奠基人神话的背后 [J].国际新闻界,2007(04).

33. 胡翼青.论传播研究范式的表层结构与深层结构——兼论中国传播学30年来的得失 [J].新闻与传播研究,2007(04).

34. 胡翼青．传播学科的兴起：一段重新阐释的历史［J］．中国地质大学学报（社会科学版），2009（01）．

35. 胡翼青．美国传播学传统学派形成的学理探究［J］．当代传播，2009（04）．

36. 胡翼青．传播学科建制发展的两难境地［J］．当代传播，2011（03）．

37. 胡翼青，吴越．凯瑞的"仪式观"：美国文化研究本土化的困局［J］．新闻与传播研究，2014（06）．

38. 胡翼青．重塑传播研究范式：何以可能与何以可为［J］．现代传播（中国传媒大学学报），2016（01）．

39. 胡翼青．论大众传播的历史性与意识形态性：基于技术的知识社会学视角［J］．南京社会科学，2018（03）．

40. 胡翼青，张婧妍．重新发现"媒介"：学科视角的建构与知识型转变——2018 年中国传播研究综述［J］．编辑之友，2019（02）．

41. 胡翼青．大众传播学抑或大众心理学：对美国传播学主导范式的再书写［J］．国际新闻界，2019（08）．

42. 胡翼青，王焕超．媒介理论范式的兴起：基于不同学派的比较分析［J］．现代传播（中国传媒大学学报），2020（04）．

43. 胡翼青，赵婷婷．作为媒介性的具身性：对具身关系的再认识［J］．新闻记者，2022（07）．

44. 黄典林，马靓辉．身体问题的传播研究路径刍议［J］．新闻与写作，2020（11）．

45. 韩连庆．技术与知觉——唐·伊德对海德格尔技术哲学的批判和超越［J］．自然辩证法通讯，2004（05）．

46. 汉诺·哈特，刘燕南，钱芹如．范式转变：大众传播研究话语中心的消解［J］．国际新闻界，2002（03）．

47. 蒋晓丽，贾瑞琪．论人工智能时代技术与人的互构与互驯——基于海德格尔技术哲学观的考察［J］．西南民族大学学报（人文社科版），2018（04）．

48. 刘婷，张卓．身体—媒介/技术：麦克卢汉思想被忽视的维度 [J]．新闻与传播研究，2018（05）．

49. 刘铮．虚拟现实不具身吗？——以唐·伊德《技术中的身体》为例 [J]．科学技术哲学研究，2019（01）．

50. 刘晗，龚芳敏．保罗·莱文森媒介技术演进思想评析 [J]．贵州大学学报（社会科学版），2016（02）．

51. 刘莉．符号·幻象·诱惑：鲍德里亚论域中的"身体" [J]．广州大学学报（社会科学版），2013（08）．

52. 刘海龙．传播中的身体问题与传播研究的未来 [J]．国际新闻界，2018（02）．

53. 刘海龙，束开荣．具身性与传播研究的身体观念——知觉现象学与认知科学的视角 [J]．兰州大学学报（社会科学版），2019（02）．

54. 刘海龙．中国传播学70年：知识、技术与学术网络 [J]．广州大学学报（社会科学版），2019（05）．

55. 刘海龙．什么是传播视角下的身体问题 [J]．新闻与写作，2020（11）．

56. 刘海龙，谢卓潇，束开荣．网络化身体：病毒与补丁 [J]．新闻大学，2021（05）．

57. 刘汉波．自拍，一种互联网时期的青少年亚文化——从自我凝视、数字造颜到脸谱共同体 [J]．中国青年研究，2017（11）．

58. 刘晓力．交互隐喻与涉身哲学——认知科学新进路的哲学基础 [J]．哲学研究，2005（10）．

59. 李智．走向人伦主义的关系本体论——媒介深度融合进程中"媒介人"的人文主义思考 [J]．现代传播（中国传媒大学学报），2021（01）．

60. 李曦珍，楚雪．媒介与人类的互动延伸——麦克卢汉主义人本的进化的媒介技术本体论批判 [J]．自然辩证法研究，2012（05）．

61. 李彩霞，李霞飞．从"用户"到"数字劳工"：社交媒体用户的传播政治经济学研究 [J]．现代传播（中国传媒大学学报），2019（02）．

62. 李恒威，黄华新．"第二代认知科学"的认知观 [J]．哲学研究，2006

（06）.

63. 李日容，张进. 维贝克"道德物化"思想的后现象学根基 [J]. 科学技术哲学研究，2018（05）.

64. 林颖，吴鼎铭. 网民情感的吸纳与劳动化——论互联网产业中"情感劳动"的形成与剥削 [J]. 现代传播（中国传媒大学学报），2017（06）.

65. 林思平. 计算机科技媒介与人机关系：基德勒媒介理论中的计算机 [J]. 传播研究与实践，2017（02）.

66. 连水兴，陆正蛟，邓丹. 作为"现代性"问题的媒介技术与时间危机：基于罗萨与韩炳哲的不同视角 [J]. 国际新闻界，2021（05）.

67. 罗玲玲，王磊. 可供性概念辨析 [J]. 哲学分析，2017（04）.

68. 孟伟. 认知科学哲学基础的转换：从笛卡儿到海德格尔 [J]. 心智与计算，2008（03）.

69. 孟伟. 如何理解涉身认知？[J]. 自然辩证法研究，2007（12）.

70. 梅琼林. 批判学派与经验学派方法论的比较分析 [J]. 当代传播，2008（05）.

71. 梅琼林. 透视传播学"范式之惑"——基于对"范式"概念的反思 [J]. 现代传播（中国传媒大学学报），2010（09）.

72. 毛章清，胡雍昭. 胡翼青：重新发现传播学——从海德格尔的技术哲学谈起 [J]. 国际新闻界，2016（02）.

73. 卜卫. 传播学实证研究的方法论问题 [J]. 新闻与传播研究，1994（02）.

74. 彭兰. 智媒化：未来媒体浪潮——新媒体发展趋势报告（2016）[J]. 国际新闻界，2016（11）.

75. 彭兰. 自拍：一种纠结的自我技术 [J]. 新闻大学，2018（05）.

76. 彭兰. 智能时代人的数字化生存——可分离的"虚拟实体"、"数字化元件"与不会消失的"具身性"[J]. 新闻记者，2019（12）.

77. 潘一凡，杨媛. 范式转型：重建新闻传播学的几个问题——第一届中国新闻传播学圆桌会议纪要 [J]. 新闻大学，2016（02）.

78. 潘忠党，刘于思. 以何为"新"？"新媒体"话语中的权力陷阱与研究者的理论自省——潘忠党教授访谈录 [J]．新闻与传播评论，2017（01）．

79. 庞学铨．身体性理论：新现象学解决心身关系的新尝试 [J]．浙江大学学报（人文社会科学版），2001（06）．

80. 钱佳湧．"行动的场域"："媒介"意义的非现代阐释 [J]．新闻与传播研究，2018（03）．

81. 邱泽奇．连通性：5G 时代的社会变迁 [J]．探索与争鸣，2019（09）．

82. 芮必峰．人类社会与人际传播——试论米德和库利对传播研究的贡献 [J]．新闻与传播研究，1995（02）．

83. 芮必峰．传播观：从"自然主义"到"人文主义"——传播研究的回顾 [J]．新闻与传播研究，1995（04）．

84. 芮必峰，昂振．传播研究中的身体视角——从认知语言学看具身传播 [J]．现代传播（中国传媒大学学报），2021（04）．

85. 芮必峰，孙爽．从离身到具身——媒介技术的生存论转向 [J]．国际新闻界，2020（05）．

86. 孙玮．为了重建的反思：传播研究的范式创新 [J]．新闻记者，2014（12）．

87. 孙玮．从新媒介通达新传播：基于技术哲学的传播研究思考 [J]．暨南学报（哲学社会科学版），2016（01）．

88. 孙玮．赛博人：后人类时代的媒介融合 [J]．新闻记者，2018（06）．

89. 孙玮．交流者的身体：传播与在场——意识主体、身体—主体、智能主体的演变 [J]．国际新闻界，2018（12）．

90. 孙玮．融媒体生产：感官重组与知觉再造 [J]．新闻记者，2019（03）．

91. 孙玮．媒介化生存：文明转型与新型人类的诞生 [J]．探索与争鸣，2020（06）．

92. 孙玮．我拍故我在　我们打卡故城市在——短视频：赛博城市的大众影像实践 [J]．国际新闻界，2020，（06）．

93. 孙玮．传播再造身体 [J]．新闻与写作，2020（11）．

94. 孙玮，李梦颖 . "码之城"：人与技术机器系统的共创生 ［J］. 探索与争鸣，2021（08）.

95. 孙萍 . 如何理解算法的物质属性——基于平台经济和数字劳动的物质性研究 ［J］. 科学与社会，2019（03）.

96. 孙萍 . "算法逻辑"下的数字劳动：一项对平台经济下外卖送餐员的研究 ［J］. 思想战线，2019（06）.

97. 孙凝翔，韩松 . "可供性"：译名之辩与范式/概念之变 ［J］. 国际新闻界，2020（09）.

98. 史晨 . 技术哲学的第三次转向——维贝克道德物化思想的三重特征 ［J］. 科学技术哲学研究，2020（05）.

99. 苏文健 . 身体、技术与政治：论本雅明的身体观 ［J］. 天中学刊，2017（05）.

100. 童美华，陈墀成 . 基于技术整体论的技术、自然、人的和谐——芬伯格生态技术观解析 ［J］. 自然辩证法通讯，2019（12）.

101. 唐娟，聂萌 . 超越与回归：后人类与传播中的身体变迁 ［J］. 贵州大学学报（社会科学版），2021（03）.

102. 唐士哲 . 作为文化技术的媒介：基德勒的媒介理论初探 ［J］. 传播研究与实践，2017（02）.

103. 王彬 . 现代传播的身体迷思 ［J］. 符号与传媒，2010（01）.

104. 汪金汉 . 被忽视的"盲点之争"：传播物质性研究的传播政治经济学缘起 ［J］. 新闻与传播评论，2021（04）.

105. 汪民安，陈永国 . 身体转向 ［J］. 外国文学，2004（01）.

106. 吴会丽，黄义华 . 鲍德里亚的身体理论研究 ［J］. 作家，2011（18）.

107. 吴志远 . 反思传播研究中的视觉中心主义：身体现象学及其可能 ［J］. 南京社会科学，2022（04）.

108. 吴志远，杜骏飞 . 海德格尔技术哲学对新媒介研究的现实意义 ［J］. 当代传播，2016（06）.

109. 谢卓潇 . 身体作为移动媒介——跨境代购中的具身传播实践和身体问

题 [J]. 国际新闻界，2021（03）.

110. 夏冰青. 数字劳工的概念、学派与主体性问题——西方数字劳工理论发展述评 [J]. 新闻记者，2020（08）.

111. 杨馨. 情感劳动的传播政治经济学批判——以 L 后援会为个案 [J]. 新闻记者，2020（09）.

112. 袁潇. 数字劳工：移动游戏中青少年玩家的非物质劳动研究 [J]. 当代传播，2020（05）.

113. 袁艳. "慢"从何来？——数字时代的手帐及其再中介化 [J]. 国际新闻界，2021（03）.

114. 杨庆峰. 符号空间、实体空间与现象学变更 [J]. 哲学分析，2010（03）.

115. 杨茵娟. 从冲突到对话——评传播研究典范：结构功能主义、政治经济学与文化研究 [J]. 国际新闻界，2004（06）.

116. 闫坤如. 人工智能技术异化及其本质探源 [J]. 上海师范大学学报（哲学社会科学版），2020（03）.

117. 姚建华. 传播政治经济学视域下的媒介产业数字劳工研究 [J]. 南京社会科学，2018（12）.

118. 喻岚. 人和媒介技术的互动：一个再思考 [J]. 自然辩证法研究，2021（05）.

119. 喻国明. 传播学的未来学科建设：核心逻辑与范式再造 [J]. 新闻与写作，2021（09）.

120. 郑震. 身体：当代西方社会理论的新视角 [J]. 社会学研究，2009（06）.

121. 郑大群. 论传播形态中的身体叙事 [J]. 学术界，2005（05）.

122. 曾国华. 媒介与传播物质性研究：理论渊源、研究路径与分支领域 [J]. 国际新闻界，2020（11）.

123. 章戈浩，张磊. 物是人非与睹物思人：媒体与文化分析的物质性转向 [J]. 全球传媒学刊，2019（02）.

124. 臧海群. 西方受众研究的传统与范式 [J]. 国外社会科学，2005（05）.

125. 周诗岩. 重读《理解媒介》：麦克卢汉的延伸 [J]. 新美术，2013（02）.

126. 支运波.《机械复制时代的艺术作品》中的三重身体及其美学 [J]. 文艺争鸣，2017（02）.

127. 赵汀阳. 人工智能"革命"的"近忧"和"远虑"——一种伦理学和存在论的分析 [J]. 哲学动态，2018（04）.

128. 张一兵. 人的延异：后种系生成中的发明——斯蒂格勒《技术与时间》解读 [J]. 吉林大学社会科学学报，2017（03）.

129. 张一兵. 意蕴：遭遇世界中的上手与在手——海德格尔早期思想构境 [J]. 中国社会科学，2013（01）.

130. 张汝伦. 西方现代性与哲学的危机 [J]. 中国社会科学，2018（05）.

131. 张之沧. 后现代身体论 [J]. 江海学刊，2006（02）.

132. 张再林. 中国古代"体知"的基本特征及时代意义 [J]. 西安政治学院学报，2008（04）.

133. 张再林. 意识哲学，还是身体哲学——中国传统哲学理论范式的重新认识 [J]. 世界哲学，2008（04）.

134. 张祥龙. 海德格尔与中国哲学：事实、评估和可能 [J]. 哲学研究，2009（08）.

135. 张祥龙. 技术、道术与家——海德格尔批判现代技术本质的意义及局限 [J]. 现代哲学，2016（05）.

136. 周翔，李镓. 网络社会中的"媒介化"问题：理论、实践与展望 [J]. 国际新闻界，2017（04）.

四 学位论文

1. 韩少卿. 新媒介时代的身体景观与身体传播研究 [D]. 郑州：郑州大学，2019.

2. 束开荣. 送外卖：传播实践的物质网络及其时空秩序 [D]. 北京：中国人民大学，2021.

3. 赵超．学科研究视域中知识社会学的理论整合与范式转换问题研究［D］. 天津：南开大学，2013.

4. 杜丹．媒介实践中的技术具身研究——以移动智能媒介的使用为考察对 象［D］. 苏州：苏州大学，2020.

五　研究报告

1. 清华大学新媒体研究中心．2020—2021 年元宇宙发展研究报告 ［R］. 2021. 09. 16.

六　网络资料

1. 汪民安．何为身体，身体何为？［EB/OL］. ［2019-10-31］. http：//culture. ifeng. com/c/7rFpgys3TNo.

2. 张翀．AR、VR、MR：一张关系图，弄清三个"R"［EB/OL］. ［2017-04-28］. 人民网－人民日报新闻研究网，http：//media. people. com. cn/ n1/2017/0428/c404465-29244061.

七　外文文献

1. Schrock，A. R. Communicative Affordances of Mobile Media：Portability，Availability，Locatability，and Multimediality［J］. International Journal of Communication，2015（9）.

2. Adams，P. C. Geographies of Media and Communication I：Metaphysics of Encounter［J］. Progress in Human Geography，2017（3）.

3. Alban，M. W. ，Kelley，C. M. Embodiment Meets Metamemory：Weight As a Cue for Metacognitive Judgments［J］. Journal of Experimental Psychology：Learning，Memory，and Cognition，2013（5）.

4. Brian C. Schmidt. The Historiography of Academic International Relations［J］. Review of International Studies，1994（4）.

5. Barbara Brook. Feminist Perspectives on the Body［M］. London and New

York: Pearson Education Inc. , 1999.

6. Chris Shilling. The Body and Social Theory [M]. London: SAGE Publications Ltd. , 2003.

7. Chris Shilling. The Body in Culture, Technology and Society [M]. London: SAGE Publications Ltd. , 2005.

8. Craig, R. T. Communication Theory As a Field [J]. Communication Theory, 1999 (2).

9. Carey, J. W. Technology As a Totem for Culture: And a Defense of the Oral Tradition [J]. American Journalism, 1990 (4).

10. Castells, M. Space of Flows, Space of Places: Materials for a Theory of Urbanism in the Information Age [M]. In Graham, S. (Ed.). Cybercities Reader. London, UK: Routledge, 2004.

11. Chaffee, S. H. , Metzger, M. J. The End of Mass Communication? [J]. Mass Communication & Society, 2001 (4).

12. De Souza e Silva, A. From Cyber to Hybrid: Mobile Technologies as Interfaces of Hybrid Spaces [J]. Space and Culture, 2006 (3).

13. Davis, J. I. , Markman, A. B. Embodying Cognition as a Practical Paradigm: Introduction to the Topic, the Future of Embodied Cognition [J]. Topics in Cognitive Science, 2012 (4).

14. Daniel Czitrom. Media and the American Mind: From Morse to McLuhan [M]. The University of North Carolina Press, 1982.

15. Eric Blondel. Nietzsche: The Body and Culture: Philosophy as a Philological Genealogy [M]. London: The Athlone Press, 1991.

16. Eric McLuhan, Frank Zingrone. Essential McLuhan [M]. Stoddart Publishing Co. , 1995.

17. Ewing, W. A. The Body: Photoworks of the Human Form [M]. London: Thames &Hudson, 1994.

18. Friedrich, A. Kittler. Optical Media [M]. trans. by Anthony Enns, Cambridge:

Polity Press, 2010.

19. Friedrich, A. Kittler. Gramophone, Film, Typewriter [M]. Stanford, CA: Stanford University Press, 1999.

20. Fusar-Poli, P., Stanghellini, G. Maurice Merleau-Ponty and the "Embodied Subjectivity" (1908-61) [J]. Medical Anthropology Quarterly, 2009 (2).

21. Frank, A. W. Bringing Bodies Back In: A Decade Review, Theory, Culture and Society [M]. London: Sage, 1990.

22. Giddens, A. The Orthodox Consensus and the Emerging Synthesis [M]. Newbury Park: Sage Publications, Rethinking Communication. Volume 1: Paradigm Issues, 1989.

23. Gray C. H. The Cyborg Handbook [M]. London: Penguin, 1995.

24. Harvie Ferguson. Modernity and Subjectivity: Body Soul Spirit [M]. Charlottesville & London: University Press of Virginia, 2000.

25. Heidegger, M. The Basic Problems of Phenomenology [M]. Cambridge, England: Indiana University Press, 1981.

26. Harvey, D. The Condition of Postmodernity [M]. Oxford: Blackwell, 1990.

27. Heim, M. Virtual Realism [M]. New York: Oxford University Press, 1998.

28. Hildebrand, J. M. Modal Media: Connecting Media Ecology and Mobilities Research [J]. Media, Culture & Society, 2018 (3).

29. Haraway, D. Simians, Cyborgs, and Women: The Reinvention of Nature [M]. London: Free Association, 1991.

30. Ihde, D. Bodies in Technology [M]. Minnesota: University of Minnesota Press, 2002.

31. Ihde, D. Heidegger's Technologies: Postphenomenological Perspectives [M]. New York: Fordham University Press, 2010.

32. Ihde, D. Postphenomenology: Essays in the Postmodern Context [M]. Evanston, Illinois: Northwestern University Press, 1993.

33. Ihde, D. Technology and the Lifeworld: From Garden to Earth [M].

Bloomington：Indiana University Press，1990.

34. Jewitt，C.，Mackley，K. L.，Price，S. Digital Touch for Remote Personal Communication：An Emergent Sociotechnical Imaginary ［J］. New Media &Society，2019（01）.

35. Gibson，J. J. The Ecological Approach to Visual Perception ［M］. Boston： Houghton-Mifflin，1986.

36. Johnson，S. Interface Culture：How New Technology Transforms the Way We Create and Communicate ［M］. New York：Basic Books，1997.

37. Kuang-Ming，Wu. On Chinese Body Thinking：A Cultural Hermeneutics ［M］. Leiden：E. J. Brill，1997.

38. Kiousis，S. Interactivity：a Concept Explication ［J］. New Media & Society， 2002（3）.

39. Loenhoff，J. The Negation of the Body-A Problem of Communication Theory ［J］. Body &Society，Vol. 3，1997（2）.

40. Latour，B. Reassembling the Social：An Introduction to Actor - Network - Theory ［M］. Oxford，UK：Oxford University Press，2005.

41. Laar，T.，Regt，H. Is Cognitive Science Changing Its Mind? Introduction to Embodied Embedded Cognition and Neurophenomenology ［J］. Theory& Psychology，2008（3）.

42. Mary Douglas. Natural Symbols：Explorations in Cosmology ［M］. New York： Routledge，1996.

43. Marshall McLuhan. Understanding Media：The Extensions of Man （1964） ［M］. Routledge Classics，2001.

44. Margarete Kohlenbach. Walter Benjamin：Self-reference and Religiosity ［M］. Palgrave Macmillan，2002.

45. Merleau-Ponty. La structure du Comportement ［M］. Paris：Quadrige，1990.

46. Nietzsche，F. W. Thus Spake Zarathustra ［M］. trans. by Thomas Common. New York：Boni and Liveright，Inc. 1917.

47. Hamlyn, D. W. Plato: The Dialogues, Second and Third Periods [J]. Analytic Philosophy, 1970, 11 (2).

48. Peters, J. D. Introduction: Friedrich Kittler's Light Shows. In F. A. Kittler, Optical Media [M]. A. Enns Trans. Cambridge, UK: Polity Press, 2010.

49. Paul Dourish. The Foundations of Embodied Interaction [M]. Cambridge: The MIT Press, 2001.

50. Prilleltensky, I. On the Social and Political Implications of Cognitive Psychology [J]. The Journal of Mind and Behavior, 1990 (2).

51. Dourish, P. The Foundations of Embodied Interaction [M]. Cambridge: The MIT Press, 2001.

52. Poster, M. The Second Media Age [M]. Cambridge: Polity Press, 1996.

53. Rice, R. E., Evans, S. K., Pearce, K. E. et al. Organizational Media Affordances: Operationalization and Associations with Media Use [J]. Journal of Communication, 2017 (1).

54. Scott, R. B. The Body Electric: Notions of Self and Identity in the Age of Virtual Reality [J]. Explorations in Media Ecology, vol. 10, 2011 (3-4).

55. Stiegler, B. La Technique et le temps, Tome 1: fauted´Epiméthée [M]. Paris: ditions Galilée, 1994.

56. Thrift, N. Knowing Capitalism [M]. London: Sage, 2005.

57. Eliot, T. S. The Use of Poetry and the Use of Criticism [M]. New York: Bames & Noble, 1955.

58. Todd Gitlin. Media Sociology: The Dominant Paradigm [J]. Theory and Society, 1978 (2).

59. Todes, Samuel. Body and World [M]. Cambridge, Massachusettes and London: MIT Press, 2001.

60. Urry, J. Mobile Sociology [J]. British Journal of Sociology, 2000 (1).

61. Wilson, A. D., Golonka, S. Embodied Cognition Is Not What You Think It Is [J]. Frontiers in Psychology, 2013 (4).

62. Guthrie, W. K. C. A History of Greek Philosophy. Vol. 1. ［M］. Cambridge: Cambridge University Press, 1969.

63. Wilbur S., William, E. P. Men, Women, Messages, and Media: Understanding Human Communication (second edition) ［M］. Pearson Education, Inc., 1982.

64. Weimann, G., Weiss-Blatt, N., Mengistu, G., et al. Reevaluating "The End of Mass Communication?" ［J］. Mass Communication and Society, 2014 (6).

后　记

对具身性及具身传播的研究兴趣始于 2020 年初，那时的我刚结束博一第一学期的课程返回家中，却万万没想到将在很长一段时间里无法回到北京进行线下学习。也正是在那些仿佛置身于"孤岛"的日子里，困惑、焦虑、迷茫、无助的我竟鬼使神差地啃读起了哲学著作，闯入了哲学的世界。这一意外闯入，却无意中指引着大龄读博的我在艰难的三年读博生涯中把哲学作为了自救的方法和路径。我想这大概就是天意吧！无数个深夜，每每读到兴奋处，总忍不住发出这样的感叹："做梦也没有想到我竟然对这些东西着迷了！因为它击中了我所有的生命体悟。每每读之，总是有醍醐灌顶、豁然开朗、拍案叫绝之感，最重要的是读出了幸福感"。正是始于这般的心流体验和纯粹的热爱促使我无知者无畏，在此后花费了几年时间一头扎进对具身传播这一新兴领域的探索中，而并没有过多考虑这个选题的研究难度以及我所面临的毕业风险、对未来学术生涯的支撑力度等现实问题。如今回看，轻舟已过万重山！感恩当年懵懂无知、冒着傻劲儿且无比努力的自己！

本书是基于我的博士论文（2021 年底完成初稿，2022 年 6 月答辩通过）进一步修改完成的。我要感谢导师宫承波教授不嫌弃我这名基础薄弱、一事无成的大龄"双非"青椒，给了我一次宝贵的读博机会，无异于给了我一次人生重要的转机。对于我来说，能够在三十多岁重回校园，在传媒类顶尖学府寻得一张属于自己的课桌，已经是无比奢侈和幸运之事了！感恩导师对我执拗的性格和过头的理想主义的包容，没有这样自由且宽松的氛围，我定无法有勇气"是其所是"。感谢在本书写作过程中有幸结缘且给予我重要思想指引的良师益友们，他们是：中国传媒大学传播研究院陈卫星教授、李智教授、黄典林教授；南京大学人文社科高研院胡翼青教授、南京大学新闻传播学院吴志远副教授；中国人民大学新闻学院刘海龙教授；北京师范大学徐敬宏教授等。感谢这一路给予我太多支持和帮助的学术伙伴们，这份名单若详细列出会很长，只能铭记于心。他们始终是我在学术道路上相遇的挚友与良师，构成了我坚固的"附近"。

本书的出版受到了教育部人文社会科学研究青年基金和大理大学文学院新闻与传播学学科建设经费的支持。书中的部分内容和观点已以独作发表在《新闻与传播研究》、《江西师范大学学报》（哲学社会科学版）、《编辑之友》、《电视研究》等期刊上。感谢期刊编辑部以及我所遇见的所有审稿人和读者朋友们，他们都是此书的"思想助产士"。此外，在本书出版过程中，我的硕士研究生吴琼、王毓嘉、张菱珂也提供了诸多帮助，感谢学生们的辛勤付出！还要感谢本书的责任编辑王玉霞老师，她为本书提供了专业、细致、中肯的修改意见。

由于研究的难度以及自身水平的局限，本书中的一些观点难免有所偏误，亦可能存在诸多疏漏，我理应承担全部责任，并恳请读者朋友们予以批评指正！

张文娟于大理

2024 年 11 月 28 日

图书在版编目（CIP）数据

重思传播与范式变革：智媒时代的具身传播研究／
张文娟著 . --北京：社会科学文献出版社，2025.4.
ISBN 978-7-5228-4920-1

Ⅰ.G206.2

中国国家版本馆 CIP 数据核字第 20256B8J14 号

重思传播与范式变革：智媒时代的具身传播研究

著　　者／张文娟

出 版 人／冀祥德
组稿编辑／任文武
责任编辑／王玉霞
文稿编辑／李小琪
责任印制／岳　阳

出　　版／社会科学文献出版社
　　　　　地址：北京市北三环中路甲 29 号院华龙大厦　邮编：100029
　　　　　网址：www.ssap.com.cn
发　　行／社会科学文献出版社（010）59367028
印　　装／三河市龙林印务有限公司

规　　格／开　本：787mm×1092mm　1/16
　　　　　印　张：21.25　字　数：321 千字
版　　次／2025 年 4 月第 1 版　2025 年 4 月第 1 次印刷
书　　号／ISBN 978-7-5228-4920-1
定　　价／98.00 元

读者服务电话：4008918866